B.C.Info

ATmega128 응용실습

박민상, 이희찬, 정원근 공저

ATmega 128

머 / 리 / 말

IT기술의 발전으로 마이크로프로세서의 활용도가 증가하면서, 코딩을 배운 뒤에 마이크로프로세서를 이용하여 시스템을 설계하고 제어하고자 하는 수요 역시 증가하고 있다.

이 책에서는 ATmega128의 기본적인 드라이버(디지털입출력제어, 직렬통신, ADC 등) 제어뿐만 아니라 현재 널리 사용되고 있는 SPI, TWI 인터페이스 드라이버 제어들도 다루고 있다.

특히 ATmega128에 내장된 다양한 드라이버와 부품(초음파센서, 자이로센서 등)을 하드웨어적으로 연결한 후 제어프로그램을 작성해서 시스템을 제어하는 방법들을 상세히 설명하였다.

끝으로 이 책을 통해 전자·정보통신·자동화 등을 전공하는 학생들이 초·중·고등학생과 비전공자들도 쉽게 사용하는 아두이노를 이용한 시스템제어에서 벗어나 ATmega128을 직접 제어하는 경험을 하고, 이 분야의 전문가로 성장하는 데 이 책이 조금이나마 도움이 되기를 소망한다.

마지막으로 이 책이 출판되기까지 도와주신 모든 분들께 다시 한 번 감사드린다.

저자 일동 씀

차 / 례

1장 ATmega128 마이크로컨트롤러의 이해

2장 실습환경 구축

3장 포트 입·출력 실습

4장 인터럽트 실습

5장 직렬통신 실습

6장 타이머 / 카운터 실습

7장 ADC 실습

8장 SPI 실습

9장 TWI 실습

10장 응용 실습

CHAPTER

01

ATmega 마이크로컨트롤러의 이해

1.1 마이크로프로세서

마이크로컨트롤러(Microcontroller)에 들어가기 전에 마이크로컨트롤러의 기반이 되는 마이크로프로세서(Microprocessor)에 대하여 알아야 한다. 따라서 간단히 마이크로프로세서의 개념에 대하여 알아보자.

마이크로프로세서는 흔히 중앙처리장치(CPU[1])라고 하며, 산술논리연산장치(ALU[2]), 레지스터(Register), 버스(Bus), 제어장치(Control Unit), 입출력 장치(I/O : Input/Output Device)로 만들어진 장치를 가리킨다. 마이크로프로세서는 일반적으로 하나의 칩(Chip) 형태로 만들어진다. 마이크로프로세서가 개발된 초기에는 처리 성능과 용량이 작아서 단순한 계산을 위해 주로 사용되었다. 이후 시간이 흐르면서 점점 마이크로프로세서 기술 발전과 칩의 집적기술의 발전으로 처리 능력이 비약적으로 발전하게 되었다. 이러한 기술 발전은 마이크로프로세서가 다양한 분야에서 응용될 수 있는 기반을 제공해 주었다.

초기의 마이크로프로세서는 4비트 단위를 시작으로 8비트로 발전하였다. 이 8비트 마이크로프로세서가 개발되어 보급되면서 PC[3]가 대중화되기 시작했다. PC 이전의 마이크로프로세서는 주로 특정분야에서 사용되었는데, 일반 대중이 사용하기에는 경제적 부담이 너무 크고 또 부피도 커서 응용 분야가 매우 한정되었다. 하지만 집적기술의 발전으로 인해 마이크로프로세서의 크기가 점점 작아지고 일반 대중이 편리하게 사용할 수 있도록 작은 크기의 개인용 컴퓨터가 만들어지면서 상용화되었다. 또 이에 따라 다양한 욕구에 맞춰 많은 어플리케이션이 만들어지면서 폭발적인 인기를 누리기도 하였다. 이때 인텔의 창업자인 고든 무어가 '무어의 법칙[4]'을 내놓으면서 마이크로프로세서의 발전 흐름을 예측하기도 하였다. 이후에 16비트, 32비트, 64비트의 마이크로프로세서로 발전하여 현재에 이르게 되었다.

1) CPU : Central Processing Unit
2) ALU : Arithmetic Logical Unit
3) PC : Personal Computer
4) 무어의 법칙 : 1965년 인텔의 고든 무어가 발표한 법칙으로, 마이크로프로세서의 성능이 약 18개월마다 2배로 증가한다는 법칙

1980년대	1981 : Berkeley RISC-I 1984 : Berkeley RISC-II 1985 : ARM1 1987 : ARM2	1984 : MIPS 1988 : MIPS I 1989 : MIPS II	1986 : SPARC(v7)
1990년대	1992 : ARM3 1992 : ARM6 1994 : ARM7	1992 : MIPS III 1994 : MIPS IV 1996 : MIPS V 1999 : MIPS32 1999 : MIPS64	1990 : SPARC(v8) 1993 : SPARC(v9)
2000년대	2000 : ARM9 2002 : ARM11 2006 : ARM Cortex-A/R/M		2006 : UltraSPARC T1 2007 : UltraSPARC T2

(a) RISC 구조의 마이크로프로세서

	Intel 마이크로프로세서	Motorola 마이크로프로세서
1970년대	1971 : 4004(4비트) 1972 : 8008(8비트) 1974 : 8080(8비트) 1976 : 8085(8비트) 1978 : 8086(16비트) 1979 : 8088(16비트)	1974 : 6800(8비트) 1976 : 6502(8비트)
1980년대	1982 : 80186(16비트) 1982 : 80286(16비트) 1985 : 80386DX(32비트) 1988 : 80386SX(32비트) 1989 : 80486DX(32비트)	1982 : M68000(16/32비트) 1982 : M68010(16/32비트) 1984 : M68020(32비트) 1987 : M68030(32비트)
1990년대	1991 : 80486SX(32비트) 1992 : 80486DX2/SL(32비트) 1993 : Pentium(32비트) 1994 : 80486DX4(32비트) 1995 : Pentium Pro(32비트) 1997 : Pentium MMX(32비트) 1997 : Pentium II(32비트) 1998 : Pentium II Celeron(32비트) 1999 : Pentium III(32비트)	1990 : M68040 1992 : MC88110 1994 : M68060(32비트) 1995 : DragonBall(32비트)
2000년대	2000 : Pentium III Celeron(32비트) 2000 : Pentium VI(32비트) 2003 : Pentium M(32비트) 2006 : Intel Core(32비트)	2007 : ColdFire(32비트)

(b) CISC 구조의 마이크로프로세서

[그림 1-1. 마이크로프로세서 진화 과정]

마이크로프로세서의 발전에 가장 큰 역할을 한 것은 반도체 집적기술이다. 반도체 집적기술은 다수의 수동 소자를 하나의 반도체 칩(chip)에 구현하여 원하는 동작을 수행하는 회로를 제작하는 기술을 뜻한다. 한 장의 웨이퍼(wafer)는 수십 개에서 수억 개의 칩이 반도체 공정 기술을 이용하여 동시에 생산될 수 있다. 예를 들면 인텔 CPU 중 i7 마이크로프로세서는 하나의 칩에 20억 개 이상의 트랜지스터를 집적하였다고 한다.

반도체 집적기술은 트랜지스터가 발명되면서 시작되었다. 반도체 트랜지스터는 이전의 진공관 트랜지스터에 비해 크기가 작고 열이 적게 발생하는 등 많은 장점을 가지고 있다. 이 트랜지스터를 하나의 칩에 모아 구현하게 되었는데, 이때 작은 공간에 모아진 여러 소자의 개수를 점점 많이 늘려 현재에는 수억 개 이상의 트랜지스터를 집적할 수 있는 단계에까지 이르게 되었다. 1940년대에는 트랜지스터를 발명하여 IC를 만들 수 있는 기반을 제공하였고, 1950년대에는 트랜지스터와 수동 소자들을 칩에 집적하여 IC[5]를 개발하였다. 1970년대에는 IC보다 훨씬 더 많은 소자들을 집적하여 LSI[6]를 개발하였으며, 1980년대에는 LSI를 발전시켜 소형의 경량화를 더욱 진전시켜 VLSI[7]를 개발하였고, 1990년대에는 VLSI에 집적도와 고급 기술을 적용한 ULSI[8]를 개발하였다. VLSI와 ULSI의 경계는 명확하지는 않지만 조금 더 진보된 기술로 ULSI로 분류할 수 있다.

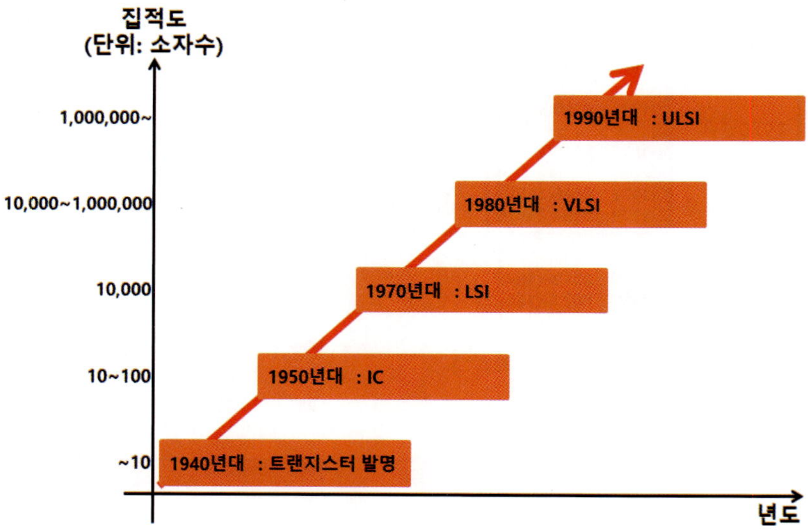

[그림 1-2. 집적회로의 집적기술 발전 과정]

---

5) IC(Integrated Circuit) : 특정 기능을 수행하는 전기 회로로 반도체 소자(주로 트랜지스터)를 하나의 칩에 모아 구현한 것.
6) LSI(large-scale integration) : 트랜지스터 약 4만 개를 집적시킨 고밀도 집적 회로로 다수의 집적회로를 1장의 기판 위에 상호 배선하여 고차의 집적화를 한 것.
7) VLSI(Very-lSI) : 트랜지스터 약 60만 개를 집적시킨 초고밀도 집적 회로. 전자회로 부품의 소형 경량화를 더욱 진전시킨 회로이지만 집적도에 대한 경계선은 명확하지 않음.
8) ULSI(Ultra LSI) : 트랜지스터 약 3억 개를 집적시킨 극초고밀도 집적회로.

이렇게 마이크로프로세서가 발전하면서 단순한 계산만을 목적으로 하지 않고 다양한 분야로 응용되기에 이르렀다. 특히 산업분야에의 응용을 위해 특화된 마이크로프로세서가 등장하게 되었는데, 이것이 바로 마이크로컨트롤러이다. 마이크로컨트롤러는 마이크로프로세서의 기본 기능에 더해 칩 안에 여러 장치들을 추가하여 특정분야에 적합하도록 특수 제작된 단일 칩 형태이다. 이렇게 불필요한 범용 컴퓨터의 기능을 제거하고 필요한 기능만을 마이크로컨트롤러로 설계하여 사용함으로써 칩의 실제 성능과 활용도를 좋게 하였다. 최근에는 범용의 마이크로프로세서를 사용하는 PC와 마이크로컨트롤러를 사용하는 장치들 사이의 경계가 점점 더 모호해지고 있으며, 향후에는 하나로 통합되어 다양한 형태의 마이크로컨트롤러가 등장하게 될 것이다.

1.2 마이크로컨트롤러

마이크로컨트롤러(Microcontroller)는 칩 위의 소형의 컴퓨터를 말한다. PC에 쓰이는 일반 목적의 마이크로프로세서와는 다르게 높은 집적도, 낮은 전력 소비, 비용 절감, 자동화 처리를 목적으로 하는 마이크로프로세서의 일종이다. 즉 일반 목적의 마이크로프로세서의 산술논리연산뿐만 아니라 데이터를 위한 메모리, 프로그램을 위한 플래시와 같은 전용 메모리, 영구적인 데이터 저장을 위한 EEPROM[9], 주변기기 등의 요소를 통합하여 만든 것을 말한다.

마이크로컨트롤러는 일반 목적의 마이크로프로세서보다 매우 낮은 속도로 동작하고 그 기능도 제한되어 있다. 하지만 내부적으로는 마이크로프로세서가 가지는 기능을 모두 가지고 있기 때문에 기본적인 하드웨어 구조는 일반 목적의 마이크로프로세서 구조를 사용한다. 이러한 하드웨어 구조에는 CISC[10] 방식과 RISC[11] 방식이 있다.

CISC 방식은 '폰 노이만(Von Neumann)' 하드웨어 구조를 기반으로 하고 있다. 이 방식은 하나의 메모리에 데이터와 프로그램을 모두 저장하고 버스를 통해 사용하는 방식이다. 즉 데이터 메모리와 프로그램 메모리를 구분하지 않고 하나의 버스를 통해 사용한다. 하지만 복잡한 명령어와 이를 해석하기 위한 복잡한 회로를 가지기 때문에 하드웨어가 복잡하다는 단점이 있다. 그리고 데이터 메모리와 프로그램 메모리를 하나의 버스로 사용하기 때문에 구조적으로 '폰 노이만 병목 현상[12]'이 발생하는 문제점도 있다. 하지만 많은 어드레싱 기능을 제공하기 때문에 레지스터와 레지스터, 레지스터와 메모리, 메모리와 메모리 간의 다양한 연산을 수행할 수 있다는 장점이 있다.

9) EEPROM : Electrically Erasable Programmable Read Only Memory
10) CISC : Complex Instruction Set Computer
11) RISC : Reduced Instruction Set Computer
12) 폰 노이만 병목(Von-Neumann Bottleneck) 현상 : 일반적으로 데이터 경로의 병목현상.

[그림 1-3. 폰 노이만 구조]

전통적인 CISC 방식은 많은 명령어와 어드레싱 기능을 제공한다. 그러나 그중에서 실제로 사용하는 명령어는 많지 않다. 따라서 자주 사용하지 않는 명령어는 비효율적인 측면이 있다. 이러한 비효율적인 부분을 해결하고 적은 수의 명령어만으로도 충분히 마이크로프로세서의 역할을 수행할 수 있도록 만들어진 것이 RISC 방식이다. 그래서 RISC는 CISC보다 구조가 더 단순하게 만들어졌다. 이러한 구조는 복잡한 연산도 적은 수의 명령어들을 조합하는 방식으로 수행이 가능하다.

RISC 방식은 '하바드(Havard)' 하드웨어 구조를 기반으로 하고 있다. 이 방식은 메모리를 데이터 메모리와 프로그램 메모리로 구분하여 사용하는 방식이다. 이 방식은 명령어 수가 CISC 방식보다 적지만, 명령어 실행을 위해 많은 클록이 있어야 한다는 단점이 있다. 이러한 단점은 파이프라인(Pipe-line) 기법을 통하여 단일 클록으로 명령어를 빠르게 처리할 수 있도록 하였다. 그리고 레지스터와 메모리 연산은 save, load 명령어만으로도 충분히 활용할 수 있어서 불필요한 메모리 접근을 줄일 수 있다.

[그림 1-4. 하바드 구조]

ATMEL에서는 다양한 마이크로컨트롤러를 개발하여 제어분야에 많이 활용되고 있다. AVR 계열의 마이크로컨트롤러는 ATtiny 시리즈, ATmega 시리즈, ATxmega 시리즈, 특수 기능 AVR, FPSLIC 시리즈, 32비트 AVR 시리즈 등 크게 6가지 그룹으로 나뉜다. ATmega128 마이크로컨트롤러는 가장 많이 활용되고 있는 대표적인 마이크로컨트롤러였으나, 최근에는 스마트 기술과 모바일 기기의 대중화로 32비트 마이크로컨트롤러가 흐름을 주도하고 있으며 대표적인 것이 ARM 코어이다. 다만 우리는 앞으로 ATmega128에 대하여 좀 더 알아보고 관련된 실습을 진행하도록 할 것이다.

[표 1-1. AVR 계열의 마이크로컨트롤러]

AVR 구분	특징	분류
tinyAVR	• 0.5-16kB 프로그램 메모리 • 6-32핀 패키지 • 장치 제한 • Current lineup	ATtiny 시리즈 예) ATtiny8
megaAVR	• 4-512kB 프로그램 메모리 • 28-100핀 패키지 • 확장 명령어 집합(다중 명령 가능) • 장치 확장	ATmega 시리즈 예) ATmega128
XMEGA	• 16-384kB 프로그램 메모리 • 44-64-100핀 패키지(A4, A3, A1) • 성능 확장(DMA, 이벤트 시스템, 암호 지원) • DAC 장치 확장	ATxmega 시리즈 예) ATxmega32
특수 기능 AVR	• 특수 기능 AVR - LCD 컨트롤러 - USB 컨트롤러 - advanced PWM - CAN - 기타	
FPSLIC (AVR with FPGA)	• FPGA 5K to 40K 게이트 • AVR 프로그램 코드를 위한 SRAM 지원 • AVR 코어 50MHz 이상 지원	
32-bit AVRs	• 32비트 • AVR32 아키텍처 • SIMD, DSP 명령어 지원(오디오, 비디오 처리) • ARM 프로세서 기반 • RISC 명령어 지원 (AVR or 특정 ARM 명령어와 호환이 안 됨)	

1.3 ATmega128 구조

ATmega128은 8비트 마이크로컨트롤러이다. 내부에는 128KB의 플래시 메모리와 4KB의 EEPROM, 4KB SRAM[13]를 가지고 있으며, 외부 입출력을 위해 양방향 입출력 포트를 내장하고 있다. 그 외에도 ADC[14], 타이머/카운터 등을 모두 내장하고 있다. ATmega128의 내부 구조는 아래와 같이 구성되어 있다.

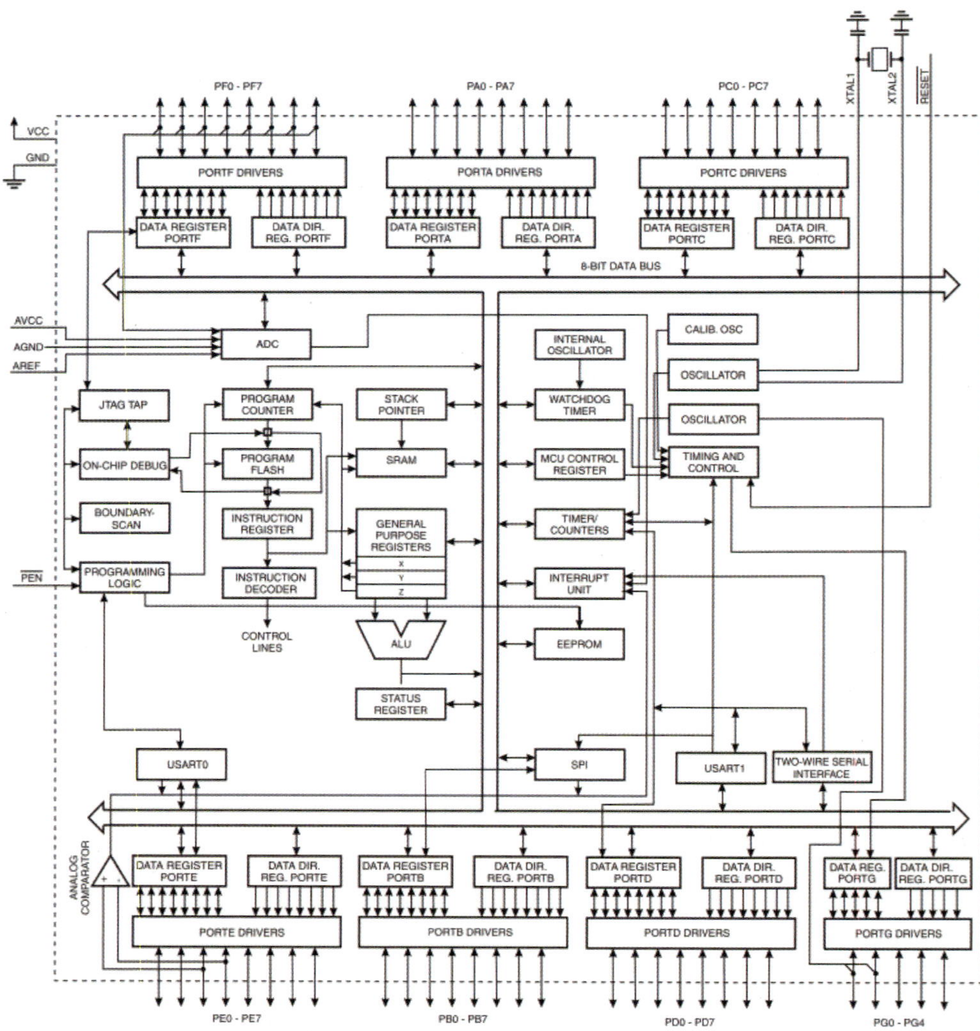

[그림 1-5. ATmega128 내부 구조]

13) SRAM : Static Random Access Memory

14) ADC : Analog Digital Converter

- VCC : 전원(5V or 3.3V)
- GND : 접지
- PA0 - PA7 : Port A, 8비트 양방향 입출력, 내부 풀업저항 내장
- PB0 - PB7 : Port B, 8비트 양방향 입출력, 내부 풀업저항 내장
- PC0 - PC7 : Port C, 8비트 양방향 입출력, 내부 풀업저항 내장
- PD0 - PD7 : Port D, 8비트 양방향 입출력, 내부 풀업저항 내장
- PE0 - PE7 : Port E, 8비트 양방향 입출력, 내부 풀업저항 내장
- PF0 - PF7 : Port F, 8비트 양방향 입출력, 내부 풀업저항 내장
- PG0 - PG4 : Port G, 5비트 양방향 입출력, 내부 풀업저항 내장
- $\overline{\text{RESET}}$: 리셋
- XTAL1 : 내부 반전 오실레이터 증폭기의 입력 단자, 내부 클록 회로의 입력 단자
- XTAL2 : 내부 반전 오실레이터 증폭기의 출력 단자
- AVCC : ADC AVCC(AD 변환기 전원 단자)
- AREF : ADC AREF(AD 변환 시에 사용하는 기준 전압(V_{ref})을 입력하는 단자)
- $\overline{\text{PEN}}$: SPI 활성화 단자

1.4 ATmega128 특징

ATmega128 마이크로컨트롤러는 8비트 단위로 데이터를 처리하며, 기본 구조는 RISC 방식을 따르고 있다. 단일 클록으로 실행할 수 있는 133개의 명령어를 가지고 있으며, 명령어 실행과 코어의 동작에 필요한 32개의 범용 레지스터를 가지고 있다. 또 128KB의 플래시 메모리가 프로그램 메모리로 사용되며, 4KB의 SRAM이 데이터 메모리로 사용된다. 그리고 4KB EEPROM를 가지고 있다.

ATmega128 마이크로컨트롤러의 가장 두드러진 특징 중 하나로 ISP를 들 수 있다. 이 기능은 개발 과정의 편리성과 쉬운 개발을 위해 프로그래밍, 디버깅 등의 편리한 기능을 포함하고 있다. 이는 별도의 장비 없이도 프로그래밍이 가능하다는 뜻이다. 이 기능을 통해 개발자와 일반 사용자들의 편리성이 대폭 향상되었다. 또한 내부 메모리가 부족할 경우 최대 64KB까지 데이터 메모리를 확장할 수 있도록 설계되어 있다. 그리고 타이머/카운터, ADC, USART[15], TWI[16], SPI[17] 등의

15) Universal Synchronous and Asynchronous Receive Transmit
16) TWI : Two-wire Serial Interface
17) SPI : Serial Peripheral Interface

장치들을 내장하여 다양한 응용이 가능하도록 하였다. 뿐만 아니라 64개 이상의 터치 감지 채널을 가지고 있으며, 터치 라이브러리는 자유롭게 개발자들에게 제공되고 별도의 로열티 없이 사용할 수 있다.

- 8비트 마이크로컨트롤러

- RISC 구조
  - 단일 클록 명령어 : 133개
  - 32개 범용 레지스터
  - 정적 동작
  - 처리능력 : 16MIPS(at 16MHz)
  - On-chip 2-cycle Multiplier

- 고성능 비휘발성 메모리
  - 128KB 플래시 메모리(쓰기/지우기 : 10,000번까지 가능)
  - 4KB EEPROM(쓰기/지우기 : 100,000번까지 가능)
  - 4KB 내부 SRAM
  - ISP 프로그래밍 지원
  - 64KB 외부 메모리 가능
  - 프로그래밍 잠금(Programming Lock) 기능 제공
  - SPI 인터페이스 제공

- QTouch® library 지원
  - 터치 버튼, 슬라이드 & 휠 기능 지원
  - QTouch and QMatrix acquisition
  - 64개 이상 감지 채널 지원

- JTAG(IEEE std. 1149.1 Compliant) 지원
  - JTAG 표준 지원
  - 디버그 지원
  - JTAG 프로그래밍 지원(Fuses & Lock 비트)

- 주변 장치
  - 2개 8비트 타이머 / 카운터(프리스케일러, 비교 모드)

- 2개 16비트 타이머 / 카운터(프리스케일러, 비교, 캡처 모드)
- RTC(Real Time Counter with Separate Oscillator)
- 2개 8비트 PWM 채널
- 6개 PWM 채널(2 to 16비트)
- 출력 비교기
- 8 채널 10비트 ADC(8개 단일 채널, 7개 차동 채널, 2개 차동 채널)
- TWI(Two-wire Serial Interface) = I2C
- 2개 USART
- 마스터 / 슬레이브 SPI 인터페이스
- 워치독(Watchdog) 타이머
- 아날로그 비교기

- **특수 기능**
  - Brown-out Detection
  - Internal Calibrated RC Oscillator
  - 내 · 외부 인터럽트
  - 6가지 슬립모드 지원(휴면, ADC 잡음 감소, 전원 차단, 전원 절약, 대기, 확장 대기)
  - 클록 주파수 소프트웨어적 제어
  - ATmega103 호환 지원(Fuse 세팅으로 지원)
  - 입출력 포트 전체 풀업 기능 제공

- **입출력**
  - 53개 입출력 포트
  - 64-lead TQFP and 64-pad QFN/MLF

- **전원**
  - 2.7 ~ 5.5V ATmega128L
  - 4.5 ~ 5.5V ATmega128

- **클록**
  - 0 ~ 8MHz ATmega128L
  - 0 ~ 16MHz ATmega128

1.4.1 AVR 코어

ATmega128 마이크로컨트롤러 내부의 코어는 산술논리연산장치(ALU), 데이터 메모리(SRAM), 프로그램 메모리(Flash), EEPROM, 명령 레지스터(IR), 명령 해독기(ID), 프로그램 카운터(PC), 상태 레지스터, 범용 레지스터, 인터럽트 장치, SPI 장치, 와치독 타이머, 아날로그 비교기, 입출력 포트, 입출력 라인, 데이터 버스로 구성되어 있다.

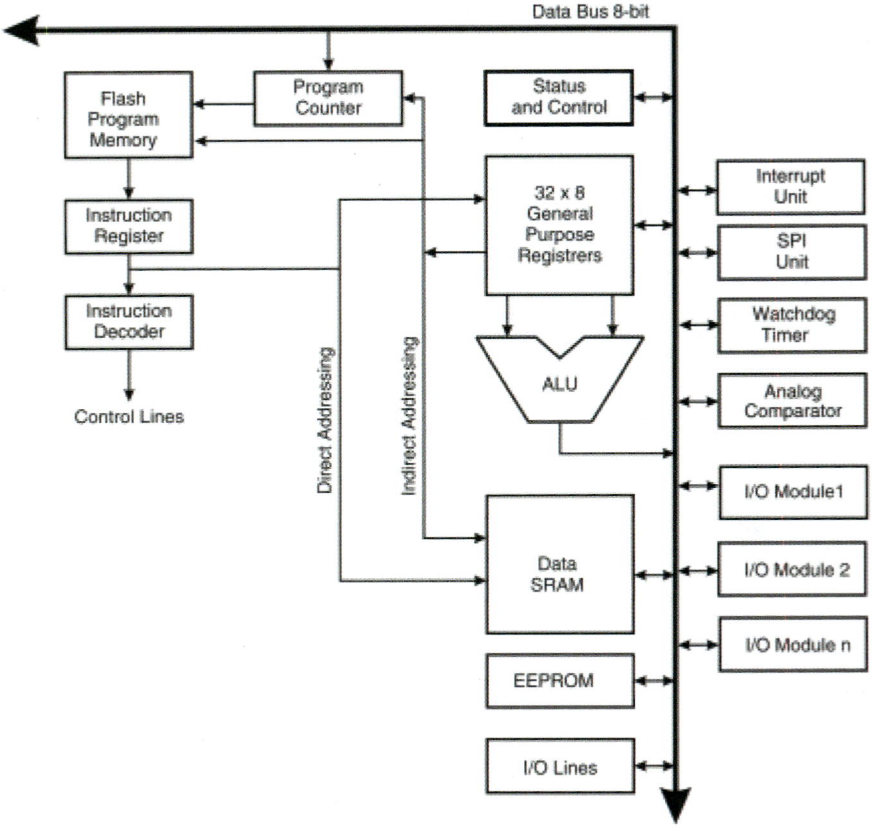

[그림 1-6. AVR 코어]

1.4.1.1 ALU

ALU는 32개의 범용 레지스터와 연결되어 단일클록으로 명령을 수행하는 장치이다. 산술, 논리, 비트 연산을 수행한다.

1.4.1.2 상태 레지스터(SREG)

상태 레지스터(SREG[18])는 명령 실행 결과에 대한 상태 정보를 가지고 있는 레지스터이다. 명령을 실행하면 상태 레지스터가 갱신되어 값이 계속 바뀌게 된다. 상태 레지스터 정보는 명령을 통해 읽기와 쓰기가 모두 가능하다. 하지만 인터럽트가 수행될 경우에는 상태 레지스터 정보가 모두 사라지기 때문에 인터럽트 관련 프로그램 작성 시에는 반드시 상태 레지스터 정보를 저장한 다음에 인터럽트를 사용해야 한다.

Bit	7	6	5	4	3	2	1	0	
	I	T	H	S	V	N	Z	C	SREG
Read/Write	R/W	R/W	R/W	R/W	R/W	R/W	R/W	R/W	
Initial Value	0	0	0	0	0	0	0	0	

[그림 1-7. 상태 레지스터(SREG)]

[표 1-2. 상태 레지스터(SREG) 기능]

비트	기능
비트 7(I)	전체 인터럽트 활성화 / 비활성화 비트
비트 6(T)	비트 복사 저장 비트
비트 5(H)	보조 캐리 비트
비트 4(S)	부호 비트
비트 3(V)	2의 보수 오버플로우 비트
비트 2(N)	음수 비트
비트 1(Z)	제로 비트
비트 0(C)	캐리 비트

18) SREG : Status Register

1.4.1.3 범용 레지스터

범용 레지스터(General Purpose Register)는 32개의 8비트 레지스터로 구성되어 있으며, 명령을 실행하기 위한 임시 저장소의 역할을 수행한다. 8비트, 16비트 연산 시 모두 사용할 수 있다.

7　　　　0	Addr.	
R0	$00	
R1	$01	
R2	$02	
…		
R13	$0D	
R14	$0E	
R15	$0F	
R16	$10	
R17	$11	
…		
R26	$1A	X-register Low Byte
R27	$1B	X-register High Byte
R28	$1C	Y-register Low Byte
R29	$1D	Y-register High Byte
R30	$1E	Z-register Low Byte
R31	$1F	Z-register High Byte

[그림 1-8. 범용 레지스터 파일]

R0 ~ R25는 범용 레지스터의 용도로 사용되며, R26 ~ R31까지의 레지스터는 16비트 데이터 명령을 수행할 경우 사용한다.

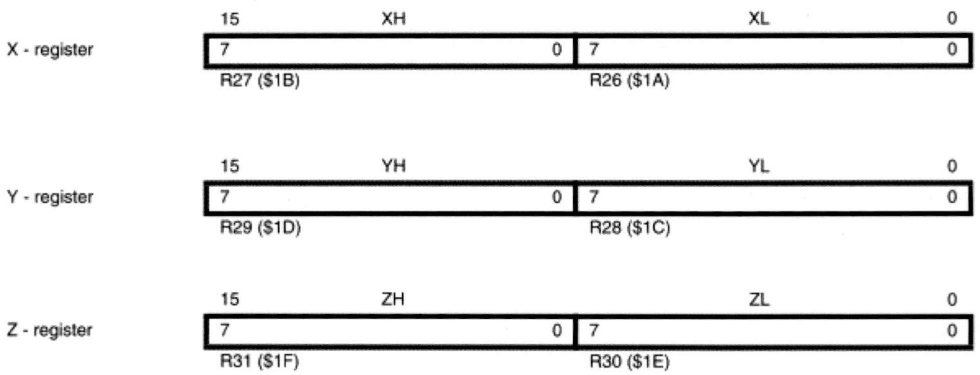

[그림 1-9. XYZ 레지스터]

1.4.1.4 스택 포인터

스택 포인터(Stack Pointer)는 16비트로 구성되어 있으며, 인터럽트나 서브루틴(Sub Routine)을 호출할 경우 지역변수나 복귀 주소를 저장하는 레지스터이다. 스택 포인터의 주소는 0x60번지 이상의 값을 설정해 주어야 한다. 스택 포인터는 푸시(Push), 팝(Pop) 동작을 수행한다. 푸시는 스택 포인터에 주소를 쓰는 동작이고, 팝은 읽는 동작이다.

Bit	15	14	13	12	11	10	9	8	
	SP15	SP14	SP13	SP12	SP11	SP10	SP9	SP8	SPH
	SP7	SP6	SP5	SP4	SP3	SP2	SP1	SP0	SPL
	7	6	5	4	3	2	1	0	
Read/Write	R/W	R/W	R/W	R/W	R/W	R/W	R/W	R/W	
	R/W	R/W	R/W	R/W	R/W	R/W	R/W	R/W	
Initial Value	0	0	0	0	0	0	0	0	
	0	0	0	0	0	0	0	0	

[그림 1-10. 스택 포인터]

1.4.1.5 RAMPZ

RAMPZ 레지스터는 확장 RAM을 쓰는 경우 사용하는 레지스터이다. 최대 64KB까지 사용할 수 있다.

Bit	7	6	5	4	3	2	1	0	
	–	—	–	–	–	–	–	RAMPZ0	RAMPZ
Read/Write	R	R	R	R	R	R	R	R/W	
Initial Value	0	0	0	0	0	0	0	0	

[그림 1-11. RAMPZ 레지스터]

[표 1-3. RAMPZ 레지스터 기능]

비트	기능
RAMPZ = 0	\$0000~\$7FFF(하위)
RAMPZ = 1	\$8000~\$FFFF(상위)

1.4.1.6 명령 실행 타이밍

명령 실행 타이밍은 클록에 대한 명령 실행 동작으로서, ATmega128은 단일 클록으로 명령을 실행할 수 있도록 아래와 같이 파이프라인 기법을 적용하였다.

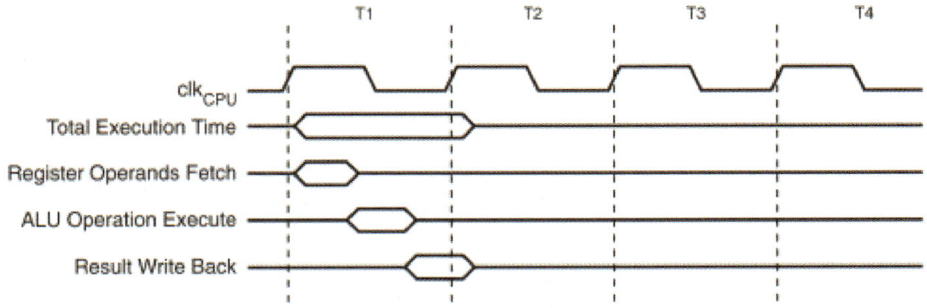

[그림 1-12. 명령 실행 타이밍]

1.4.1.7 리셋 / 인터럽트 핸들링

AVR은 리셋을 포함한 여러 가지의 인터럽트 소스를 제공한다. 이러한 인터럽트는 상태 레지스터(SREG)의 전체 인터럽트 비트(I)를 반드시 '1'로 설정한 다음부터 사용할 수 있다. 인터럽트는 프로그램 카운터(PC)의 값에 따라 부트 잠금 비트(BLB02, BLB12)를 설정하면 자동으로 잠기게 된다. 이 기능은 프로그램을 안전하게 보호할 수 있도록 해준다.

프로그램 메모리의 가장 낮은 주소의 공간(0x0000 ~ 0x0044)에 리셋과 인터럽트 벡터가 정의되어 있다. 이 인터럽트 벡터는 우선순위에 따라 35개가 정의되어 있다.

인터럽트가 발생하면 상태 레지스터(SREG)의 인터럽트 비트(I)가 자동으로 '0'으로 클리어된다. 따라서 모든 인터럽트를 사용하지 못하도록 한다. 즉 인터럽트가 발생하여 인터럽트 서비스 루틴이 실행되고 인터럽트 서비스 루틴이 완료되거나 RETI 명령을 만나게 되면 상태 레지스터(SREG)의 인터럽트 비트(I)가 '1'로 설정되어 다음 인터럽트를 사용할 수 있도록 한다. 하지만 인터럽트 서비스 루틴이 실행되는 동안에 응용 프로그램 내부에서 상태 레지스터(SREG)의 인터럽트 비트를 '1'로 설정해 인터럽트가 발생하여 인터럽트 서비스 루틴이 실행되는 동안에 새로운 인터럽트를 허용하게 할 수도 있다.

1.4.2 메모리

ATmega128은 프로그램 메모리와 데이터 메모리로 나뉘어져 있다. 그리고 EEPROM으로 구성되어 있다. 먼저 프로그램 메모리는 플래시 메모리로 구성되어 있다. 크기는 ATmega128 마이크로컨트롤러인 경우에는 128KB의 크기를 가진다. 플래시 메모리는 최대 10,000번까지 쓰기/지우기를 할 수 있다.

1.4.2.1 프로그램 메모리

ATmega128 마이크로컨트롤러는 재프로그램이 가능한 128KB 플래시 프로그램 메모리를 가지고 있다. AVR의 명령어는 16비트 또는 32비트로 되어 있다. 따라서 프로그램 메모리는 64K × 16으로 구성된다.

프로그램 메모리는 소프트웨어의 안전을 위해 부트 프로그램 영역과 응용 프로그램 영역 총 두 개의 영역으로 나누어진다.

[표 1-4. 프로그램 메모리 영역 구분]

구분	기능
Application Flash Section	일반 프로그램 영역
Boot Flash Section	부트 프로그램 영역

플래시 프로그램 메모리는 읽기/쓰기 동작을 10,000번까지 할 수 있다. ATmega128 마이크로컨트롤러의 프로그램 카운터(PC)는 16비트로 되어 있다.

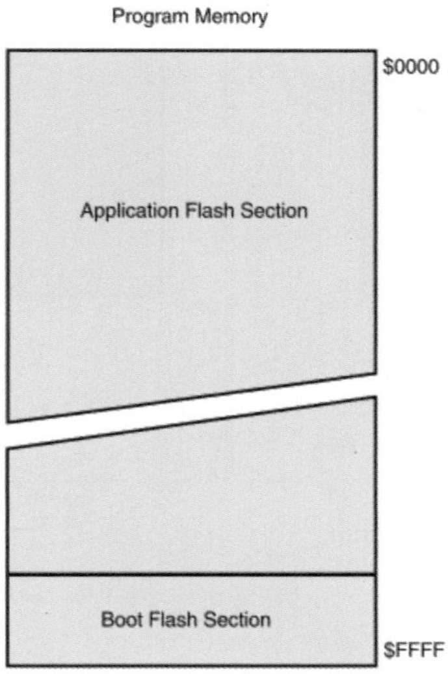

[그림 1-13. 플래시 프로그램 메모리 맵]

1.4.2.2 데이터 메모리

데이터 메모리는 SRAM으로 구성되어 있다. ATmega128의 경우에는 내부에 4KB를 내장하고 있다. 만약에 메모리를 더 확장할 경우에는 외부에 RAM를 더 추가하여 사용할 수 있다. 확장 시에는 최대 64KB까지 더 확장할 수 있다. 이때는 포트 A와 범용 레지스터의 X, Y, Z를 이용하여 사용할 수 있다.

데이터 메모리는 크게 두 가지 형태로 사용할 수 있다. 첫 번째는 일반 모드로 사용하는 경우로 내부 메모리로 4KB(4,096바이트), 외부 메모리로 64KB로 사용할 수 있다. 두 번째는 호환 모드로 ATmega103 마이크로컨트롤러와 호환이 가능한 모드로 내부 메모리로 4KB(4,000 바이트), 외부 메모리로 64KB로 사용할 수 있다.

아래의 그림 (a)에서 보는 것과 같이 일반 모드에서는 0x0000번지부터 0x001F번지까지 32개의 범용 레지스터 영역이고, 0x0020번지부터 0x005F번지까지 64개의 입출력 레지스터 영역이다. 그리고 0x0060번지부터 0x00FF번지까지는 160개의 외부 입출력 레지스터 영역이고, 0x0100번지부터 0x10FF번지까지는 내부 메모리로 영역, 0x1100번지부터 0xFFFF번지까지는 외부 메모리 영역이다. 하지만 호환 모드에서는 일반 모드에서 사용하는 160개의 외부 입출력 레지스터 영역이 없다.

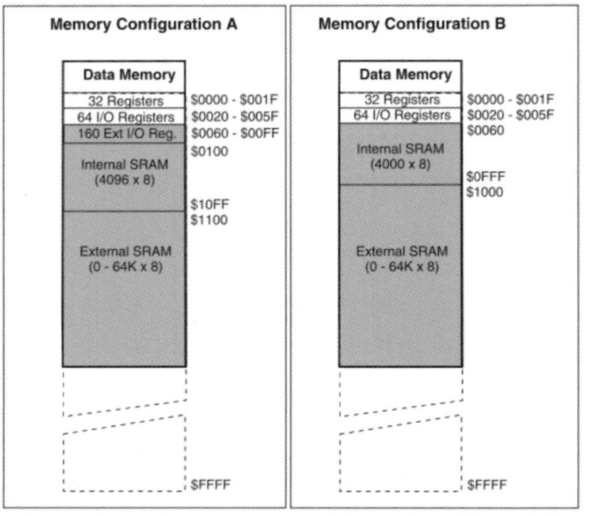

(a) 일반 모드 (b) 호환 모드

[그림 1-14. 데이터 메모리 맵]

데이터 메모리로 접근하기 위한 타이밍은 아래의 그림과 같다.

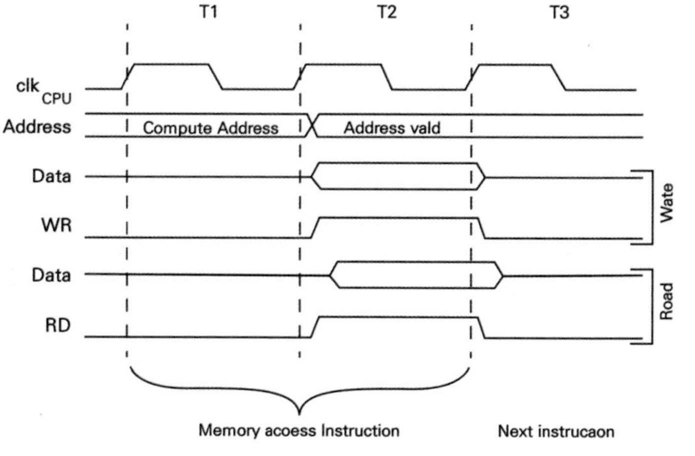

[그림 1-15. SRAM 접근 타이밍]

1.4.2.2.1 입출력 메모리

입출력 메모리(I/O Memory)는 모든 입출력 동작을 위한 메모리이다. 이러한 방식을 '메모리 맵(Memory Mapped) 입출력'이라고 한다. 즉 메모리 공간에 지정된 메모리에 입출력 장치의 주소를 맵핑하여 외부 장치 간 데이터를 주고받는 방식이다. 이와 반대되는 방식으로는 'Isolated I/O' 방식이 있다. 이 방식은 입출력을 독립적으로 구분하여 데이터를 주고받는 방식이다.

ATmega128 마이크로컨트롤러는 64개의 입출력 레지스터를 가지고 있어서 이를 통해 외부 장치 간 데이터를 주고받을 수 있다. 이를 확장하여 160개까지 사용할 수도 있다.

1.4.2.2.2 외부 메모리

ATmega128 마이크로컨트롤러는 외부 데이터 메모리를 최대 60KB까지 확장할 수 있다. 기본적으로 ATmega128 마이크로컨트롤러가 사용할 수 있는 64KB 메모리 중 4KB는 내부 메모리로 사용하고, 60KB를 외부 메모리로 사용할 수 있다. 따라서 확장된 외부 메모리 60KB는 플래시 메모리, LCD 표시장치, AD/DA 변환기, 외부 입출력 확장에 사용할 수 있다.

외부 메모리를 사용할 경우 주요 특징은 다음과 같다.

- 4개의 대기 상태 설정
- 다른 외부 메모리 영역을 위한 독립적인 대기 상태 설정
- 선택 가능한 비트
- 데이터 라인에서 최소화된 전류 소비

아래의 그림에서 보는 것과 같이 일반 모드에서 외부 메모리는 크게 두 개의 영역으로 나눌 수 있으며, 이렇게 나누어진 각각의 영역은 독립적으로 대기 상태를 설정할 수 있다. 이렇게 나누는 이유는 속도가 빠른 내부 동작과 속도가 느린 외부 입출력 시 장치의 적절한 대기 상태를 설정하여 효과적으로 제어하기 위해서이다. 하지만 호환 모드에서는 영역을 나누는 기능을 제공하지는 않는다.

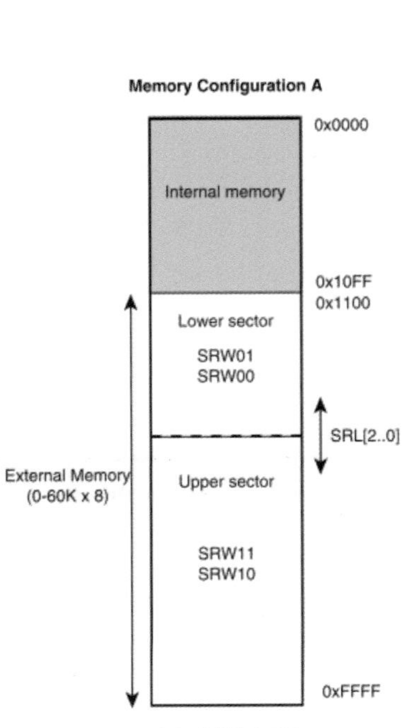

(a) 일반 모드

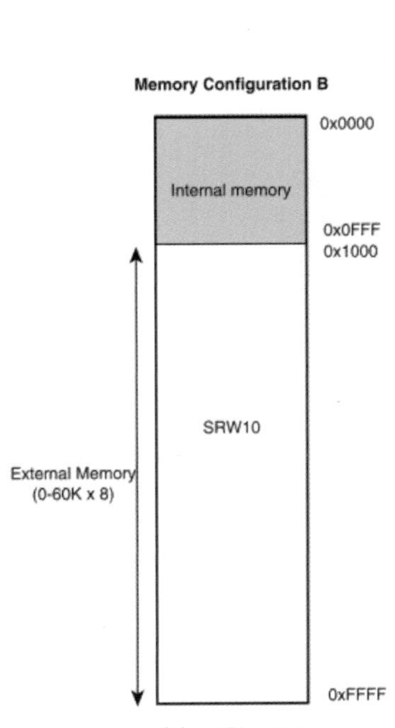

(b) 호환 모드

[그림 1-16. 외부 메모리 영역 구분]

ATmega128 마이크로컨트롤러에서 일반 모드로 동작할 경우 확장 메모리 접근 과정은 다음과 같이 이루어진다.

주소 버스/데이터 버스 지정 → 주소 버스/데이터 버스 → 읽기/쓰기

① AD0 ~ AD7 : 다중화된 8비트 하위 주소 버스와 데이터 버스 지정
② A8 ~ A15 : 상위 주소 버스 지정(비트 수 조정 가능)
③ ALE : 외부 데이터 메모리 어드레스 래치 활성화(주소 버스와 데이터 버스 분리)
④ $\overline{RD}$: 외부 데이터 메모리 읽기 스트로브 신호
⑤ $\overline{WR}$: 외부 데이터 메모리 쓰기 스트로브 신호

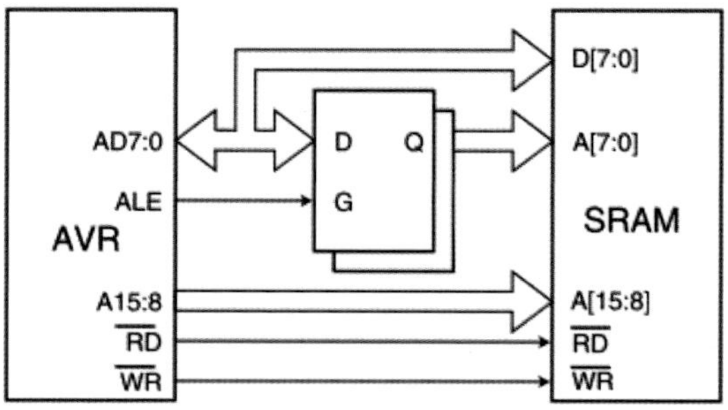

[그림 1-17. 외부 메모리와 AVR 연결]

외부 메모리를 접근하고 제어하기 위해서는 MCUCR, XMCRA, XMCRB 레지스터를 통해 제어한다.

1.4.2.2.3 MCUCR

MCUCR 레지스터는 ATmega128 마이크로컨트롤러 전체를 제어하기 위한 레지스터이다. 외부 메모리를 제어하기 위해서는 이 레지스터에서 외부 메모리 영역을 제어하는 비트를 설정하여 사용할 수 있다.

Bit	7	6	5	4	3	2	1	0	
	SRE	SRW10	SE	SM1	SM0	SM2	IVSEL	IVCE	MCUCR
Read/Write	R/W	R/W	R/W	R/W	R/W	R/W	R/W	R/W	
Initial Value	0	0	0	0	0	0	0	0	

[그림 1-18. MCUCR 레지스터]

[표 1-5. MCUCR 레지스터 기능]

<table>
<tr><th>비트</th><th>기능</th></tr>
<tr><td>비트 7
(SRE)</td><td>• 외부 메모리 활성화 비트
– '0' : 외부 메모리 미사용
– '1' : 외부 메모리 사용</td></tr>
<tr><td>비트 6
(SRW10)</td><td>• 대기 상태 선택 비트
– 외부 메모리 영역을 선택하여 접근할 수 있는 대기 상태를 지정
– XMCRA 레지스터의 SRW11 비트와 조합하여 사용</td></tr>
<tr><td>비트 5
(SE)</td><td>• 슬립 모드 활성화 비트
– '0' : 비활성화
– '1' : 활성화</td></tr>
<tr><td>비트 4
(SM1)</td><td rowspan="3">• 슬립 모드 선택 비트
<table>
<tr><th>SM2</th><th>SM1</th><th>SM0</th><th>슬립 모드</th></tr>
<tr><td>0</td><td>0</td><td>0</td><td>휴면(Idle) 모드</td></tr>
<tr><td>0</td><td>0</td><td>1</td><td>ADC 잡음 감소 모드</td></tr>
<tr><td>0</td><td>1</td><td>0</td><td>전원 차단(Power down) 모드</td></tr>
<tr><td>0</td><td>1</td><td>1</td><td>전원 절약(Power save) 모드</td></tr>
<tr><td>1</td><td>0</td><td>0</td><td>사용하지 않음</td></tr>
<tr><td>1</td><td>0</td><td>1</td><td>사용하지 않음</td></tr>
<tr><td>1</td><td>1</td><td>0</td><td>대기(Standby) 모드</td></tr>
<tr><td>1</td><td>1</td><td>1</td><td>확장 대기(Extended Standby) 모드</td></tr>
</table></td></tr>
<tr><td>비트 3
(SM0)</td></tr>
<tr><td>비트 2
(SM2)</td></tr>
<tr><td>비트 1
(IVSEL)</td><td>• 인터럽트 벡터 선택 비트
– '0' : 인터럽트 벡터 플래시 메모리에 위치
– '1' : 인터럽트 벡터가 플래시 메모리의 부트 영역으로 이동
* 부트 영역의 실제 주소는 퓨즈 비트 BOOTSZ를 통해 결정</td></tr>
<tr><td>비트 0
(IVCE)</td><td>• 인터럽트 벡터 선택 비트 변경을 설정하기 위한 비트
– '0' : 비활성화
('0'으로 설정하거나 IVSEL 비트를 설정한 다음 4사이클 동안 해제)
– '1' : 인터럽트 벡터 선택 비트 변경 활성화 설정</td></tr>
</table>

1.4.2.2.4 XMCRA

XMCRA 레지스터는 메모리 영역을 분할하거나 대기 상태 설정을 위해 사용하는 레지스터이다.

Bit	7	6	5	4	3	2	1	0	
	–	SRL2	SRL1	SRL0	SRW01	SRW00	SRW11	–	XMCRA
Read/Write	R	R/W	R/W	R/W	R/W	R/W	R/W	R	
Initial Value	0	0	0	0	0	0	0	0	

[그림 1-19. XMCRA 레지스터]

[표 1-6. XMCRA 레지스터 기능]

<table>
<tr><th>비트</th><th>기능</th></tr>
<tr><td>비트 7(-)</td><td>사용하지 않음</td></tr>
<tr><td>비트 6(SRL2)
비트 5(SRL1)
비트 4(SRL0)</td><td>• 외부 메모리의 영역을 나누는 비트
<table>
<tr><th>SRL2</th><th>SRL1</th><th>SRL0</th><th>영역 제한선</th></tr>
<tr><td>0</td><td>0</td><td>0</td><td>하위 영역 : N/A
상위 영역 : 0x1100 ~ 0xFFFF</td></tr>
<tr><td>0</td><td>0</td><td>1</td><td>하위 영역 : 0x1100 ~ 0x1FFF
상위 영역 : 0x2000 ~ 0xFFFF</td></tr>
<tr><td>0</td><td>1</td><td>0</td><td>하위 영역 : 0x1100 ~ 0x3FFF
상위 영역 : 0x4000 ~ 0xFFFF</td></tr>
<tr><td>0</td><td>1</td><td>1</td><td>하위 영역 : 0x1100 ~ 0x5FFF
상위 영역 : 0x6000 ~ 0xFFFF</td></tr>
<tr><td>1</td><td>0</td><td>0</td><td>하위 영역 : 0x1100 ~ 0x7FFF
상위 영역 : 0x8000 ~ 0xFFFF</td></tr>
<tr><td>1</td><td>0</td><td>1</td><td>하위 영역 : 0x1100 ~ 0x9FFF
상위 영역 : 0xA000 ~ 0xFFFF</td></tr>
<tr><td>1</td><td>1</td><td>0</td><td>하위 영역 : 0x1100 ~ 0xBFFF
상위 영역 : 0xC000 ~ 0xFFFF</td></tr>
<tr><td>1</td><td>1</td><td>1</td><td>하위 영역 : 0x1100 ~ 0xDFFF
상위 영역 : 0xE000 ~ 0xFFFF</td></tr>
</table></td></tr>
<tr><td>비트 3(SRW01)
비트 2(SRW00)</td><td>• 나누어진 외부 메모리의 하위 영역의 대기 상태 설정 비트
<table>
<tr><th>SRW01</th><th>SRW00</th><th>대기 상태</th></tr>
<tr><td>0</td><td>0</td><td>대기 상태 없음</td></tr>
<tr><td>0</td><td>1</td><td>읽기/쓰기 스트로브 동안 1사이클 대기</td></tr>
<tr><td>1</td><td>0</td><td>읽기/쓰기 스트로브 동안 2사이클 대기</td></tr>
<tr><td>1</td><td>1</td><td>읽기/쓰기 스트로브 동안 2사이클 대기
새로운 주소로 출력 이전에 1사이클 대기</td></tr>
</table></td></tr>
<tr><td>비트 1(SRW11)</td><td>• 나누어진 외부 메모리의 상위 영역의 대기 상태 설정 비트
<table>
<tr><th>SRW11</th><th>SRW10</th><th>대기 상태</th></tr>
<tr><td>0</td><td>0</td><td>대기 상태 없음</td></tr>
<tr><td>0</td><td>1</td><td>읽기/쓰기 스트로브 동안 1사이클 대기</td></tr>
<tr><td>1</td><td>0</td><td>읽기/쓰기 스트로브 동안 2사이클 대기</td></tr>
<tr><td>1</td><td>1</td><td>읽기/쓰기 스트로브 동안 2사이클 대기
새로운 주소로 출력 이전에 1사이클 대기</td></tr>
</table></td></tr>
<tr><td>비트 0(-)</td><td>사용하지 않음</td></tr>
</table>

1.4.2.2.5 XMCRB

XMCRB 레지스터는 버스 키퍼(Bus keeper), 외부 메모리 주소 상한선을 설정하고 제어하기 위한 레지스터이다.

Bit	7	6	5	4	3	2	1	0	
	XMBK	–	–	–	–	XMM2	XMM1	XMM0	XMCRB
Read/Write	R/W	R	R	R	R	R/W	R/W	R/W	
Initial Value	0	0	0	0	0	0	0	0	

[그림 1-20. XMCRB 레지스터]

[표 1-7. XMCRB 레지스터 기능]

비트	기능
비트 7(XMBK)	외부 메모리 버스 키퍼 활성화 비트
비트 6(–)	사용하지 않음
비트 5(–)	사용하지 않음
비트 4(–)	사용하지 않음
비트 3(–)	사용하지 않음
비트 2(XMM2) 비트 1(XMM1) 비트 0(XMM0)	• 외부 메모리 상위 주소 상한선 설정 비트

XMM2	XMM1	XMM0	외부 메모리 주소 비트	포트 핀
0	0	0	8 비트(60KB 전체)	없음
0	0	1	7 비트	PC7
0	1	0	6 비트	PC6 ~ PC7
0	1	1	5 비트	PC5 ~ PC7
1	0	0	4 비트	PC4 ~ PC7
1	0	1	3 비트	PC3 ~ PC7
1	1	0	2 비트	PC2 ~ PC7
1	1	1	없음	포트 C 전체

1.4.2.3 EEPROM

EEPROM은 4KB가 내장되어 있다. EEPROM을 접근할 수 있는 명령을 통해 읽기와 쓰기가 가능하며, 100,000번까지 쓰기/지우기를 할 수 있다. EEPROM은 EEPROM 주소 레지스터, EEPROM 데이터 레지스터, EEPROM 제어 레지스터를 사용하여 접근하고 제어할 수 있다.

1.4.2.3.1 EEARH / EEARL

EEPROM 주소 레지스터는 4KB의 EEPROM 메모리의 주소를 가리키기 위한 레지스터이다. 읽기 동작에 4 사이클, 쓰기 동작에 2 사이클이 사용된다.

Bit	15	14	13	12	11	10	9	8	
	–	–	–	–	EEAR11	EEAR10	EEAR9	EEAR8	EEARH
	EEAR7	EEAR6	EEAR5	EEAR4	EEAR3	EEAR2	EEAR1	EEAR0	EEARL
	7	6	5	4	3	2	1	0	
Read/Write	R	R	R	R	R/W	R/W	R/W	R/W	
	R/W	R/W	R/W	R/W	R/W	R/W	R/W	R/W	
Initial Value	0	0	0	0	X	X	X	X	
	X	X	X	X	X	X	X	X	

[그림 1-21. EEARH / EEARL 레지스터]

[표 1-8. EEARH / EEARL 레지스터 기능]

비트	기능
비트 12 ~ 15	사용하지 않음
비트 0 ~ 11(EEARxx)	• EEPROM 주소 – EEAR8 ~ EEAR11 : EEARH – EEAR0 ~ EEAR7 : EEARL

1.4.2.3.2 EEDR

EEPROM 데이터 레지스터는 읽기 동작이나 쓰기 동작 시 데이터를 저장하기 위한 레지스터이다.

Bit	7	6	5	4	3	2	1	0	
	MSB							LSB	EEDR
Read/Write	R/W	R/W	R/W	R/W	R/W	R/W	R/W	R/W	
Initial Value	0	0	0	0	0	0	0	0	

[그림 1-22. EEDR 레지스터]

1.4.2.3.3 EECR

EEPROM 제어 레지스터는 EEPROM를 제어하기 위한 레지스터이다.

Bit	7	6	5	4	3	2	1	0	
	–	–	–	–	EERIE	EEMWE	EEWE	EERE	EECR
Read/Write	R	R	R	R	R/W	R/W	R/W	R/W	
Initial Value	0	0	0	0	0	0	X	0	

[그림 1-23. EECR 레지스터]

[표 1-9. EECR 레지스터 기능]

비트	기능
비트 7(–)	사용하지 않음
비트 6(–)	사용하지 않음
비트 5(–)	사용하지 않음
비트 4(–)	사용하지 않음
비트 3(EERIE)	• EEPROM 준비 인터럽트 활성화 비트 – '0' : 비활성화 – '1' : 활성화
비트 2(EEMWE)	• EEPROM 마스터 쓰기 활성화 비트 – '0' : 비활성화 – '1' : 활성화(EEWE = '1'로 설정하여 쓰기 동작을 결정)
비트 1(EEWE)	• EEPROM 쓰기 활성화 비트 – '0' : 비활성화 – '1' : 활성화(EEPROM에 데이터를 쓰기 위한 스트로브 신호) EEPROM 쓰기 동작 ① EEWE가 '0'이 될 때까지 대기 ② SPMSCR 레지스터의 SPMEN 비트가 '0'이 될 때까지 대기 ③ EEAR 레지스터에 주소 쓰기 ④ EEDR 레지스터에 데이터 쓰기 ⑤ EECR 레지스터 EEWE 비트가 '0'일 때 EEMWE 비트 '1' 설정 ⑥ ⑤번 동작 다음에 4사이클 동안 EEWE '1' 설정과 동시에 EEPROM에 데이터 쓰기
비트 0(EERE)	• EEPROM 읽기 활성화 비트 – '0' : 비활성화 – '1' : 활성화(EEPROM에 데이터를 읽기 위한 스트로브 신호)

1.4.3 클록(Clock) 시스템

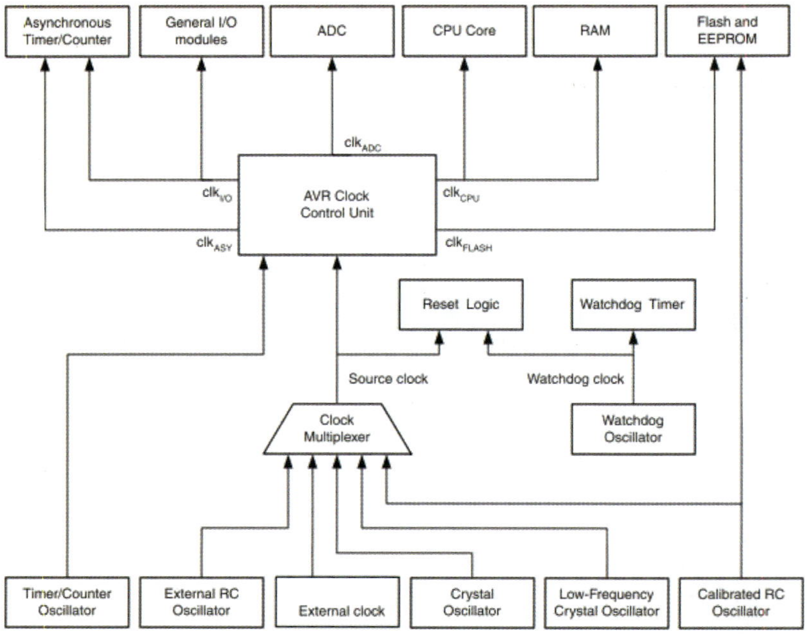

[그림 1-24. 클록 시스템]

[표 1-10. 클록 기능]

Clocks	기능
clk_{CPU}	CPU 코어와 RAM 동작에 필요한 기본 클록
clk_{IO}	입출력 모듈, 타이머 / 카운터, SPI, UART를 위한 클록
clk_{FLASH}	플래시 / EEPROM 메모리를 인터페이스하기 위한 클록
clk_{ASY}	비동기 타이머 / 카운터를 위한 클록으로 외부의 32kHz를 사용
clk_{ADC}	ADC를 위한 클록

클록을 제어하기 위해서는 XDIV 레지스터, 퓨즈 비트 CKSEL0~3를 통해 분주비를 제어하고 클록을 사용할 수 있다.

1.4.3.1 XDIV

XDIV 레지스터는 크리스털 클록의 분주비를 제어하기 위한 레지스터이다.

Bit	7	6	5	4	3	2	1	0	
	XDIVEN	XDIV6	XDIV5	XDIV4	XDIV3	XDIV2	XDIV1	XDIV0	XDIV
Read/Write	R/W	R/W	R/W	R/W	R/W	R/W	R/W	R/W	
Initial Value	0	0	0	0	0	0	0	0	

[그림 1-25. XDIV 레지스터]

[표 1-11. XDIV 레지스터 기능]

<table>
<tr><th>비트</th><th>기능</th></tr>
<tr><td>비트 7(XDIVEN)</td><td>• 분주를 활성화하는 비트
– '0' : 비활성화
– '1' : XDIV0 ~ XDIV6까지 설정된 비트로 분주</td></tr>
<tr><td>비트 6(XDIV6)</td><td rowspan="7">• 분주비 설정 비트
– 클록 주파수 계산식 : $f_{CLK} = \frac{Source\,clock}{129 - d}$
– d : 설정 값
– $Source\,clock$: 아래의 표와 같음
<table>
<tr><th>클록 소스</th><th>CKSEL0 ~ CKSEL3</th></tr>
<tr><td>외부 크리스털 오실레이터 / 세라믹 공진기</td><td>1010 ~ 1111</td></tr>
<tr><td>외부 저주파 크리스털 오실레이터</td><td>1001</td></tr>
<tr><td>외부 RC 오실레이터</td><td>0101 ~ 1000</td></tr>
<tr><td>내부 RC 오실레이터</td><td>0001 ~ 0100</td></tr>
<tr><td>외부 클록</td><td>0000</td></tr>
</table></td></tr>
<tr><td>비트 5(XDIV5)</td></tr>
<tr><td>비트 4(XDIV4)</td></tr>
<tr><td>비트 3(XDIV3)</td></tr>
<tr><td>비트 2(XDIV2)</td></tr>
<tr><td>비트 1(XDIV1)</td></tr>
<tr><td>비트 0(XDIV0)</td></tr>
</table>

1.4.4 전원 관리

ATmega128 마이크로컨트롤러는 일반 CPU와 다르게 저전력으로 운용할 수 있는 장점을 가지고 있는데, 이러한 장점은 ATmega128 마이크로컨트롤러에서 제공되는 슬립 모드를 통해 가능하다. 슬립 모드는 ATmega128 마이크로컨트롤러 내부에서 사용하지 않는 모듈의 동작을 일시 정지시켜 소비되는 전력을 효과적으로 절약할 수 있는 기능으로, 크게 6가지 형태가 있다.

ATmega128 마이크로컨트롤러에서 제공하는 슬립 모드에는 휴면(Idle), ADC 잡음 감소, 전원 차단(Power down), 전원 절약(Power save), 대기(Standby), 확장 대기(Extended Standby) 모드가 있다. 슬립 모드는 MCUCR 레지스터의 SE 비트를 '1'로 설정한 다음 SM0 ~ SM2비트를 설정하여 사용할 수 있다.

1.4.4.1 MCUCR

MCUCR 레지스터는 ATmega128 마이크로컨트롤러 전체를 제어하기 위한 레지스터이다. 전원 관리를 위한 슬립 모드를 제어하기 위해서는 이 레지스터에서 SE비트와 SM0 ~ SM2비트를 설정하여 제어할 수 있다.

Bit	7	6	5	4	3	2	1	0	
	SRE	SRW10	SE	SM1	SM0	SM2	IVSEL	IVCE	MCUCR
Read/Write	R/W	R/W	R/W	R/W	R/W	R/W	R/W	R/W	
Initial Value	0	0	0	0	0	0	0	0	

[그림 1-26. MCUCR 레지스터]

[표 1-12. MCUCR 레지스터 기능]

<table>
<tr><th>비트</th><th>기능</th></tr>
<tr><td>비트 7(SRE)</td><td>• 외부 메모리 활성화 비트
- '0' : 외부 메모리 사용 안 함
- '1' : 외부 메모리 사용함</td></tr>
<tr><td>비트 6(SRW10)</td><td>• 대기 상태 선택 비트
- 외부 메모리 영역을 선택하여 접근할 수 있는 대기 상태를 지정
- XMCRA 레지스터의 SRW11 비트와 조합하여 사용한다.</td></tr>
<tr><td>비트 5(SE)</td><td>• 슬립 모드 활성화 비트
- '0' : 비활성화
- '1' : 활성화</td></tr>
<tr><td>비트 4(SM1)</td><td>• 슬립 모드 선택 비트
<table>
<tr><th>SM2</th><th>SM1</th><th>SM0</th><th>슬립 모드</th></tr>
<tr><td>0</td><td>0</td><td>0</td><td>휴면(Idle) 모드</td></tr>
<tr><td>0</td><td>0</td><td>1</td><td>ADC 잡음 감소 모드</td></tr>
<tr><td>0</td><td>1</td><td>0</td><td>전원 차단(Power down) 모드</td></tr>
</table></td></tr>
</table>

<table>
<tr><td rowspan="2">비트 3(SM0)</td><td>0</td><td>1</td><td>1</td><td>전원 절약(Power save) 모드</td></tr>
<tr><td>1</td><td>0</td><td>0</td><td>사용하지 않음</td></tr>
<tr><td rowspan="3">비트 2(SM2)</td><td>1</td><td>0</td><td>1</td><td>사용하지 않음</td></tr>
<tr><td>1</td><td>1</td><td>0</td><td>대기(Standby) 모드</td></tr>
<tr><td>1</td><td>1</td><td>1</td><td>확장 대기(Extended Standby) 모드</td></tr>
<tr><td>비트 1(IVSEL)</td><td colspan="4">• 인터럽트 벡터 선택 비트
– '0' : 인터럽트 벡터 플래시 메모리에 위치
– '1' : 인터럽트 벡터가 플래시 메모리의 부트 영역으로 이동
* 부트 영역의 실제 주소는 퓨즈 비트 BOOTSZ를 통해 결정</td></tr>
<tr><td>비트 0(IVCE)</td><td colspan="4">• 인터럽트 벡터 선택 비트 변경을 설정하기 위한 비트
– '0' : 비활성화
('0'으로 설정하거나 IVSEL 비트를 설정한 다음 4사이클 동안 해제)
– '1' : 인터럽트 벡터 선택 비트 변경 활성화 설정</td></tr>
</table>

휴면 모드는 SM0 ~ SM2비트가 '000'으로 설정된 상태에서 SLEEP 명령을 수행하면 MCU는 휴면 모드로 들어간다. 하지만 SPI, USART, ADC, TWI, 타이머 / 카운터, 와치독, 인터럽트 시스템은 계속 동작한다. 슬립 모드는 기본적으로 다른 클록이 실행하는 동안 clk_{CPU}, clk_{FLASH}는 중지한다. 휴면 모드를 해제하기 위해서는 외부 인터럽트, 타이머 / 카운터 오버플로우, USART 전송 완료 인터럽트에 의해 해제될 수 있다.

ADC 잡음 감소 모드는 SM0 ~ SM2비트가 '001'으로 설정된 상태에서 SLEEP 명령을 수행하면 MCU는 슬립 모드로 들어간다. 하지만 ADC, 외부 인터럽트, TWI, 타이머 / 카운터0, 와치독 타이머는 만약 활성화되어 있다면 계속 동작한다. 이 모드는 기본적으로 다른 클록이 실행하는 동안 $clk_{I/O}$, clk_{CPU}, clk_{FLASH}는 중지한다. 이 모드는 ADC의 잡음을 개선하기 위해 사용하는 모드이다. 이 모드를 해제하기 위해서는 ADC 변환 완료 인터럽트, 외부 리셋, 와치독 리셋, 브라운 아웃 리셋, TWI 주소 일치 인터럽트, 타이머 / 카운터0 인터럽트, SPM/EEPROM 준비 인터럽트, INT4 ~ INT7 인터럽트, 외부 인터럽트 INT0 ~ INT3에 의해 해제될 수 있다.

전원 차단 모드는 SM0 ~ SM2비트가 '010'으로 설정된 상태에서 SLEEP 명령을 수행하면 MCU는 슬립 모드로 들어간다. 이 모드에서는 외부 오실레이터가 정지된다. 하지만 외부 인터럽트, TWI 주소 일치, 와치독은 계속 동작한다. 이 모드를 해제하기 위해서는 외부 리셋, 와치독 리셋, 브라운 아웃 리셋, TWI 주소 일치 인터럽트, 타이머 / 카운터0 인터럽트, SPM/EEPROM 준비 인터럽트, INT4 ~ INT7 인터럽트, 외부 인터럽트 INT0 ~ INT3에 의해 해제될 수 있다. 기본적으로 이 모드에서는 비동기적 모듈만 동작하고 모든 클록 발생이 정지된다.

전원 절약 모드는 SM0 ~ SM2비트가 '011'으로 설정된 상태에서 SLEEP 명령을 수행하면 MCU는 슬립 모드로 들어간다. 이 모드는 하나의 사항만을 제외하고는 전원 차단 모드와 동일한 기능을 수행한다. 제외 사항은 타이머 / 카운터0이 비동기 클록이라면 슬립 모드 동안 계속해서 동작하게 된다. 이 모드를 해제하기 위해서는 타이머 / 카운터 오버플로우, 타이머 / 카운터0 출력 비교 이벤트 발생에 의해 해제될 수 있다. 이 모드는 기본적으로 clk_{ASY}를 제외한 모든 클록을 중지한다.

대기 모드는 SM0 ~ SM2비트가 '110'으로 설정되어 있고, 외부 크리스털 오실레이터 / 세라믹 공진기가 선택된 상태에서 SLEEP 명령을 수행하면 MCU는 슬립 모드로 들어간다. 이 모드는 오실레이터가 계속 동작하는 것을 제외하고는 전원 차단 모드와 동일한 기능을 수행한다. 오실레이터가 계속 동작하고 있기 때문에 6사이클 내에 해제된다.

확장 대기 모드는 SM0 ~ SM2비트가 '111'으로 설정되어 있고, 외부 크리스털 오실레이터 / 세라믹 공진기가 선택된 상태에서 SLEEP 명령을 수행하면 MCU는 슬립 모드로 들어간다. 이 모드는 오실레이터가 계속 동작하는 것을 제외하고는 전원 절약 모드와 동일한 기능을 수행한다. 오실레이터가 계속 동작하고 있기 때문에 6사이클 이상에서 해제된다.

슬립 모드를 간단히 정리하면 다음 표와 같이 나타낼 수 있다.

[표 1-13. 슬립 모드]

슬립모드	활성 클록 도메인					오실레이터		해제 소스					
	clk_{CPU}	clk_{FLASH}	clk_{IO}	clk_{ADC}	clk_{ASY}	메인 클록 소스 활성화	타이머 / 카운터 오실레이터	INT0 ~ INT7	TWI 주소 일치	타이머 / 카운터0	SP / EEPROM 준비	ADC	기타 I/O
휴면 모드			×	×	×	×	×	×	×	×	×	×	×
ADC 잡음 감소 모드				×	×	×	×	×	×	×	×	×	
전원 차단 모드								×	×				
전원 절약 모드					×		×	×	×	×			
대기 모드						×		×	×				
확장 대기 모드					×	×	×	×	×	×			

1.4.5 시스템 리셋

ATmega128 마이크로컨트롤러가 리셋되면 모든 입출력 레지스터는 초기화되고 프로그램은 리셋 벡터의 주소를 참조하여 리셋 서비스 루틴을 시작하게 된다. ATmega128 마이크로컨트롤러는 5개의 리셋 소스를 가지고 있다.

- **전원 리셋** : MCU의 V_{CC} 전원이 V_{POT} 이하가 되면 리셋된다.
- **외부 리셋** : $\overline{\text{RESET}}$ 단자로부터 Low(0)가 입력되면 리셋된다.
- **와치독 리셋** : 와치독 타이머가 주기가 경과되거나 와치독 기능이 활성화되었을 때 리셋된다.
- **브라운 아웃 리셋** : MCU의 V_{CC} 전원이 V_{BOT} 이하가 되거나, 브라운 아웃 탐지기가 활성화되었을 때 리셋된다.
- **JTAG AVR 리셋** : JTAG AVR 리셋 레지스터에 '1'을 저장하고 JTAG AVR에 연결된 하드웨어가 동작할 때 리셋된다.

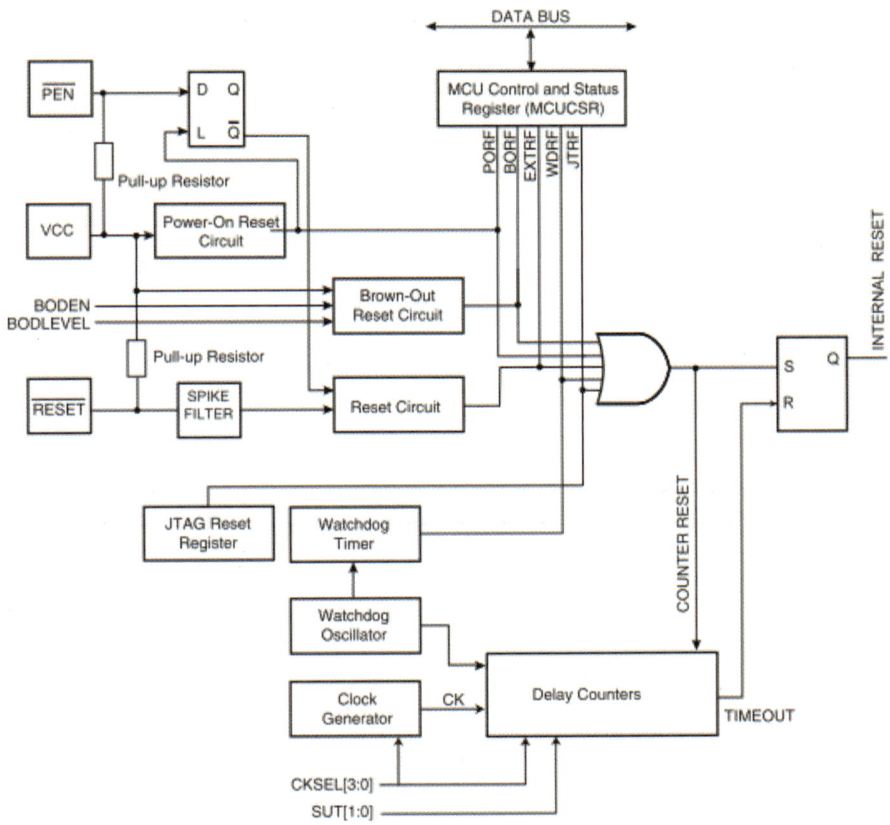

[그림 1-27. 리셋 시스템]

1.4.6 와치독 타이머

와치독 타이머는 MCU 시스템 중에 어느 하나가 무한반복이나 비정상적인 동작을 모니터링하여 MCU가 정상적으로 동작할 수 있도록 해주는 기능을 뜻한다.

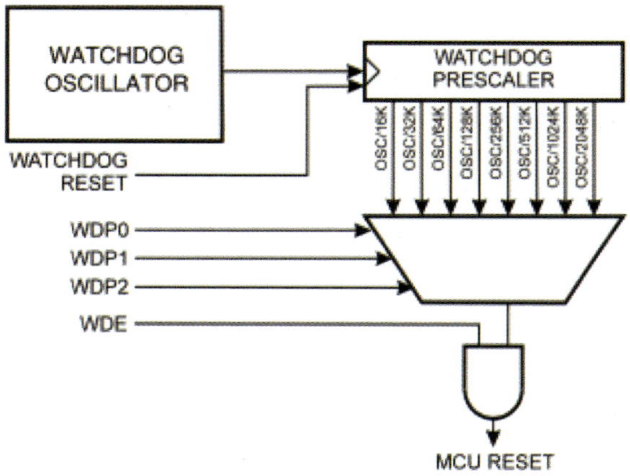

[그림 1-28. 와치독 타이머]

ATmega128 마이크로컨트롤러의 와치독 타이머는 내부에 1MHz의 오실레이터를 내장하고 이를 사용한다. 와치독 타이머는 WDR 명령을 통해 리셋하거나 MCU 리셋에 의해 리셋된다. 와치독 타이머를 제어하기 위한 레지스터는 WDTCR 레지스터를 통해 제어할 수 있다.

1.4.6.1 WDTCR

WDTCR 레지스터는 와치독 타이머를 제어하기 위한 레지스터이다.

Bit	7	6	5	4	3	2	1	0	
	–	–	–	WDCE	WDE	WDP2	WDP1	WDP0	WDTCR
Read/Write	R	R	R	R/W	R/W	R/W	R/W	R/W	
Initial Value	0	0	0	0	0	0	0	0	

[그림 1-29. WDTCR 레지스터]

[표 1-14. WDTCR 레지스터 기능]

비트	기능
비트 7(–)	사용하지 않음
비트 6(–)	사용하지 않음
비트 5(–)	사용하지 않음

비트 4(WDCE)	• 와치독 타이머 변경 활성화 비트 – '0' : 비활성화 – '1' : WDE = '0'으로 설정되어 있을 때 '1'로 설정되어야 함
비트 3(WDE)	• 와치독 타이머 활성화 비트 – '0' : 비활성화(와치독 타이머 동작을 해제) ① 반드시 해제 동작 이전에 '1'로 되어 있더라도 WDCE, WDE '1'로 설정해야 함 ② 다음의 4사이클 내에 WDE를 '0'으로 설정하여 해제 완료 – '1' : 활성화(와치독 타이머가 동작하도록 설정함)
비트 2(WDP2) 비트 1(WDP1) 비트 0(WDP0)	• 와치독 타이머 프리스케일러 설정 비트

WDP2	WDP1	WDP0	WDT 오실레이터 클록 수	V_{CC} = 3V에서 타임 아웃	V_{CC} = 5V에서 타임 아웃
0	0	0	16K (16,384)	14.8ms	14.0ms
0	0	1	32K (32,768)	29.6ms	28.1ms
0	1	0	64K (65,536)	59.1ms	56.2ms
0	1	1	128K (131,072)	0.12s	0.11s
1	0	0	256K (262,144)	0.24s	0.22s
1	0	1	512K (524,288)	0.47s	0.45s
1	1	0	1,024K (1,048,576)	0.95s	0.9s
1	1	1	2,048K (2,097,152)	1.9s	1.8s

1.4.7 포트

ATmega128은 53개의 양방향 입출력 포트를 가지고 있다. 포트는 A~G까지 지정되어 있으며, 각각의 포트는 칩 내부에 풀업 기능을 모두 내장하고 있다. 포트 A~F는 8비트로 입출력을 할 수 있지만, 포트 G는 5비트만 입출력으로 사용할 수 있다. 나머지 3비트는 특수한 용도로 사용한다. 각 포트의 주요 기능을 요약하면 다음과 같다.

[표 1-15. 포트의 주요 기능]

포트	기능
Port A	• 8비트 양방향 입출력 • 내부 풀업저항 내장 • 외부 메모리 사용 시 하위(L) 비트(0 ~ 7)
Port B	• 8비트 양방향 입출력(내부 풀업저항 내장) • SPI 입출력 • 타이머 / 카운터0, 1, 2 출력 비교
Port C	• 8비트 양방향 입출력(내부 풀업저항 내장) • ATmega103 호환 모드 시 출력용으로만 사용 • 외부 메모리 사용 시 상위(H) 비트(8 ~ 15)

Port D	• 8비트 양방향 입출력(내부 풀업저항 내장) • 타이머 / 카운터1, 2 입력 • 타이머 / 카운터 입력 캡처 • USART1 외부 클록 입출력 • USART1 송수신 • 외부 인터럽트 입력(0 ~ 3) • TWI 데이터&클록
Port E	• 8비트 양방향 입출력(내부 풀업저항 내장) • 타이머 / 카운터3 입력 캡처 • 타이머 / 카운터3 클록 입력 • 타이머 / 카운터3 출력 • USART0 외부 클록 입출력 • USART0 송수신 • 외부 인터럽트 입력(4 ~ 7)
Port F	• 8비트 양방향 입출력(내부 풀업저항 내장) • JTAG • ADC 입력(입력 채널 0 ~ 3)
Port G	• 5비트 양방향 입출력(내부 풀업저항 내장) • RTC 타이머 / 카운터0 • 외부 메모리 주소 래치 • 외부 메모리 RD/WR 스트로브

1.4.8 ATmega128 핀 구조

아래 그림은 본 교재의 실습에 사용할 ATmega128 마이크로컨트롤러의 전체적인 핀 구조를 나타낸다. 그림에서 보듯이 하나의 핀에 여러 가지 기능이 있음을 알 수 있다.

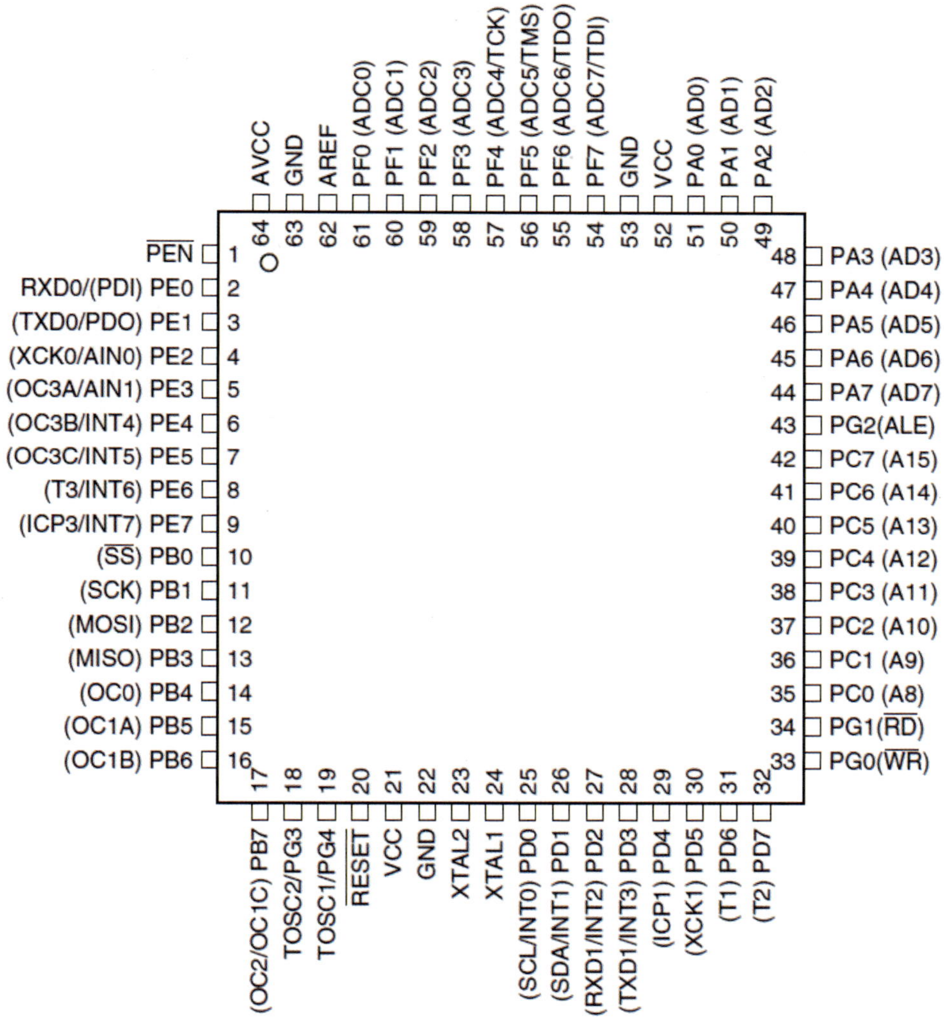

[그림 1-30. ATmega128 마이크로컨트롤러 핀 구조]

CHAPTER 02

실습환경 구축

본 교재의 실습은 ATmega128A-AU 마이크로컨트롤러를 사용한다. 실습 보드는 AVRISP mkII 다운로더를 내장하고 있어 별도의 장비가 필요하지 않다. 그리고 실습을 위해 AVR Studio 7.0 버전을 사용한다. 이 소프트웨어는 타켓 프로그램을 코딩하고 컴파일하여 그 결과 파일(.HEX)를 실습용 보드로 다운로드를 할 수 있는 소프트웨어이다. 지금까지 설명한 실습용 하드웨어와 소프트웨어는 다음과 같다.

[표 2-1. 실습 준비 목록]

구분	목록
하드웨어	• PC • ATmega128 CPU보드(AVRISP mkII 다운로더 내장) • 기타 부품((주) JKEMC)[19)] - 저항, LED, 7-Segment, MPU6050 등
소프트웨어	• AVR Studio 7.0 • AVRISP mkII 드라이버(Windows 버전) • Realterm 프로그램 - PC와 실습용 보드 간 직렬통신 확인용으로 사용

다음은 실습에 필요한 하드웨어와 사용법에 관한 내용이다. 간단히 살펴보고 준비한 다음 실습을 진행하면 된다.

19) (주) JKEMC 홈페이지 : www.jkelec.co.kr

2.1 실습 하드웨어

2.1.1 PC

본 교재의 실습을 위한 PC의 기본 환경은 다음과 같다. PC는 윈도우즈 환경을 사용하여 아래의 최소 기본사양을 충족할 수 있으면 실습하는 데 지장이 없다. 다만 일부 프로그램과 호환성 등을 고려하여 가능하다면 아래의 기본 사항과 동일한 환경에서 작업하는 것이 오류를 최소화할 수 있다.

[표 2-2. PC 최소 사양]

구분	기능
CPU	Intel Pentium5 이상
메모리	1GB 이상
운영체제(OS)	윈도우즈 7 이상
입출력 커넥터	USB v1.0 이상

2.1.2 ATmega128 실습보드

ATmega128 개발보드는 'ATmega128A-AU' AVR 마이크로컨트롤러를 적용한 실습용 보드로 AVRISP mkII 다운로더를 내장하고 있어 별도의 장비 없이 실습이 가능하다. CPU 클록은 16MHz 클록을 사용하고, PC USB 전원(5V)을 사용하면 된다. 이 실습보드는 TTL[20] 레벨로 USART0, USART1 직렬통신이 가능하다. 자세한 실습보드는 아래의 그림과 같이 만들어져 있다.

[그림 2-1. ATmega128 실습보드]

20) TTL : Transistor Transistor Logic, 5V 전원의 직접 회로

2.1.2.1 ATmega128 실습보드 구성

ATmega128 실습보드는 ATmega128A-AU 코어, 16MHz 크리스털 클록, USART0, USART1, JTAG(10핀), ISP(6핀), POWER LED, RESET 스위치 등으로 구성되어 있다.

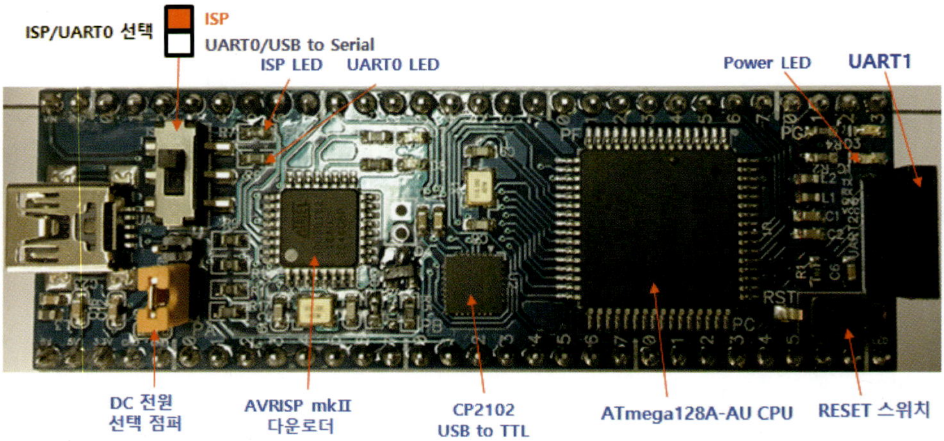

[그림 2-2. ATmega128 실습보드 구성]

[표 2-3. ATmega128 실습보드 기능]

구성	기능
ATmega128-AU CPU	ATmega128A-AU 8비트 AVR 코어
RESET 스위치	리셋 스위치
ISP / UART0 선택 스위치	ISP / UART0를 선택하는 스위치
DC전원 선택점퍼	실습보드에 사용할 전원 선택(USB전원 or 외부전원(VIN))
UART1 커넥터	4핀 커넥터(블루투스 모듈 등)
ISP LED	ISP 선택 시 LED ON(청색)
UART0 LED	UART0 선택 시 LED ON(적색)
POWER LED	전원 LED

2.1.3 ATmega128 실습보드 사용법

ATmega128 실습보드를 사용하기 위해서는 아래의 그림과 같이 PC와 연결하여 타켓 프로그램을 보드로 다운로드할 수 있어야 한다. ATmega128 실습보드에서 사용하는 전원은 별도의 전원을 연결하여 사용할 수도 있지만, 점퍼를 사용해서 5V 전원을 PC와 연결된 USB 단자를 통해 공급받는다. 따라서 별도의 전원을 연결하지 않고도 사용할 수 있다.

[표 2-7. MCU 클록별 사용 전원]

MCU 클록 : 16MHz	5V 전원 사용
MCU 클록 : 7.3728MHz	3V 전원 사용

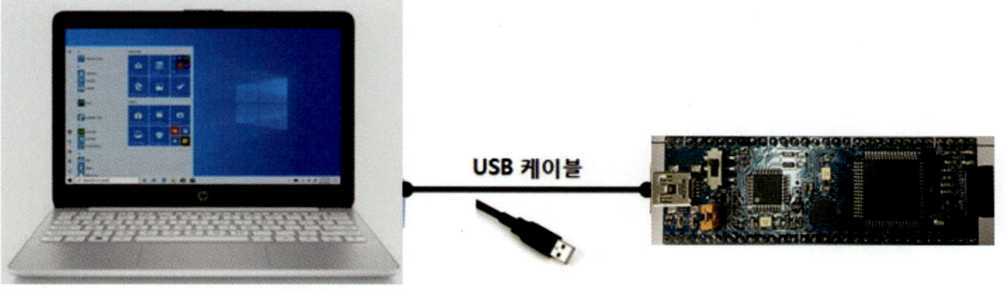

[그림 2-9. ATmega128 보드와 PC 기본 연결]

ATmega128 실습보드는 ISP 포트와 UART0의 포트를 공유하고 있기 때문에 스위치를 이용하여 선택이 가능하다. 코딩한 프로그램을 실습보드에 다운로드 시 선택스위치를 'ISP'로 선택하고, PC와 직렬통신을 할 때는 'UART0'를 선택한다.

2.2 실습 소프트웨어

2.2.1 Atmel Studio 7.0

Atmel Studio 7.0은 기본적으로 타켓 프로그램 소스를 작성, 편집, 디버깅, 컴파일, 타켓 프로그램(.HEX) 다운로드 등의 기능을 통합화면에서 작업할 수 있는 소프트웨어이다. 따라서 AVR Studio 7.0은 본 교재의 실습을 위한 기본 소프트웨어로 반드시 PC에 설치해야 한다. 설치를 위해 아래의 다운로드 사이트를 참조하여 먼저 PC로 다운로드한 다음 설치하면 된다. 설치 시에 특별히 설정할 부분은 없다.

Atmel Studio 7.0

https://www.microchip.com/mplab/avr-support/avr-and-sam-downloads-archive

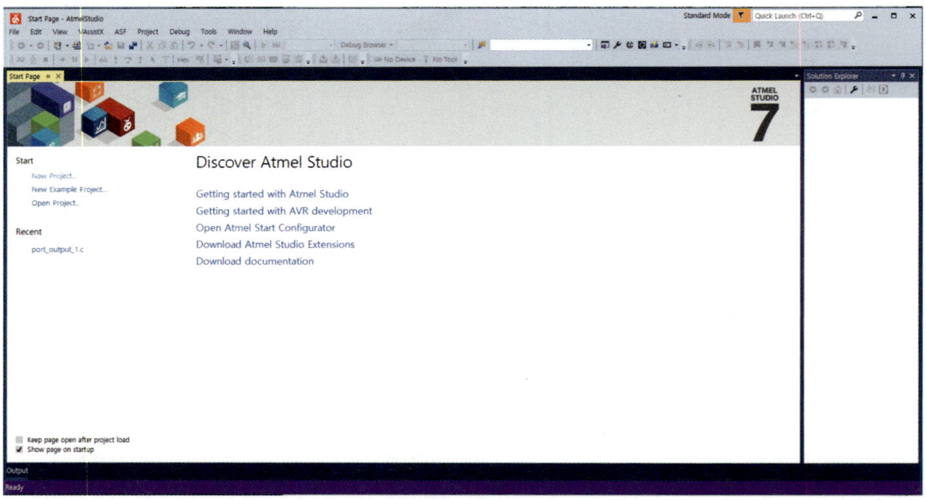

[그림 2-10. Atmel Studio 7.0 화면]

설치가 끝난 다음에는 반드시 환경 설정을 해주어야 한다. 만약 환경 설정이 실습용 모듈과 맞지 않다면 제대로 동작하지 않는다. 따라서 반드시 실습용 모듈에 맞게 설정해야 한다.

2.2.1.1 Atmel Studio 7.0 시작하기

설치가 끝난 다음 Atmel Studio 7.0을 실행하여 타켓 프로그램 소스를 작성하기 위해 가장 먼저 해야 할 것이 새로운 프로젝트를 만드는 것이다. 아래의 화면과 같이 Atmel Studio 7.0을 실행하면 새로운 프로젝트를 만들거나 기존의 프로젝트 파일을 읽어올 수 있다. 우선 새로운 프로젝트를 하나 만들어서 사용하는 방법을 간단히 알아본다.

2.2.1.1.1 새로운 프로젝트 만들기

① Atmel Studio 7.0을 실행하면 아래와 같은 화면이 나온다. 이때 Start에서 'New Project'를 선택한다.

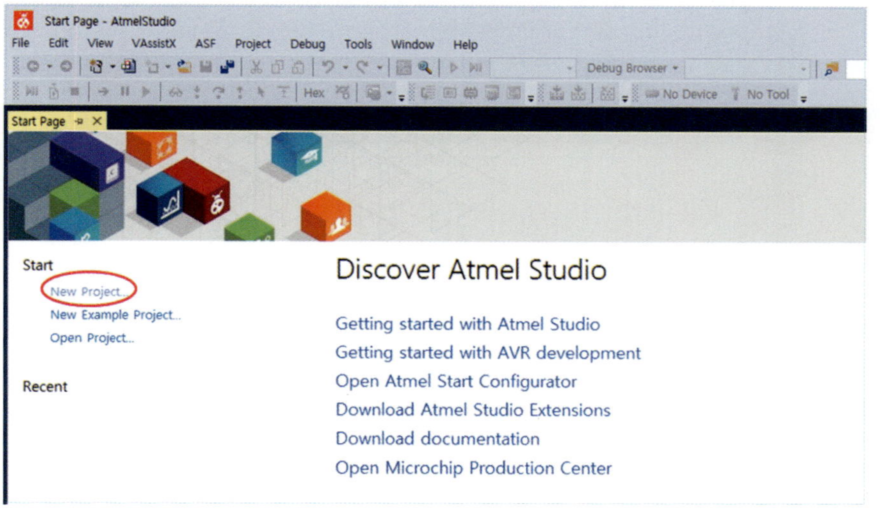

[그림 2-11. 새로운 프로젝트 만들기 화면]

② 새로운 프로젝트를 만들 수 있는 화면이 나온다. 아래 화면의 'Installed'에서 'C/C++'를 선택하고 동시에 'GCC C Excutable Project'를 선택한다. 그런 다음 'Name'과 'Location'을 사용자가 임의로 입력한다. 'Location'은 프로젝트가 저장될 위치를 지정하기 위해 사용한다. 여기서 주의할 점은 디렉토리, 프로젝트 이름, 소스 이름이 한글이면 컴파일 시에 오류가 발생할 수도 있다는 것이다. 따라서 가능한 한 영문자를 사용하도록 한다.

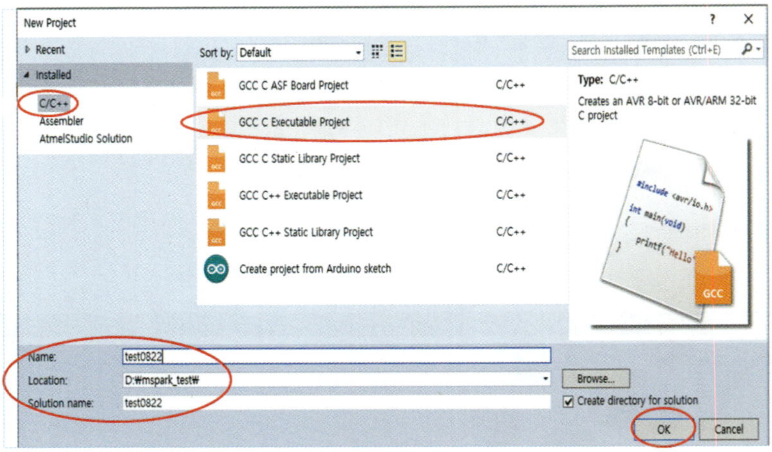

[그림 2-12. 프로젝트 이름 설정]

③ 프로젝트 이름, 소스 이름을 설정한 후 확인 버튼을 누르면 아래의 화면이 나온다. 여기서는 실습에 사용하는 장치를 선택한다. 'Device Family'에서 'ATmega'를 확인하고 'Search for device'를 이용하여 'ATmega128A'를 입력한 후 해당 장치를 선택한다.

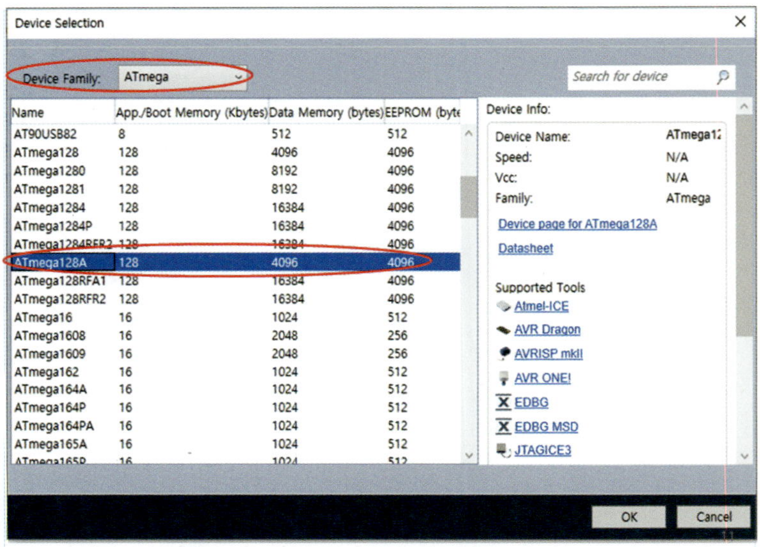

[그림 2-13. 장치 설정]

④ 새로운 프로젝트 만들기가 완료되면 다음과 같은 초기 화면이 나온다. 이 화면에서 프로그램을 작성하면 된다.

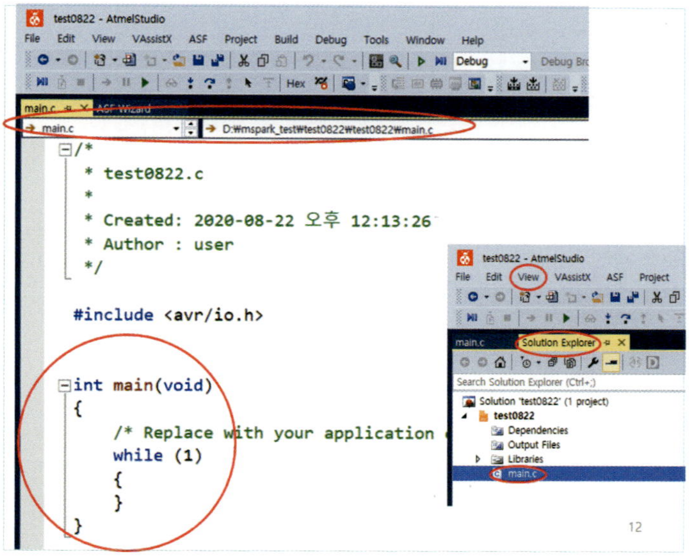

[그림 2-14. 시작 초기 화면]

⑤ 설치된 Atmel Studio 7.0의 정상동작을 확인하기 위해 아래 그림과 같이 빌드를 실행한다. 빌드의 결과는 'Output' 메시지를 통해 확인이 가능하다.

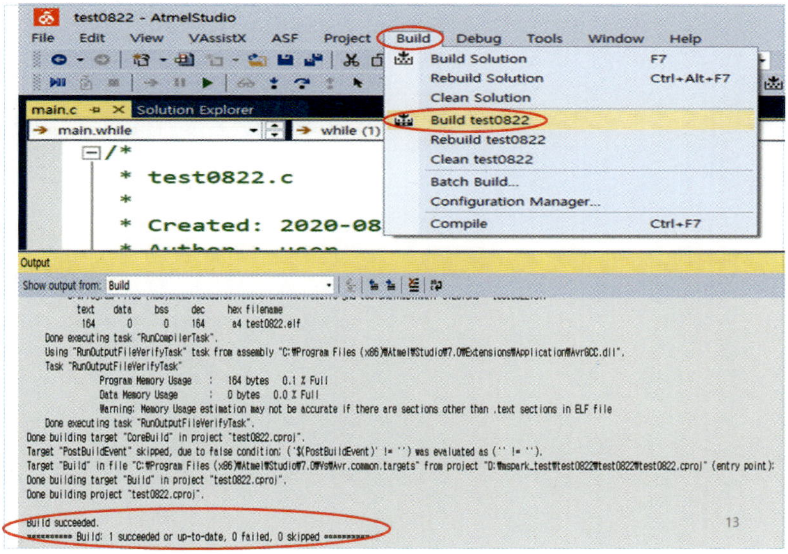

[그림 2-15. Build 실행하기]

⑥ Build 실행 후 ATmega128 실습보드에 다운로드할 파일이 정상적으로 생성되었는지 확인한다. 아래 그림과 같이 *.hex 파일을 확인할 수 있다.

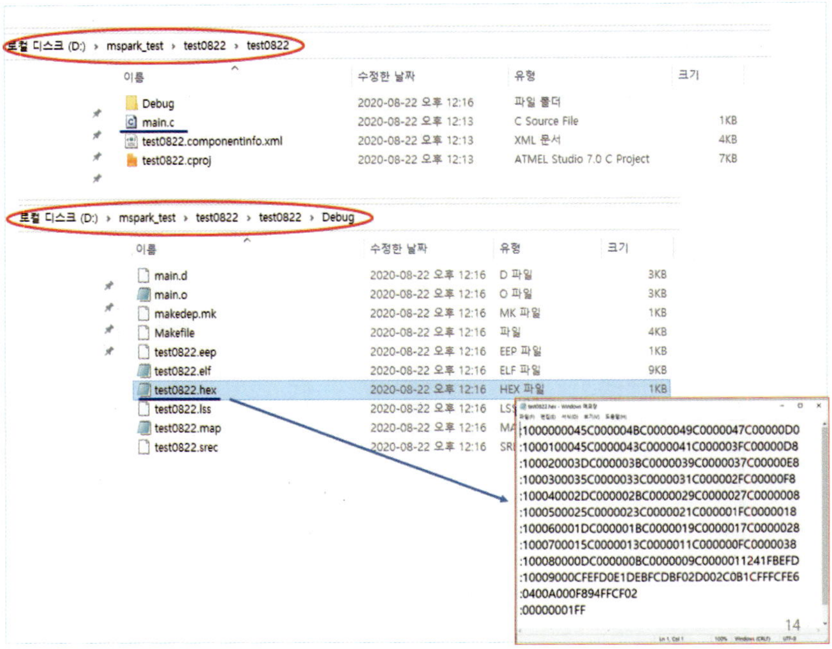

[그림 2-16. 실행결과 확인하기]

2.2.2 AVRISP mk II 드라이버 설치

ATmega128 실습보드에는 Atmel Studio 7.0 소프트웨어를 이용하여 생성된 타켓 프로그램(.HEX)을 실습용 보드로 다운로드할 때 필요한 드라이버(AVRISP mk II)를 포함하고 있다. Atmel Studio 7.0 설치 후 ATmega128 보드에 있는 AVRISP mk II와 USB to UART를 자동으로 인식하지 못하면 드라이버 설치가 필요하다.

설치를 위해 아래의 다운로드 사이트를 참조하여 먼저 PC로 다운로드한 다음 설치하면 된다. 설치 시 특별히 설정할 부분은 없다. 만약 설치 시 오류가 발생할 경우에는 ATmega128 실습보드 제조사(주식회사 제이케이이이엠씨) 홈페이지(http://www.deviceshop.net/)에서 드라이버를 다운받아 사용하도록 한다.

AVRISP mk II Driver
https://www.olimex.com/Products/AVR/Programmers/AVR-ISP-MK2/resources/DRIVER-MK2-AS-6-7-W10.zip

AVRISP mk II Driver가 설치되지 않을 경우에는 아래와 같이 드라이버를 인식하지 못한다.

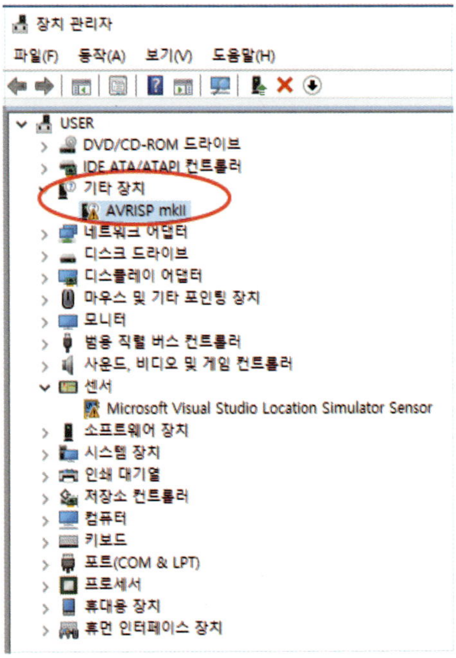

[그림 2-17. AVRISP mk II Driver가 설치되지 않은 경우의 화면]

AVRISP mkII Driver 다운로드 받은 파일은 압축 파일이다. 따라서 받은 파일을 먼저 압축 해제한 후 드라이버 업데이트를 실행한다.

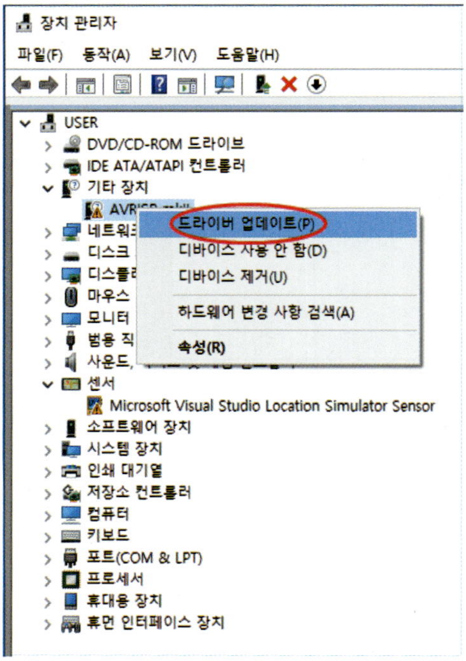

[그림 2-18. 드라이버 업데이트 실행]

AVRISP mkII Driver 검색 방법을 아래와 같이 선택한다.

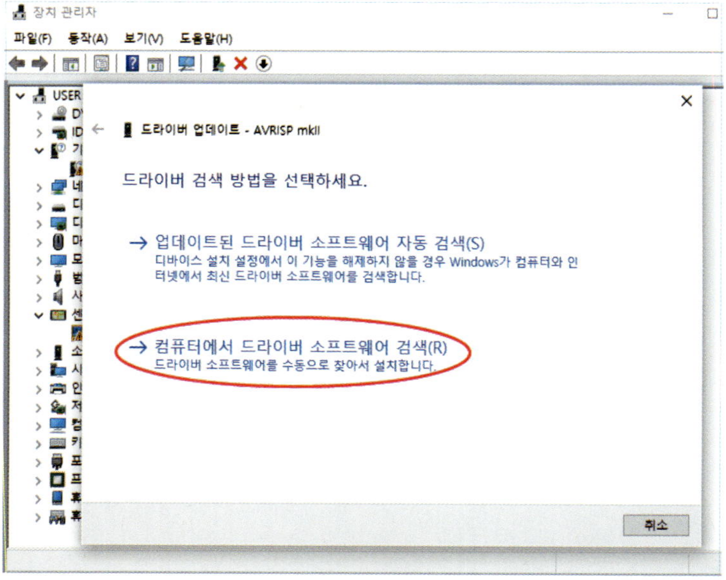

[그림 2-19. 드라이버 검색 방법 선택]

AVRISP mkII Driver로 다운로드 받은 파일이 저장된 경로를 지정한다.

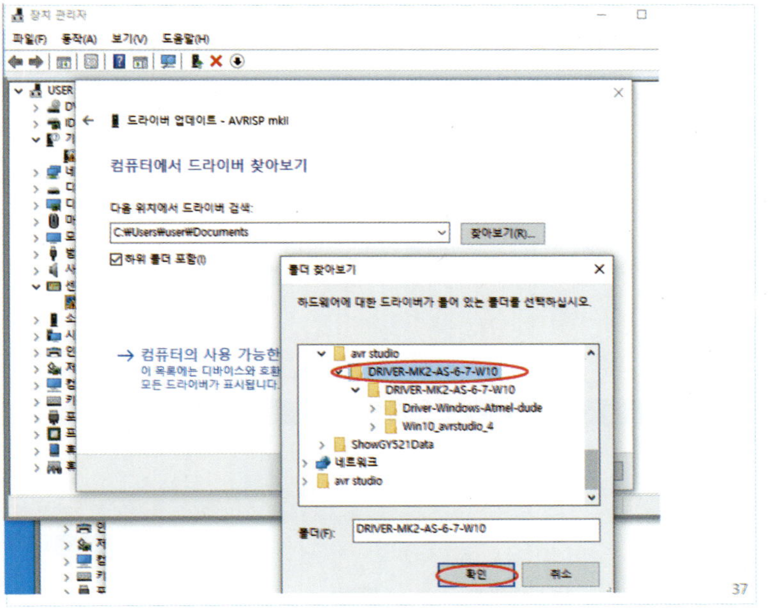

[그림 2-20. 드라이버 저장경로 선택]

드라이버 설치 완료 후 아래 그림과 같이 AVRISP mkII Driver가 인식됨을 확인할 수 있다.

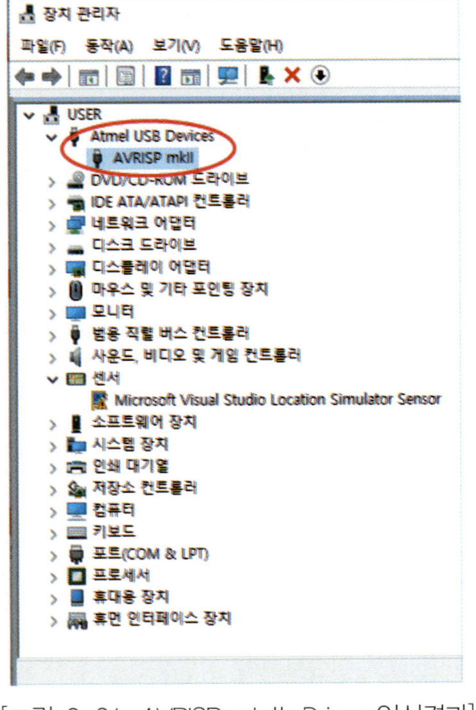

[그림 2-21. AVRISP mk II Driver 인식결과]

2.2.3 USB to UART 드라이버

USB to UART 드라이버는 ATmega128 실습보드와 PC 간에 직렬통신을 하는 데 필요한 장치를 위한 드라이버이다. 따라서 USB to UART 드라이버는 본 교재의 실습을 위한 기본 소프트웨어로 반드시 PC에 설치해야 한다. 아래의 다운로드 사이트를 참조하여 먼저 PC로 다운로드한 다음 설치하면 되고, 설치 시 특별히 설정할 부분은 없다.

CP2102 USB to Uart Driver
https://www.silabs.com/developers/usb-to-uart-bridge-vcp-drivers

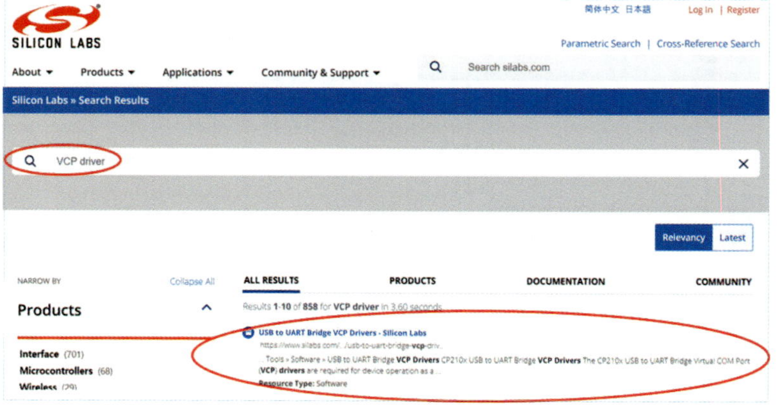

[그림 2-22. USB to UART 드라이버 다운로드]

다운로드 받은 파일은 압축 파일이다. 따라서 받은 파일을 먼저 압축 해제한다. 해제한 다음 드라이버 설치 파일을 실행하여 설치한다. 설치가 완료된 다음 아래와 같이 장치관리자 창을 열어서 드라이버가 설치되었는지 확인하면 된다.

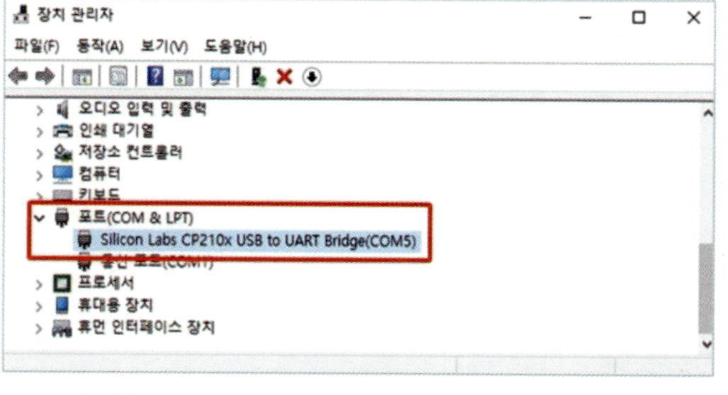

[그림 2-22. USB to UART 드라이버 다운로드]

드라이버를 설치한 후 ATmega128 실습보드와 직렬통신을 위한 RealTerm 시리얼 터미널 프로그램(https://sourceforge.net/projects/realterm)을 다운받아 실습에 사용한다.

2.3 AVR C

AVR 마이크로컨트롤러 타켓 프로그램을 코딩할 때 사용하는 AVR C언어에 대하여 간단히 알아본다. 이 교재를 대하는 독자가 C언어에 대한 기본적인 지식이 있다면 더욱 이해가 쉬울 것이다.

AVR 마이크로컨트롤러를 제어하기 위해 사용하는 AVR C언어는 본질적으로는 C언어를 기반으로 한다. 다만 특수한 몇몇 기능이 더 추가되거나 수정되어 사용된다. 또한 AVR에서 필요한 기능의 함수를 라이브러리로 모두 제공하고 있다. 그리고 필요한 경우 사용자가 직접 정의하여 사용할 수도 있다. AVR 마이크로컨트롤러의 세부 기능에 대한 것들은 모두 'avr/' 디렉토리 안에 AVR 전용의 헤더 파일로 정의되어 있다. 따라서 이 라이브러리를 코딩 시에 사용하면 된다. 먼저 AVR C언어가 일반 C언어와 다른 점들에 대하여 알아본다.

2.3.1 자료형

일반 C언어에서 사용하는 자료형(Data Type)과 조금 다른 자료형을 가진다. 그 이유는 근본적으로 PC의 CPU가 32비트 명령어 처리를 기본 단위로 하고 있기 때문이며, 최근에는 64비트 단위로 처리 능력이 좋아졌기 때문이다. 따라서 일반 C언어도 이에 맞추어져 명령어, 자료형 등이 32비트나 64비트로 처리된다. 그렇기 때문에 8비트를 처리 단위로 하는 AVR 마이크로컨트롤러에서는 이런 차이점을 조정하여 AVR 마이크로컨트롤러에 적합한 형태로 일부 형식이나 기능을 수정하여 사용할 수 있도록 하였다. 물론 일반 C언어에서 제공하는 표준 기능을 모두 사용할 수 있다. 그러면 수정된 자료형은 어떤 것이 있는지 살펴보자.

수정된 자료형들은 아래의 표에 나타난 형태로 수정하여 사용할 수도 있다.

[표 2-10. AVR 마이크로컨트롤러 자료형]

자료형	길이(비트 수 / 바이트 수)	범위
Uint8_t	8/1	0 ~ +255
Int8_t	8/1	-128 ~ +127
Uint16_t	16/2	0 ~ +65,535
Int16_t	16/2	-32768 ~ +32767
Uint32_t	32/4	0 ~ +4,294,967,295

Int32_t	32/4	−2,147,483,648 ~ +2,147,483,647
Uint64_t	64/8	0 ~ +1.8×10^19
Int64_t	64/8	−9.2×10^18 ~ +9.2×10^18

* Uint(Unsigned int) : 부호가 없는 정수,
* Int(Signed int) : 부호가 있는 정수

또 다른 형태로는 다음과 같은 것들도 있다.

[표 2-11. 다른 형태의 AVR 마이크로컨트롤러 자료형]

자료형	길이(비트 수 / 바이트 수)	범위
u08_t	8/1	0 ~ +255
s08_t	8/1	−128 ~ +127
u16_t	16/2	0 ~ +65,535
s16_t	16/2	−32768 ~ +32767
u32_t	32/4	0 ~ +4,294,967,295
s32_t	32/4	−2,147,483,648 ~ +2,147,483,647
u64_t	64/8	0 ~ +1.8×10^19
s64_t	64/8	−9.2×10^18 ~ +9.2×10^18

* u(Unsigned int) : 부호가 없는 정수,
* s(Signed int) : 부호가 있는 정수

2.3.2 비트 조작 명령

AVR 마이크로컨트롤러는 비트를 조작하는 경우가 빈번하게 일어난다. 따라서 이에 적합한 별도의 비트 조작 명령을 통해 제어할 수 있도록 하였다. 아래의 표는 비트 조작을 위한 명령어 중에 예를 든 것이다.

[표 2-12. 비트 조작 명령어 예제]

비트 조작 명령어	기능
sbi()	상태 레지스터(SREG)의 전체 인터럽트 비트(I) 설정 명령어
cbi()	상태 레지스터(SREG)의 전체 인터럽트 비트(I) 해제 명령어
outb()	비트를 출력하기 위한 명령어
inb()	비트를 입력받기 위한 명령어

2.3.3 레지스터 명령

AVR 마이크로컨트롤러는 모든 데이터, 제어 정보 등을 레지스터에 저장한다. 또한 마이크로컨트롤러와 외부 장치 간 입출력을 할 때도 레지스터가 사용된다. 이러한 레지스터는 각각의 마이크로컨트롤러의 종류와 사양에 따라 사용할 수 있는 개수와 비트수가 정해져 있다. 이 레지스터에 손쉽게 접근할 수 있도록 별도의 레지스터 지정 기능을 추가하였다.

[표 2-13. 레지스터 명령 예제]

레지스터	기능
DDRx DDRxn	포트 방향을 지정하기 위한 레지스터('x' 포트 전체를 의미) 포트 방향을 지정하기 위한 레지스터('x'로 지정된 포트의 비트를 의미)
PORTx PORTxn	포트 출력을 지정하기 위한 레지스터('x' 포트 전체를 의미) 포트 출력을 지정하기 위한 레지스터('x'로 지정된 포트의 비트를 의미)
PINx PINxn	포트로 입력을 받기 위한 레지스터('x' 포트 전체를 의미) 포트로 입력을 받기 위한 레지스터('x'로 지정된 포트의 비트를 의미)
기타	각각의 내부 장치와 관련된 레지스터들이 정의되어 있음

위에서 설명한 레지스터들은 모두 '/avr/iom128.h' 헤더에 메모리 주소가 지정되어 있으며 이들을 이용하여 손쉽게 AVR 마이크로컨트롤러 프로그래밍을 할 수 있다.

[표 2-14. ATmega128에서 사용하는 레지스터 목록(/avr/iom128.h)]

/avr/iom128.h	
레지스터	레지스터
#define PINF _SFR_IO8(0x00)	#define TCCR0 _SFR_IO8(0x33)
#define PINE _SFR_IO8(0x01)	#define MCUSR _SFR_IO8(0x34)
#define DDRE _SFR_IO8(0x02)	#define MCUCSR _SFR_IO8(0x34)
#define PORTE _SFR_IO8(0x03)	#define TIFR _SFR_IO8(0x36)
#define ADCW _SFR_IO16(0x04)	#define TIMSK _SFR_IO8(0x37)
#define ADCL _SFR_IO8(0x04)	#define EIFR _SFR_IO8(0x38)
#define ADCH _SFR_IO8(0x05)	#define EIMSK _SFR_IO8(0x39)
#define ADCSR _SFR_IO8(0x06)	#define EICRB _SFR_IO8(0x3A)
#define ADCSRA _SFR_IO8(0x06)	#define RAMPZ _SFR_IO8(0x3B)
#define ADMUX _SFR_IO8(0x07)	#define XDIV _SFR_IO8(0x3C)
#define ACSR _SFR_IO8(0x08)	#define DDRF _SFR_MEM8(0x61)
#define UBRR0L _SFR_IO8(0x09)	#define PORTF _SFR_MEM8(0x62)
#define UCSR0B _SFR_IO8(0x0A)	#define PING _SFR_MEM8(0x63)
#define UCSR0A _SFR_IO8(0x0B)	#define DDRG _SFR_MEM8(0x64)
#define UDR0 _SFR_IO8(0x0C)	#define PORTG _SFR_MEM8(0x65)
#define SPCR _SFR_IO8(0x0D)	#define SPMCR _SFR_MEM8(0x68)
#define SPSR _SFR_IO8(0x0E)	#define SPMCSR _SFR_MEM8(0x68)
#define SPDR _SFR_IO8(0x0F)	#define XMCRB _SFR_MEM8(0x6C)
#define PIND _SFR_IO8(0x10)	#define XMCRA _SFR_MEM8(0x6D)
#define DDRD _SFR_IO8(0x11)	#define OSCCAL _SFR_MEM8(0x6F)
#define PORTD _SFR_IO8(0x12)	#define TWBR _SFR_MEM8(0x70)
#define PINC _SFR_IO8(0x13)	#define TWSR _SFR_MEM8(0x71)
#define DDRC _SFR_IO8(0x14)	#define TWAR _SFR_MEM8(0x72)
#define PORTC _SFR_IO8(0x15)	#define TWDR _SFR_MEM8(0x73)
#define PINB _SFR_IO8(0x16)	#define TWCR _SFR_MEM8(0x74)
#define DDRB _SFR_IO8(0x17)	#define OCR1C _SFR_MEM16(0x78)
#define PORTB _SFR_IO8(0x18)	#define OCR1CL _SFR_MEM8(0x78)
#define PINA _SFR_IO8(0x19)	#define OCR1CH _SFR_MEM8(0x79)
#define DDRA _SFR_IO8(0x1A)	#define TCCR1C _SFR_MEM8(0x7A)
#define PORTA _SFR_IO8(0x1B)	#define ETIFR _SFR_MEM8(0x7C)
#define EECR _SFR_IO8(0x1C)	#define ETIMSK _SFR_MEM8(0x7D)
#define EEDR _SFR_IO8(0x1D)	#define ICR3 _SFR_MEM16(0x80)
#define EEAR _SFR_IO16(0x1E)	#define ICR3L _SFR_MEM8(0x80)
#define EEARL _SFR_IO8(0x1E)	#define ICR3H _SFR_MEM8(0x81)
#define EEARH _SFR_IO8(0x1F)	#define OCR3C _SFR_MEM16(0x82)
#define SFIOR _SFR_IO8(0x20)	#define OCR3CL _SFR_MEM8(0x82)
#define WDTCR _SFR_IO8(0x21)	#define OCR3CH _SFR_MEM8(0x83)
#define OCDR _SFR_IO8(0x22)	#define OCR3B _SFR_MEM16(0x84)
#define OCR2 _SFR_IO8(0x23)	#define OCR3BL _SFR_MEM8(0x84)
#define TCNT2 _SFR_IO8(0x24)	#define OCR3BH _SFR_MEM8(0x85)
#define TCCR2 _SFR_IO8(0x25)	#define OCR3A _SFR_MEM16(0x86)
#define ICR1 _SFR_IO16(0x26)	#define OCR3AL _SFR_MEM8(0x86)
#define ICR1L _SFR_IO8(0x26)	#define OCR3AH _SFR_MEM8(0x87)
#define ICR1H _SFR_IO8(0x27)	#define TCNT3 _SFR_MEM16(0x88)
#define OCR1B _SFR_IO16(0x28)	#define TCNT3L _SFR_MEM8(0x88)
#define OCR1BL _SFR_IO8(0x28)	#define TCNT3H _SFR_MEM8(0x89)

```
#define OCR1BH    _SFR_IO8(0x29)
#define OCR1A     _SFR_IO16(0x2A)
#define OCR1AL    _SFR_IO8(0x2A)
#define OCR1AH    _SFR_IO8(0x2B)
#define TCNT1     _SFR_IO16(0x2C)
#define TCNT1L    _SFR_IO8(0x2C)
#define TCNT1H    _SFR_IO8(0x2D)
#define TCCR1B    _SFR_IO8(0x2E)
#define TCCR1A    _SFR_IO8(0x2F)
#define ASSR      _SFR_IO8(0x30)
#define OCR0      _SFR_IO8(0x31)
#define TCNT0     _SFR_IO8(0x32)
#define TCCR3B    _SFR_MEM8(0x8A)
#define TCCR3A    _SFR_MEM8(0x8B)
#define TCCR3C    _SFR_MEM8(0x8C)
#define UBRR0H    _SFR_MEM8(0x90)
#define UCSR0C    _SFR_MEM8(0x95)
#define UBRR1H    _SFR_MEM8(0x98)
#define UBRR1L    _SFR_MEM8(0x99)
#define UCSR1B    _SFR_MEM8(0x9A)
#define UCSR1A    _SFR_MEM8(0x9B)
#define UDR1      _SFR_MEM8(0x9C)
#define UCSR1C    _SFR_MEM8(0x9D)
```

CHAPTER 03

포트 입·출력 실습

포트 입·출력 실습에서는 ATmega128 실습보드(이하 '실습용 하드웨어'라 함)를 이용하여 기본적인 입력과 출력을 실습한다. 하지만 실습하기 전에, 포트 입·출력을 위해 사용하는 포트(Port)가 무엇인지 반드시 알아야 한다. 물론 1장에서 간략히 정의하였지만 어떻게 사용하는지는 잘 모르므로, 실습에 앞서 포트(Port)에 대하여 간단히 살펴본다.

3.1 포트(Port)란?

포트는 단어가 의미하는 대로 마이크로컨트롤러로 데이터를 보내고 받는 역할을 수행하는 곳을 말한다. 즉 보낸다는 것은 데이터를 출력한다는 의미이고, 받는다는 것은 데이터를 입력받는다는 의미이다. 이때 포트를 입력으로 사용할 경우에는 포트를 입력 방향으로 먼저 설정한 다음 데이터를 입력받고, 반대로 출력할 경우에는 포트를 출력 방향으로 먼저 설정한 다음 데이터를 출력해야 한다. ATmega128 마이크로컨트롤러는 이렇게 사용할 수 있는 포트가 A ~ G까지 있다. 각각의 포트는 모두 8비트로 구성되어 있으나, 포트 G는 5비트만 사용할 수 있다. 또한 각각의 포트는 기본적인 입출력 기능 외에 여러 가지 별도의 기능도 포함하고 있다.

[표 3-1. ATmega128 마이크로컨트롤러 포트]

포트	비트수(포트 핀번호)
포트 A	8비트(PA0 ~ PA7)
포트 B	8비트(PB0 ~ PB7)
포트 C	8비트(PC0 ~ PC7)
포트 D	8비트(PD0 ~ PD7)
포트 E	8비트(PE0 ~ PE7)
포트 F	8비트(PF0 ~ PF7)
포트 G	5비트(PG0 ~ PG4)

3.1.1 포트 입출력

3.1.1.1 출력 방향 설정

먼저 포트의 입출력 방향은 어떻게 설정하는지 알아보자. 첫 번째, 포트를 출력 방향으로 설정하기 위해서는 어떻게 해야 하는가? 우선 아래와 같이 포트가 출력으로 사용할 수 있도록 설정한다.

```
DDR21)xn = 0x1              // 포트 x의 n번째 비트의 출력 방향 설정
```

예제	
DDRA0 = 0x1	// 포트 A의 첫 번째 비트의 출력 방향 설정
DDRA = 0x1	// 포트 A의 8개 모든 비트를 출력 방향 설정
DDRA = 0x0F	// 포트 A의 하위 4비트는 출력, 상위 4비트는 입력 방향 설정

여기에서 'DDR'은 포트의 입력과 출력 방향을 설정한다는 의미의 레지스터를 뜻하고, 'x'는 A ~ G까지 포트 중 하나를 지정할 때 사용한다. 그리고 'n'은 지정된 포트 'x'의 0 ~ 7까지 총 8개의 비트 자리를 뜻한다. 각 비트의 값이 '1'이면 지정된 포트 'x'를 출력으로 사용한다는 의미이고, '0'이면 입력으로 사용한다는 의미이다. 따라서 위에서 정의한 값 '1'은 지정된 포트 'x'의 'n'번째 비트를 출력으로 사용한다는 것이다. 그러므로 포트 'x'의 'n'번째 비트를 출력 방향으로 설정하여 데이터를 외부로 출력할 수 있다. 만약에 하위 두 개의 비트만 출력으로 사용할 경우에는 'DDRx = 0b00000011'로 설정하면 하위 두 개의 비트만 출력으로 사용할 수 있다. 나머지는 입력으로 사용할 수 있다.

3.1.1.2 입력 방향 설정

두 번째, 포트를 입력 방향으로 설정하기 위해서는 어떻게 해야 하는가? 우선 아래와 같이 포트가 입력으로 사용할 수 있도록 설정한다.

```
DDRxn = 0x0                 // 포트 x의 n번째 비트의 입력 방향 설정
```

예제	
DDRA0 = 0x0	// 포트 A의 첫 번째 비트의 입력 방향 설정
DDRA = 0x0	// 포트 A의 8개 모든 비트를 입력 방향 설정
DDRA = 0x0F	// 포트 A의 하위 4비트는 출력, 상위 4비트는 입력 방향 설정

21) DDR(Data Direction Register)

'DDRxn'은 위에서 설명한 의미와 같다. 단지 포트의 입력을 위해서는 비트값을 '0'으로 설정해야 'x'로 지정된 포트로 데이터를 입력받을 수 있다. 입력받는 데이터는 'PIN[22]xn' 레지스터에 저장된다. 이때의 저장이 곧 입력을 뜻한다. 'PIN'은 지정된 포트 'x'로 입력을 받는 레지스터이고, 'x'는 A ~ G까지 포트를 지정할 때 사용한다. 그리고 'n'은 0 ~ 7까지 총 8개의 비트 자리를 뜻한다.

3.1.1.3 포트의 입력과 출력

위에서 지정된 포트의 방향에 따라 데이터를 입력받을 수 있고, 출력할 수도 있다. 입력받을 때는 입력 방향이 설정된 다음 포트 핀에 데이터를 입력하면 된다. 이때 입력한 데이터 값은 'PINxn' 레지스터에 저장된다. 예를 들어 1번 핀에 '5V'의 값을 인가하면 입력 데이터로 '1'의 값을 입력받는다. 반대로 '0V'를 인가하면 입력 데이터로 '0'의 값을 입력받는다. 출력을 할 때는 아래와 같이 출력할 데이터를 'PORTxn'에 넣어두면 된다.

3.1.1.3.1 포트로 데이터 입력

```
input_data = PINxn // 포트 x의 n번째 비트로 데이터를 입력 받음
```

예제

```
input_data = PINA0 // 포트 A의 첫 번째 비트로 데이터를 입력 받음
input_data = PINA  // 포트 A의 8개 모든 비트로 데이터를 입력 받음
```

3.1.1.3.2 포트로 데이터 출력

```
PORTxn = 0x1          // 포트 x의 n번째 비트로 데이터 '1' 출력
```

예제

```
PORTA0 = 0x1          // 포트 A의 첫 번째 비트로 데이터 '1' 출력
PORTA = 0x1           // 포트 A의 8개 모든 비트로 데이터 '1' 출력
PORTA = 0x0F          // 포트 A의 하위 4비트는 '1' 출력, 상위 4비트는 '0' 출력
```

여기에서 'PORT'는 출력할 데이터가 저장되는 임시 버퍼 역할을 하는 저장소로, 데이터를 이곳에 넣으면 곧 출력과 같은 의미가 된다. 'x'는 A ~ G까지 포트를 지정할 때 사용한다. 이때 주의할 것은 출력 방향으로 설정된 비트에 맞게 데이터를 출력해야 정확한 출력을 얻을 수 있다. 입력도 마찬가지로 비트별로 출력을 결정할 수 있다.

22) PIN(Port Input Pins Register)

이제 각각의 포트의 기능에 대하여 간단히 살펴보자.

[표 3-2. 포트 기능 요약]

포트	기능
Port A	• 8비트 양방향 입출력(내부 풀업저항 내장) • 외부 메모리 사용 시 하위(L) 비트(0 ~ 7)
Port B	• 8비트 양방향 입출력(내부 풀업저항 내장) • SPI 입출력 • 타이머/카운터0, 1, 2 출력 비교
Port C	• 8비트 양방향 입출력(내부 풀업저항 내장) • ATmega103 호환 모드 시 출력용으로만 사용 • 외부 메모리 사용 시 상위(H) 비트(8 ~ 15)
Port D	• 8비트 양방향 입출력(내부 풀업저항 내장) • 타이머 / 카운터1, 2 입력 • 타이머 / 카운터 입력 캡처 • USART1 외부 클록 입출력 • USART1 송수신 • 외부 인터럽트 입력(0 ~ 3) • TWI 데이터&클록
Port E	• 8비트 양방향 입출력(내부 풀업저항 내장) • 타이머 / 카운터3 입력 캡처 • 타이머 / 카운터3 클록 입력 • 타이머 / 카운터3 출력 • USART0 외부 클록 입출력 • USART0 송수신 • 외부 인터럽트 입력(4 ~ 7)
Port F	• 8비트 양방향 입출력(내부 풀업저항 내장) • JTAG • ADC 입력(입력 채널 0 ~ 3)
Port G	• 5비트 양방향 입출력(내부 풀업저항 내장) • RTC 타이머 / 카운터0 • 외부 메모리 주소 래치 • 외부 메모리 RD/WR 스트로브

3.1.2 Port A

포트 A는 기본적인 데이터의 입출력을 수행할 수 있다. 그리고 확장 메모리를 사용할 경우 확장 메모리의 하위 바이트 주소로 접근할 때 사용한다. 상위 바이트로 사용되는 또 다른 포트는 포트 C이다.

Port A Data Register – PORTA

Bit	7	6	5	4	3	2	1	0	
	PORTA7	PORTA6	PORTA5	PORTA4	PORTA3	PORTA2	PORTA1	PORTA0	PORTA
Read/Write	R/W	R/W	R/W	R/W	R/W	R/W	R/W	R/W	
Initial Value	0	0	0	0	0	0	0	0	

Port A Data Direction Register – DDRA

Bit	7	6	5	4	3	2	1	0	
	DDA7	DDA6	DDA5	DDA4	DDA3	DDA2	DDA1	DDA0	DDRA
Read/Write	R/W	R/W	R/W	R/W	R/W	R/W	R/W	R/W	
Initial Value	0	0	0	0	0	0	0	0	

Port A Input Pins Address – PINA

Bit	7	6	5	4	3	2	1	0	
	PINA7	PINA6	PINA5	PINA4	PINA3	PINA2	PINA1	PINA0	PINA
Read/Write	R	R	R	R	R	R	R	R	
Initial Value	N/A	N/A	N/A	N/A	N/A	N/A	N/A	N/A	

[그림 3-1. 포트의 기본 입출력 기능(포트 A ~ F까지 모두 동일, 포트 G는 5비트만 동일)]

[표 3-3. 포트 A 기능]

핀 번호	기능
PA7	AD7(확장 메모리 주소 / 데이터)
PA6	AD6(확장 메모리 주소 / 데이터)
PA5	AD5(확장 메모리 주소 / 데이터)
PA4	AD4(확장 메모리 주소 / 데이터)
PA3	AD3(확장 메모리 주소 / 데이터)
PA2	AD2(확장 메모리 주소 / 데이터)
PA1	AD1(확장 메모리 주소 / 데이터)
PA0	AD0(확장 메모리 주소 / 데이터)

3.1.3 Port B

포트 B는 기본적인 데이터의 입출력을 수행할 수 있다. 그리고 SPI[23] 입출력 기능을 제공하고, 타이머 / 카운터0, 1, 2 출력 기능을 제공한다.

[표 3-4. 포트 B 기능]

핀 번호	기능
PB7	OC2(출력 비교와 타이머 / 카운터2 PWM 출력) OC1C(출력 비교와 타이머 / 카운터1 PWM 출력 C)
PB6	OC1B(출력 비교와 타이머 / 카운터1 PWM 출력 B)
PB5	OC1A(출력 비교와 타이머 / 카운터1 PWM 출력 A)
PB4	OC0(출력 비교와 타이머 / 카운터0 PWM 출력)
PB3	MISO(SPI 버스 마스터 입력 / 슬레이브 출력)
PB2	MOSI(SPI 버스 마스터 출력 / 슬레이브 입력)
PB1	SCK(SPI 버스 직렬 클록)
PB0	$\overline{SS}$(SPI 슬레이브 선택 입력)

3.1.4 Port C

포트 C는 기본적인 데이터의 입출력을 수행할 수 있다. 그리고 ATmega103 호환 모드 시 출력용으로만 사용하고, 확장 메모리의 상위(High) 비트(8 ~ 15) 주소로 접근할 때 사용한다.

[표 3-5. 포트 C 기능]

핀 번호	기능
PC7	AD15(확장 메모리 주소 / 데이터)
PC6	AD14(확장 메모리 주소 / 데이터)
PC5	AD13(확장 메모리 주소 / 데이터)
PC4	AD12(확장 메모리 주소 / 데이터)
PC3	AD11(확장 메모리 주소 / 데이터)
PC2	AD10(확장 메모리 주소 / 데이터)
PC1	AD9(확장 메모리 주소 / 데이터)
PC0	AD8(확장 메모리 주소 / 데이터)

23) SPI(Serial Peripheral Interface)

3.1.5 Port D

포트 D는 기본적인 데이터의 입출력을 수행할 수 있다. 그리고 타이머/카운터1, 2 입력, 타이머/카운터 입력 캡처, UART1 외부 클록 입출력, UART1 송수신, 외부 인터럽트 입력(0 ~ 3), TWI 데이터&클록 기능을 제공한다.

[표 3-6. 포트 D 기능]

핀 번호	기능
PD7	T2(타이머/카운터2 클록 입력)
PD6	T1(타이머/카운터1 클록 입력)
PD5	XCK1(UART1 외부 클록 입력/출력)
PD4	ICP1(타이머/카운터1 입력 캡처 핀)
PD3	INT3/TXD1(외부 인터럽트(INT3) 입력 or UART1 송신 핀)
PD2	INT2/RXD1(외부 인터럽트(INT2) 입력 or UART1 수신 핀)
PD1	INT1/SDA(외부 인터럽트(INT1) 입력 or TWI 직렬 데이터)
PD0	INT0/SCL(외부 인터럽트(INT0) 입력 or TWI 직렬 클록)

* XCK1, TXD1, RXD1, SDA, SCL은 ATmega103 호환모드에서는 사용할 수 없다.

3.1.6 Port E

포트 E는 기본적인 데이터의 입출력을 수행할 수 있다. 그리고 타이머/카운터3 입력 캡처, 타이머/카운터3 클록 입력, 타이머/카운터3 출력, UART0 외부 클록 입출력, UART0 송수신, 외부 인터럽트 입력(4 ~ 7) 기능을 제공한다.

[표 3-7. 포트 E 기능]

핀 번호	기능
PE7	INT7/ICP3(외부 인터럽트(INT7) 입력 or 타이머/카운터3 입력 캡처 핀)
PE6	INT6/T3(외부 인터럽트(INT6) 입력 or 타이머/카운터3 클록 입력)
PE5	INT5/OC3C(외부 인터럽트(INT5) 입력 or 출력 비교와 타이머/카운터3의 PWM 출력 C)
PE4	INT4/OC3B(외부 인터럽트(INT4) 입력 or 출력 비교와 타이머/카운터3의 PWM 출력 B)
PE3	AIN1/OC3A(아날로그 비교기 (–) 입력 or 출력 비교와 타이머/카운터3의 PWM 출력 A)
PE2	AIN0/XCK0(아날로그 비교기 (+) 입력 or USART0 외부 클록 입력/출력)
PE1	PDO/TXD0(프로그래밍 데이터 출력 or UART0 송신 핀)
PE0	PDI/RXD0(프로그래밍 데이터 입력 or UART0 수신 핀)

* ICP3, T3, OC3C, OC3B, OC3B, OC3A, XCK0은 ATmega103 호환모드에서는 사용할 수 없다.

3.1.7 Port F

포트 F는 기본적인 데이터의 입출력을 수행할 수 있다. 그리고 JTAG, ADC 입력(입력 채널 0 ~ 3) 기능을 제공한다.

[표 3-8. 포트 F 기능]

핀 번호	기능
PF7	ADC7 / TDI(ADC 입력 채널 7 or JTAG Test 데이터 입력)
PF6	ADC6 / TDO(ADC 입력 채널 6 or JTAG Test 데이터 출력)
PF5	ADC5 / TMS(ADC 입력 채널 5 or JTAG Test 모드 선택)
PF4	ADC4 / TCK(ADC 입력 채널 4 or JTAG Test 클록)
PF3	ADC3(ADC 입력 채널 3)
PF2	ADC2(ADC 입력 채널 2)
PF1	ADC1(ADC 입력 채널 1)
PF0	ADC0(ADC 입력 채널 0)

3.1.8 Port G

포트 G는 기본적인 데이터의 입출력을 수행할 수 있다. 그리고 RTC 타이머 / 카운터0, 외부 메모리 주소 래치, 외부 메모리 RD / WR 스트로브 기능을 제공한다.

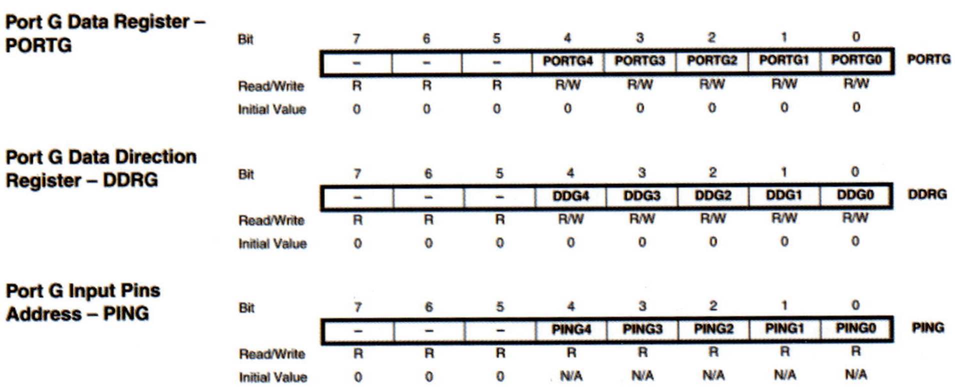

[그림 3-2. 포트 G]

[표 3-9. 포트 G 기능]

핀 번호	기능
PG4	TOSC1(RTC Oscillator 타이머 / 카운터0)
PG3	TOSC2(RTC Oscillator 타이머 / 카운터0)
PG2	ALE(외부 메모리 주소 래치 활성화)
PG1	RD(외부 메모리 읽기 스트로브)
PG0	WR(외부 메모리 쓰기 스트로브)

3.2 포트 입출력 실습

실습은 실습보드에서 포트를 지정하여 8비트 데이터를 출력하고 출력된 데이터를 LED와 연결하여 ON/OFF 결과를 확인한다. 그런 다음 지정된 포트로 데이터를 입력받아 LED로 출력하여 결과를 확인한다.

3.2.1 LED 8개를 동시에 1초 주기로 ON/OFF시키는 프로그램 실습

3.2.1.1 하드웨어 준비

아래의 회로는 ATmega128 보드에 포트 A0 ~ A7까지 LED를 연결하여 회로를 만든다. 만들어진 실습 회로는 포트 A의 각 비트에 '1'의 값을 출력할 경우 LED가 ON되고, '0'이 출력될 경우 LED가 OFF된다. 따라서 동작 결과표에서 보는 것과 같이 1초 간격으로 모든 LED가 ON/OFF된다.

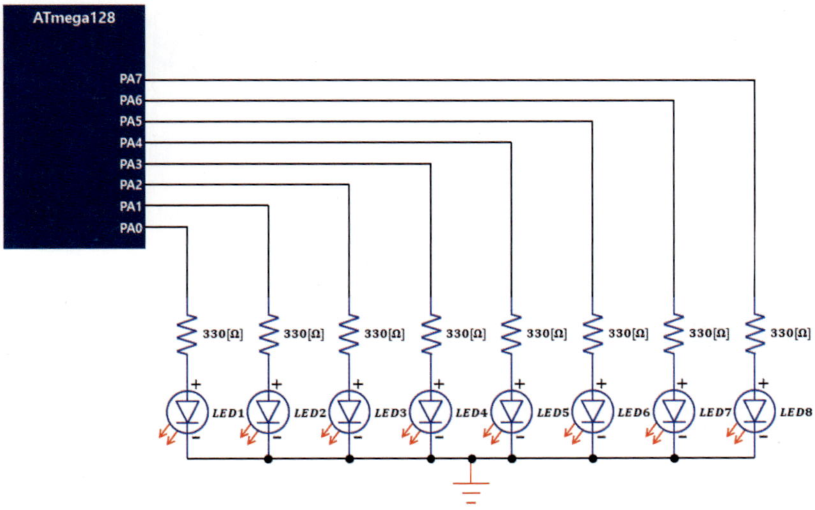

[그림 3-3. 포트 출력 실습 회로]

[표 3-10. 포트 출력 실습 부품 목록]

부품명	규격(수량)
ATmega128 실습보드	ATmega128A 코어 모듈(1개)
저항(R)	330Ω(8개)
LED	LED(8개)
점퍼선	리드선(40cm)

위의 회로도를 보고 부품을 모두 조립하면 아래의 화면과 같이 실습용 하드웨어가 완성된다.

[그림 3-4. 포트 출력 실습용 하드웨어]

[표 3-11. 동작 결과]

순서	출력(● : ON, ○ : OFF)	LED1	LED2	LED3	LED4	LED5	LED6	LED7	LED8
1	PORTA = 0xff	●	●	●	●	●	●	●	●
2	PORTA = 0x00	○	○	○	○	○	○	○	○

3.2.1.2 프로그램 작성

프로그램 작성은 Atmel Studio 7.0을 이용하여 앞에서 살펴본 순서에 따라 진행하면 된다. 새로운 프로젝트 만들기 순서에 따라 프로그램을 코딩하여 만든다. 초기 화면에서 아래의 소스 코드를 입력창에 입력한다.

소스 코드 : port_output_1.c

```
#include <avr/io.h>
#define F_CPU 16000000UL    // MCU 클록 : 16MHz
#include <util/delay.h>

int main(void)
{
        DDRA = 0xff;                    // 포트 A의 8 비트를 모두 출력으로 설정
        while(1) {                          // 무한 반복
                PORTA=0xff;         // 포트 A로 '1'을 출력하여 LED ON
                _delay_ms(1000);    // 1,000ms 지연
                PORTA=0x00;         // 포트 A로 '0'을 출력하여 LED OFF
                _delay_ms(1000);    // 1,000ms 지연
        }
}
```

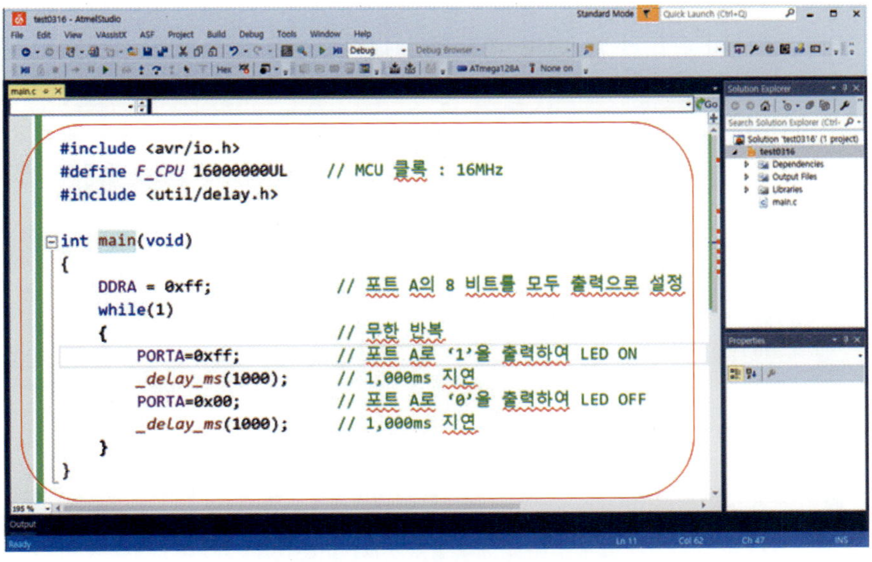

[그림 3-5. 소스 코드 입력 화면]

3.2.1.3 컴파일

소스 코드를 모두 입력한 다음 Atmel Studio 7.0 통합화면에서 컴파일하여 실행 파일(.HEX)를 만든다. 우선 Atmel Studio 7.0 통합화면에서 'Build' 메뉴를 클릭하여 컴파일을 한다. 만약 에러가 발생하면 하단부의 메시지 창에 에러 메시지가 나오고, 에러 내용을 확인하면서 수정한다.

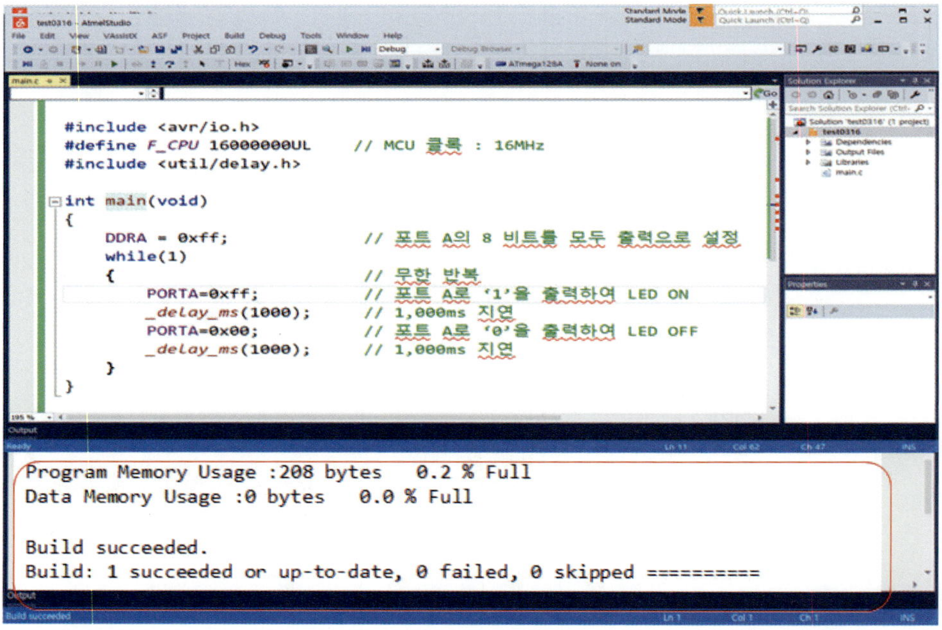

[그림 3-6. 컴파일 화면]

정상적으로 컴파일이 완료된 다음에는 프로젝트 디렉토리에 실행 파일(.HEX)이 만들어진다.

[그림 3-7. .HEX 생성 파일]

3.2.1.4 다운로드

컴파일이 완료되면 .HEX 파일이 만들어진다. 만들어진 .HEX 파일을 실습용 하드웨어로 다운로드하여 결과를 확인하면 모든 과정이 완료된다. 먼저 PC와 실습용 하드웨어를 다운로드 장치(JTAG, ISP 등)를 이용하여 연결해야 한다. 본 교재에서는 PC의 USB 포트와 ATmega128 마이크로컨트롤러의 ISP 기능을 이용한다.

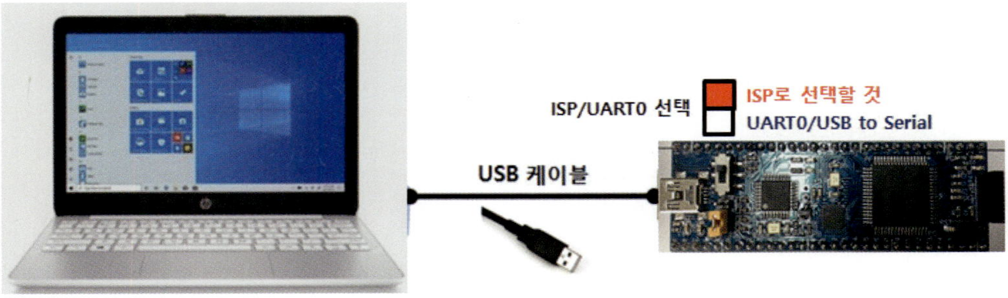

[그림 3-8. PC와 실습용 하드웨어 연결]

PC와 실습용 하드웨어를 연결한 다음 Atmel Studio 7.0에서 'Tools' → 'Device Programming'을 선택한다.

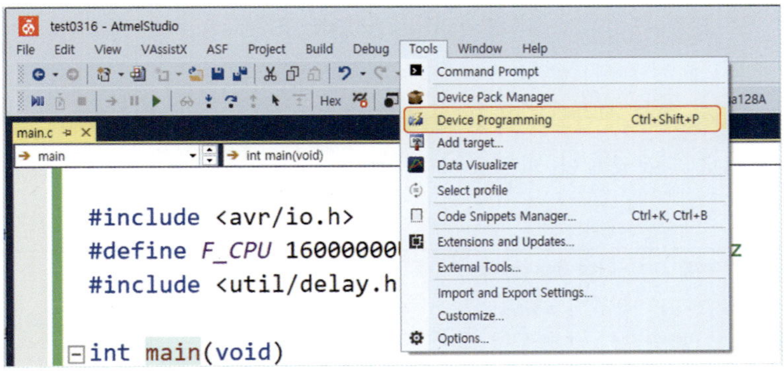

[그림 3-9. PC와 ATmega128 마이크로컨트롤러 ISP 연결]

Device Programming 실행 후 'Tool'은 'AVRISP MKII'를 선택하고, 'Device'는 'ATmega128A'를 선택하고, Interface는 'ISP'를 선택한 후 'Apply'를 실행시킨다.

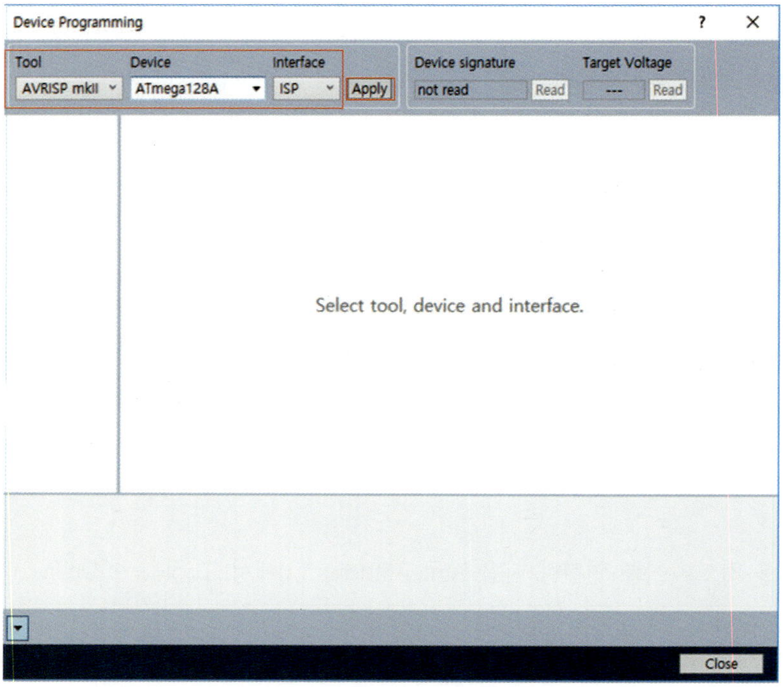

[그림 3-10. Interface 설정]

정상적으로 ATmega128 실습보드와 PC를 연결한 후 'Memories'에서 ATmega128 CPU 내에 있는 Flash 메모리로 다운로드할 파일을 선택한다.

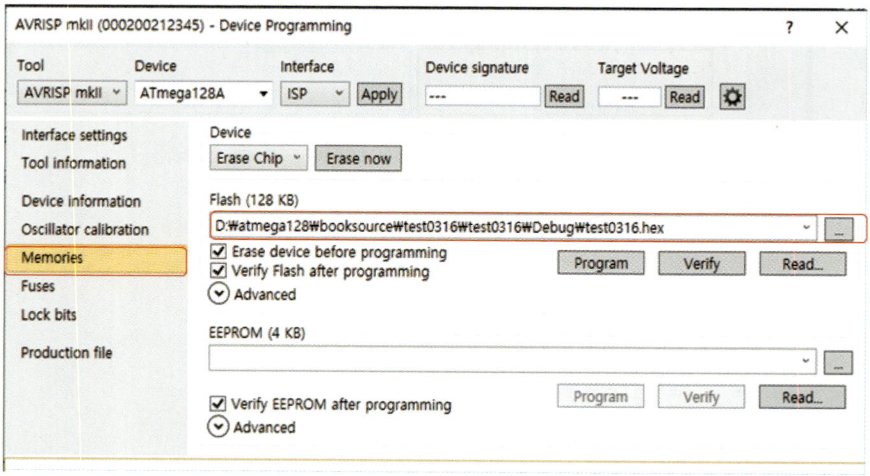

[그림 3-11. 메모리에 다운로드하기]

'Fuses'는 메뉴에서 제품 출하 시 아래 그림과 같이 기본으로 설정된 값을 유지한다. 특별한 경우가 아니면 퓨즈비트는 변경하지 않아도 된다.

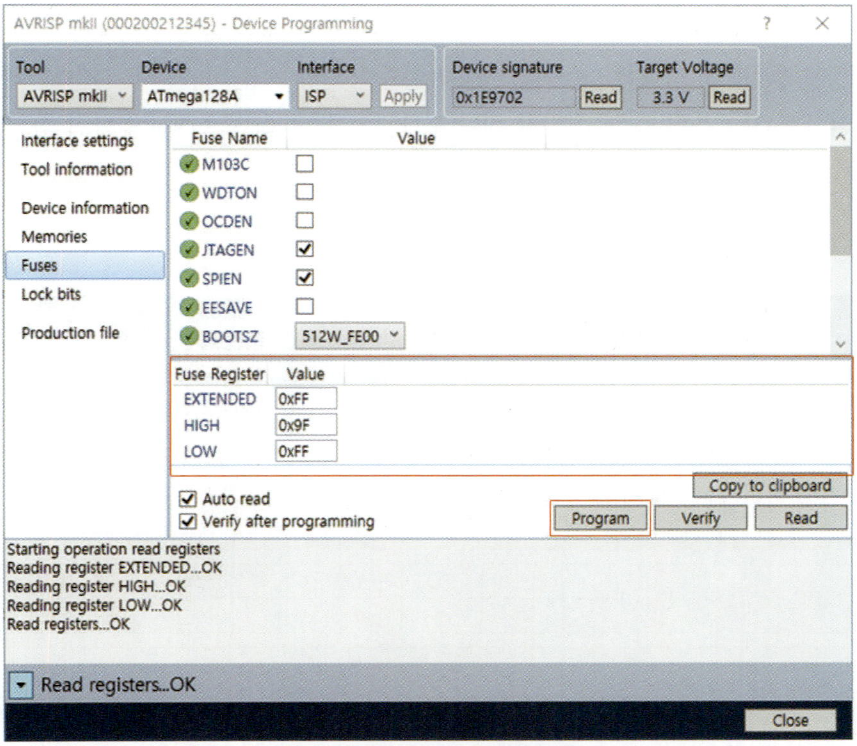

[그림 3-12. 퓨즈설정 확인하기]

다운로드가 완료되면 ATmega128 보드에서 실행되는 결과는 LED 8개가 모두 1,000ms 주기로 ON/OFF가 무한 반복한다. 만약 LED ON/OFF 변화가 너무 빠르다면 지연 시간을 더 크게 설정하여 느리게 동작시킬 수도 있다.

3.2.2 LED 8개를 오른쪽 방향(LED1 → LED8)으로 회전하는 프로그램 실습

3.2.2.1 하드웨어 준비

실습용 하드웨어는 3.2.1에서 만들어진 하드웨어와 동일한 것을 사용한다. 따라서 회로는 생략한다. 이 실습은 LED1부터 LED8까지 각 하나의 LED를 순차적으로 ON시켜 마치 회전하는 것과 같이 나타난다.

[표 3-12. 동작 결과]

순서	출력(● : ON, ○ : OFF)	LED1	LED2	LED3	LED4	LED5	LED6	LED7	LED8
1	PORTA = 0b00000001	●	○	○	○	○	○	○	○
2	PORTA = 0b00000010	○	●	○	○	○	○	○	○
3	PORTA = 0b00000100	○	○	●	○	○	○	○	○
4	PORTA = 0b00001000	○	○	○	●	○	○	○	○
5	PORTA = 0b00010000	○	○	○	○	●	○	○	○
6	PORTA = 0b00100000	○	○	○	○	○	●	○	○
7	PORTA = 0b01000000	○	○	○	○	○	○	●	○
8	PORTA = 0b10000000	○	○	○	○	○	○	○	●

3.2.2.2 프로그램 작성

프로그램 작성은 Atmel Studio 7.0을 이용하여 앞에서 살펴본 순서에 따라 진행하면 된다. 새로운 프로젝트 만들기 순서에 따라 프로그램을 코딩할 수 있는 초기화면에서 코드 입력창에 입력한다.

소스 코드 : port_output_2.c

```
#include <avr/io.h>
#define F_CPU 16000000UL        // MCU 클록 : 16MHz
#include <util/delay.h>

int main(void) {
        DDRA = 0xff;                    // 포트 A의 8 비트를 모두 출력으로 설정
        while(1) {
                PORTA=0b00000001;   // LED 1 ON, 나머지 LED는 OFF
                _delay_ms(500);
                PORTA=0b00000010;   // LED 2 ON, 나머지 LED는 OFF
                _delay_ms(500);
                PORTA=0b00000100;   // LED 3 ON, 나머지 LED는 OFF
                _delay_ms(500);
                PORTA=0b00001000;   // LED 4 ON, 나머지 LED는 OFF
                _delay_ms(500);
                PORTA=0b00010000;   // LED 5 ON, 나머지 LED는 OFF
                _delay_ms(500);
                PORTA=0b00100000;   // LED 6 ON, 나머지 LED는 OFF
                _delay_ms(500);
                PORTA=0b01000000;   // LED 7 ON, 나머지 LED는 OFF
                _delay_ms(500);
                PORTA=0b10000000;   // LED 8 ON, 나머지 LED는 OFF
                _delay_ms(500);
        }
}
```

컴파일과 다운로드 과정은 3.2.1에서 설명한 방법과 동일하게 진행하면 된다.

과제

2진수 대신 16진수로 고치시오(예 : 0b10000100 → 0x84).

3.2.3 LED 8개를 왼쪽 방향(LED8 → LED1)으로 회전하는 프로그램 실습

3.2.3.1 하드웨어 준비

실습용 하드웨어는 3.2.1에서 만들어진 하드웨어와 동일한 것을 사용한다. 따라서 회로는 생략한다. 이 실습은 LED8부터 LED1까지 각 하나의 LED를 순차적으로 ON시켜 마치 회전하는 것과 같이 나타난다.

[표 3-13. 동작 결과]

순서	출력(● : ON, ○ : OFF)	LED1	LED2	LED3	LED4	LED5	LED6	LED7	LED8
1	PORTA = 0b10000000	○	○	○	○	○	○	○	●
2	PORTA = 0b01000000	○	○	○	○	○	○	●	○
3	PORTA = 0b00100000	○	○	○	○	○	●	○	○
4	PORTA = 0b00010000	○	○	○	○	●	○	○	○
5	PORTA = 0b00001000	○	○	○	●	○	○	○	○
6	PORTA = 0b00000100	○	○	●	○	○	○	○	○
7	PORTA = 0b00000010	○	●	○	○	○	○	○	○
8	PORTA = 0b00000001	●	○	○	○	○	○	○	○

3.2.3.2 프로그램 작성

프로그램 작성은 Atmel Studio 7.0을 이용하여 앞에서 살펴본 순서에 따라 진행하면 된다. 새로운 프로젝트 만들기 순서에 따라 프로그램을 코딩할 수 있는 초기화면에서 코드 입력창에 입력한다.

소스 코드 : port_output_3.c

```
#include <avr/io.h>
#define F_CPU 16000000UL      // MCU 클록 : 16MHz
#include <util/delay.h>

int main(void) {
        DDRA = 0xff;                    // 포트 A의 8 비트를 모두 출력으로 설정
        while(1) {
                PORTA = 0b10000000;  // LED 8 ON, 나머지 LED는 모두 OFF
                _delay_ms(500);
                PORTA = 0b01000000;  // LED 7 ON, 나머지 LED는 모두 OFF
                _delay_ms(500);
                PORTA = 0b00100000;  // LED 6 ON, 나머지 LED는 모두 OFF
                _delay_ms(500);
                PORTA = 0b00010000;  // LED 5 ON, 나머지 LED는 모두 OFF
                _delay_ms(500);
                PORTA = 0b00001000;  // LED 4 ON, 나머지 LED는 모두 OFF
                _delay_ms(500);
                PORTA = 0b00000100;  // LED 3 ON, 나머지 LED는 모두 OFF
                _delay_ms(500);
                PORTA = 0b00000010;  // LED 2 ON, 나머지 LED는 모두 OFF
                _delay_ms(500);
                PORTA = 0b00000001;  // LED 1 ON, 나머지 LED는 모두 OFF
                _delay_ms(500);
        }
}
```

컴파일과 다운로드 과정은 3.2.1에서 설명한 방법과 동일하게 진행하면 된다.

3.2.4 함수를 이용한 오른쪽 방향, 왼쪽 방향으로 회전하는 프로그램 실습

3.2.4.1 하드웨어 준비

실습용 하드웨어는 3.2.1에서 만들어진 하드웨어와 동일한 것을 사용한다. 따라서 회로는 생략한다. 이 실습은 LED1부터 LED8까지 각 하나의 LED를 순차적으로 ON시킨 다음 다시 LED8부터 LED1까지 순차적으로 ON시켜 마치 회전하는 것과 같이 나타난다. 앞에서 실습한 내용과 다른 점은 오른쪽, 왼쪽 방향 기능을 함수로 구분하여 사용한다는 점이다.

[표 3-14. 동작 결과]

순서	출력(● : ON, ○ : OFF)	LED1	LED2	LED3	LED4	LED5	LED6	LED7	LED8
1	PORTA = 0b00000001	●	○	○	○	○	○	○	○
2	PORTA = 0b00000010	○	●	○	○	○	○	○	○
3	PORTA = 0b00000100	○	○	●	○	○	○	○	○
4	PORTA = 0b00001000	○	○	○	●	○	○	○	○
5	PORTA = 0b00010000	○	○	○	○	●	○	○	○
6	PORTA = 0b00100000	○	○	○	○	○	●	○	○
7	PORTA = 0b01000000	○	○	○	○	○	○	●	○
8	PORTA = 0b10000000	○	○	○	○	○	○	○	●
9	PORTA = 0b10000000	○	○	○	○	○	○	○	●
10	PORTA = 0b01000000	○	○	○	○	○	○	●	○
11	PORTA = 0b00100000	○	○	○	○	○	●	○	○

12	PORTA = 0b00010000	LED1 ○	LED2 ○	LED3 ○	LED4 ○	LED5 ●	LED6 ○	LED7 ○	LED8 ○
13	PORTA = 0b00001000	LED1 ○	LED2 ○	LED3 ○	LED4 ●	LED5 ○	LED6 ○	LED7 ○	LED8 ○
14	PORTA = 0b00000100	LED1 ○	LED2 ○	LED3 ●	LED4 ○	LED5 ○	LED6 ○	LED7 ○	LED8 ○
15	PORTA = 0b00000010	LED1 ○	LED2 ●	LED3 ○	LED4 ○	LED5 ○	LED6 ○	LED7 ○	LED8 ○
16	PORTA = 0b00000001	LED1 ●	LED2 ○	LED3 ○	LED4 ○	LED5 ○	LED6 ○	LED7 ○	LED8 ○

3.2.4.2 프로그램 작성

프로그램 작성은 Atmel Studio 7.0을 이용하여 앞에서 살펴본 순서에 따라 진행하면 된다. 새로운 프로젝트 만들기 순서에 따라 프로그램을 코딩할 수 있는 초기화면에서 코드 입력창에 입력한다.

소스 코드 : port_output_4.c

```
#include <avr/io.h>
#define F_CPU 16000000UL   // MCU 클록 : 16MHz
#include <util/delay.h>

void right();                // 오른쪽 방향 회전 함수 선언 부분
void left();                 // 왼쪽 방향 회전 함수 선언 부분

int main(void) {
        DDRA = 0xff;         // 포트 A의 8 비트를 모두 출력으로 설정
        while(1){
                right();             // 오른쪽 방향 회전 함수 호출
                left();              // 왼쪽 방향 회전 함수 호출
        }
}

void right(void){                    // 오른쪽 방향 회전 함수 구현 부분
        PORTA=0b00000001;   // LED 1 ON, 나머지 LED는 OFF
        _delay_ms(500);
        PORTA=0b00000010;   // LED 2 ON, 나머지 LED는 OFF
        _delay_ms(500);
```

```
        PORTA=0b00000100;  // LED 3 ON, 나머지 LED는 OFF
        _delay_ms(500);
        PORTA=0b00001000;  // LED 4 ON, 나머지 LED는 OFF
        _delay_ms(500);
        PORTA=0b00010000;  // LED 5 ON, 나머지 LED는 OFF
        _delay_ms(500);
        PORTA=0b00100000;  // LED 6 ON, 나머지 LED는 OFF
        _delay_ms(500);
        PORTA=0b01000000;  // LED 7 ON, 나머지 LED는 OFF
        _delay_ms(500);
        PORTA=0b10000000;  // LED 8 ON, 나머지 LED는 OFF
        _delay_ms(500);
}

void left(void){                    // 왼쪽 방향 회전 함수 구현 부분
        PORTA=0b10000000;  // LED 8 ON, 나머지 LED는 모두 OFF
        _delay_ms(500);
        PORTA=0b01000000;  // LED 7 ON, 나머지 LED는 모두 OFF
        _delay_ms(500);
        PORTA=0b00100000;  // LED 6 ON, 나머지 LED는 모두 OFF
        _delay_ms(500);
        PORTA=0b00010000;  // LED 5 ON, 나머지 LED는 모두 OFF
        _delay_ms(500);
        PORTA=0b00001000;  // LED 4 ON, 나머지 LED는 모두 OFF
        _delay_ms(500);
        PORTA=0b00000100;  // LED 3 ON, 나머지 LED는 모두 OFF
        _delay_ms(500);
        PORTA=0b00000010;  // LED 2 ON, 나머지 LED는 모두 OFF
        _delay_ms(500);
        PORTA=0b00000001;  // LED 1 ON, 나머지 LED는 모두 OFF
        _delay_ms(500);
}
```

컴파일과 다운로드 과정은 3.2.1에서 설명한 방법과 동일하게 진행하면 된다.

3.2.5 시프트(Shift)를 이용한 오른쪽 방향 회전 프로그램 실습

3.2.5.1 하드웨어 준비

실습용 하드웨어는 3.2.1에서 만들어진 하드웨어와 동일한 것을 사용한다. 따라서 회로는 생략한다. 이 실습은 LED8부터 LED1까지 각 하나의 LED를 순차적으로 ON시켜 마치 회전하는 것과 같이 나타난다. 앞에서 사용한 코드와 다른 점은 시프트 연산(<<, >>)을 이용한다는 점이다. 시프트 연산은 값을 좌측 또는 우측으로 1비트 혹은 사용자가 지정한 비트 수만큼 이동하는 C언어 연산 명령이다.

[표 3-15. 동작 결과]

순서	출력(● : ON, ○ : OFF)	LED1	LED2	LED3	LED4	LED5	LED6	LED7	LED8
1	PORTA = 0b00000001	●	○	○	○	○	○	○	○
2	PORTA = 0b00000010	○	●	○	○	○	○	○	○
3	PORTA = 0b00000100	○	○	●	○	○	○	○	○
4	PORTA = 0b00001000	○	○	○	●	○	○	○	○
5	PORTA = 0b00010000	○	○	○	○	●	○	○	○
6	PORTA = 0b00100000	○	○	○	○	○	●	○	○
7	PORTA = 0b01000000	○	○	○	○	○	○	●	○
8	PORTA = 0b10000000	○	○	○	○	○	○	○	●

3.2.5.2 프로그램 작성

프로그램 작성은 Atmel Studio 7.0을 이용하여 앞에서 살펴본 순서에 따라 진행하면 된다. 새로운 프로젝트 만들기 순서에 따라 프로그램을 코딩할 수 있는 초기화면에서 코드 입력창에 입력한다.

소스 코드 : port_output_5.c

```
#include <avr/io.h>
#define F_CPU 16000000UL    // MCU 클록 : 16MHz
#include <util/delay.h>

int main(void)
{
        int   i, data;
        DDRA = 0xff;                    // 포트 A의 8 비트를 모두 출력으로 설정
        while(1) {
                data=0b00000001;    // 초기값 : LED1 ON, 나머지 LED 모두 OFF
                for(i=0; i<=7; i++) {
                        PORTA=data;
                        data = data << 1; // data 값을 왼쪽으로 1비트씩 시프트
                        _delay_ms(1000);
                }
        }
}
```

컴파일과 다운로드 과정은 3.2.1에서 설명한 방법과 동일하게 진행하면 된다.

3.2.6 시프트(Shift)를 이용한 왼쪽 방향 회전 프로그램 실습

3.2.6.1 하드웨어 준비

실습용 하드웨어는 3.2.1에서 만들어진 하드웨어와 동일한 것을 사용한다. 따라서 회로는 생략한다. 이 실습은 LED8부터 LED1까지 각 하나의 LED를 순차적으로 ON시켜 마치 회전하는 것과 같이 나타난다.

[표 3-16. 동작 결과]

순서	출력(● : ON, ○ : OFF)								
		LED1	LED2	LED3	LED4	LED5	LED6	LED7	LED8
1	PORTA = 0b10000000	○	○	○	○	○	○	○	●
2	PORTA = 0b01000000	○	○	○	○	○	○	●	○
3	PORTA = 0b00100000	○	○	○	○	○	●	○	○
4	PORTA = 0b00010000	○	○	○	○	●	○	○	○
5	PORTA = 0b00001000	○	○	○	●	○	○	○	○
6	PORTA = 0b00000100	○	○	●	○	○	○	○	○
7	PORTA = 0b00000010	○	●	○	○	○	○	○	○
8	PORTA = 0b00000001	●	○	○	○	○	○	○	○

3.2.6.2 프로그램 작성

프로그램 작성은 Atmel Studio 7.0을 이용하여 앞에서 살펴본 순서에 따라 진행하면 된다. 새로운 프로젝트 만들기 순서에 따라 프로그램을 코딩할 수 있는 초기화면에서 코드 입력창에 입력한다.

소스 코드 : port_output_6.c

```
#include <avr/io.h>
#define F_CPU 16000000UL    // MCU 클록 : 16MHz
#include <util/delay.h>

int main(void)
{
	int  i, data;
	DDRA = 0xff;			// 포트 A의 8 비트를 모두 출력으로 설정
	while(1) {
		data=0b10000000;	// 초기값 : LED8 ON, 나머지 LED 모두 OFF
		for(i=0; i<=7; i++) {
			PORTA=data;
			data = data >> 1; // data 값을 오른쪽으로 1비트씩 시프트
			_delay_ms(1000);
		}
	}
}
```

컴파일과 다운로드 과정은 3.2.1에서 설명한 방법과 동일하게 진행하면 된다.

3.2.7 시프트(Shift)를 이용한 오른쪽 방향, 왼쪽 방향으로 회전하는 프로그램 실습

3.2.7.1 하드웨어 준비

실습용 하드웨어는 3.2.1에서 만들어진 하드웨어와 동일한 것을 사용한다. 따라서 회로는 생략한다. 이 실습은 LED1부터 LED8까지 각 하나의 LED를 순차적으로 ON시킨 다음 다시 LED8부터 LED1까지 순차적으로 ON시켜 마치 회전하는 것과 같이 나타난다.

[표 3-17. 동작 결과]

순서	출력(● : ON, ○ : OFF)								
		LED1	LED2	LED3	LED4	LED5	LED6	LED7	LED8
1	PORTA = 0b00000001	●	○	○	○	○	○	○	○
2	PORTA = 0b00000010	○	●	○	○	○	○	○	○
3	PORTA = 0b00000100	○	○	●	○	○	○	○	○
4	PORTA = 0b00001000	○	○	○	●	○	○	○	○
5	PORTA = 0b00010000	○	○	○	○	●	○	○	○
6	PORTA = 0b00100000	○	○	○	○	○	●	○	○
7	PORTA = 0b01000000	○	○	○	○	○	○	●	○
8	PORTA = 0b10000000	○	○	○	○	○	○	○	●
9	PORTA = 0b10000000	○	○	○	○	○	○	○	●
10	PORTA = 0b01000000	○	○	○	○	○	○	●	○
11	PORTA = 0b00100000	○	○	○	○	○	●	○	○
12	PORTA = 0b00010000	○	○	○	○	●	○	○	○

13	PORTA = 0b00001000	LED1 ○	LED2 ○	LED3 ○	LED4 ●	LED5 ○	LED6 ○	LED7 ○	LED8 ○
14	PORTA = 0b00000100	LED1 ○	LED2 ○	LED3 ●	LED4 ○	LED5 ○	LED6 ○	LED7 ○	LED8 ○
15	PORTA = 0b00000010	LED1 ○	LED2 ●	LED3 ○	LED4 ○	LED5 ○	LED6 ○	LED7 ○	LED8 ○
16	PORTA = 0b00000001	LED1 ●	LED2 ○	LED3 ○	LED4 ○	LED5 ○	LED6 ○	LED7 ○	LED8 ○

3.2.7.2 프로그램 작성

프로그램 작성은 Atmel Studio 7.0을 이용하여 앞에서 살펴본 순서에 따라 진행하면 된다. 새로운 프로젝트 만들기 순서에 따라 프로그램을 코딩할 수 있는 초기화면에서 코드 입력창에 입력한다.

소스 코드 : port_output_7.c

```
#include <avr/io.h>
#define F_CPU 16000000UL    // MCU 클록 : 16MHz
#include <util/delay.h>


int main(void)
{
        DDRA = 0xff;                // 포트 A의 8 비트를 모두 출력으로 설정
        while(1) {
                data=0b00000001;  // 초기값 : LED1 ON, 나머지 LED 모두 OFF
                for(i=0; i<=7; i++) {
                        PORTA=data;
                        data = data << 1; // data 값을 왼쪽으로 1비트씩 시프트
                        _delay_ms(1000);
                }
                data=0b10000000;  // 초기값 : LED8 ON, 나머지 LED 모두 OFF
                for(i=0; i<=7; i++){
                        PORTA=data;
                        data = data >> 1; // data 값을 오른쪽으로 1비트씩 시프트
                        _delay_ms(1000);
                }
        }
}
```

컴파일과 다운로드 과정은 위에서 설명한 방법과 동일하게 진행하면 된다.

과제

오른쪽, 왼쪽 회전을 함수로 변경하시오.

3.2.8 배열을 이용한 오른쪽 방향, 왼쪽 방향으로 회전하는 프로그램 실습

3.2.8.1 하드웨어 준비

실습용 하드웨어는 3.2.1에서 만들어진 하드웨어와 동일한 것을 사용한다. 따라서 회로는 생략한다. 이 실습은 LED1부터 LED8까지 각 하나의 LED를 순차적으로 ON시킨 다음 다시 LED8부터 LED1까지 순차적으로 ON시켜 마치 회전하는 것과 같이 나타난다. 앞에서 사용한 코드와 다른 점은 배열을 이용한다는 점이다. 배열에 LED 각 비트 자리에 값을 넣고 이를 이용하여 ON/OFF 시키는 것이다.

[표 3-18. 동작 결과]

순서	출력(● : ON, ○ : OFF)								
		LED1	LED2	LED3	LED4	LED5	LED6	LED7	LED8
1	data[0] = 0x01	●	○	○	○	○	○	○	○
2	data[1] = 0x02	○	●	○	○	○	○	○	○
3	data[2] = 0x04	○	○	●	○	○	○	○	○
4	data[3] = 0x08	○	○	○	●	○	○	○	○
5	data[4] = 0x10	○	○	○	○	●	○	○	○
6	data[5] = 0x20	○	○	○	○	○	●	○	○
7	data[6] = 0x40	○	○	○	○	○	○	●	○
8	data[7] = 0x80	○	○	○	○	○	○	○	●

		LED1	LED2	LED3	LED4	LED5	LED6	LED7	LED8
9	data[7] = 0x80	○	○	○	○	○	○	○	●
10	data[6] = 0x40	○	○	○	○	○	○	●	○
11	data[5] = 0x20	○	○	○	○	○	●	○	○
12	data[4] = 0x10	○	○	○	○	●	○	○	○
13	data[3] = 0x08	○	○	○	●	○	○	○	○
14	data[2] = 0x04	○	○	●	○	○	○	○	○
15	data[1] = 0x02	○	●	○	○	○	○	○	○
16	data[0] = 0x01	●	○	○	○	○	○	○	○

3.2.8.2 프로그램 작성

프로그램 작성은 Atmel Studio 7.0을 이용하여 앞에서 살펴본 순서에 따라 진행하면 된다. 새로운 프로젝트 만들기 순서에 따라 프로그램을 코딩할 수 있는 초기화면에서 코드 입력창에 입력한다.

소스 코드 : port_output_8.c

```
#include <avr/io.h>
#define F_CPU 16000000UL  // MCU 클록 : 16MHz
#include <util/delay.h>

int main(void)
{
        int i, data[8]={0x01, 0x02, 0x04, 0x08, 0x10, 0x20, 0x40, 0x80};
        DDRA = 0xff;                    // 포트 A의 8 비트를 모두 출력으로 설정
        while(1) {
                for(i=0; i<=7; i++) {           // 오른쪽으로 회전하는 반복문
                        PORTA=data[i];
                        _delay_ms(300);
                }
                for(i=7; i>=0; i--){            // 왼쪽으로 회전하는 반복문
```

```
                PORTA=data[i];
                _delay_ms(300);
        }
    }
}
```

컴파일과 다운로드 과정은 3.2.1에서 설명한 방법과 동일하게 진행하면 된다.

3.2.9 PD2에 '1'이 입력되면 모든 LED가 1초 동안 ON되는 프로그램 실습

3.2.9.1 하드웨어 준비

실습용 하드웨어는 아래의 그림과 같은 하드웨어를 조립하여 사용한다. 이 실습은 PD2에 연결된 스위치를 누르면 '1'이 입력되어 모든 LED가 1초 동안 ON 된다. 하지만 '0'이 입력되면 모든 LED가 OFF 된다.

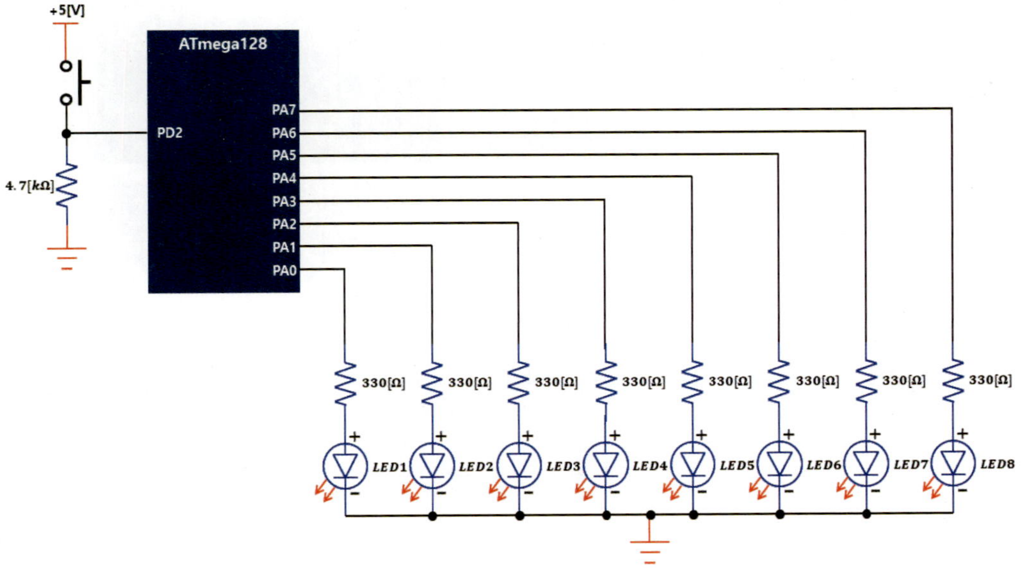

[그림 3-13. 포트 입력 실습 회로]

[표 3-19. 포트 입력 실습 부품 목록]

부품명	규격(수량)
ATmega128 실습보드	ATmega128A CPU 사용
저항(R)	330Ω(8개)
	4.7kΩ(1개)
LED	LED(8개)
스위치	푸시버튼 스위치(1개)
점퍼선	리드선(40cm)

위의 회로도를 보고 부품을 모두 조립하면 아래의 화면과 같이 실습용 하드웨어가 완성된다.

[그림 3-14. 포트 입력 실습용 하드웨어]

[표 3-20. 동작 결과]

순서	출력(● : ON, ○ : OFF)								
PD2 = '0'	PORTA = 0x00	LED1	LED2	LED3	LED4	LED5	LED6	LED7	LED8
		○	○	○	○	○	○	○	○
PD2 = '1'	PORTA = 0xff	LED1	LED2	LED3	LED4	LED5	LED6	LED7	LED8
		●	●	●	●	●	●	●	●

3.2.9.2 프로그램 작성

프로그램 작성은 Atmel Studio 7.0을 이용하여 앞에서 살펴본 순서에 따라 진행하면 된다. 새로운 프로젝트 만들기 순서에 따라 프로그램을 코딩할 수 있는 초기화면에서 코드 입력창에 입력한다.

소스 코드 : port_input_1.c

```
#include <avr/io.h>
#define F_CPU 16000000UL  // MCU 클록 : 16MHz
#include <util/delay.h>

int main(void)
{
	int indata;
	DDRA = 0xff;	// 포트 A의 8 비트를 모두 출력으로 설정
	DDRD = 0x00;	// 포트 D의 8 비트를 모두 입력으로 설정
	while(1) {
		indata=PIND;			// 포트 D로 입력되는 데이터 값을 저장
		indata=(indata & 0b00000100);		// PD2 데이터만 마스크
		if(indata==0b00000100) {		// PD2 = '1'이면 1초 동안 ON
			PORTA=0xff;
			_delay_ms(1000);
			PORTA=0x00;
			_delay_ms(1000);
		}
	}
}
```

컴파일과 다운로드 과정은 3.2.1에서 설명한 방법과 동일하게 진행하면 된다.

3.2.10 PD2에 '1'이 입력되면 LED가 0.3초 주기로 이동하는 프로그램 실습

3.2.10.1 하드웨어 준비

실습용 하드웨어는 3.2.9에서 만들어진 하드웨어와 동일한 것을 사용한다. 따라서 회로는 생략한다. 이 실습은 PD2에 연결된 스위치를 누르면 '1'이 입력되어 LED1부터 LED8까지 0.3초 간격으로 LED1부터 하나씩 ON되어 LED8까지 이동한다. 하지만 '0'이 입력되면 모든 LED가 OFF 된다.

[표 3-21. 동작 결과]

순서	출력(● : ON, ○ : OFF)	LED1	LED2	LED3	LED4	LED5	LED6	LED7	LED8
PD2 = '0'	PORTA = 0x00	○	○	○	○	○	○	○	○
PD2 = '1'	data[0] = 0x01	●	○	○	○	○	○	○	○
	data[1] = 0x02	○	●	○	○	○	○	○	○
	data[2] = 0x04	○	○	●	○	○	○	○	○
	data[3] = 0x08	○	○	○	●	○	○	○	○
	data[4] = 0x10	○	○	○	○	●	○	○	○
	data[5] = 0x20	○	○	○	○	○	●	○	○
	data[6] = 0x40	○	○	○	○	○	○	●	○
	data[7] = 0x80	○	○	○	○	○	○	○	●

3.2.10.2 프로그램 작성

프로그램 작성은 Atmel Studio 7.0을 이용하여 앞에서 살펴본 순서에 따라 진행하면 된다. 새로운 프로젝트 만들기 순서에 따라 프로그램을 코딩할 수 있는 초기화면에서 코드 입력창에 입력한다.

소스 코드 : port_input_2.c

```
#include <avr/io.h>
#define F_CPU 16000000UL   // MCU 클록 : 16MHz
#include <util/delay.h>

int main(void)
{
	int i, indata, data[8]={0x01, 0x02, 0x04, 0x08, 0x10, 0x20, 0x40, 0x80};
	DDRA = 0xff;			// 포트 A의 8 비트를 모두 출력으로 설정
	DDRD = 0x00;			// 포트 D의 8 비트를 모두 입력으로 설정
	while(1) {
		indata=PIND;		// 포트 D로 입력되는 데이터 값을 저장
		indata=(indata & 0b00000100);		// PD2 데이터만 마스크
		if(indata==0b00000100) {	// PD2 = '1'이면 0.3초 주기로 이동
			for(i=0; i<=7; i++) {
				PORTA=data[i];
				_delay_ms(300);
			}
		}
		else PORTA=0x00;
	}
}
```

컴파일과 다운로드 과정은 3.2.1에서 설명한 방법과 동일하게 진행하면 된다.

3.3 7-세그먼트 제어 실습

3.3.1 7-세그먼트

7-세그먼트에는 공통 애노드(Anode) 타입과 공통 캐소드(Cathode) 타입이 있다. 공통 애노드(Anode) 타입 7-세그먼트는 아래 그림과 같이 발광다이오드(LED)의 애노드(Anode)가 공통이다. 각 셀의 LED가 ON되기 위해서는 공통부분에 +를 연결하고 각각의 셀에 해당하는 곳(A ~ G)에 -를 연결하면 된다.

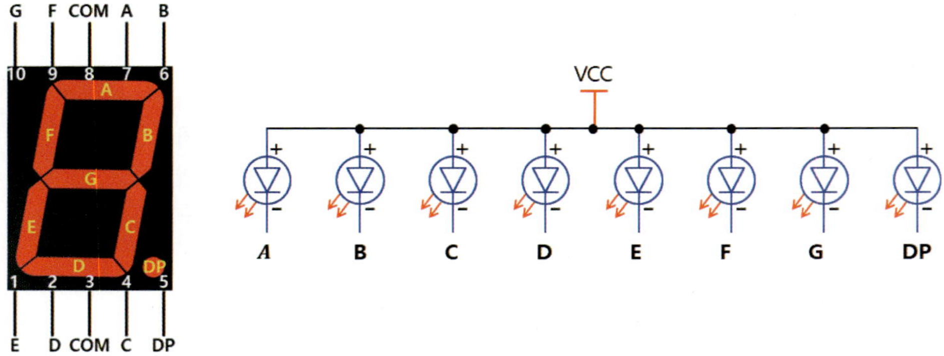

[그림 3-15. 공통 애노드(Anode) 타입 7-세그먼트]

공통 캐소드(Cathode) 타입 7-세그먼트는 아래 그림과 같이 발광다이오드(LED)의 캐소드(Cathode)가 공통이다. 각 셀의 LED가 ON되기 위해서는 공통부분에 -를 연결하고 각각의 셀에 해당하는 곳(A ~ G)에 +를 연결하면 된다.

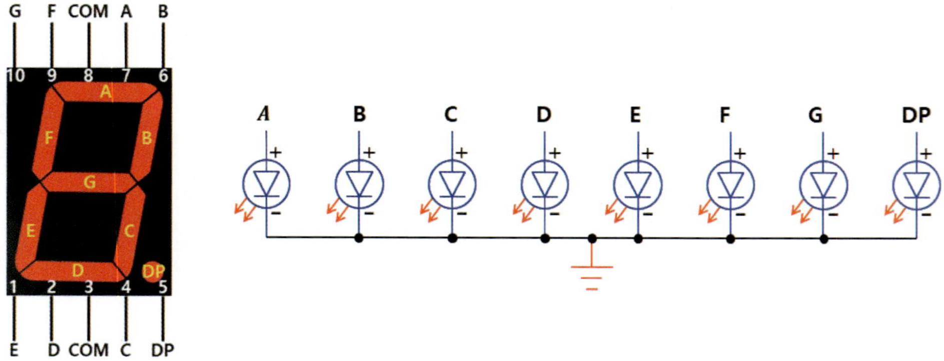

[그림 3-16. 공통 캐소드(Cathode) 타입 7-세그먼트]

3.3.2 전용 IC(7447)를 활용한 7-세그먼트 제어 실습

3.3.2.1 하드웨어 구성

애노드(Anode) 타입 전용 드라이버인 7447 IC를 활용하여 7-세그먼트를 제어하는 방법으로 아래 그림과 같다.

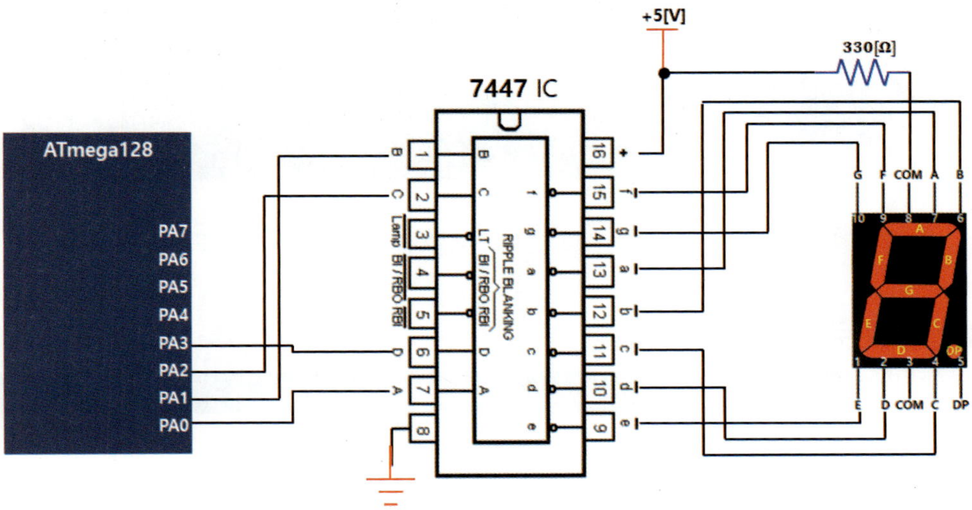

[그림 3-17. 7447 IC를 활용한 7-세그먼트 제어]

ATmega128의 출력포트 4비트(PA0~PA3)를 활용하여 7447 IC 입력에 해당하는 "0000~1001" 값을 프로그램에 의해 순차적으로 발생시키면 아래 표에 해당하는 애노드(Anode) 타입 7-세그먼트 출력에 필요한 출력값이 자동으로 발생한다. 아래 표는 7447 IC 동작표를 나타낸다.

[표 3-22. 7447 IC 동작표]

표시	Inputs				Outputs						
	A	B	C	D	/a	/b	/c	/d	/e	/f	/g
0	0	0	0	0	0	0	0	0	0	0	1
1	0	0	0	1	1	0	0	1	1	1	1
2	0	0	1	0	0	0	1	0	0	1	0
3	0	0	1	1	0	0	0	0	1	1	0
4	0	1	0	0	1	0	0	1	1	0	0
5	0	1	0	1	0	1	0	0	1	0	0
6	0	1	1	0	1	1	0	0	0	0	0
7	0	1	1	1	0	0	0	1	1	1	1
8	1	0	0	0	0	0	0	0	0	0	0
9	1	0	0	1	0	0	0	1	1	0	0

실습용 ATmega128 실습보드에 그림 3-14 7447 IC를 활용한 7-세그먼트 제어회로를 구성하면 아래 그림과 같다.

[그림 3-18. 7447 IC를 활용한 7-세그먼트 제어 실습용 하드웨어]

3.3.2.2 프로그램 작성

소스 코드 : segment_1.c

```
#include <avr/io.h>
#define F_CPU 16000000UL    // MCU 클록 : 16MHz
#include <util/delay.h>

int main(void){
        DDRA = 0xff;
        while(1){
                PORTA=0b00000000;  //'0' Display
                _delay_ms(1000);
                PORTA=0b00000001;  //'1' Display
                _delay_ms(1000);
                PORTA=0b00000010;  //'2' Display
                _delay_ms(1000);
                PORTA=0b00000011;  //'3' Display
                _delay_ms(1000);
                PORTA=0b00000100;  //'4' Display
                _delay_ms(1000);
                PORTA=0b00000101;  //'5' Display
                _delay_ms(1000);
                PORTA=0b00000110;  //'6' Display
                _delay_ms(1000);
                PORTA=0b00000111;  //'7' Display
                _delay_ms(1000);
                PORTA=0b00001000;  //'8' Display
                _delay_ms(1000);
                PORTA=0b00001001;  //'9' Display
                _delay_ms(1000);
        }
}
```

3.3.3. ATmega128 출력포트를 활용한 7-세그먼트 제어 실습

3.3.3.1 하드웨어 구성

ATmega128 출력포트를 활용하여 7-세그먼트를 제어하는 방법의 하드웨어 구성은 아래와 같다.

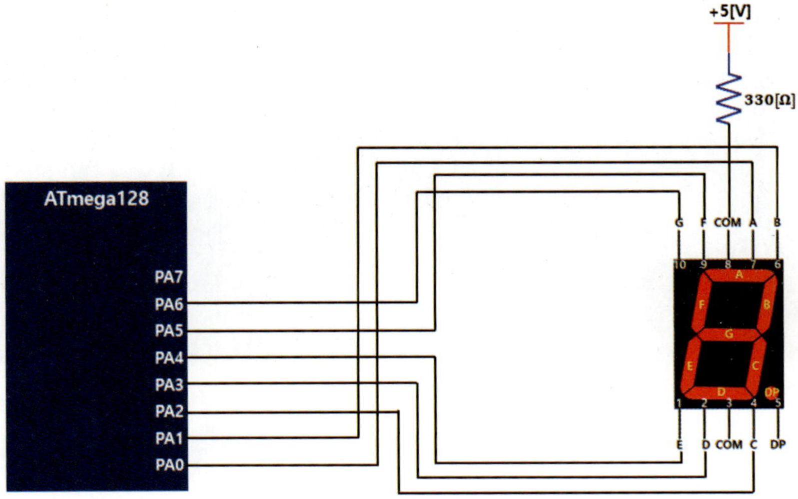

[그림 3-19. ATmega128 출력포트를 활용한 7-세그먼트 제어]

ATmega128의 출력포트 8비트(PA0 ~ PA7)를 활용하여 애노드(Anode) 타입 7-세그먼트 출력에 필요한 출력값('0' ~ '9')을 아래와 같이 프로그램에 의해 발생시킨다.

[표 3-23. ATmega128 출력포트로 애노드 타입 7-세그먼트 제어 동작표]

표시	디지털 출력값						
	PA0	PA1	PA2	PA3	PA4	PA5	PA6
	a	b	c	d	e	f	g
0	0	0	0	0	0	0	1
1	1	0	0	1	1	1	1
2	0	0	1	0	0	1	0
3	0	0	0	0	1	1	0
4	1	0	0	1	1	0	0
5	0	1	0	0	1	0	0
6	1	1	0	0	0	0	0
7	0	0	0	1	1	1	1
8	0	0	0	0	0	0	0
9	0	0	0	1	1	0	0

실습용 ATmega128 실습보드에 그림 3-16 ATmega128의 출력포트를 활용한 7-세그먼트 제어회로를 구성하면 아래 그림과 같다.

[그림 3-20. ATmega128의 출력포트를 활용한 7-세그먼트 제어 실습용 하드웨어]

3.3.3.2 프로그램 작성

1초 주기로 7-Segment에 '0'부터 '9'까지 출력되도록 디지털출력을 사용하여 제어하는 프로그램을 작성한다.

소스 코드 : segment_2.c

```
#include <avr/io.h>
#define F_CPU 16000000UL    // MCU 클록 : 16MHz
#include <util/delay.h>

int main(void){
        DDRA = 0xff;
        while(1){
                PORTA=0b01000000;   //'0' Display
                _delay_ms(1000);
                PORTA=0b01111001;   //'1' Display
                _delay_ms(1000);
                PORTA=0b00100100;   //'2' Display
                _delay_ms(1000);
                PORTA=0b00110000;   //'3' Display
                _delay_ms(1000);
                PORTA=0b00011001;   //'4' Display
                _delay_ms(1000);
```

```
		PORTA=0b00010010;  //'5' Display
		_delay_ms(1000);
		PORTA=0b00000011;  //'6' Display
		_delay_ms(1000);
		PORTA=0b01111000;  //'7' Display
		_delay_ms(1000);
		PORTA=0b00000000;  //'8' Display
		_delay_ms(1000);
		PORTA=0b00011000;  //'9' Display
		_delay_ms(1000);
	}
}
```

3.3.4. DC 모터 제어 실습

실습은 DC 모터 전력증폭기(LB1369)와 ATmega128 실습보드를 이용하여 실습한다. 실습 회로는 ATmega128 실습보드의 포트 A(PA0, PA1) 단자에 DC 모터 전력증폭기를 아래의 회로와 같이 연결한다.

3.3.4.1 하드웨어 준비

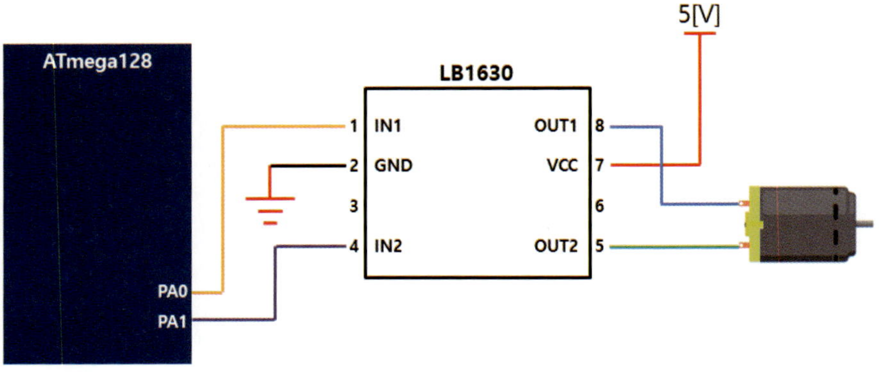

[그림 3-21. DC 모터 실습 회로]

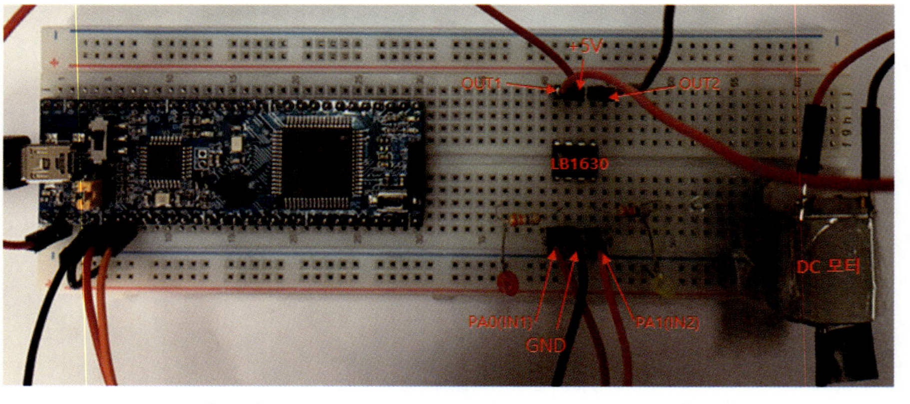

[그림 3-22. DC 모터 제어 실습용 하드웨어]

[표 3-24. DC 모터 제어 실습 부품 목록]

부품명	규격(수량)
ATmega128 실습보드	ATmega128A CPU 사용
모터 전력증폭기	LB1630(1개)
점퍼선	리드선(40cm)

3.3.4.2 프로그램 작성

1초 주기로 DC모터가 시계 방향, 반시계 방향으로 회전하도록 디지털 출력을 사용하여 제어하는 프로그램을 작성한다.

소스 프로그램 : dc_mortor.c(1초 주기로 시계 방향, 반시계 반향으로 제어하는 방법)

```
//DC Motor Control
#include <avr/io.h>
#define F_CPU 16000000UL
#include <util/delay.h>

int main(void){
        DDRA=0xff;
        while(1){
                PORTA=0x01;    //[IN2,IN1]=[L, H] DC Motor Clockwise
                _delay_ms(1000);
                PORTA=0x02;  //[IN2,IN1]=[H, L] DC Motor Counter Clockwise
                _delay_ms(1000);
        }
}
```

CHAPTER

04

인터럽트 실습

인터럽트(Interrupt)란 내외부에서 특정 이벤트에 의해 발생하는 것으로, 실행중인 프로그램을 중단하고 발생한 이벤트를 먼저 처리한 다음 다시 원래의 프로그램으로 복귀하는 것을 뜻한다.

인터럽트는 크게 하드웨어적인 인터럽트와 소프트웨어적인 인터럽트로 구분된다. 하드웨어적인 인터럽트는 전원 차단이나 인위적인 하드웨어 조작에 의해 발생한 인터럽트를 뜻하고, 소프트웨어적인 인터럽트는 프로그램에 의해 발생하는 인터럽트를 뜻한다. 하드웨어적인 인터럽트는 내부적으로 발생할 수도 있고, 외부와 연결된 단자(INT0 ~ INT7, NMI, RESET)에 의해 발생할 수도 있다. 소프트웨어적인 인터럽트는 프로그램에서 '0'값으로 나누는 'zero divide' 문제와 오버플로우 문제 등과 같은 프로그램 내부에서 발생하는 인터럽트이다. 그러면 인터럽트가 발생했을 때 어떻게 처리하는지 그 과정을 알아보자.

4.1 인터럽트 처리 과정

인터럽트가 발생하면 ATmega128 마이크로컨트롤러는 발생한 인터럽트를 제어하기 위해 인터럽트 우선순위를 가지는 벡터형 인터럽트 처리 방식을 사용한다. 이 방식의 인터럽트 처리는 우선순위에 따라 처리되며, 우선순위는 인터럽트 벡터 테이블에 나열되어 있다. 인터럽트 벡터 테이블에는 인터럽트 처리 루틴에 대한 주소를 가지고 있다.

인터럽트 처리는 인터럽트가 발생하면 먼저 메인 프로그램을 일시 중단하고 인터럽트가 해결된 다음 다시 메인 프로그램으로 복귀할 복귀 주소(PC[24])를 스택에 저장한다. 그런 다음 인터럽트 벡터 테이블의 인터럽트 처리 루틴 주소로 점프하여 인터럽트를 처리한다. 인터럽트 처리 루틴이 완료되면 스택에 저장되어 있는 메인 프로그램의 복귀 주소로 점프하여 일시 중단된 메인 프로그램을 다시 정상적으로 실행하게 된다. 따라서 ATmega128 마이크로컨트롤러는 위에서 설명한 것과 같이 아래와 같은 인터럽트 처리 과정을 수행한다.

24) PC : Program Counter

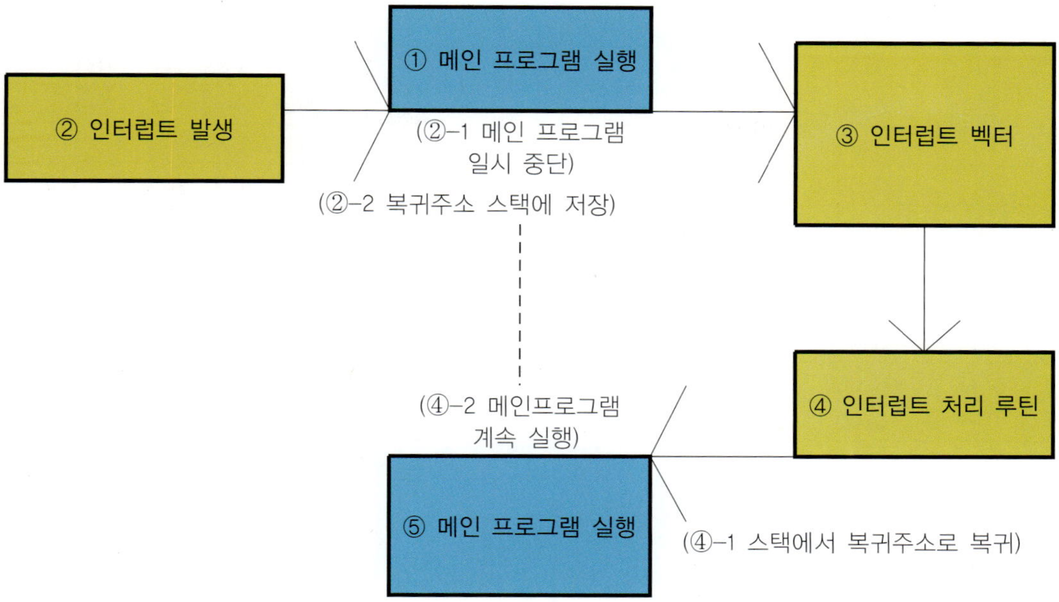

[그림 4-1. 인터럽트 처리 과정]

[표 4-1. ATmega128 인터럽트 벡터 테이블]

벡터 번호	벡터 주소	소스	인터럽트
0	0x0000	RESET	외부 핀, 전원 투입 리셋, 저전압 검출 리셋, 워치독 리셋, JTAG AVR 리셋
1	0x0002	INT0	외부 인터럽트 0
2	0x0004	INT1	외부 인터럽트 1
3	0x0006	INT2	외부 인터럽트 2
4	0x0008	INT3	외부 인터럽트 3
5	0x000A	INT4	외부 인터럽트 4
6	0x000C	INT5	외부 인터럽트 5
7	0x000E	INT6	외부 인터럽트 6
8	0x0010	INT7	외부 인터럽트 7
9	0x0012	TIMER2 COMP	타이머 / 카운터2 비교 일치
10	0x0014	TIMER2 OVF	타이머 / 카운터2 오버플로우
11	0x0016	TIMER1 CAPT	타이머 / 카운터1 입력 캡처
12	0x0018	TIMER1 COMPA	타이머 / 카운터1 비교 일치 A
13	0x001A	TIMER1 COMPB	타이머 / 카운터1 비교 일치 B
14	0x001C	TIMER1 OVF	타이머 / 카운터1 오버플로우
15	0x001E	TIMER0 COMP	타이머 / 카운터0 비교 일치
16	0x0020	TIMER0 OVF	타이머 / 카운터0 오버플로우
17	0x0022	SPI, STC	SPI 시리얼 통신 완료
18	0x0024	USART0, RX	USART0, 수신 완료
19	0x0026	USART0, UDRE	USART0, 데이터 레지스터 비움

20	0x0028	USART0, TX	USART0, 송신 완료
21	0x002A	ADC	ADC 변환 완료
22	0x002C	EE READY	EEPROM 준비
23	0x002E	ANALOG COMP	아날로그 비교기
24	0x0030	TIMER1 COMPC	타이머 / 카운터1 비교 일치 C
25	0x0032	TIMER3 CAPT	타이머 / 카운터3 입력 캡처
26	0x0034	TIMER3 COMPA	타이머 / 카운터3 비교 일치 A
27	0x0036	TIMER3 COMPB	타이머 / 카운터3 비교 일치 B
28	0x0038	TIMER3 COMPC	타이머 / 카운터3 비교 일치 C
29	0x003A	TIMER3 OVF	타이머 / 카운터3 오버플로우
30	0x003C	USART1, RX	USART1, 수신 완료
31	0x003E	USART1, UDRE	USART1, 데이터 레지스터 비움
32	0x0040	USART1, TX	USART1, 송신 완료
33	0x0042	TWI	I2C 통신 인터페이스
34	0x0044	SPM READY	저장 프로그램 메모리 준비

4.2 외부 인터럽트

ATmega128 마이크로컨트롤러는 8개의 외부 인터럽트 단자(INT0 ~ INT7)를 가지고 있다. 외부 단자로 감지되는 인터럽트는 아래의 그림과 같이 입력 펄스 신호의 에지 상태나 레벨 상태를 통해 입력이 가능하다. 상승 에지는 펄스의 신호가 상승하는 구간에서 동작하고, 하강 에지는 펄스의 신호가 하강하는 구간에서 동작한다. 레벨은 펄스 신호의 Low(0) 또는 High(1)의 레벨에서 동작하는 것을 뜻한다.

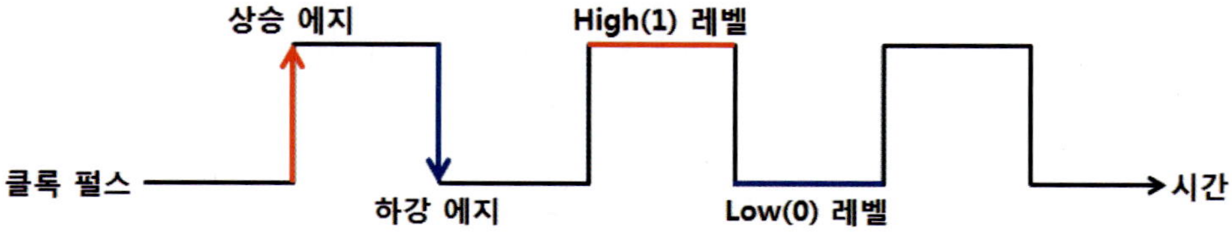

[그림 4-2. 클록 신호]

ATmega128 마이크로컨트롤러의 외부 인터럽트는 EICRA[25]와 EICRB[26] 두 개의 레지스터에 의해 제어된다. EICRA 레지스터는 INT0 ~ INT3까지 4개의 인터럽트를 제어하고, EICRB 레지스터는 INT4 ~ INT7까지 4개의 인터럽트를 제어한다. 만약 상태 레지스터(SREG[27]) 인터럽트 플래그(I)가 '1'로 설정되어 있고 '0' 레벨 감지 방식으로 설정되어 있다면, 인터럽트 입력 단자로 '0'의 값이 입력되면 외부 인터럽트가 발생하게 된다. INT0 ~ INT3까지의 인터럽트는 하강 또는 상승 에지 감지 방식으로 설정된 경우 클록에 상관없이 비동기적으로 감지된다. 이 방식은 ATmega128 마이크로컨트롤러의 슬립 모드(Sleep Mode)를 해제하는 수단으로 활용할 수도 있다. 하지만 INT4 ~ INT7까지의 인터럽트는 하강 또는 상승 에지 감지 방식으로 설정된 경우 I/O_{clk}이 있어야만 한다.

인터럽트 관련 레지스터를 설명하기 전에 상태 레지스터(SREG)에 대하여 먼저 살펴본다. 상태 레지스터(SREG)는 명령어를 실행한 후 결과에 대한 상태 정보를 저장하는 레지스터이다. 모든 비트의 초기값은 '0'으로 설정되어 있다.

25) EICRA : External Interrupt Control Register A
26) EICRB : External Interrupt Control Register B
27) SREG : Status Register

Bit	7	6	5	4	3	2	1	0	
	I	T	H	S	V	N	Z	C	SREG
Read/Write	R/W	R/W	R/W	R/W	R/W	R/W	R/W	R/W	
Initial Value	0	0	0	0	0	0	0	0	

[그림 4-3. 상태 레지스터(SREG)]

[표 4-2. 상태 레지스터(SREG) 기능]

비트	기능
비트 7(I)	• 인터럽트 활성화 / 비활성화 비트 – 모든 인터럽트를 사용하기 위해서는 반드시 '1'로 설정되어 있어야 한다. 만약 설정되어 있지 않다면 인터럽트를 사용할 수가 없다. – 만약 인터럽트가 발생하게 되면 이 비트는 '0'으로 자동으로 초기화된다. – 이 비트를 설정하거나 해제하기 위해 'SEI', 'CLI' 명령어를 이용한다.
비트 6(T)	• 비트 복사 저장 비트 – 비트 단위의 비트 복사 명령어 'BLD', BST'를 사용하여 임의의 레지스터로 데이터를 전송하는 용도로 사용한다.
비트 5(H)	• 보조 캐리 비트 – 연산 과정에서 보조 캐리가 발생했을 경우 '1'로 설정된다.
비트 4(S)	• 부호 비트 – 비트 3과 비트 2를 E-OR한 결과를 나타내는 비트이다.
비트 3(V)	• 2의 보수 오버플로우 비트 – 2의 보수 연산에서 오버플로우가 발생했을 때 '1'로 설정된다.
비트 2(N)	• 음수 비트 – 연산 결과가 음수일 때 '1'로 설정된다.
비트 1(Z)	• 제로 비트 – 연산 결과가 '0'이 되었을 때 '1'로 설정된다.
비트 0(C)	• 캐리 비트 – 연산 결과에서 자리올림이나 자리내림이 발생했을 때 '1'로 설정된다.

4.3 인터럽트 레지스터

인터럽트를 제어하기 위해서는 EICRA, EICRB, EIMSK[28], EIFR[29] 레지스터를 사용해야 한다. 기본적으로는 상태 레지스터(SREG)의 인터럽트 비트(I)를 먼저 '1'로 설정한 다음 시작해야 한다. 그렇지 않으면 인터럽트를 사용할 수 없다.

EICRA와 EICRB 레지스터는 인터럽트의 감지 방식을 설정하고, EIMSK 레지스터는 외부 인터럽트(INT0 ~ INT7)를 각각 활성화 또는 비활성화할 수 있도록 설정한다. 그리고 EIFR 레지스터는 외부 인터럽트 입력에 따라 인터럽트 발생 여부를 저장하는 레지스터이다.

4.3.1 EICRA

EICRA 레지스터는 INT0 ~ INT3까지 인터럽트 감지 방식을 설정하는 레지스터이다. 이 레지스터는 ATmega103 호환모드에서는 동작하지 않는다.

Bit	7	6	5	4	3	2	1	0	
	ISC31	ISC30	ISC21	ISC20	ISC11	ISC10	ISC01	ISC00	EICRA
Read/Write	R/W	R/W	R/W	R/W	R/W	R/W	R/W	R/W	
Initial Value	0	0	0	0	0	0	0	0	

[그림 4-4. EICRA 레지스터]

[표 4-3. EICRA 레지스터 기능]

ISCn1	ISCn0	기능
0	0	'0' 레벨 방식
0	1	예약됨
1	0	하강 에지 방식(비동기식)
1	1	상승 에지 방식(비동기식)

* n : 0, 1, 2, 3
* 비동기식 인터럽트는 펄스폭이 최소 50ns에서 동작한다.

28) EIMSK : External Interrupt Mask Register
29) EIFR : External Interrupt Flag Register

4.3.2 EICRB

EICRA 레지스터는 INT4 ~ INT7까지 인터럽트 감지 방식을 설정하는 레지스터이다.

Bit	7	6	5	4	3	2	1	0	
	ISC71	ISC70	ISC61	ISC60	ISC51	ISC50	ISC41	ISC40	EICRB
Read/Write	R/W	R/W	R/W	R/W	R/W	R/W	R/W	R/W	
Initial Value	0	0	0	0	0	0	0	0	

[그림 4-5. EICRB 레지스터]

[표 4-4. EICRB 레지스터 기능]

ISCn1	ISCn1	기능
0	0	'0' 레벨 방식
0	1	상승 또는 하강 에지일 때 감지하는 방식
1	0	• 인터럽트 이전 에지 샘플링 값 저장 • 상승 또는 하강 에지가 선택되면 1클록보다 긴 시간 동안 펄스가 인가되어야만 감지하는 방식
1	1	• 인터럽트 이전 에지 샘플링 값 저장 • 상승 또는 하강 에지가 선택되면 1클록보다 긴 시간 동안 펄스가 인가되어야만 감지하는 방식

* n : 4, 5, 6, 7

4.3.3 EIMSK

EIMSK 레지스터는 외부 인터럽트 INT0 ~ INT7까지 개별적으로 비트를 활성화/비활성화하는 데 사용된다. 각각의 비트를 '1'로 설정하면 설정된 비트의 인터럽트는 사용할 수 있다. 하지만 상태 레지스터(SREG)의 인터럽트 비트(I)가 '1'로 설정되어 있지 않다면 사용할 수 없다. 따라서 인터럽트를 사용하기 위해서는 반드시 상태 레지스터(SREG)의 인터럽트 비트(I)를 '1'로 설정한 다음에 사용해야 한다.

Bit	7	6	5	4	3	2	1	0	
	INT7	INT6	INT5	INT4	INT3	INT2	INT1	IINT0	EIMSK
Read/Write	R/W	R/W	R/W	R/W	R/W	R/W	R/W	R/W	
Initial Value	0	0	0	0	0	0	0	0	

[그림 4-6. EIMSK 레지스터]

4.3.4 EIFR

EIFR 레지스터는 INT0 ~ INT7까지 해당하는 인터럽트가 발생했음을 알려주는 레지스터이다. 외부 인터럽트 INT0 ~ INT7에서 인터럽트가 발생하면 EIFR 레지스터 비트가 인터럽트가 발생한 비트 자리에 '1'로 설정된다. 그러면 ATmega128 마이크로컨트롤러는 해당하는 인터럽트 벡터로 점프하여 인터럽트 서비스 루틴을 수행한다. 이때 발생한 인터럽트의 EIFR 비트는 다시 '0'으로 해제된다.

Bit	7	6	5	4	3	2	1	0	
	INTF7	INTF6	INTF5	INTF4	INTF3	INTF2	INTF1	IINTF0	EIFR
Read/Write	R/W	R/W	R/W	R/W	R/W	R/W	R/W	R/W	
Initial Value	0	0	0	0	0	0	0	0	

[그림 4-7. EIFR 레지스터]

※ 외부 인터럽트만 이 장에서 실습하고, 직렬통신, 타이머 / 카운터, ADC 등의 인터럽트는 해당 장치 실습 시 설명하도록 한다.

4.4 인터럽트 실습

인터럽트를 실습하기 위해서는 먼저 인터럽트 처리 과정에 맞는 코딩을 순차적으로 해야 한다. 또한 관련 상태 레지스터(SREG)의 인터럽트 비트(I)를 반드시 '1'로 설정한 다음에 수행해야 한다. 인터럽트는 빈번하게 발생하게 된다. 따라서 하나의 인터럽트가 발생하여 이를 처리하는 동안 또 다른 인터럽트가 발생할 수 있다. 즉 인터럽트 처리가 끝나지 않는 상황에서 다시 인터럽트가 걸릴 수도 있다. 일반적으로 인터럽트를 처리하는 동안에는 다른 인터럽트가 발생하더라도 현재 처리 중인 인터럽트를 모두 처리할 때까지 대기하는 방식을 많이 사용한다. ATmega128 마이크로컨트롤러도 마찬가지로 이러한 방식을 사용한다. 하지만 인터럽트를 처리하는 동안 다른 인터럽트가 발생하면 우선순위에 따라 먼저 처리할 수 있다. 또한 인터럽트 처리 루틴에서 또 다른 인터럽트를 처리할 수도 있다.

ATmega128 마이크로컨트롤러는 매크로 명령을 통해 인터럽트를 처리할 수 있다. 이를 위해 'avr/interrupt.h' 헤더 파일을 사용한다. 먼저 매크로 명령을 통한 인터럽트 처리 방식을 살펴보자. 매크로 명령은 최소화된 명령으로 인터럽트를 처리할 수 있도록 매크로 형태로 만들어진 명령이다. 이러한 명령은 다음과 같이 정의되어 있다.

[표 4-5. 매크로 명령]

macros	기능
sei()	상태 레지스터(SREG) 인터럽트 비트(I) 설정
cli()	상태 레지스터(SREG) 인터럽트 비트(I) 해제
ISR(vector, attributes)	'attributes' 속성을 가지는 인터럽트 'vector' 처리 루틴
SIGNAL(vector)	'attributes' 없이 선택한 인터럽트 'vector' 처리 시그널 호출 (디폴트로 ISR_BLOCK으로 동작)
EMPTY_INTERRUPT(vector)	인터럽트 'vector' 처리 루틴이 없음(빈 ISR)
ISR_ALIAS(vector, target_vector)	'vector'와 'target_vector'가 동일한 인터럽트 처리 루틴을 처리하도록 지정
reti()	인터럽트 처리 루틴 종료
BADISR_vect	인터럽트 처리 루틴이 없는 인터럽트 발생

[표 4-6. 매크로 속성]

attributes	기능
ISR_BLOCK	인터럽트를 처리하는 동안 다른 인터럽트가 걸려도 대기하도록 함
ISR_NOBLOCK	인터럽트를 처리하는 동안 다른 인터럽트가 걸릴 수 있도록 함
ISR_NAKED	• 인터럽트 처리 루틴을 사용자가 직접 정의하여 사용 • 이 속성이 사용될 경우 상태 레지스터(SREG)값이 자동으로 변경되지 않기 때문에 반드시 reti()명령을 사용하여 복귀해야만 한다. 또한 ISR 호출 이전에 상태 레지스터(SREG) 값을 반드시 저장해 두어야 함.
ISR_ALIASOF(target_vector)	다른 인터럽트 벡터와 동일한 동작을 수행할 경우 'target_vector'를 지정

[표 4-7. 매크로 명령 예제]

<table>
<tr><td>#include 〈avr/interrupt.h〉

ISR(vector0)
{
    // 사용자가 코드를 입력하는 부분
}</td><td>• 'vector0' 인터럽트 벡터에 대한 처리 루틴을 정의하여 사용하는 예제이다.
• 디폴트로 'ISR_BLOCK' 속성이 자동 적용된다.</td></tr>
<tr><td>#include 〈avr/interrupt.h〉

ISR(vector0, ISR_NOBLOCK)
{
    // 사용자가 코드를 입력하는 부분
}</td><td>• 'vecotr0' 인터럽트 벡터에 대한 처리 루틴을 'ISR_NOBLOCK' 속성으로 정의하여 사용하는 예제이다.
• 'ISR_NOBLOCK' 속성을 지정하였기 때문에 다른 인터럽트가 발생하면 다른 인터럽트를 처리할 수 있다.</td></tr>
<tr><td>#include 〈avr/interrupt.h〉

ISR(vector0)
{
    // 사용자가 코드를 입력하는 부분
}
ISR(vector1, ISR_ALIASOF(vector0));</td><td>'vector0'와 'vector1' 두 개의 인터럽트 벡터가 동일한 처리 루틴을 사용할 수 있도록 정의하여 사용하는 예제이다.</td></tr>
<tr><td>#include 〈avr/interrupt.h〉

ISR(vector0, ISR_NAKED)
{
    PORTB |= _BV(0);
    reti();
}</td><td>• 'vector0' 인터럽트 벡터에 대한 처리 루틴을 사용자가 직접 정의하여 사용하는 예제이다.
• 반드시 reti() 함수를 호출하여야 한다. 그렇지 않으면 처리 루틴이 끝나지 않게 된다. 왜냐하면 ISR_NAKED 속성은 하드웨어가 자동으로 인터럽트 종료를 확인하지 않기 때문이다. 다른 속성들의 경우에는 하드웨어가 자동으로 인터럽트 종료를 인식하여 처리 루틴을 종료한다.</td></tr>
<tr><td>#include 〈avr/interrupt.h〉

EMPTY_INTERRUPT(vector0);</td><td>'vector0' 인터럽트 벡터에 대한 처리 루틴이 없다.</td></tr>
</table>

#include <avr/interrupt.h>
 	
ISR(BADISR_vect)
{
    // 사용자가 코드를 입력하는 부분
}
	인터럽트 처리 루틴이 없는 인터럽트가 발생할 경우 사용자가 정의하는 방법

먼저 가장 간단히 인터럽트를 실습해볼 수 있는 외부 인터럽트를 실습해보자. 앞서 외부 인터럽트는 INT0부터 INT7까지 8개의 외부 인터럽트 입력 단자를 사용할 수 있다고 배웠다. 또한 이를 제어하기 위해 반드시 EICRA, EICRB, EIMSK, SREG 레지스터를 설정해야 한다고 배웠다. 따라서 이를 이용하여 외부 인터럽트 입력 단자로부터 인터럽트 이벤트를 입력받아 인터럽트를 처리하는 프로그램을 작성해 보도록 한다.

인터럽트 프로그래밍 순서는 제어 레지스터를 먼저 설정하고, 인터럽트 벡터에 대한 처리 루틴을 구현하는 순서로 진행하면 된다.

4.4.1 PD2(INT2), PD3(INT3)에 외부 인터럽트가 발생하면 1초 동안 LED를 ON시키는 프로그램(ISR_BLOCK)

4.4.1.1 하드웨어 준비

아래의 회로는 ATmega128 실습보드에 포트 A0 ~ A7까지 LED를 연결하여 회로를 만든다. 그리고 포트 PD2와 PD3에 스위치를 연결한다. 이렇게 만들어진 실습회로는 PD2, PD3에 입력되는 값에 따라 모든 LED가 ON되거나 OFF된다. 동작은 동작 결과표를 참조하면 된다.

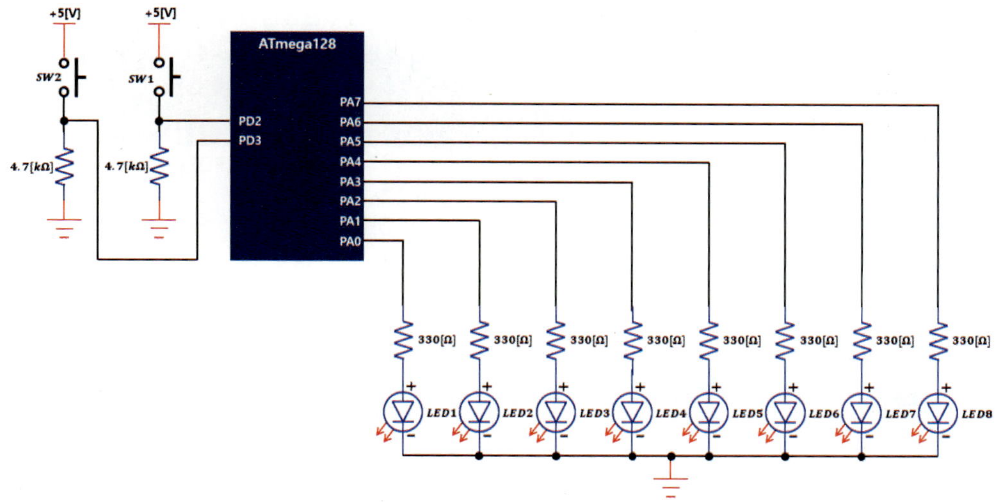

[그림 4-8. 외부 인터럽트 실습 회로]

[표 4-8. 인터럽트 실습 부품 목록]

부품명	규격(수량)
ATmega128 실습보드	ATmega128A CPU 사용
저항(R)	330Ω(8개)
	4.7kΩ(2개)
LED(적색)	LED(8개)
스위치	푸시버튼 스위치(2개)
점퍼선	리드선(40cm)

위의 회로도를 보고 모두 조립하면 아래의 화면과 같이 실습용 하드웨어가 완성된다. 이 실습용 하드웨어를 이용하여 실습하면 된다.

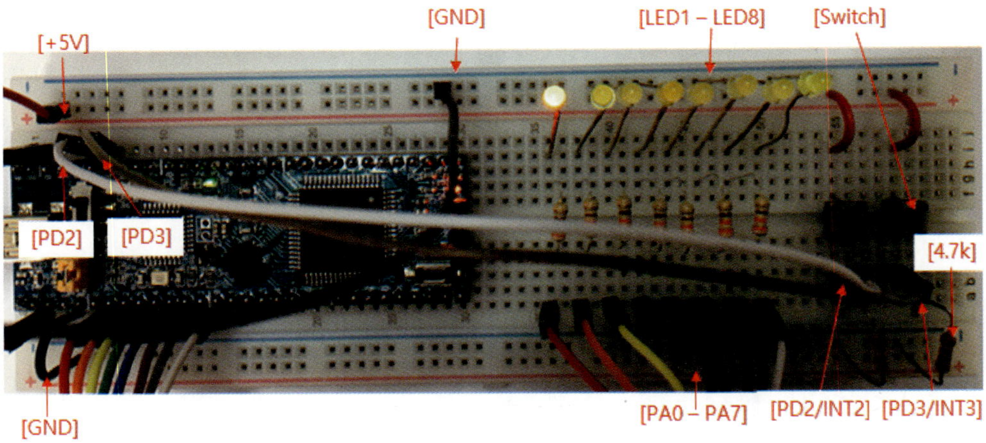

[그림 4-9. 인터럽트 실습용 하드웨어]

[표 4-9. 동작 결과]

순서	출력(● : ON, ○ : OFF)								
PD2 = '0' → '1'	PORTA = 0x01	LED1	LED2	LED3	LED4	LED5	LED6	LED7	LED8
		●	○	○	○	○	○	○	○
PD3 = '0' → '1'	PORTA = 0x02	LED1	LED2	LED3	LED4	LED5	LED6	LED7	LED8
		○	●	○	○	○	○	○	○

4.4.1.2 프로그램 작성

소스에서 사용한 인터럽트 서비스 루틴 파라미터는 ISR_BLOCK이다. 그렇기 때문에 현재 인터럽트를 처리하고 있는 경우 다른 인터럽트가 발생하더라도 대기해야 한다.

소스 프로그램 : external_interrupt_1.c

```
#include <avr/io.h>
#include <avr/interrupt.h>          // 인터럽트 관련 헤더
#define F_CPU 16000000UL           // MCU 클록 : 16MHz
#include <util/delay.h>

ISR(INT2_vect, ISR_BLOCK){  // ISR_BLOCK 파라미터
        PORTA=0x01;
        _delay_ms(1000);
}

ISR(INT3_vect, ISR_BLOCK){
        PORTA=0x02;
        _delay_ms(1000);
}

int main(void){
        DDRA = 0xff;        // 포트 A를 출력 방향으로 설정
        DDRD = 0x00;        // 포트 D를 입력 방향으로 설정(외부 인터럽트 입력)
        cli();              // 전체 인터럽트 비활성화
        EICRA = 0xA0;       // 인터럽트(INT0~3) 감지 방식 설정 : 하강 에지 감지 방식
        EICRB = 0x00;       // 인터럽트(INT4~7) 감지 방식 설정 : '0' 레벨 감지 방식
        EIMSK = 0x0c;      // 인터럽트(INT0~7) 활성화 설정 : INT2, INT3 활성화
        sei();              // 전체 인터럽트 활성화
        while(1){
                PORTA=0x00;
        }
}
```

컴파일과 다운로드 과정은 3장에서 설명한 방법과 동일하게 진행하면 된다.

4.4.2 PD2(INT2), PD3(INT3)에 외부 인터럽트가 발생하면 5초 동안 LED를 ON시키는 프로그램(ISR_NOBLOCK)

4.4.2.1 하드웨어 준비

실습용 하드웨어는 4.3.1에서 만들어진 하드웨어와 동일한 것을 사용한다. 따라서 회로는 생략한다. 이 실습은 PD2, PD3에 입력되는 값에 따라 모든 LED가 5초 동안 ON되거나 OFF된다. 동작은 동작 결과표를 참조하면 된다.

[표 4-10. 동작 결과]

순서	출력(● : ON, ○ : OFF)								
PD2 = '0' → '1'	PORTA = 0x01	LED1	LED2	LED3	LED4	LED5	LED6	LED7	LED8
		●	○	○	○	○	○	○	○
PD3 = '0' → '1'	PORTA = 0x02	LED1	LED2	LED3	LED4	LED5	LED6	LED7	LED8
		○	●	○	○	○	○	○	○

4.4.2.2 프로그램 작성

소스에서 사용한 인터럽트 서비스 루틴 파라미터는 ISR_NOBLOCK이다. 그렇기 때문에 현재 인터럽트를 처리하고 있는 경우 다른 인터럽트가 발생하더라도 인터럽트를 허용할 수 있다. 즉 처음 인터럽트가 발생하면 자동적으로 PUSH, POP 동작에 의해 프로그램 카운터(PC) 주소를 저장하고 인터럽트 서비스 루틴을 수행한다. 이때 ISR_NOBLOCK 파라미터를 사용하게 되면 자동으로 SEI() 명령 동작으로 다중 인터럽트를 허용할 수 있도록 상태 레지스터(SREG) 전체 인터럽트 비트(I)를 '1'로 설정한다. 따라서 인터럽트를 처리하고 있는 상태에서 다른 인터럽트가 발생하더라도 인터럽트를 처리할 수 있다.

소스 프로그램 : external_interrupt_2.c

```
#include <avr/io.h>
#include <avr/interrupt.h>
#define F_CPU 16000000UL        // MCU 클록 : 16MHz
#include <util/delay.h>

ISR(INT2_vect, ISR_NOBLOCK){                    // ISR_NOBLOCK 파라미터
        PORTA=0x01;
        _delay_ms(5000);
}
```

```
ISR(INT3_vect, ISR_NOBLOCK){
        PORTA=0x02;
        _delay_ms(5000);
}

int main(void){
        DDRA = 0xff;        // 포트 A를 출력 방향으로 설정
        DDRD = 0x00;        // 포트 D를 입력 방향으로 설정(외부 인터럽트 입력)
        cli();              // 전체 인터럽트 비활성화
        EICRA = 0xA0;       // 인터럽트(INT0~3) 감지 방식 설정 : 하강 에지 감지 방식
        EICRB = 0x00;       // 인터럽트(INT4~7) 감지 방식 설정 : '0' 레벨 감지 방식
        EIMSK = 0x0c;       // 인터럽트(INT0~7) 활성화 설정 : INT2, INT3 활성화
        sei();              // 전체 인터럽트 활성화
        while(1){
                PORTA=0x00;
        }
}
```

컴파일과 다운로드 과정은 3장에서 설명한 방법과 동일하게 진행하면 된다.

4.4.3 PD2(INT2), PD3(INT3)에 외부 인터럽트가 발생하면 1초 동안 LED를 ON시키는 프로그램(ISR_ALIASOF)

4.4.3.1 하드웨어 준비

실습용 하드웨어는 4.4.1에서 만들어진 하드웨어와 동일한 것을 사용한다. 따라서 회로는 생략한다. 이 실습은 PD2, PD3에 입력되는 값에 따라 모든 LED가 5초 동안 ON되거나 OFF된다. 동작은 동작 결과표를 참조하면 된다.

[표 4-11. 동작 결과]

순서	출력(● : ON, ○ : OFF)								
		LED1	LED2	LED3	LED4	LED5	LED6	LED7	LED8
PD2 = '0'→'1'	PORTA = 0x01	●	○	○	○	○	○	○	○
		LED1	LED2	LED3	LED4	LED5	LED6	LED7	LED8
PD3 = '0'→'1'	PORTA = 0x02	○	●	○	○	○	○	○	○

4.4.3.2 프로그램 작성

소스에서 사용한 인터럽트 서비스 루틴 파라미터는 ISR_ALIASOF이다. 그렇기 때문에 다른 인터럽트 벡터를 현재 인터럽트가 지정하여 사용할 수 있다. 이 파라미터는 인터럽트 발생 시 반복적으로 인터럽트를 정의하여 사용하기보다는 기존에 정의된 동일한 인터럽트 서비스 루틴을 지정하여 간결한 프로그램이 가능하도록 하기 위한 방법이다.

소스 프로그램 : external_interrupt_3.c

```
#include <avr/io.h>
#include <avr/interrupt.h>
#define F_CPU 16000000UL        // MCU 클록 : 16MHz
#include <util/delay.h>

ISR(INT2_vect, ISR_NOBLOCK){
        PORTA=0x01;
        _delay_ms(1000);
}

ISR(INT3_vect, ISR_ALIASOF(INT2_vect));        // ALIASOF 매크로 명령
```

```
int main(void){
	DDRA = 0xff;		// 포트 A를 출력 방향으로 설정
	DDRD = 0x00;		// 포트 D를 입력 방향으로 설정(외부 인터럽트 입력)
	cli();			// 전체 인터럽트 비활성화
	EICRA = 0xA0;		// 인터럽트(INT0~3) 감지 방식 설정 : 하강 에지 감지 방식
	EICRB = 0x00;		// 인터럽트(INT4~7) 감지 방식 설정 : '0' 레벨 감지 방식
	EIMSK = 0x0c;	// 인터럽트(INT0~7) 활성화 설정 : INT2, INT3 활성화
	sei();			// 전체 인터럽트 활성화
	while(1){
		PORTA=0x00;
	}
}
```

4.4.4 PD2(INT2), PD3(INT3)에 외부 인터럽트가 발생하면 1초 동안 LED를 ON시키는 프로그램(ISR_NAKED)

4.4.4.1 하드웨어 준비

실습용 하드웨어는 4.4.1에서 만들어진 하드웨어와 동일한 것을 사용한다. 따라서 회로는 생략한다. 이 실습은 PD2, PD3에 입력되는 값에 따라 모든 LED가 5초 동안 ON되거나 OFF된다. 동작은 동작 결과표를 참조하면 된다.

[표 4-12. 동작 결과]

순서	출력(● : ON, ○ : OFF)								
PD2 = '0' → '1'	PORTA=0x01	LED1	LED2	LED3	LED4	LED5	LED6	LED7	LED8
		●	○	○	○	○	○	○	○
PD3 = '0' → '1'	PORTA=0x02	LED1	LED2	LED3	LED4	LED5	LED6	LED7	LED8
		○	●	○	○	○	○	○	○

4.4.4.2 프로그램 작성

소스에서 사용한 인터럽트 서비스 루틴 파라미터는 ISR_NAKED이다. 그렇기 때문에 인터럽트 서비스 루틴을 사용자가 직접 정의하여 사용할 수 있다. 이 파라미터는 PUSH, POP 동작을 생략하고 인터럽트 서비스 루틴을 수행한다. 따라서 마이크로컨트롤러가 자동으로 인터럽트를 처리하는 동작이 수행되지 않기 때문에 인터럽트 완료를 반환하는 명령이 동작하지 않는다. 그렇기 때문에 인터럽트 완료를 알리는 인터럽트 반환 명령을 프로그램에서 반드시 포함하여 반환해야 정상적인 동작이 가능하다.

소스 프로그램 : external_interrupt_4.c

```
#include <avr/io.h>
#include <avr/interrupt.h>
#define F_CPU 16000000UL        // MCU 클록 : 16MHz
#include <util/delay.h>

ISR(INT2_vect, ISR_NOBLOCK){
        PORTA=0x01;
        _delay_ms(1000);
}

ISR(INT3_vect, ISR_NAKED){ // ISR_NAKED 파라미터
```

```
        PORTA=0x02;
        _delay_ms(1000);
        reti();
}
int main(void){
        DDRA = 0xff;        // 포트 A를 출력 방향으로 설정
        DDRD = 0x00;        // 포트 D를 입력 방향으로 설정(외부 인터럽트 입력)
        cli();              // 전체 인터럽트 비활성화
        EICRA = 0xA0;       // 인터럽트(INT0~3) 감지 방식 설정 : 하강 에지 감지 방식
        EICRB = 0x00;       // 인터럽트(INT4~7) 감지 방식 설정 : '0' 레벨 감지 방식
        EIMSK = 0x0c;     // 인터럽트(INT0~7) 활성화 설정 : INT2, INT3 활성화
        sei();              // 전체 인터럽트 활성화
        while(1){
                PORTA=0x00;
        }
}
```

4.4.5 외부 인터럽트를 이용한 DC 모터 정·역회전 실습

4.4.5.1 하드웨어 준비

3장에서 실습한 하드웨어에 외부 인터럽트 입력을 받을 수 있는 입력회로를 아래와 같이 추가한다.

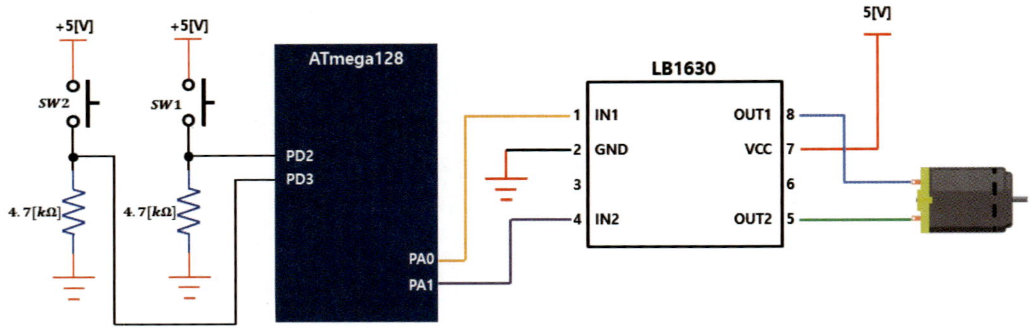

[그림 4-10. 인터럽트를 이용한 DC 모터 실습 회로]

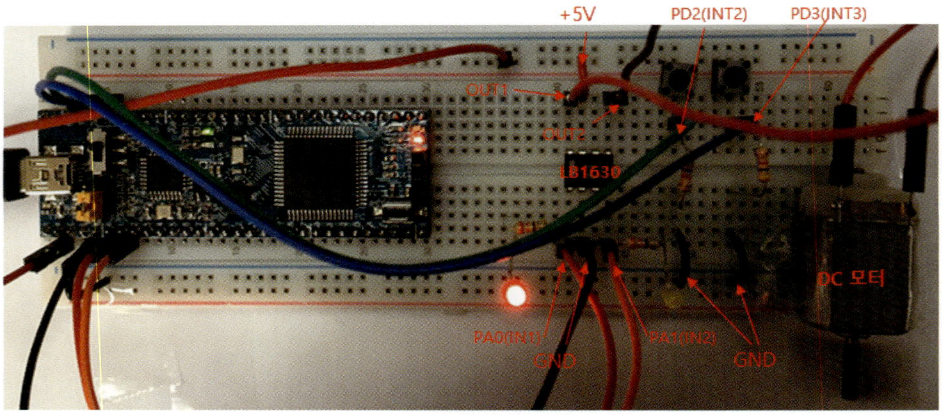

[그림 4-11. 인터럽트를 이용한 DC 모터 실습 회로 조립]

[표 4-13. DC 모터 제어 실습 부품 목록]

부품명	규격(수량)
ATmega128 실습보드	ATmega128A CPU 사용
모터 전력증폭기	LB1630(1개)
스위치	푸쉬 버튼(2개)
저항	4.7kΩ(2개)
점퍼선	리드선(40cm)

4.4.5.2 프로그램 작성

SW1을 눌렀다가 떼면 INT2 입력에 폴링에지가 인식되어 DC 모터가 시계 방향으로 회전하고, SW2를 눌렀다가 떼면 INT3 입력에 폴링에지가 인식되어 DC 모터가 반시계 방향으로 회전하는 외부 인터럽트 처리프로그램이다.

소스 프로그램 : external_interrupt_5.c(외부 인터럽트에 의해 정 · 역회전 하는 방법)

```
#include <avr/io.h>
#include <avr/interrupt.h>
#define F_CPU 16000000UL
#include <util/delay.h>

// DC Motor Clockwise");
ISR(INT2_vect,ISR_BLOCK){
        PORTA=0x01;
        _delay_ms(500);
}

// DC Motor Reverse Clockwise");
ISR(INT3_vect,ISR_BLOCK){
        PORTA=0x02;
        _delay_ms(500);
}

int main(void){
        DDRA=0xff;
        DDRD=0x00;
        cli();
        EICRA = 0xA0;
        EICRB = 0x00;
        EIMSK = 0x0c;
        sei();
        while(1){
                PORTB=0x00; // DC Motor Stop
        }
}
```

CHAPTER

05

직렬통신 실습

직렬통신이란 송신회선(TxD)과 수신회선(RxD)을 이용하여 한 번에 하나의 비트를 송수신하는 통신방식을 뜻한다. 이를 위한 표준으로는 미국에서 만들어진 RS232C가 대표적이다. ATmega128 마이크로컨트롤러에서 이러한 직렬통신을 위해 사용하는 것이 바로 USART[30]이다. ATmega128 마이크로컨트롤러에서는 두 개의 직렬통신 채널이 내장되어 있다.

직렬통신은 전송 방식에 따라 동기식과 비동기식으로 나누어진다. 동기식은 동기 신호를 사용하고, 이 동기신호에 맞추어 데이터를 순차적으로 송수신하는 방식이다. 비동기식은 동기 신호 없이 데이터의 전송속도, 데이터 크기 등을 정하여 데이터를 순차적으로 송수신하는 방식이다.

먼저 RS232C는 전기적, 기계적 특성을 규격화하여 컴퓨터의 주변기기와 데이터 입출력 인터페이스로 널리 사용되고 있다. 최근에는 이를 대신하여 USB가 사용되고 있지만 아직까지도 RS232C가 직렬통신 기본 규격으로 많이 사용되고 있다. 직렬통신 표준으로 사용하고 있는 RS232C의 규격에 대하여 간단히 알아보자.

5.1 RS232C 규격

5.1.1 기계적 규격

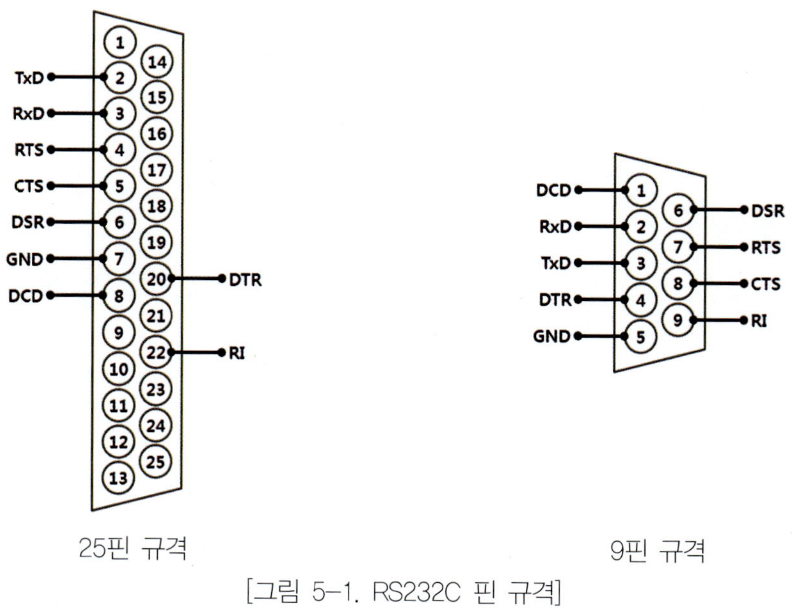

[그림 5-1. RS232C 핀 규격]

30) USART : Universal Synchronous and Asynchronous Receiver and Transmitter

[표 5-1. RS232C 기능]

명칭	기능
TXD(Transmitted Data)	송신 데이터
RXD(Received Data)	수신 데이터
RTS(Request To Send)	송신 요구
CTS(Clear To Send)	송신 허가
DSR(Data Set Ready)	통신기기 준비
GND(Ground)	신호 접지
DCD(Data Carrier Detect)	캐리어 검출
DTR(Data Terminal Ready)	데이터 단말 장치 준비
RI(Ring Indicator)	입력 포트

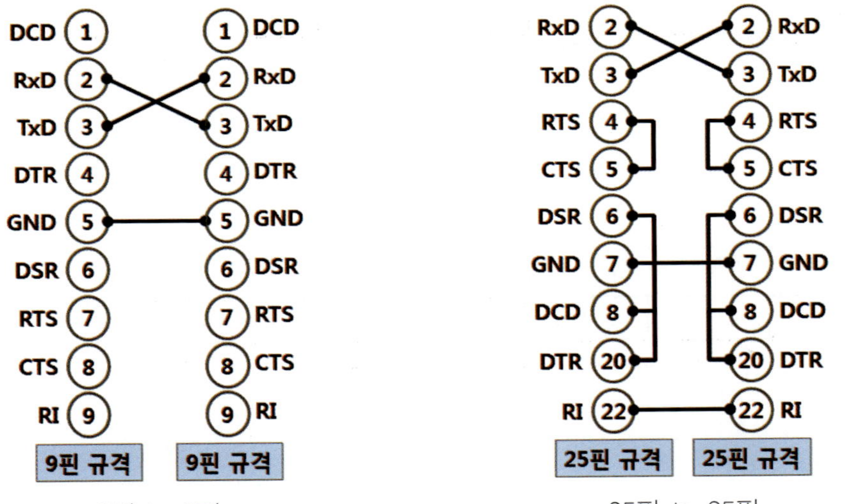

9핀-to-9핀

25핀-to-25핀

[그림 5-2. RS232C 커넥터 연결]

5.1.2 전기적 규격

RS232C의 전기 신호의 레벨은 다음과 같이 정의되어 있다.

[표 5-2. RS232C의 전기 신호 레벨]

구분	Low(0)	High(1)
전압 범위	-25 ~ -3V	+3 ~ +25V
논리	1	0
명칭	Mark	Space

사용 예제는 다음과 같다.

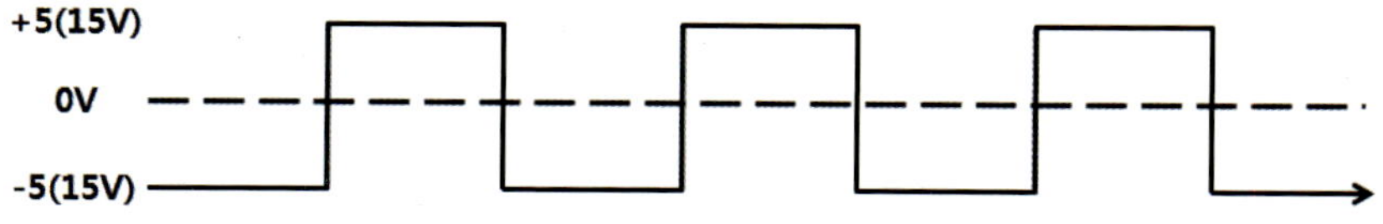

[그림 5-3. RS232C 신호 레벨]

RS232C의 송수신되는 신호는 아래의 그림과 같이 정의된다.

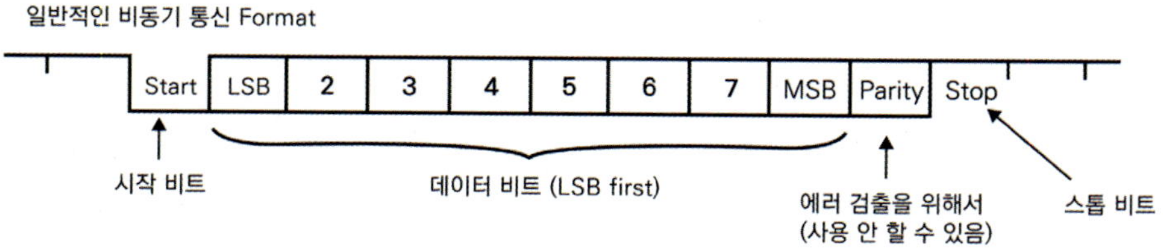

[그림 5-4. RS232C 송수신 신호]

5.2 USART

ATmega128 마이크로컨트롤러는 직렬통신을 위해 USART0, USART0을 가지고 있다. USART의 기본 구조는 아래의 그림과 같이 구성되어 있다.

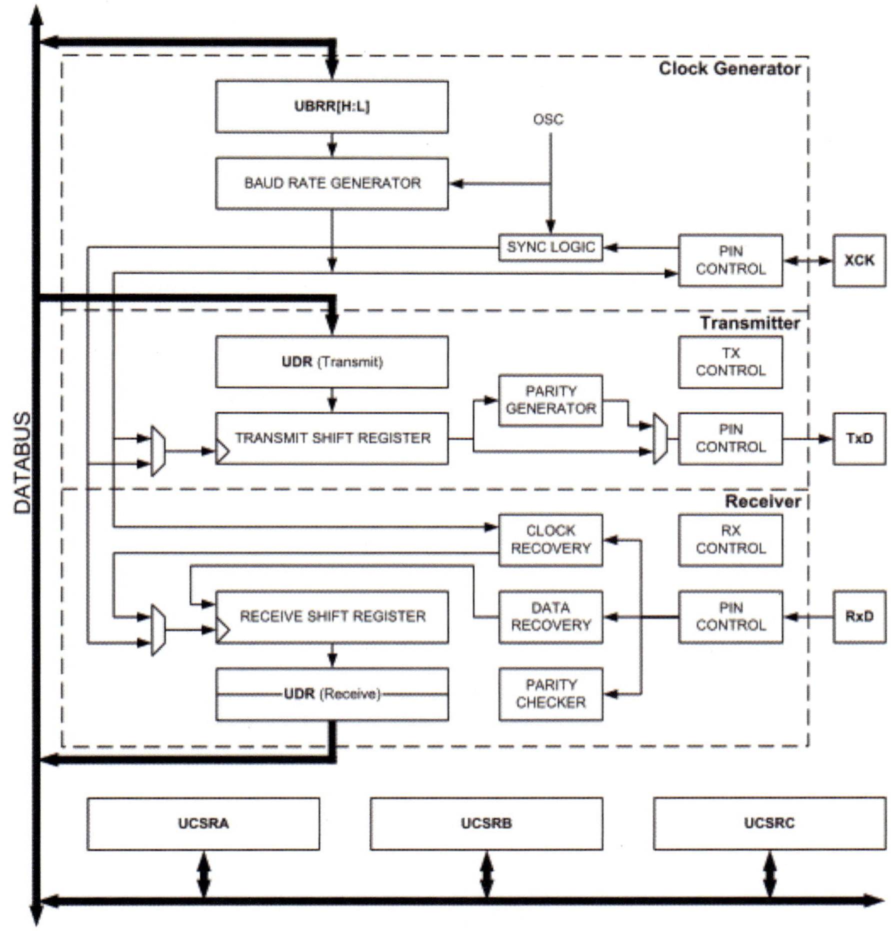

[그림 5-5. USART 기본 구조]

USART는 직렬통신을 위해 ATmega128 마이크로컨트롤러에서는 두 개를 내장하고 있다. 각각은 동일한 구조를 가지며, 클록 발생부(Clock Generator), 송신부(Transmitter), 수신부(Receiver), 제어 레지스터부(Control Register)로 구성된다.

5.2.1 클록 발생부

클록 발생부는 송수신을 위해 사용되는 클록을 만들어주는 블록이다. 사용할 수 있는 모드는 비동기 일반 모드, 비동기 2배속 모드, 동기 마스터 모드, 동기 슬레이브 모드가 있다. 이러한 모드는 USCRC 레지스터를 제어하여 사용할 수 있다. 자세한 사용방법은 뒤에서 살펴본다.

- 비동기 일반 모드 : 일반적으로 사용하는 비동기 모드로서 내부 클록으로 Baudrate를 발생하여 사용한다.
- 비동기 2배속 모드 : 비동기 모드를 사용하면서 내부 클록으로 2배속의 Baudrate 속도 증가를 할 수 있는 모드이다.
- 동기 마스터 모드 : 동기 모드로 마스터로 동작할 경우 사용할 수 있는 모드이다.
- 동기 슬레이브 모드 : 동기 모드로 슬레이브로 동작할 경우 사용할 수 있는 모드이다.

5.2.2 송신부

송신부는 송신버퍼(UDR), 송신 시프트레지스터, 송신 컨트롤러, 핀 컨트롤러, 패리티 발생기로 구성되어 있으며, 데이터를 송신하기 위한 부분이다.

5.2.3 수신부

수신부는 수신버퍼(UDR), 수신 시프트레지스터, 수신 컨트롤러, 클록 / 데이터 복구기, 패리티 검사기로 구성되어 있으며, 데이터를 수신하기 위한 부분이다.

5.2.4 제어 레지스터부

제어 레지스터부는 데이터 송수신을 위한 제어 레지스터로 구성되며, UCSRA, UCSRB, UCSRC 등 세 가지 레지스터를 이용하여 제어한다.

5.2.4.1 UCSRA

USART0, USART0의 송수신 동작을 제어하기 위해 사용하는 레지스터이다.

5.2.4.2 UCSRB

USART0, USART0의 송수신 동작을 제어하기 위해 사용하는 레지스터이다.

5.2.4.3. UCSRC

USART0, USART0의 동작 모드 및 송수신 제어 기능을 설정하는 레지스터이다.

5.2.5 USART 특징

- 동기 모드와 비동기 모드 지원
- 전이중 통신 지원
- 멀티프로세서 통신 지원
- 높은 정밀도의 Baudrate 설정 지원
- 다양한 전송데이터 지원
- 에러 검출 비트 지원
- 스타트/스톱 비트 지원
- 노이즈 필터링 지원

5.2.6 USART 인터럽트

인터럽트에 대해서는 앞에서 배웠을 것이다. 직렬통신에서 사용되는 인터럽트는 송신완료 인터럽트, 수신완료 인터럽트, 송신데이터 준비 인터럽트 세 가지로 구분된다. 아래에서는 간단히 기능에 대하여 살펴보고 세부 사항은 실습을 통해 배울 것이다.

5.2.6.1 송신완료 인터럽트

USART0, USART0의 송신완료 인터럽트로서 인터럽트 벡터 테이블의 20번, 32번에 정의되어 있다. 송신완료 인터럽트가 발생하면 송신버퍼(UDR)와 송신 시프트레지스터가 비어있게 된다.

5.2.6.2 수신완료 인터럽트

USART0, USART0의 수신완료 인터럽트로서 인터럽트 벡터 테이블의 18번, 30번에 정의되어 있다. 수신완료 인터럽트가 발생하면 수신버퍼(UDR)에서 수신한 데이터를 읽어 들이면 된다.

5.2.6.3 송신데이터 준비 인터럽트

송신 시프트레지스터로 송신버퍼(UDR)의 데이터가 전송되어 송신버퍼가 비어있게 되면 인터럽트가 발생한다. 이때 사용자는 송신버퍼(UDR)에 새로운 송신데이터를 전송하여 데이터를 송신할 수 있다.

5.2.7 USART 송수신 데이터 포맷

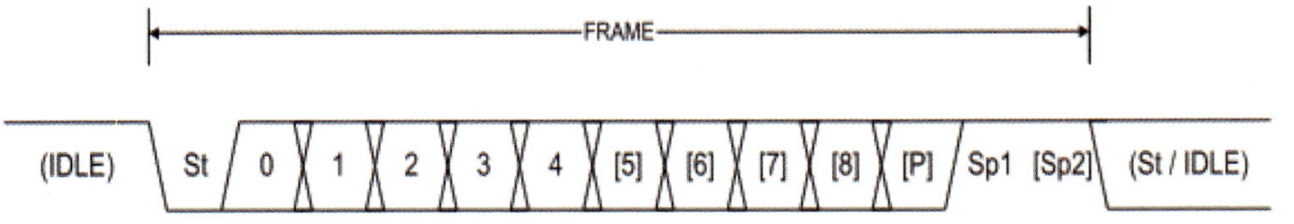

[그림 5-6. 송수신 데이터 포맷]

- St : 스타트 비트(always low)
- (n) : 데이터(0 to 8)
- P : 패리티 비트(odd or even)
- Sp : 스톱 비트(always high)
- IDLE : 전송 없음(반드시 high이어야 함)

5.3 USART 레지스터

USART0, USART0은 송신버퍼로 사용되는 UDR와 UCSRA, UCSRB, UCSRC, UBRRnL, UBRRnH 레지스터로 제어된다.

5.3.1 UDRn

UDRn 레지스터는 직렬통신 시 송수신 데이터의 버퍼 기능을 수행하는 레지스터이다.

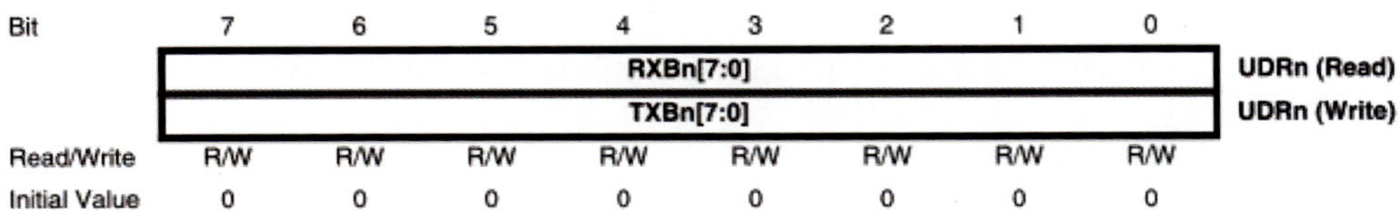

[그림 5-7. UDRn 레지스터]

[표 5-3. UDRn 레지스터 기능]

레지스터 이름	기능
UDRn(Read)	수신 버퍼 : 수신 시 받은 데이터를 임시 저장하는 장소(8 비트)
UDRn(Write)	송신 버퍼 : 송신 시 보낼 데이터를 임시 저장하는 장소(8 비트)

만약 송신 시 데이터 비트가 8 비트보다 작게 설정되면 상위 비트가 무시되고, 수신 시에는 상위 비트가 모드 '0'으로 채워져 사용된다.

송신 버퍼는 UCSRAn의 송신 데이터를 쓸 준비가 되었음을 알리는 플래그인 UDREn 플래그가 '1'로 설정되어 있는 경우에만 쓰기가 가능하다. 만약 '0'으로 설정되어 있는 경우에는 송신 데이터를 송신 버퍼에 쓰더라도 무시된다.

수신 버퍼는 2단 버퍼로 구성되어 있다.

5.3.2 UCSRA

송수신 동작을 제어하거나 상태정보를 저장하기 위해 사용되는 레지스터이다.

Bit	7	6	5	4	3	2	1	0	
	RXCn	TXCn	UDREn	FEn	DORn	UPEn	U2Xn	MPCMn	UCSRnA
Read/Write	R	R/W	R	R	R	R	R/W	R/W	
Initial Value	0	0	1	0	0	0	0	0	

[그림 5-8. UCSRnA 레지스터]

[표 5-4. UCSRnA 레지스터 기능]

비트	기능
비트 7(RXCn)	• 수신 데이터가 수신완료되어 수신버퍼에 있으면 '1'로 설정, 없으면 '0'으로 설정됨 • 수신완료 인터럽트를 발생함
비트 6(TXCn)	• 송신 시프트레지스터에 데이터가 모두 송신되어 송신 버퍼에 데이터가 비어 있는 상태이면 '1'로 설정됨 • 송신완료 인터럽트를 발생함
비트 5(UDREn)	• 송신 버퍼(UDR)에 새로운 데이터를 쓸 준비가 되었음을 알리는 비트 • '1'로 설정되면 송신 버퍼가 비어 있다는 뜻이므로 송신 데이터를 송신 버퍼에 쓸 준비가 되었다는 것을 나타냄 • UDRIEn 인터럽트를 발생시킬 수 있음
비트 4(FEn)	• 수신 버퍼(UDR)에 데이터를 수신하는 동안에 프레임 오류가 발생했음을 알리는 비트 • 프레임 오류 발생 : 수신 문자의 첫 번째 정비 비트가 '0'으로 검출되면 발생함
비트 3(DORn)	• 수신 버퍼(UDR)에 데이터를 수신하는 동안에 오버런(OverRun) 오류가 발생했음을 알리는 비트 • 수신 버퍼에 현재 읽지 않은 두 개의 문자가 들어있는 상태에서 수신 시프트레지스터에 새로운 문자가 들어와 세 번째 문자 시작 비트가 검출되면 발생
비트 2(UPEn)	• 수신 버퍼(UDR)에 데이터를 수신하는 동안에 패리티 오류가 발생했음을 알리는 비트 • 패리티 오류는 USCRnC 레지스터의 UPM1n비트를 '1'로 설정했을 때에만 유효함
비트 1(U2Xn)	• USARTn의 클록 분주비를 16에서 8로 낮추어 전송속도를 2배로 높여주는 기능 • 비동기 모드에서만 유효
비트 0(MPCMn)	• USARTn의 동작모드를 다중 프로세서 모드로 설정하는 비트 • '1'로 설정하면 USARTn 수신부를 통해 수신한 데이터가 주소 정보를 포함하지 않는 경우 모두 무시됨 • 송신부는 영향을 받지 않음

5.3.3 UCSRB

USARTn 송수신 동작을 제어하거나, 전송 데이터를 9비트로 설정한 경우에 전송 데이터의 9번째 비트를 저장하는 기능으로 사용하는 레지스터이다.

Bit	7	6	5	4	3	2	1	0	
	RXCIEn	TXCIEn	UDRIEn	RXENn	TXENn	UCSZn2	RXB8n	TXB8n	UCSRnB
Read/Write	R/W	R/W	R/W	R/W	R/W	R/W	R	R/W	
Initial Value	0	0	0	0	0	0	0	0	

[그림 5-9. UCSRnB 레지스터]

[표 5-5. UCSRnB 레지스터 기능]

비트	기능
비트 7(RXCIEn)	수신 완료 인터럽트를 허가하는 비트
비트 6(TXCIEn)	송신 완료 인터럽트를 허가하는 비트
비트 5(UDRIEn)	송신 데이터 레지스터 준비 완료 인터럽트를 허가하는 비트
비트 4(RXENn)	수신부를 사용할 수 있도록 허가하는 비트
비트 3(TXENn)	송신부를 사용할 수 있도록 허가하는 비트
비트 2(UCSZn2)	UCSRnC 레지스터의 UCSZn1 ~ 0 비트와 함께 전송 문자의 데이터 비트 수를 설정하는 비트
비트 1(RXBn8)	수신 문자가 9비트인 경우 9번째 비트를 저장하는 비트
비트 0(TXBn8)	송신 문자가 9비트인 경우 9번째 비트를 저장하는 비트

5.3.4 UCSRC

USARTn 동작 모드, 오류 검출 모드, 스타트/스톱 비트, 전송 문자 길이, 클록 동작을 설정하기 위해 사용하는 레지스터이다.

Bit	7	6	5	4	3	2	1	0	
	–	UMSELn	UPMn1	UPMn0	USBSn	UCSZn1	UCSZn0	UCPOLn	UCSRnC
Read/Write	R/W	R/W	R/W	R/W	R/W	R/W	R/W	R/W	
Initial Value	0	0	0	0	0	1	1	0	

[그림 5-10. UCSRnC 레지스터]

[표 5-6. UCSRnC 레지스터 기능]

<table>
<tr><th>비트</th><th>기능</th></tr>
<tr><td>비트 7(-)</td><td>사용하지 않음</td></tr>
<tr><td>비트 6(UMSELn)</td><td>• 동작 모드 선택 비트
- '0' : 비동기 모드
- '1' : 동기 모드</td></tr>
<tr><td>비트 5(UPMn1)</td><td rowspan="2">• 패리티 설정 비트(1~0)
<table>
<tr><th>UPMn1</th><th>UPMn1</th><th>패리티 모드</th></tr>
<tr><td>0</td><td>0</td><td>패리티 기능 사용하지 않음(Disabled)</td></tr>
<tr><td>0</td><td>1</td><td>Reserved(사용 안 함)</td></tr>
<tr><td>1</td><td>0</td><td>짝수 패리티 모드</td></tr>
<tr><td>1</td><td>1</td><td>홀수 패리티 모드</td></tr>
</table></td></tr>
<tr><td>비트 4(UPMn0)</td></tr>
<tr><td>비트 3(USBSn)</td><td>• 정지 비트 설정 비트
- '0' : 1 비트
- '1' : 2 비트</td></tr>
<tr><td>비트 2(UCSZn1)</td><td rowspan="2">• 전송 문자 길이 설정 비트
<table>
<tr><th>UCSZn2</th><th>UCSZn1</th><th>UCSZn0</th><th>전송 문자 길이</th></tr>
<tr><td>0</td><td>0</td><td>0</td><td>5비트</td></tr>
<tr><td>0</td><td>0</td><td>1</td><td>6비트</td></tr>
<tr><td>0</td><td>1</td><td>0</td><td>7비트</td></tr>
<tr><td>0</td><td>1</td><td>1</td><td>8비트</td></tr>
<tr><td>1</td><td>0</td><td>0</td><td>Reserved(사용 안 함)</td></tr>
<tr><td>1</td><td>0</td><td>1</td><td>Reserved(사용 안 함)</td></tr>
<tr><td>1</td><td>1</td><td>0</td><td>Reserved(사용 안 함)</td></tr>
<tr><td>1</td><td>1</td><td>1</td><td>9비트</td></tr>
</table>
* UCSZn2 비트는 UCSRB 레지스터의 비트 2임</td></tr>
<tr><td>비트 1(UCSZn0)</td></tr>
<tr><td>비트 0(UCPOLn)</td><td>• 클록 동작 극성 설정 비트
<table>
<tr><th>UCPOLn</th><th>송신 데이터의 출력 변화 시점
(TxDn 핀의 출력)</th><th>수신 데이터의 샘플 시점
(RxDn 핀의 입력)</th></tr>
<tr><td>0</td><td>XCKn의 상승 에지</td><td>XCKn의 하강 에지</td></tr>
<tr><td>1</td><td>XCKn의 하강 에지</td><td>XCKn의 상승 에지</td></tr>
</table></td></tr>
</table>

5.3.5 UBRRnL / UBRRnH

UBRRnL, UBRRnH 레지스터는 USARTn 포트의 보오 레이트를 설정하는 레지스터이다. 16비트 중에서 12비트만 사용된다.

Bit	15	14	13	12	11	10	9	8	
	–	–	–	–	UBRRn[11:8]				UBRRnH
	UBRRn[7:0]								UBRRnL
	7	6	5	4	3	2	1	0	
Read/Write	R	R	R	R	R/W	R/W	R/W	R/W	
	R/W	R/W	R/W	R/W	R/W	R/W	R/W	R/W	
Initial Value	0	0	0	0	0	0	0	0	
	0	0	0	0	0	0	0	0	

[그림 5-11. UBRRnH / UBRRnL 레지스터]

[표 5-7. UBRRnH / UBRRnL 레지스터 기능]

비트	기능
비트 15(–)	사용하지 않음
비트 14(–)	사용하지 않음
비트 13(–)	사용하지 않음
비트 12(–)	사용하지 않음
비트 0~11 (UBRRn0~UBRRn11)	보오 레이트 설정 비트

[표 5-8. UBRRn11 ~ 0, 보오 레이트 설정]

보오 레이트 (bps)	f_{osc} = 16MHz				f_{osc} = 7.3728MHz			
	U2X = '0'		U2X = '1'		U2X = '0'		U2X = '1'	
	UBRR	에러(%)	UBRR	에러(%)	UBRR	에러(%)	UBRR	에러(%)
2,400	416	-0.1	832	0.4	383	0	767	0
4,800	207	0.2	416	-01	191	0	383	0
9,600	103	0.2	207	0.2	95	0	191	0
14,400	68	0.2	138	-0.1	63	0	127	0
19,200	51	0.2	103	0.2	47	0	95	0
28,800	34	-0.8	68	0.6	31	0	63	0
38,400	25	0.2	51	0.2	23	0	47	0
57,600	16	2.1	34	-0.8	15	0	31	0
76,800	12	0.2	25	0.2	11	0	23	0

115,200	8	-3.5	16	2.1	7	0	15	0
230,400	3	8.5	8	-3.5	3	0	7	0
250,000	3	0	7	0	3	-7.8	6	5.3
500,000	1	0	3	0	0	-7.8	3	-7.8
1,000,000 (최댓값)	0	0	1	0	1	-7.8	1	-7.8

U2X 비트 '0'은 비동기 일반모드로 동작하는 것을 뜻하고, U2X 비트가 '1'인 것은 비동기 2배속 모드로 동작하는 것을 뜻한다.

보오 레이트를 설정하기 위해 필요한 계산식 다음의 두 가지가 있다.

[표 5-9. 에러, 보오 레이트, UBRR 계산식]

에러(%)		$ERROR(\%) = \left(\frac{BaudRate_{ClosetMatch}}{BaudRate} - 1\right) \times 100\%$
보오 레이트 (bps)	U2X = '0' 비동기 일반 모드	$BAUD = \frac{f_{OSC}}{16(UBRR+1)}$
	U2X = '1' 비동기 2배속 모드	$BAUD = \frac{f_{OSC}}{8(UBRR+1)}$
	동기 마스터 모드	$BAUD = \frac{f_{OSC}}{2(UBRR+1)}$
UBRR	U2X = '0' 비동기 일반 모드	$UBRR = \frac{f_{OSC}}{16 \times BAUD} - 1$
	U2X = '1' 비동기 2배속 모드	$UBRR = \frac{f_{OSC}}{8 \times BAUD} - 1$
	동기 마스터 모드	$UBRR = \frac{f_{OSC}}{2 \times BAUD} - 1$

예를 들면 비동기 일반 모드(U2X = '0')에서 16MHz의 주파수, UBRR이 16이라면 전속 속도는 다음과 같이 구할 수 있다. 또한 16MHz의 주파수에서 57,600bps의 속도일 때 UBRR값은 다음과 같이 구할 수 있다.

$$\begin{aligned} BAUD &= \frac{f_{OSC}}{16(UBRR+1)} \\ &= \frac{16000000}{16(16+1)} \\ &= 58,823.529417 \\ &\fallingdotseq 57,600 \end{aligned}$$

$$\begin{aligned} UBRR &= \frac{f_{OSC}}{16 \times BAUD} - 1 \\ &= \frac{16000000}{16 \times 57600} - 1 \\ &= 17.36111 - 1 \\ &= 16.36111 \\ &\fallingdotseq 16 \end{aligned}$$

5.4 USART 실습

5.4.1 한 문자를 USART0로 송신하는 프로그램 실습

5.4.1.1 하드웨어 준비

실습용 하드웨어는 아래의 회로로 만들어진 하드웨어를 사용한다. 이 실습은 실습보드의 USART0 직렬통신 장치를 이용해 PC로 한 문자를 송신하는 프로그램 실습이다. PC에서는 직렬통신 프로그램인 RealTerm을 실행하여 한 문자씩 정확히 수신되는지 확인하면 된다.

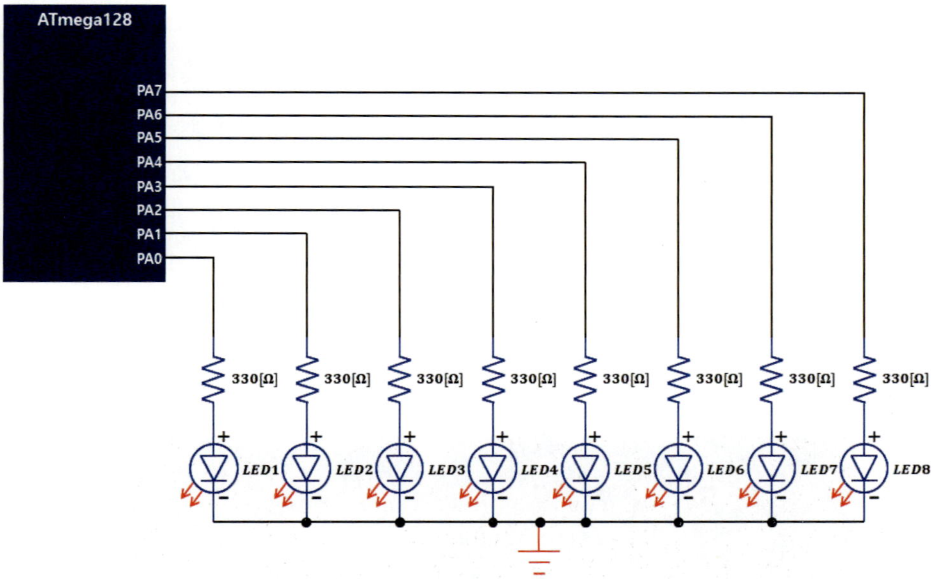

[그림 5-12. USART0 출력 실습 회로]

[표 5-10. USART0 출력 실습 부품 목록]

부품명	규격(수량)
ATmega128 실습 보드	ATmega128A CPU 사용
저항(R)	330Ω(8개)
LED(적색)	LED(8개)
점퍼선	리드선(40cm)

위의 회로도를 보고 부품을 모두 조립하면 아래의 화면과 같이 실습용 하드웨어가 완성된다. 완성된 실습용 하드웨어와 PC 간에 직렬통신을 위해서는 먼저 작성한 프로그램을 ISP/UART0 선택스위치에서 ISP를 선택하여 다운로드한다. 그리고 ISP/UART0 선택스위치를 UART0로 선택하여 프로그램에서 출력된 결과를 확인한다. 만약 정상동작하지 않을 경우 Reset시킨 후 통신포트를 Close시킨 후 Open한다.

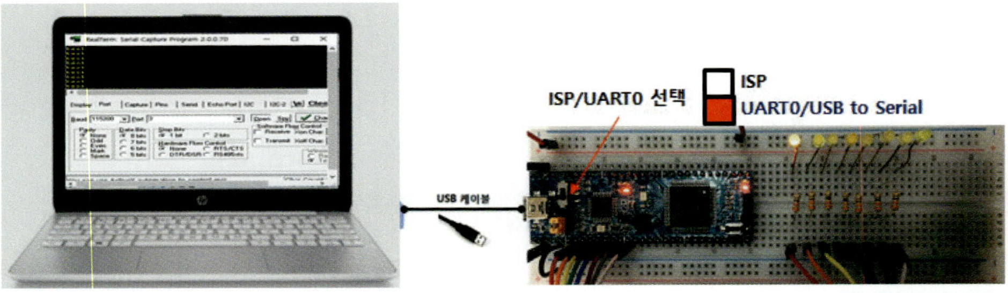

[그림 5-13. USART0 실습용 하드웨어]

PC와 ATmega128 실습보드 간 직렬통신을 위해서는 통신 프로토콜을 서로 맞추어야 한다. ATmega128 USART0 제어와 관련된 레지스터 설정(Baud Rate, Parity, Data Bits, Stop Bits)과 PC의 RealTerm 프로그램의 설정을 동일하게 설정한다. RealTerm 'Display' 버튼메뉴에서 'Ansi'를 선택하고, 'Port' 버튼메뉴에서 아래 그림과 같이 설정한다. 그리고 'Open' 버튼을 이용해서 해당 직렬통신포트를 Open 또는 Close를 선택한다.

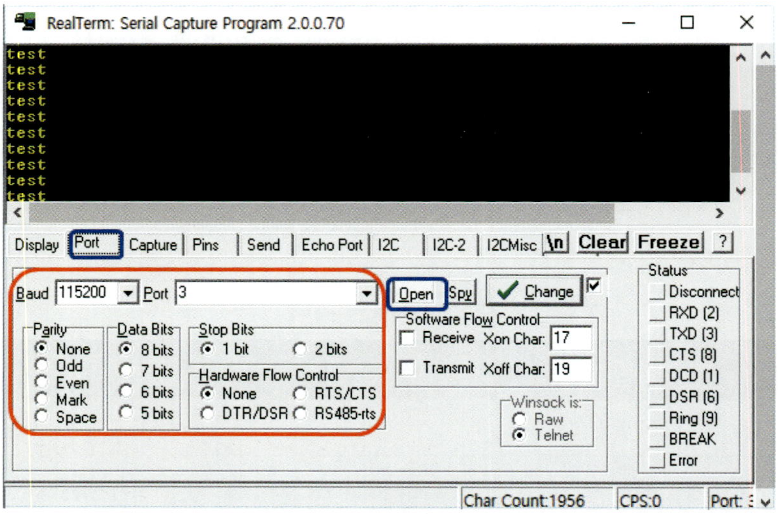

[그림 5-14. 직렬통신 수신 화면]

5.4.1.2 프로그램 작성

소스 코드 : serial_comm_1.c

```
#include <avr/io.h>
#include <stdio.h>
#define F_CPU 16000000UL    // MCU 클록 : 16MHz
#include <util/delay.h>

void Putch0(char data)
{
        while(!(UCSR0A & 0x20));    // UDRE0 = 1 Check
        UDR0 = data;                // USART0 I/O 레지스터에 데이터 전송
}

int main(void)
{
        DDRA = 0xff;                // 포트 A를 출력 포트로 설정
        DDRD = 0x0f;                // 포트 D의 상위 4비트는 입력, 하위 4비트는 출력으로 설정
        UCSR0B = 0b00011000;        // TXENn : 송신 허가 비트 설정, RXENn : 수신 허가 비트 설정
        UCSR0C = 0b00000110;        // 데이터 : 8비트, 비동기, 패리티 : 없음, 정지 비트 : 1비트
        UBRR0H = 0;
        UBRR0L = 8;                 // 115,200bps 속도 설정
        while(1)
        {
                PORTA=0xff;         // 포트 A의 모든 LED ON
                Putch0('₩n');       // 다음 줄을 뜻하는 제어 문자('₩n')를 송신
                Putch0('₩r');       // 리턴을 뜻하는 제어 문자('₩r')를 송신
                Putch0('t');                // 't' 문자를 송신
                Putch0('e');        // 'e' 문자를 송신
                Putch0('s');        // 's' 문자를 송신
                Putch0('t');                // 't' 문자를 송신
                _delay_ms(300);
                PORTA=0x00;         // 포트 A의 모든 LED OFF
                _delay_ms(300);
        }
}
```

컴파일과 다운로드 과정은 3장에서 설명한 방법과 동일하게 진행하면 된다.

5.4.2 문자열을 USART0로 송신하는 프로그램 실습

5.4.2.1 하드웨어 준비

실습용 하드웨어는 5.4.1에서 만들어진 하드웨어와 동일한 것을 사용한다. 따라서 회로는 생략한다. 이 실습은 실습보드의 USART0 직렬통신 장치를 이용해 PC로 문자열을 송신하는 프로그램 실습이다. PC에서는 직렬통신 프로그램인 RealTerm 프로그램을 실행하여 문자열이 정확히 송수신되는지 확인하면 된다.

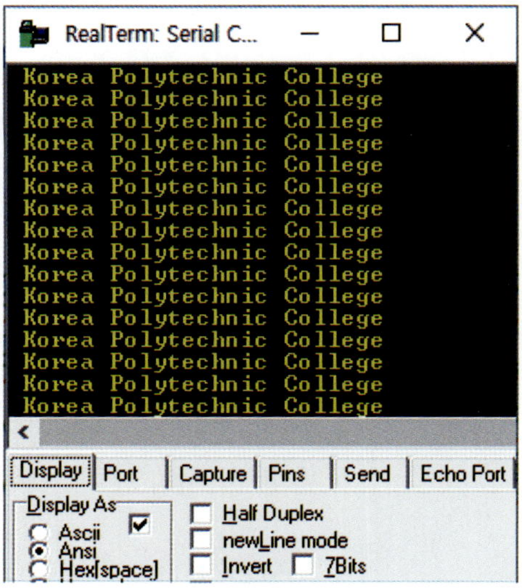

[그림 5-15. 직렬통신 수신 화면]

5.4.2.2 프로그램 작성

소스 코드 : serial_comm_2.c

```
#include <avr/io.h>
#include <stdio.h>
#define F_CPU 16000000UL    // MCU 클록 : 16MHz
#include <util/delay.h>

void Putch0(char data)
{
        while(!(UCSR0A & 0x20));    // UDRE0 = 1 Check
        UDR0 = data;                // USART0 I/O 레지스터에 데이터 전송
}

void Putchs0(char *pStr){
        while(*pStr) Putch0(*pStr++);
}

int main(void)
{
        DDRA = 0xff;                // 포트 A를 출력 포트로 설정
        DDRD = 0x0f;                // 포트 D의 상위 4비트는 입력, 하위 4비트는 출력으로 설정
        UCSR0B = 0b00011000;        // TXENn : 송신 허가 비트 설정, RXENn : 수신 허가 비트 설정
        UCSR0C = 0b00000110;        // 데이터 : 8비트, 비동기, 패리티 : 없음, 정지 비트 : 1비트
        UBRR0H = 0;
        UBRR0L = 8;                 // 115,200bps 속도 설정
        while(1)
        {
                PORTA=0xff;
                Putchs0("₩n₩r Korea Polytechnic College");
                _delay_ms(300);
                PORTA=0x00;
                _delay_ms(300);
        }
}
```

컴파일과 다운로드 과정은 3장에서 설명한 방법과 동일하게 진행하면 된다.

5.4.3 한 문자를 USART0로 수신하는 프로그램 실습

5.4.3.1 하드웨어 준비

실습용 하드웨어는 5.4.1에서 만들어진 하드웨어와 동일한 것을 사용한다. 따라서 회로는 생략한다. 이 실습은 실습보드의 USART0 직렬통신 장치를 이용해 PC로부터 한 문자를 송수신하는 프로그램 실습이다. PC에서는 직렬통신 프로그램인 RealTerm을 실행하여 한 문자씩 정확히 송신/수신되는지 확인하면 된다. 이때 RealTerm 프로그램에서 키보드로 문자를 입력하면 입력과 동시에 문자가 실습보드로 전송된다.

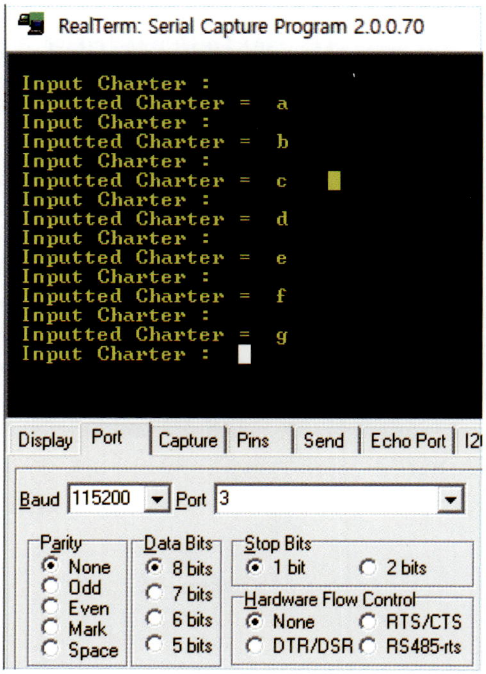

[그림 5-16. 직렬통신 수신 화면]

5.4.3.2 프로그램 작성

소스 코드 : serial_comm_3.c

```
#include <avr/io.h>
#include <stdio.h>
#define F_CPU 16000000UL    // MCU 클록 : 16MHz
#include <util/delay.h>


void Putch0(char data){
        while(!(UCSR0A & 0x20));      // UDRE0 = 1 Check
        UDR0 = data;                  // USART0 I/O 레지스터에 데이터 전송
}

char Getch0(void){
        while(!(UCSR0A & 0x80));      // RXC = 1 Check
        return UDR0;                  // USART I/O 레지스터 리턴
}

void Putchs0(char *pStr){
        while(*pStr) Putch0(*pStr++);
}

int main(void){
        char x;
        DDRA = 0xff;                  // 포트 A를 출력 포트로 설정
        DDRD = 0x0f;                  // 포트 D의 상위 4비트는 입력, 하위 4비트는 출력으로 설정
        UCSR0B = 0b00011000;          // TXENn : 송신 허가 비트 설정, RXENn : 수신 허가 비트 설정
        UCSR0C = 0b00000110;          // 데이터 : 8비트, 비동기, 패리티 : 없음, 정지 비트 : 1비트
        UBRR0H = 0;
        UBRR0L = 8;                   // 115,200bps 속도 설정
        while(1){
                PORTA=0xff;
                Putchs0("₩n₩r Input Charter :  ");
                x=Getch0();
                Putchs0("₩n₩r Inputted Charter =  ");
                Putch0(x);
                _delay_ms(300);
                PORTA=0x00;
                _delay_ms(300);
        }
}
```

컴파일과 다운로드 과정은 3장에서 설명한 방법과 동일하게 진행하면 된다.

5.4.4 printf()함수를 이용하여 USART0로 송신하는 프로그램 실습

5.4.4.1 하드웨어 준비

실습용 하드웨어는 5.4.1에서 만들어진 하드웨어와 동일한 것을 사용한다. 따라서 회로는 생략한다. 이 실습은 실습보드의 USART0 직렬통신 장치를 이용해 PC로부터 문자와 데이터 값을 송수신하는 프로그램 실습이다. PC에서는 직렬통신 프로그램인 RealTerm 프로그램을 실행하여 문자와 데이터 값이 정확히 송수신되는지 확인하면 된다.

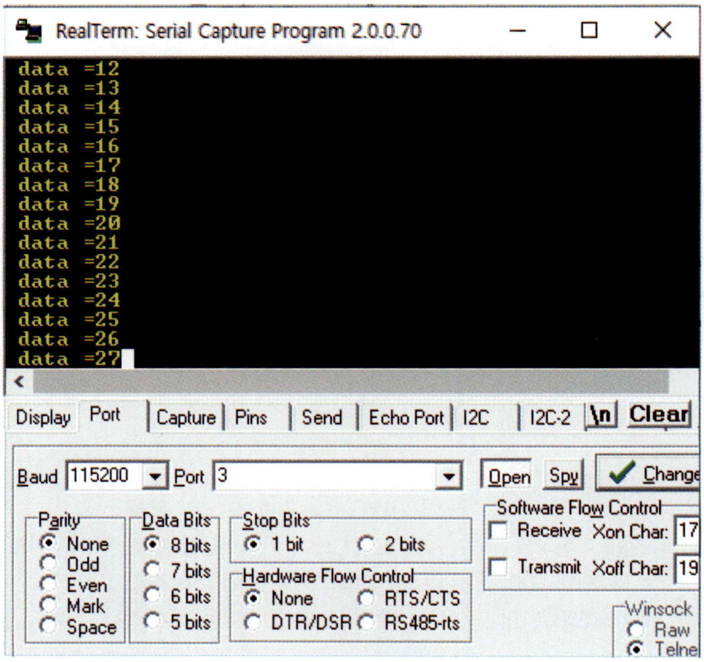

[그림 5-17. 직렬통신 수신 화면]

5.4.4.2 프로그램 작성

소스 코드 : serial_comm_4.c

```
#include <avr/io.h>
#include <stdio.h>
#define F_CPU 16000000UL    // MCU 클록 : 16MHz
#include <util/delay.h>

void Putch0(char data){
        while(!(UCSR0A & 0x20));     // UDRE0 = 1 Check
        UDR0 = data;                 // USART0 I/O 레지스터에 데이터 전송
}

char Getch0(void){
        while(!(UCSR0A & 0x80));     // RXC = 1 Check
        return UDR0;                 // USART0 I/O 레지스터 리턴
}

static FILE fp = FDEV_SETUP_STREAM((void*)Putch0,
(void*)Getch0, _FDEV_SETUP_RW);

int main(void){
        char data=0;
        stdin=stdout=stderr=&fp;
        DDRA = 0xff;                 // 포트 A를 출력 포트로 설정
        DDRD = 0x0f;                 // 포트 D의 상위 4비트는 입력, 하위 4비트는 출력으로 설정
        UCSR0B = 0b00011000;         // TXENn : 송신 허가 비트 설정, RXENn : 수신 허가 비트 설정
        UCSR0C = 0b00000110;         // 데이터 : 8비트, 비동기, 패리티 : 없음, 정지 비트 : 1비트
        UBRR0H = 0;
        UBRR0L = 8;                  // 115,200bps 속도 설정
        while(1){
                PORTA=0xff;
                printf("₩n₩r data =%d", data++);
                _delay_ms(300);
                PORTA=0x00;
                _delay_ms(300);
        }
}
```

5.4.5 scanf()함수를 이용하여 USART0로 수신하는 프로그램 실습

5.4.5.1 하드웨어 준비

실습용 하드웨어는 5.4.1에서 만들어진 하드웨어와 동일한 것을 사용한다. 따라서 회로는 생략한다. 이 실습은 실습보드의 USART0 직렬통신 장치를 이용해 PC로부터 문자와 데이터 값을 송수신하는 프로그램 실습이다. PC에서는 직렬통신 프로그램인 RealTerm 프로그램을 실행하여 문자와 데이터 값이 정확히 송수신되는지 확인하면 된다.

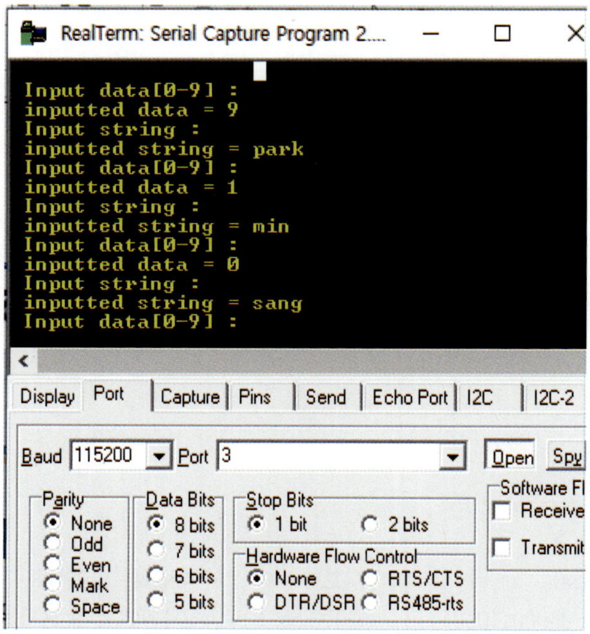

[그림 5-18. 직렬통신 수신 화면]

5.4.5.2 프로그램 작성

소스 코드 : serial_comm_5.c

```
#include <avr/io.h>
#include <stdio.h>
#define F_CPU 16000000UL    // MCU 클록 : 16MHz
#include <util/delay.h>


void Putch0(char data){
        while(!(UCSR0A & 0x20));    // UDRE0 = 1 Check
        UDR0 = data;                // USART0 I/O 레지스터에 데이터 전송
}

char Getch0(void){
        while(!(UCSR0A & 0x80));    // RXC = 1 Check
        return UDR0;                // USART0 I/O 레지스터 리턴
}

static FILE fp = FDEV_SETUP_STREAM((void*)Putch0,
(void*)Getch0, _FDEV_SETUP_RW);

int main(void){
        char x, data, str[10];
        stdin=stdout=stderr=&fp;
        DDRA = 0xff;                // 포트 A를 출력 포트로 설정
        DDRD = 0x0f;                // 포트 D의 상위 4비트는 입력, 하위 4비트는 출력으로 설정
        UCSR0B = 0b00011000;        // TXENn : 송신 허가 비트 설정, RXENn : 수신 허가 비트 설정
        UCSR0C = 0b00000110;        // 데이터 : 8비트, 비동기, 패리티 : 없음, 정지 비트 : 1비트
        UBRR0H = 0;
        UBRR0L = 8;                 // 115,200bps 속도 설정
        while(1){
                PORTA=0xff;
                printf("₩n₩r Input data[0-9] : ");
                scanf("%d",&x);
                printf("₩n₩r inputted data = %d", x);
                printf("₩n₩r Input string : ");
                scanf("%s",str);
                printf("₩n₩r inputted string = %s", str);
                _delay_ms(300);
                PORTA=0x00;
                _delay_ms(300);
        }
}
```

5.4.5.3 USART RX 인터럽트를 이용한 데이터 수신

USART0 RX 인터럽트를 이용하여 데이터를 수신하는 프로그램을 작성하기 위해서는 먼저 RX 인터럽트 허가를 위해 UCSR0B 레지스터에서 RXCIEn(USART Rx Complete Interrupt Enable)비트를 '1'로 설정한다. 그리고 USART Interrupt Service Routine을 작성한다.

소스 코드 : serial_comm_6.c(데이터 수신 시 인터럽트 예제)

```
#include <avr/io.h>
#include <stdio.h>
#define F_CPU 16000000UL                // MCU 클록 : 16MHz
#include <util/delay.h>
#include <avr/interrupt.h>

char ReadData;

void Putch0(char data){
        while(!(UCSR0A & 0x20));         // UDRE0 = 1 Check
        UDR0 = data;                     // USART0 I/O 레지스터에 데이터 전송
}

char Getch0(void){
        while(!(UCSR0A & 0x80));         // RXC = 1 Check
        return UDR0;                     // USART0 I/O 레지스터 리턴
}

ISR(USART0_RX_vect,ISR_BLOCK){
        ReadData = UDR0;
        printf("\n\r USART0 RX Interrupt ReadData=%c", ReadData);
}

void UART_initialize(void){
        UCSR0A = 0x0;
        UCSR0B = 0b10011000;   // TXENn : 송신 허가 비트 설정, RXENn : 수신 처가 비트 설정
        UCSR0C = 0b00000110;   // 데이터 : 8비트, 비동기, 패리티 : 없음, 정지 비트 : 1비트
        UBRR0H = 0;
        UBRR0L = 8;              // 115,200bps 속도 설정
}

static FILE fp = FDEV_SETUP_STREAM((void*)Putch0,
                (void*)Getch0, _FDEV_SETUP_RW);
```

```
int main(void){
        stdin=stdout=stderr=&fp;
        DDRA = 0xff;
        DDRD = 0x0f;
        cli();
        UART_initialize();
        sei();
        while(1){
                PORTA=0xff;
                _delay_ms(300);
                PORTA=0x00;
                _delay_ms(300);
        }
}
```

위의 코드와 같이 데이터 수신 시 인터럽트 발생으로 아래의 그림과 같이 수신 결과를 확인할 수 있다.

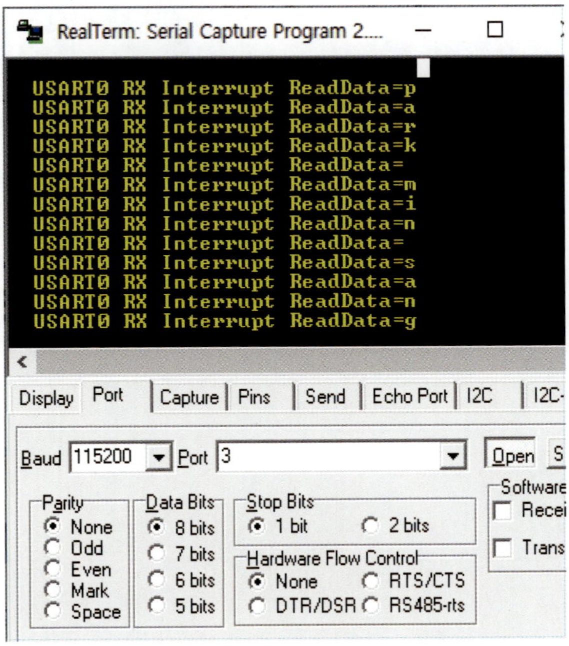

[그림 5-19. USART0 RX 인터럽트 결과]

컴파일과 다운로드 과정은 3장에서 설명한 방법과 동일하게 진행하면 된다.

5.4.6 전용 IC(7447)를 활용한 7-세그먼트 제어에서 UART로 데이터 수신 시 해당 7-세그먼트 표시 실습

5.4.6.1 하드웨어 준비

실습회로 구성은 3장의 전용 IC(7447)를 활용한 7-세그먼트 제어 실습회로와 동일하다. 아래 그림은 RealTerm 프로그램에서 7-세그먼트에 표시하고자 하는 숫자(0 ~ 9)를 입력시키면 ATmega128 실습보드에 해당하는 숫자가 출력된다. 본 실습에서는 UART RX 인터럽트를 사용한다.

[그림 5-20. 직렬통신을 이용한 7447+7-세그먼트 표시 실습]

5.4.6.2 프로그램 작성

RealTerm 실행창에서 '0'에서 '9'까지의 숫자를 선택하면 ATmega128 UART0 RX에 해당 데이터가 전송된다. UART0 RX ISR에서는 전송된 숫자에 해당하는 7-Segment 출력이 표시되도록 7447 IC를 제어하는 프로그램을 작성한다.

소스 코드 : serial_com_7.c

```
#include <avr/io.h>
#include <stdio.h>
#include <util/delay.h>
#include <avr/interrupt.h>
#define F_CPU 16000000UL    // MCU 클록 : 16MHz

char receive_data;

void Putch0(char data){
        while(!(UCSR0A & 0x20));    // UDRE0 = 1 Check
        UDR0 = data;                // USART0 I/O 레지스터에 데이터 전송
}

char Getch0(void){
        while(!(UCSR0A & 0x80));    // RXC = 1 Check
        return UDR0;                // USART0 I/O 레지스터 리턴
}

ISR(USART0_RX_vect,ISR_BLOCK){
        receive_data = UDR0;
        printf("\n\r %c Display",receive_data);
        switch(receive_data){
                case '0': PORTA=0b00000000;  //'0' Display
                break;
                case '1': PORTA=0b00000001;  //'1' Display
                break;
                case '2': PORTA=0b00000010;  //'2' Display
                break;
                case '3': PORTA=0b00000011;  //'3' Display
                break;
                case '4': PORTA=0b00000100;  //'4' Display
                break;
                case '5': PORTA=0b00000101;  //'5' Display
                break;
                case '6': PORTA=0b00000110;  //'6' Display
```

```
            break;
            case '7': PORTA=0b00000111;   //'7' Display
            break;
            case '8': PORTA=0b00001000;   //'8' Display
            break;
            case '9': PORTA=0b00001001;   //'9' Display
            break;
            default :  PORTA=0b00000000;
            break;
        }
}

void UART_initialize(void){
        UCSR0A = 0x0;
        UCSR0B = 0b10011000;        // TXENn : 송신 허가 비트 설정, RXENn : 수신 처가 비트 설정
        UCSR0C = 0b00000110;    // 데이터 : 8비트, 비동기, 패리티 : 없음, 정지 비트 : 1비트
        UBRR0H = 0;
        UBRR0L = 8;                 // 115,200bps 속도 설정
}

static FILE fp = FDEV_SETUP_STREAM((void*)Putch0,(void*)Getch0, _FDEV_SETUP_RW);

int main(void){
        stdin=stdout=stderr=&fp;
        DDRA = 0xff;
        cli();
        UART_initialize();
        sei();
        printf("₩n₩r 7-Sgment Test");
        printf("₩n₩r Select Number[0-9]!!");
        while(1){
        }
}
```

5.4.7 ATmega128 출력포트를 활용한 7-세그먼트 제어에서 UART로 데이터 수신 시 해당 7-세그먼트 표시 실습

5.4.7.1 하드웨어 준비

실습회로 구성은 3장의 ATmega128 출력포트를 활용한 7-세그먼트 제어 실습회로와 동일하다. 아래 그림과 같이 RealTerm 프로그램에서 7-세그먼트에 표시하고자 하는 숫자(0~9)를 입력시키면 ATmega128 실습보드에 해당하는 숫자가 출력된다. 본 실습에서는 UART0 RX 인터럽트를 사용한다.

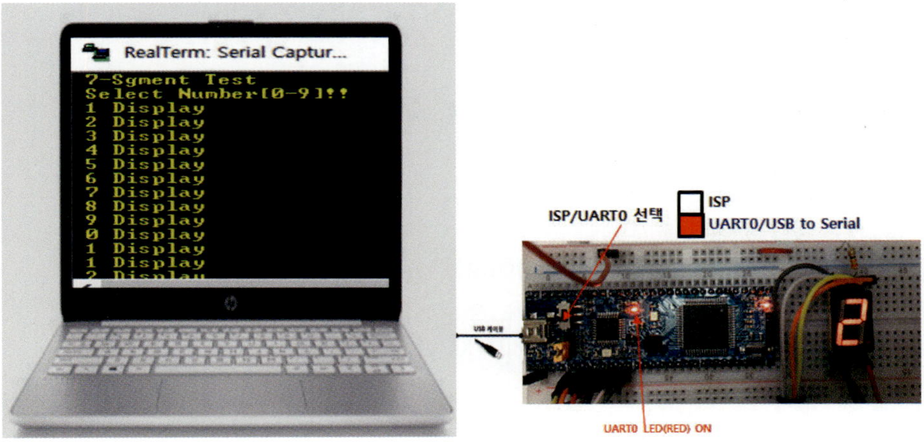

[그림 5-21. 직렬통신을 이용한 7-세그먼트 표시 실습]

5.4.7.2 프로그램 작성

RealTerm 실행창에서 '0'에서 '9'까지의 숫자를 선택하면 ATmega128 UART0 RX에 해당 데이터가 전송된다. UART0 RX ISR에서는 전송된 숫자에 해당하는 7-Segment를 제어하는 프로그램을 작성한다.

소스 코드 : serial_com_8.c

```
#include <avr/io.h>
#include <stdio.h>
#define F_CPU 16000000UL    // MCU 클록 : 16MHz
#include <util/delay.h>
#include <avr/interrupt.h>

char receive_data;

void Putch0(char data){
        while(!(UCSR0A & 0x20));    // UDRE0 = 1 Check
```

```
        UDR0 = data;                    // USART0 I/O 레지스터에 데이터 전송
}

char Getch0(void){
        while(!(UCSR0A & 0x80));     // RXC = 1 Check
        return UDR0;         // USART0 I/O 레지스터 리턴
}

ISR(USART0_RX_vect,ISR_BLOCK){
        receive_data = UDR0;
        printf("₩n₩r %c Display",receive_data);
        switch(receive_data){
                case '0': PORTA=0b01000000;  //'0' Display
                break;
                case '1': PORTA=0b01111001;  //'1' Display
                break;
                case '2': PORTA=0b00100100;  //'2' Display
                break;
                case '3': PORTA=0b00110000;  //'3' Display
                break;
                case '4': PORTA=0b00011001;  //'4' Display
                break;
                case '5': PORTA=0b00010010;  //'5' Display
                break;
                case '6': PORTA=0b00000011;  //'6' Display
                break;
                case '7': PORTA=0b01111000;  //'7' Display
                break;
                case '8': PORTA=0b00000000;  //'8' Display
                break;
                case '9': PORTA=0b00011000;  //'9' Display
                break;
                default :  PORTA=0b00000000;
                break;
        }
}

void UART_initialize(void){
        UCSR0A = 0x0;
        UCSR0B = 0b10011000; // TXENn : 송신 허가 비트 설정, RXENn : 수신 처가 비트 설정
        UCSR0C = 0b00000110;    // 데이터 : 8비트, 비동기, 패리티 : 없음, 정지 비트 : 1비트
```

```
        UBRR0H = 0;
        UBRR0L = 8;                    // 115,200bps 속도 설정
}

static FILE fp = FDEV_SETUP_STREAM((void*)Putch0, (void*)Getch0, _FDEV_SETUP_RW);

int main(void){
        stdin=stdout=stderr=&fp;
        DDRA = 0xff;
        cli();
        UART_initialize();
        sei();
        printf("\n\r 7-Segment Test");
        printf("\n\r Select Number[0-9]!!");
        while(1){
        }
}
```

5.4.8 USART0를 이용한 Data Memory Map 실습

5.4.8.1 ATmega128 Data Memory Map

ATmega128 Data Memory는 아래 그림과 같다. 일반적으로 함수 내의 로컬변수는 내부레지스터나 STACK 영역에 저장되고, 글로벌변수는 내부 메모리에 저장된다. ATmega128 내부 메모리 공간은 0x0100 ~ 0x10FF이다.

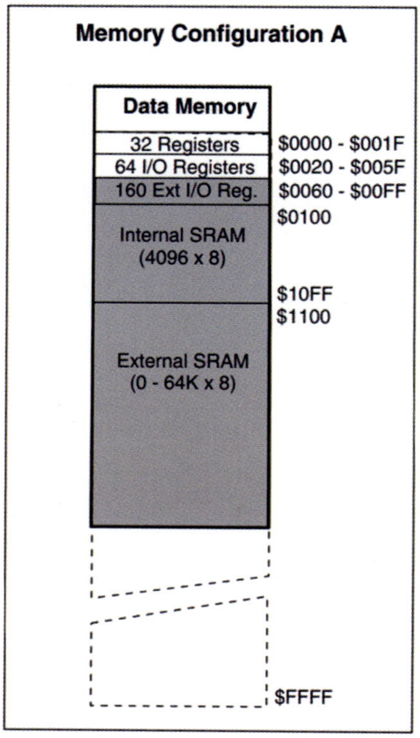

[그림 5-22. ATmega128 Data Memory Map]

5.4.8.2 로컬변수 저장위치 확인 실습

정수형 변수 a, b, c를 각각 로컬변수로 선언하고 각 변수의 값이 메모리에 저장된 위치를 USART0를 이용하여 확인한다. 아래와 같이 코딩하고 컴파일 후 결과를 살펴보자.

소스 코드 : serial_com_9.c

```
#include <avr/io.h>
#include <stdio.h>
#include <avr/interrupt.h>
#define F_CPU 16000000UL          // MCU 클록 : 16MHz
#include <util/delay.h>

void Putch0(char data)
{        while(!(UCSR0A & 0x20)); // UDRE0 = 1
         UDR0 = data;             // USART0 I/O 레지스터에 데이터
}

char Getch0(void)
{
         while(!(UCSR0A & 0x80));    //RXC = 1 수신 완료 확인
         return UDR0;                //USART I/O 레지스터 리턴
}

void UART_Initalize(void)
{        UCSR0B=0b00011000;
         UCSR0C=0b00000110;
         UBRR0H=0;
         UBRR0L=8;
}

static FILE fp = FDEV_SETUP_STREAM((void*)Putch0, (void*)Getch0, _FDEV_SETUP_RW);

int main(void)
{  int a=100, b=200, c=300;
   stdin=stdout=stderr=&fp;
   UART_Initalize(); // UCSART 초기화
   while(1)
       {         printf("Integer variable a address=%0x \n\r", &a);
                 printf("Integer variable b address=%0x \n\r", &b);
                 printf("Integer variable c address=%0x \n\r", &c);
                 _delay_ms(2000);
       }
}
```

아래 그림에서 보듯이 정수형 변수 a, b, c는 로컬변수로 STACK 영역에 저장되어 있는 것을 확인할 수 있다.

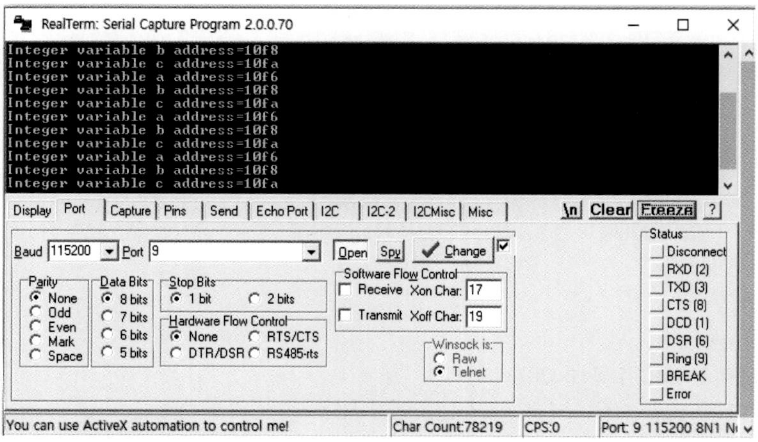

[그림 5-23. STACK 영역에 저장된 로컬변수 확인]

5.4.8.3 글로벌변수 저장위치 확인 실습

정수형 변수 a, b, c를 각각 글로벌변수로 선언하고 각 변수의 값이 메모리에 저장된 위치를 UART0를 이용하여 확인한다. 아래와 같이 코딩하고 컴파일 후 결과를 살펴보자.

소스 코드 : serial_com_9.c

```
#include <avr/io.h>
#include <stdio.h>
#include <avr/interrupt.h>
#define F_CPU 16000000UL          // MCU 클록 : 16MHz
#include <util/delay.h>

void Putch0(char data)
{        while(!(UCSR0A & 0x20)); // UDRE1 = 1
         UDR0 = data;             // USART0 I/O 레지스터에 데이터
}

char Getch0(void)
{
         while(!(UCSR0A & 0x80));    //RXC = 1 수신 완료 확인
         return UDR0;                //USART I/O 레지스터 리턴
}

void UART_Initalize(void)
{        UCSR0B=0b00011000;
         UCSR0C=0b00000110;
         UBRR0H=0;
         UBRR0L=8;
}
int a=100, b=200, c=300;

static FILE fp = FDEV_SETUP_STREAM((void*)Putch0, (void*)Getch0, _FDEV_SETUP_RW);

int main(void)
{
   stdin=stdout=stderr=&fp;
    UART_Initalize(); // UCSART 초기화
    while(1)
         {        printf("Integer variable a address=%0x ₩n₩r", &a);
                  printf("Integer variable b address=%0x ₩n₩r", &b);
                  printf("Integer variable c address=%0x ₩n₩r", &c);
                  _delay_ms(2000);
         }
}
```

아래 그림에서 보듯이 정수형 변수 a, b, c는 글로벌변수로 내부 메모리에 저장된 것을 확인할 수 있다.

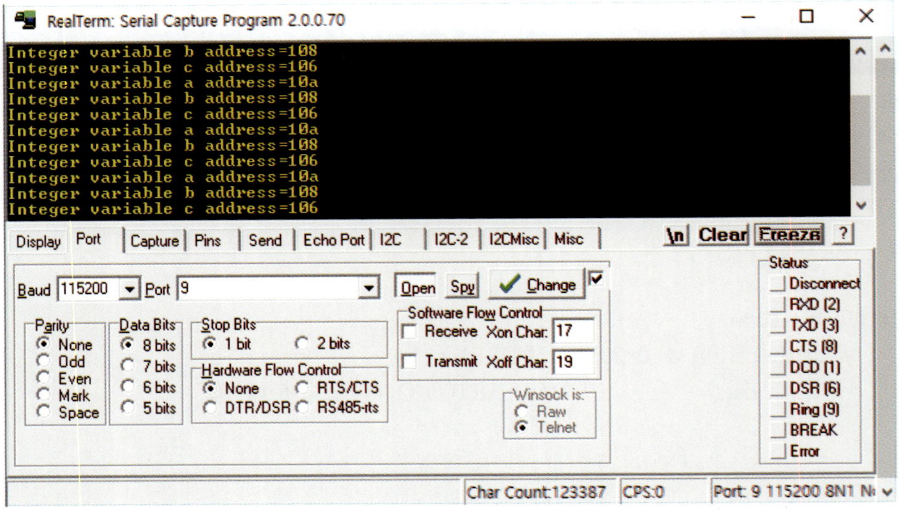

[그림 5-24. 내부 메모리에 저장된 글로벌변수 확인]

5.4.9 직렬통신(USART0)를 이용한 DC 모터 제어

5.4.9.1 하드웨어 준비

3장에서 실습한 DC 모터 제어 실습 회로도와 동일하므로 생략한다. 프로그램 다운로드 후 직렬통신을 위해서는 ATmega128 실습보드 스위치를 ISP모드에서 UART0로 반드시 변경한다.

5.4.9.2 프로그램 작성

RealTerm 실행창에서 'r'을 선택하면 모터가 시계 방향으로 회전하고, 'l'을 선택하면 모터가 반시계 방향으로 회전하고, 'r', 'l'값 외에 다른 값을 입력하면 모터가 정지하도록 하는 프로그램을 작성한다.

소스 코드 : serial_com_10.c

```
#include <avr/io.h>
#include <stdio.h>
#define F_CPU 16000000UL    // MCU 클록 : 16MHz
#include <util/delay.h>
#include <avr/interrupt.h>

char receive_data;

void Putch0(char data){
        while(!(UCSR0A & 0x20));    // UDRE0 = 1 Check
        UDR0 = data;                // USART0 I/O 레지스터에 데이터 전송
}

char Getch0(void){
        while(!(UCSR0A & 0x80));    // RXC = 1 Check
        return UDR0;                // USART0 I/O 레지스터 리턴
}

ISR(USART0_RX_vect,ISR_BLOCK){
        receive_data = UDR0;
        printf("\n\r %c Display",receive_data);
        switch(receive_data){
                case 'r': PORTA=0b00000001;  //'r' : right
                        printf("\t DC Motor Clockwise");
                break;
                case 'l': PORTA=0b00000010;  //'l' : left
                        printf("\t DC Motor Reverse Clockwise");
                break;
```

```
                    default :  PORTA=0b00000000;
                               printf("\t DC Motor Stop");
                    break;
          }
}
void UART_initialize(void){
          UCSR0A = 0x0;
          UCSR0B = 0b10011000; // TXENn : 송신 허가 비트 설정, RXENn : 수신 처가 비트 설정
          UCSR0C = 0b00000110; // 데이터 : 8비트, 비동기, 패리티 : 없음, 정지 비트 : 1비트
          UBRR0H = 0;
          UBRR0L = 8;                // 115,200bps 속도 설정
}
static FILE fp = FDEV_SETUP_STREAM((void*)Putch0, (void*)Getch0, _FDEV_SETUP_RW);

int main(void){
          stdin=stdout=stderr=&fp;
          DDRA = 0xff;
          cli();
          UART_initialize();
          sei();
          printf("\n\r DC Motor Test");
          printf("\n\r Select Number['r' or 'l']!!");
          while(1){
          }
}
```

5.4.9.3 동작결과

RealTerm 콘솔창에서 'r'을 선택하면 모터가 시계 방향으로 회전하고, 'l'을 선택하면 모터가 반시계 방향으로 회전하고, 'r', 'l'값 외에 다른 값을 입력하면 모터가 정지하는 결과를 실제로 확인할 수 있다.

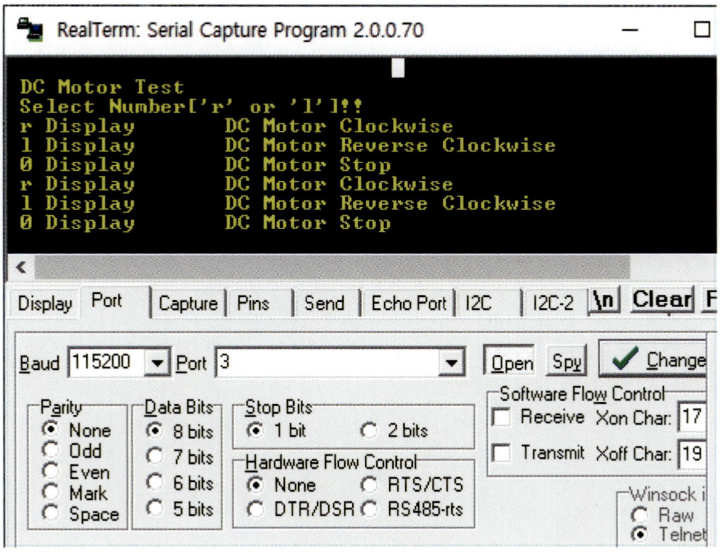

[그림 5-25. 직렬통신을 이용한 DC 모터 제어]

CHAPTER

06

타이머 / 카운터 실습

ATmega128 마이크로컨트롤러에는 두 개의 8비트 타이머/카운터와 두 개의 16비트 타이머/카운터를 내장하고 있다. 내장된 타이머/카운터에 대하여 간단히 알아보고 실습하도록 한다.

먼저 타이머/카운터에 대하여 간단히 알아보자. 타이머/카운터는 일반적으로 디지털 논리회로에서 반복적인 일정한 클록을 입력받아 클록의 수를 세는 기능을 의미한다. 이러한 타이머/카운터는 하나의 클록이 들어올 때마다 1씩 증가하는 회로이다. 즉 숫자를 세는 기능과 함께 반복되는 클록의 시간을 측정할 수 있기 때문에 카운터라고만 하지 않고 타이머 기능을 붙여 타이머/카운터라고 한다. ATmega128 마이크로컨트롤러에서는 이러한 기본 기능을 이용하여 다음과 같은 기능을 수행할 수 있도록 하였다.

- 일정한 시간 간격을 가지는 펄스 발생 기능
- 외부 이벤트 발생횟수를 세는 기능
- 모터를 제어하기 위한 PWM[31] 펄스 발생 기능

ATmega128 마이크로컨트롤러에서 제공하는 타이머/카운터에 대하여 간단히 알아본다.

6.1 8비트 타이머 / 카운터

ATmega128 마이크로컨트롤러는 두 개의 8비트 타이머/카운터를 내장하고 있다. 이들 각각은 타이머/카운터0와 타이머/카운터2이다.

6.1.1 타이머 / 카운터0

타이머/카운터0는 범용 목적의 타이머/카운터로 단일 채널 8비트 타이머/카운터이다. 이 타이머/카운터는 다음과 같은 특징을 가지고 있다.

- 단일 채널 카운터
- 자동 리로드(Auto Reload)
- 클리치 프리한 PWM 펄스 발생
- 주파수 발생

31) PWM : Pulse Wave Modulation

- 10비트 프리스케일러
- 오버플로우 인터럽트(TOV0), 출력 비교 일치 인터럽트(OCF0)
- 입출력 클록에 독립적인 32kHz 크리스털 발진자

타이머/카운터0의 기본 구조는 다음과 같이 구성되어 있다.

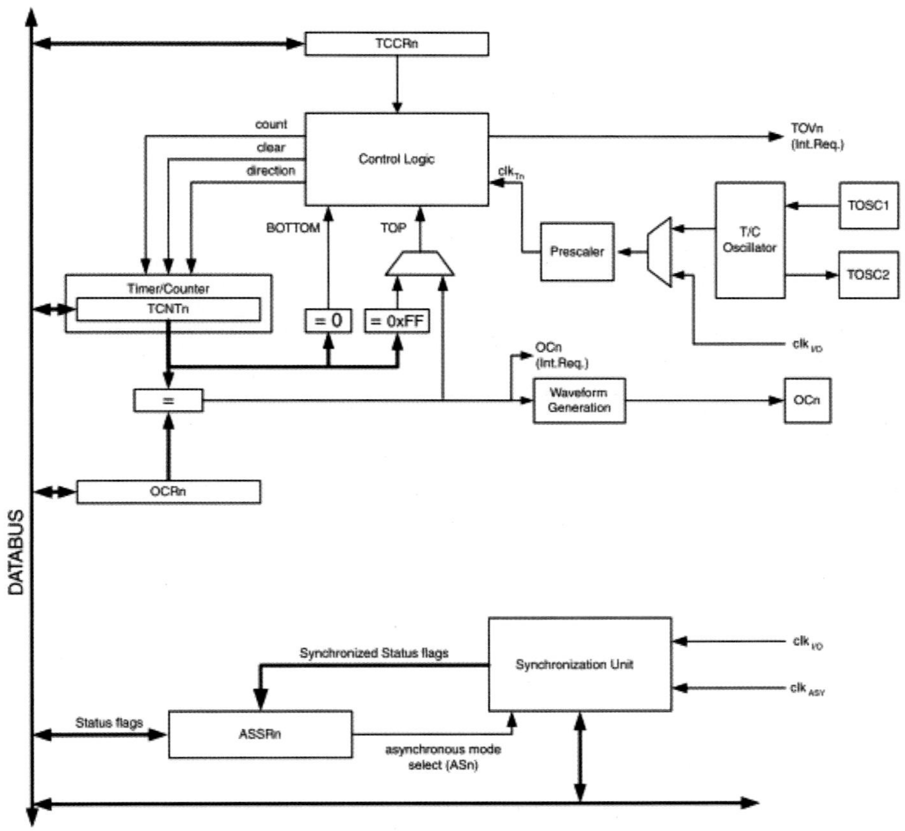

[그림 6-1. 타이머/카운터0 구조]

타이머/카운터0는 크게 카운터부, 비교 일치 출력부로 나누어진다. 카운터부는 입력 클록을 세는 기본적인 기능을 수행하는 부분이다. 입력으로 외부 클록과 프리스케일러를 통해 공급되는 내부 시스템 클록이 있다. 입력되는 두 개의 클록은 클록 선택 비트(CS02:0)를 통해 선택되어 사용한다. 만약 선택된 클록이 없다면 타이머/카운터는 정지한다. 하지만 타이머/카운터가 정지되었더라도 TCNT0 레지스터의 값은 읽을 수도 있고, 모든 타이머/카운터 동작을 우선순위에 따라 쓰거나 오버라이드 할 수 있다.

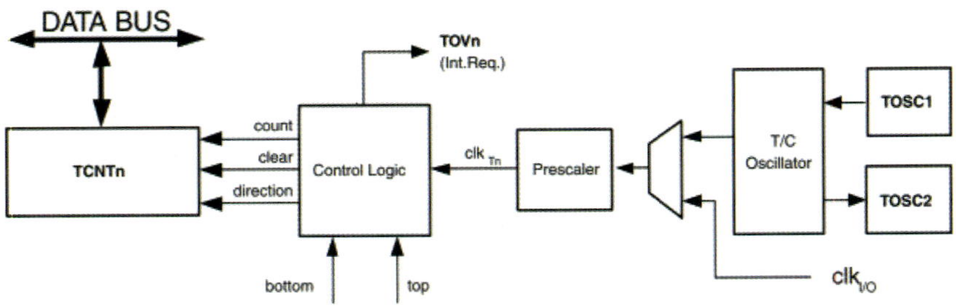

[그림 6-2. 카운터부 블록도]

카운터부의 신호를 정의하면 다음과 같다.

[표 6-1. 카운터부 신호 정의]

count	TCNT0 증가 또는 감소 값
direction	증가 또는 감소
clear	TCNT0 클리어
clk_{TO}	타이머 / 카운터 클록
top	TCNT0 레지스터의 타이머 / 카운터 최댓값(0xFF = 255)
bottom	TCNT0 레지스터의 타이머 / 카운터 최솟값(0x00 = 0)

비교 일치 출력부는 타이머 / 카운터0의 TCNT0값과 OCR0의 값을 비교하여 타이머 / 카운터 인터럽트(OCF0)를 발생하는 부분이다. 만약 OCIE0 = '1'이면 외부 출력 비교 인터럽트가 발생한다. PWM 발생은 WGM01:0 비트와 비교 출력 모드(COM01:0) 비트가 설정되어 있을 때 발생한다.

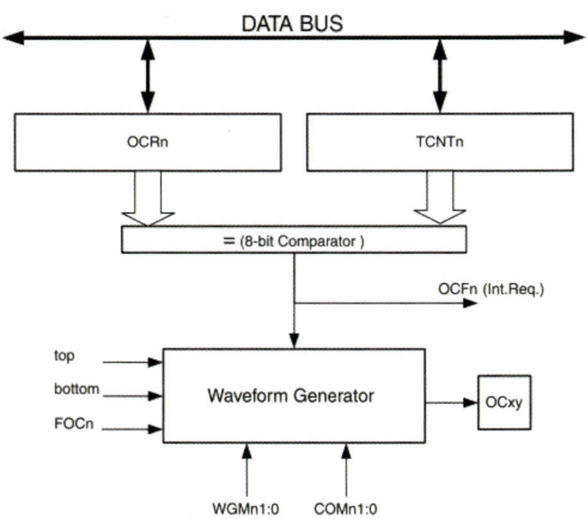

[그림 6-3. 비교 일치 출력부 블록도]

6.1.2 8비트 타이머 / 카운터 동작 모드

8비트 타이머 / 카운터에서 사용할 수 있는 동작 모드는 일반 모드, CTC 모드, Fast PWM 모드, PC PWM 모드가 있다.

6.1.2.1 일반 모드

가장 단순한 모드로 WGM00 ~ 01 비트를 0으로 설정하면 된다. 이 모드는 항상 상향 카운팅을 수행하고, 수행 중에는 카운터가 클리어되지 않는다. 타이머 / 카운터가 TOP(0xFF)를 초과하게 되었을 때 다시 BOTTOM(0x00)부터 반복적으로 카운트한다. 일반 모드에서 TCNTn 레지스터가 '0'이 되었을 때 타이머 / 카운터 오버플로우 플래그(TOV0)가 설정된다. 즉 카운트 값이 최댓값인 TOP까지 도달한 다음 다시 BOTTOM에서부터 반복적으로 카운트를 하게 된다. 이때 TOV0 플래그가 '1'로 설정되면서 인터럽트가 발생하게 된다. 일반 모드에서는 TCNTn 레지스터에 값을 언제든지 쓸 수 있다.

6.1.2.2 CTC 모드

CTC 모드는 WGM00 ~ 01 비트를 2로 설정하면 된다. 이 모드에서는 OCRn 레지스터에 분해능을 임의로 설정하여 사용한다. 그리고 OCRn 레지스터의 값과 TCNTn 레지스터의 값이 같을 때 타이머 / 카운터가 클리어된다. OCRn 레지스터의 값은 카운트하는 값의 TOP를 뜻한다. 또한 비교 일치 출력 주파수의 더 좋은 제어를 할 수 있다. 따라서 외부 이벤트 카운팅 동작을 간단하게 수행할 수 있다.

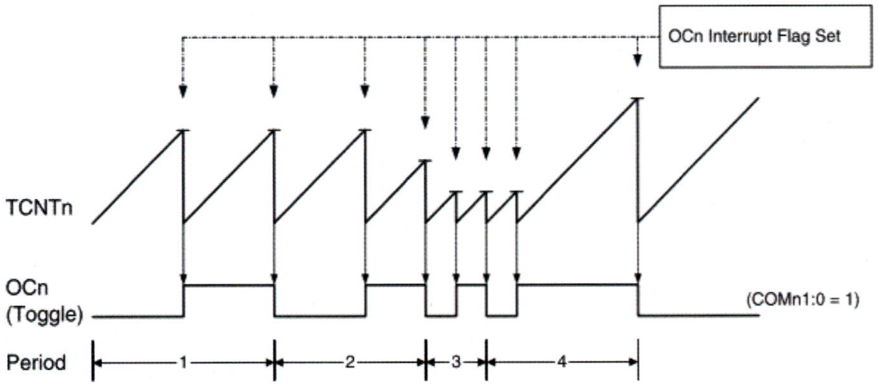

[그림 6-4. CTC 모드 타이밍]

타이머 / 카운터 값인 TCNTn 레지스터의 값이 TOP 값에 도달하면 인터럽트(TOVn)가 발생한다. 하지만 타이머 / 카운터가 실행하는 동안 TOP 값에서 BOTTOM 값으로 변경할 경우에는 주의해야 한다. 왜냐하면 CTC 모드에서는 이중 버퍼링 기능을 가지고 있지 않기 때문이다. 만약 갱신된

OCRn 레지스터 값이 TCNTn 레지스터 값보다 작다면 비교 일치가 실패한다. 실패하게 되면 카운터는 비교 일치가 발생하기 전에 최댓값 0xFF까지 카운트하고, 그런 다음 0x00으로 초기화된다.

CTC 모드에서 주파수 파형을 발생하기 위해서는 COM00 ~ 01를 1로 설정하여 OCn 출력이 토글 모드로 동작해야 한다. 파형을 위한 계산식은 아래와 같다.

$$f_{OCn} = \frac{f_{clk\_I/O}}{2 \times N(1 + OCRn)}$$

N : 프리스케일러의 분주비(1, 8, 32, 64, 128, 256, 1024)

6.1.2.3 Fast PWM 모드

Fast PWM 모드는 WGM00 ~ 01 비트를 3으로 설정하면 된다. 이 모드는 높은 주파수의 PWM 파형을 발생할 수 있다. 이 모드가 다른 모드와 다른 점은 단일 경사 동작(single-slope-operation)을 수행하는 점이다. 타이머 / 카운터가 BOTTOM부터 MAX까지 카운트하고 다시 BOTTOM부터 카운트한다. 비반전 비교 출력 모드에서는 TCNTn 레지스터 값과 OCRn 레지스터 값이 일치할 때 OCn이 클리어되고 다시 BOTTOM부터 카운트를 시작한다. 반전 비교 출력 모드에서는 TCNTn 레지스터 값과 OCRn 레지스터 값이 일치할 때 OCn이 '1'로 설정되고 BOTTOM일 때 클리어된다.

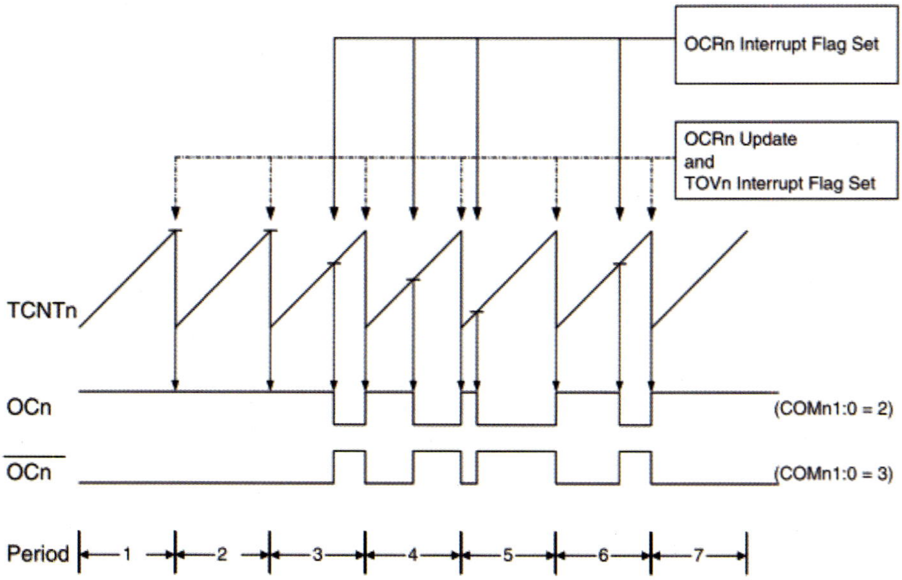

[그림 6-5. Fast PWM 모드 타이밍]

만약 인터럽트가 활성화되어 있다면 타이머/카운터의 TCNTn 레지스터의 값이 MAX에 도달했을 때 인터럽트가 발생하여 TOVn 플래그가 '1'로 설정된다. 그런 다음 인터럽트 처리 루틴을 수행하게 되면 다시 TOVn 플래그가 '0'로 클리어된다.

Fast PWM 모드에서는 COM00~01 비트를 2로 설정하여 비반전 PWM 주파수를 발생할 수 있다. 그리고 COM00~01 비트를 3으로 설정하여 반전 PWM 주파수를 발생할 수 있다. 주파수를 산출하는 계산식은 다음과 같다.

$$f_{OC2PWM} = \frac{f_{clk\_I/O}}{N \times 256}$$

N : 프리스케일러의 분주비(1, 8, 32, 64, 128, 256, 1024)

만약 OCRn 레지스터 값이 BOTTOM 값과 같다면 짧은 구간의 파형이 출력되고, MAX 값과 같을 때는 '1' 또는 '0'의 레벨을 출력한다.

6.1.2.4 PC PWM 모드

PC PWM 모드는 WGM00~01 비트를 1으로 설정하면 된다. 이 모드에서는 높은 분해능을 가지는 주파수 파형 출력이 가능하다. PC PWM 모든 듀얼 경사 동작(Dual-slope-operation)을 기반으로 한다. 이 모드에서 타이머/카운터는 BOTTOM부터 MAX까지 카운트한 다음 MAX부터 BOTTOM까지 카운트를 반복한다. 비반전 비교 출력 모드에서는 OCn 출력은 상향 카운트로 동작할 동안 TCNTn 레지스터와 OCRn 레지스터 값이 일치하면 클리어된다. 그리고 하향 카운트로 동작할 동안 TCNTn 레지스터와 OCRn 레지스터 값이 일치하면 '1'를 출력한다. 반전 비교 출력 모드에서는 반대로 동작한다. 듀얼 경사 동작은 단일 경사 동작보다 최대 동작 주파수보다 낮다. 이 모드는 모터를 동작하기에 좋다.

이 모드의 분해능은 8비트로 고정되어 있다. 이 모드는 카운터 방향을 변경할 수도 있다. TCNTn 레지스터 값이 MAX 값과 같을 때 방향을 변경할 수 있다.

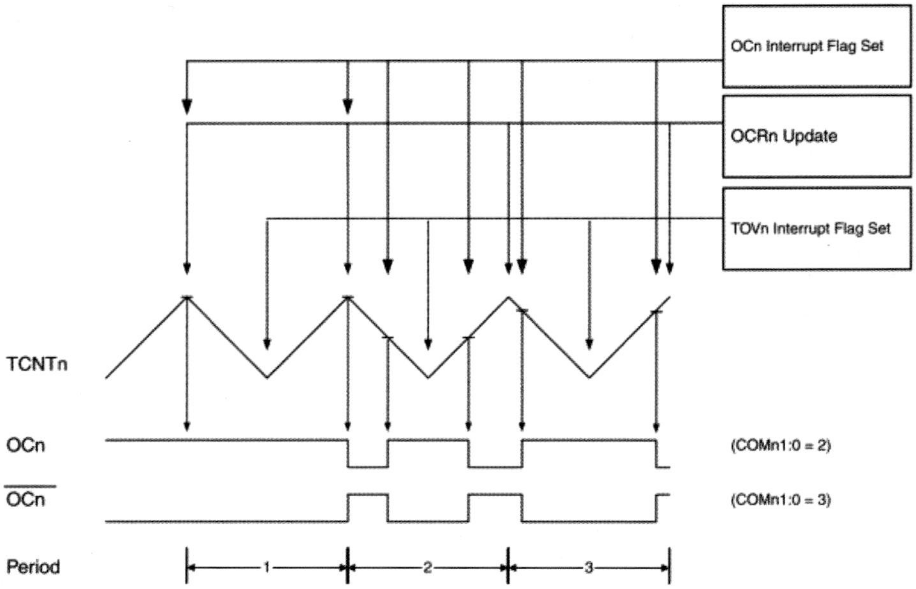

[그림 6-6. PC PWM 모드 타이밍]

PC PWM 모드에서는 타이머/카운터 값이 BOTTOM에 도달했을 때 인터럽트 플래그 TOVn 비트가 '1'로 설정되어 인터럽트가 발생한다.

이 모드에서 COM00~01 비트가 2로 설정되었을 때 비반전 비교 출력 모드로 동작한다. 그리고 COM00~01 비트가 3으로 설정되었을 때 반전 비교 출력 모드로 동작한다.

OCn 값은 타이머/카운터가 상향 카운터로 동작할 동안 OCRn 레지스터와 TCNTn 레지스터 값이 일치하면 클리어된다. 반대로 타이머/카운터가 하향 카운터로 동작할 동안 OCRn 레지스터와 TCNTn 레지스터 값이 일치하면 '1'로 설정된다.

이 모드에서 주파수를 구하기 위한 계산식은 다음과 같다.

$$f_{OCnPCPWM} = \frac{f_{clk\_I/O}}{N \times 510}$$

N : 프리스케일러의 분주비(1, 8, 32, 64, 128, 256, 1024)

만약 OCRn 레지스터 값이 BOTTOM 값과 같다면 짧은 구간의 파형이 출력되고, MAX 값과 같을 때는 '1' 또는 '0'의 레벨을 출력한다.

다음과 같은 경우에는 비교 일치가 없을 때도 변경할 수 있다.

- OCRn 레지스터의 값이 MAX에서 다른 값으로 변경되었을 때
- OCRn 레지스터 값보다 큰 수부터 시작할 때

6.2 8비트 타이머 / 카운터 타이밍도

아래의 타이밍도는 타이머/카운터 동작을 설정하기 위한 타이밍이다. 타이머/카운터는 동기화 방식으로 설계되어 있고, 클록 신호로 clk_{Tn}를 사용한다. 그림에서 TCNTn 레지스터의 값이 MAX-1부터 MAX까지 카운트하여 MAX에 도달했을 때 인터럽트 플래그인 TOVn 비트가 '1'로 설정되고 인터럽트가 발생한다. 동시에 TCNTn 레지스터의 값은 BOTTOM으로 클리어된다.

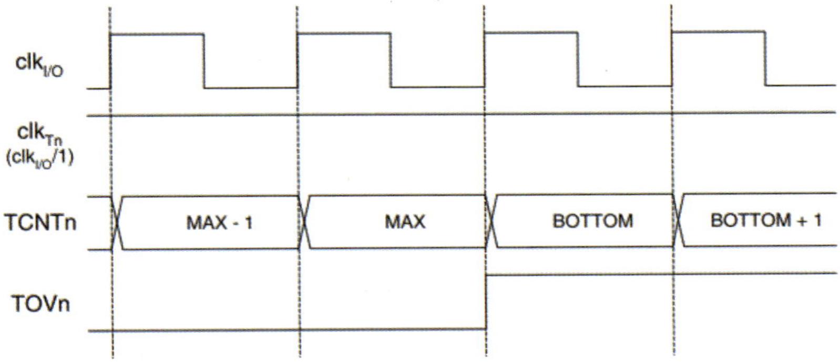

[그림 6-7. 프리스케일러를 사용하지 않는 경우 타이밍]

아래의 타이밍도는 프리스케일러의 분주비($f_{clk\_I/O}/8$) 설정에 따라 8분주 클록마다 카운트한다. 분주비에 따라 카운트하는 것을 제외하면 위에서 설명한 내용과 동일하게 동작한다.

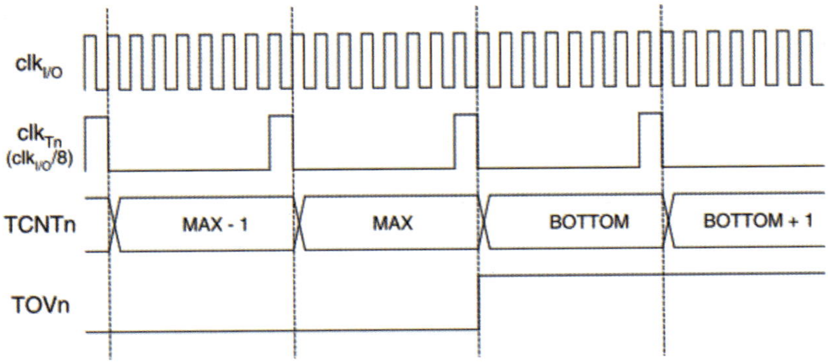

[그림 6-8. 프리스케일러($f_{clk\_I/O}/8$)인 경우 타이밍]

아래의 타이밍도는 TCNTn 레지스터의 값과 OCRn 레지스터의 값을 비교하여 일치하면 출력 비교 인터럽트 플래그(OCFn)가 '1'로 설정되고 인터럽트가 발생하는 타이밍을 나타낸 것이다.

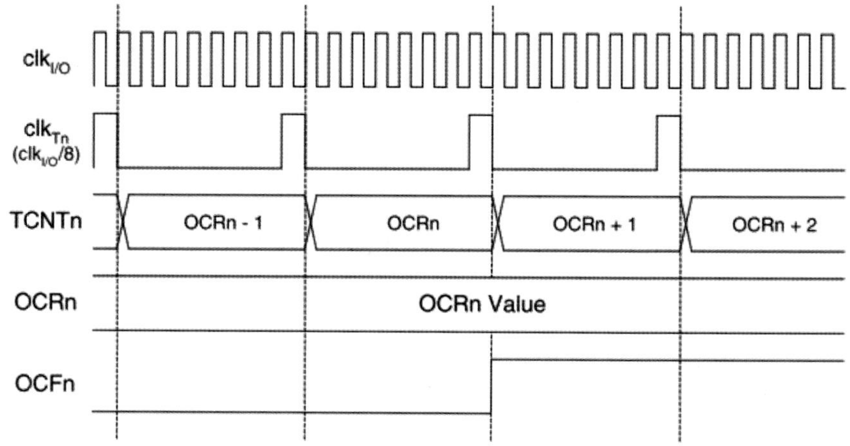

[그림 6-9. 프리스케일러($f_{clk\_I/O}/8$), OCFn 설정을 사용한 경우 타이밍]

아래의 타이밍도는 CTC 모드에서 프리스케일러를 사용하여 $f_{clk_I/O}/8$인 경우 타이밍이다.

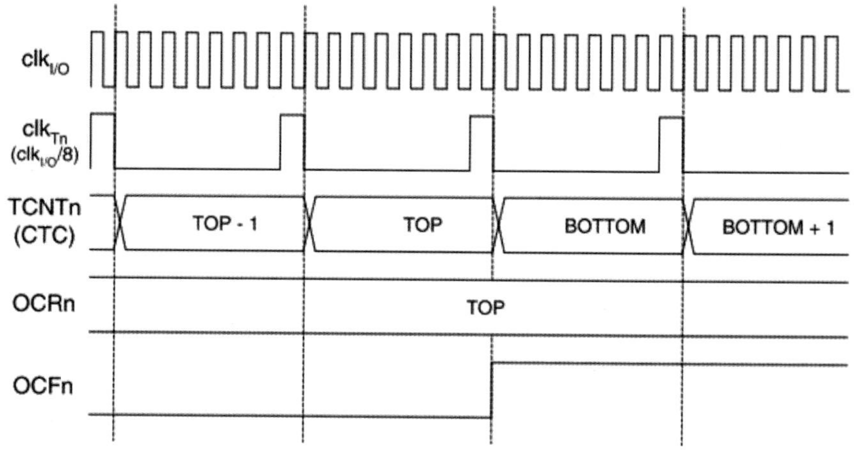

[그림 6-10. CTC 모드에서 프리스케일러($f_{clk\_I/O}/8$)인 경우 타이밍]

6.3 8비트 타이머 / 카운터 레지스터

타이머 / 카운터를 제어하기 위해 사용하는 레지스터는 TCNTn, OCRn, TCCRn, ASSRn, TIFR, TIMSK 레지스터가 있다.

6.3.1 TCCRn

타이머 / 카운터의 동작 모드, 프리스케일러 분주비 등을 설정하고 제어하기 위해 사용하는 레지스터이다.

Bit	7	6	5	4	3	2	1	0	
	FOC0	WGM00	COM01	COM00	WGM01	CS02	CS01	CS00	TCCR0
Read/Write	W	R/W	R/W	R/W	R/W	R/W	R/W	R/W	
Initial Value	0	0	0	0	0	0	0	0	

[그림 6-11. TCCR0 레지스터]

[표 6-2. TCCRn 레지스터 기능]

<table>
<tr><th>비트</th><th>기능</th></tr>
<tr><td>비트 7(FOC0)</td><td>• 강제 출력 비교 비트
– '0' : 강제 출력 해제
– '1' : 강제로 OC0단자에 출력 비교가 일치된 것과 같은 출력을 내보냄</td></tr>
<tr><td>비트 6(WGM00)</td><td>• 파형 발생 모드
<table>
<tr><th>모드</th><th>WGM01
(CTC0)</th><th>WGM00
(PWM0)</th><th>타이머/카운터
동작 모드</th><th>TOP</th><th>OCR0 갱신
시점</th><th>TOV0 설정
시점</th></tr>
<tr><td>0</td><td>0</td><td>0</td><td>일반</td><td>0xFF</td><td>즉시</td><td>MAX</td></tr>
<tr><td>1</td><td>0</td><td>1</td><td>PWM,
Phase Correct</td><td>0xFF</td><td>TOP</td><td>BOTTOM</td></tr>
<tr><td>2</td><td>1</td><td>0</td><td>CTC</td><td>OCR0</td><td>즉시</td><td>MAX</td></tr>
<tr><td>3</td><td>1</td><td>1</td><td>고속 PWM</td><td>0xFF</td><td>BOTTOM</td><td>MAX</td></tr>
</table></td></tr>
<tr><td>비트 5(COM01)</td><td>• OC0 비트를 제어하기 위한 비트
– non-PWM 모드(일반 모드)
<table>
<tr><th>COM01</th><th>COM00</th><th>기능</th></tr>
<tr><td>0</td><td>0</td><td>범용 포트로 동작, OC0 연결 차단</td></tr>
<tr><td>0</td><td>1</td><td>비교 일치에서 OC0 토글</td></tr>
<tr><td>1</td><td>0</td><td>비교 일치에서 OC0 해제('0')</td></tr>
<tr><td>1</td><td>1</td><td>비교 일치에서 OC0 설정('1')</td></tr>
</table></td></tr>
</table>

비트	기능
비트 4(COM00)	– Fast PWM 모드 / – Phase Correct 모드 (아래 표 참조)
비트 3(WGM01)	파형 발생 모드
비트 2(CS02) / 비트 1(CS01) / 비트 0(CS00)	• 사용할 클록을 설정하는 비트 (아래 표 참조)

– Fast PWM 모드

COM01	COM00	기능
0	0	범용 포트로 동작, OC0 연결 차단
0	1	Reserved(사용하지 않음)
1	0	비교 일치에서 OC0 해제('0') BOTTOM일 때 OC0 설정('1')
1	1	비교 일치에서 OC0 설정('1') BOTTOM일 때 OC0 해제('0')

– Phase Correct 모드

COM01	COM00	기능
0	0	범용 포트로 동작, OC0 연결 차단
0	1	Reserved(사용하지 않음)
1	0	상향 카운팅 시에 OC0 비교 일치 해제('0') 하향 카운팅 시에 OC0 설정('1')
1	1	상향 카운팅 시에 OC0 비교 일치 설정('1') 하향 카운팅 시에 OC0 해제('0')

• 사용할 클록을 설정하는 비트

CS02	CS01	CS00	기능
0	0	0	클록 소스 없음(타이머/카운터 정지)
0	0	1	clk_{TOS}/
0	1	0	clk_{TOS}/8
0	1	1	clk_{TOS}/32
1	0	0	clk_{TOS}/64
1	0	1	clk_{TOS}/128
1	1	0	clk_{TOS}/256
1	1	1	clk_{TOS}/1024

6.3.2 TCNTn

타이머/카운터의 8비트 카운터 값을 저장하는 레지스터이다. 이 레지스터는 언제나 읽기/쓰기 동작이 가능하다. 타이머/카운터가 동작하고 있는 동안 수정하면 TCNT0 레지스터와 OCR0 레지스터의 비교 일치 기능에 문제를 일으킬 수 있기 때문에 주의해서 사용해야 한다.

Bit	7	6	5	4	3	2	1	0	
	TCNT0[7:0]								TCNT0
Read/Write	R/W	R/W	R/W	R/W	R/W	R/W	R/W	R/W	
Initial Value	0	0	0	0	0	0	0	0	

[그림 6-12. TCNT0 레지스터]

6.3.3 OCRn

타이머/카운터의 TCNT0 레지스터의 값과 이 레지스터의 값을 비교하여 OC0 단자에 출력 신호를 발생하거나 인터럽트를 발생시키기 위한 8비트 값을 저장하는 레지스터이다.

Bit	7	6	5	4	3	2	1	0	
	OCR0[7:0]								OCR0
Read/Write	R/W	R/W	R/W	R/W	R/W	R/W	R/W	R/W	
Initial Value	0	0	0	0	0	0	0	0	

[그림 6-13. OCR0 레지스터]

6.3.4 ASSRn

타이머/카운터가 비동기 모드로 사용되는 경우 상태 정보를 저장하는 레지스터이다.

Bit	7	6	5	4	3	2	1	0	
	–	–	–	–	AS0	TCN0UB	OCR0UB	TCR0UB	ASSR
Read/Write	R	R	R	R	R/W	R	R	R	
Initial Value	0	0	0	0	0	0	0	0	

[그림 6-14. ASSR 레지스터]

[표 6-3. ASSR 레지스터 기능]

비트	기능
비트 3(AS0)	• 클록 소스를 선택하는 비트 – '0' : 내부 클록 $clk_{I/O}$ – '1' : 외부 TOSC1 핀에 입력되는 수정 발진자의 클록
비트 2(TCN0UB)	타이머/카운터가 비동기 또는 TCNT0 레지스터에 값이 쓰일 때 '1'로 설정됨
비트 1(OCR0UB)	타이머/카운터가 비동기 또는 OCR0 레지스터에 값이 쓰일 때 '1'로 설정됨
비트 0(TCR0UB)	타이머/카운터가 비동기 또는 TCR0 레지스터에 값이 쓰일 때 '1'로 설정됨

6.3.5 TIMSK

타이머/카운터의 인터럽트 발생 여부를 개별적으로 활성화/비활성화하는 기능을 설정하는 레지스터이다.

Bit	7	6	5	4	3	2	1	0	
	OCIE2	TOIE2	TICIE1	OCIE1A	OCIE1B	TOIE1	OCIE0	TOIE0	TIMSK
Read/Write	R/W	R/W	R/W	R/W	R/W	R/W	R/W	R/W	
Initial Value	0	0	0	0	0	0	0	0	

[그림 6-15. TIMSK 레지스터]

[표 6-4. TIMSK 레지스터 기능]

비트	기능
비트 7(OCIE2)	타이머 / 카운터2 (타이머 / 카운터1의 동작과 동일함)
비트 6(TOIE2)	
비트 5(TICIE1)	타이머 / 카운터1 (16비트 타이머 / 카운터는 후반부에 설명함. 기능은 아래와 동일함)
비트 4(OCIE1A)	
비트 3(OCIE1B)	
비트 2(TOIE1)	
비트 1(OCIE0)	• 타이머 / 카운터의 비교 일치 인터럽트 활성화 / 비활성화 비트 – '0' : 비활성화 – '1' : 활성화 * 반드시 상태 레지스터(SREG)의 'I' 비트가 '1'로 설정되어 있어야 함.
비트 0(TOIE0)	• 타이머/카운터의 오버플로우 인터럽트 활성화 / 비활성화 비트 – '0' : 비활성화 – '1' : 활성화 * 반드시 상태 레지스터(SREG)의 'I' 비트가 '1'로 설정되어 있어야 함. * TIFR 레지스터의 TOV0 비트가 '1'로 설정되어 있을 때 사용할 수 있음

6.3.6. TIFR

타이머 / 카운터의 인터럽트 비트를 설정하는 레지스터이다. 타이머 / 카운터의 인터럽트를 개별적으로 활성화 / 비활성화하는 기능을 수행한다.

Bit	7	6	5	4	3	2	1	0	
	OCF2	TOV2	ICF1	OCF1A	OCF1B	TOV1	OCF0	TOV0	TIFR
Read/Write	R/W	R/W	R/W	R/W	R/W	R/W	R/W	R/W	
Initial Value	0	0	0	0	0	0	0	0	

[그림 6-16. TIFR 레지스터]

[표 6-5. TIFR 레지스터 기능]

비트	기능
비트 7(OCF2)	• 출력 비교 비트 – 타이머 / 카운터 2의 TCNT2 레지스터와 OCR2 레지스터의 값이 일치할 때 '1'로 설정
비트 6(TOV2)	• 오버플로우 발생 비트 – 타이머 / 카운터 2에서 오버플로우가 발생했을 때 '1'로 설정

비트 5(ICF1)	타이머 / 카운터1 (16비트 타이머 / 카운터는 후반부에 설명함. 기능은 아래와 동일함)
비트 4(OCF1A)	
비트 3(OCF1B)	
비트 2(TOV1)	
비트 1(OCF0)	• 출력 비교 비트 – 타이머 / 카운터 0의 TCNT0 레지스터와 OCR0 레지스터의 값이 일치할 때 '1'로 설정
비트 0(TOV0)	• 오버플로우 발생 비트 – 타이머 / 카운터 0에서 오버플로우가 발생했을 때 '1'로 설정

6.3.7 SFIOR

타이머 / 카운터들을 동기화시키기 위해 사용되는 레지스터이다.

Bit	7	6	5	4	3	2	1	0	
	TSM	–	–	–	ACME	PUD	PSR0	PSR321	SFIOR
Read/Write	R/W	R	R	R	R/W	R/W	R/W	R/W	
Initial Value	0	0	0	0	0	0	0	0	

[그림 6-17. SFIOR 레지스터]

[표 6-6. SFIOR 레지스터 기능]

비트	기능
비트 7(TSM)	• 타이머 / 카운터 동기화 모드 비트 – '0' : 타이머 / 카운터 동기화 해제 – '1' : 타이머 / 카운터 동기화 설정(타이머 / 카운터들이 동시에 동작) * 동기화 모드로 설정된 다음에는 PSR0 비트와 PSR321 비트가 유지
비트 6(–)	사용하지 않음
비트 5(–)	사용하지 않음
비트 4(–)	사용하지 않음
비트 3(ACME)	• ADC 아날로그 비교기 멀티플렉서 활성화 – '0' : 비활성화 – '1' : 활성화
비트 2(PUD)	• 풀업 기능 비활성화 – '0' : 풀업 기능 활성화 – '1' : 풀업 기능 비활성화
비트 1(PSR0)	• 타이머 / 카운터 0 프리스케일러 리셋 비트 – '1' : 타이머 / 카운터 0 프로스케일러를 리셋 * 만약 TSM 비트가 설정되어 있다면 하드웨어에 의해 자동적으로 해제될 수 없음
비트 0(PSR321)	• 타이머 / 카운터 3, 2, 1 프리스케일러 리셋 비트 – '1' : 타이머 / 카운터 3, 2, 1이 공통으로 사용하고 있는 프리스케일러를 리셋

6.4 프리스케일러

프리스케일러는 입력되는 클록을 AS0 비트 선택에 따라 CS00 ~ 02 비트에 설정된 분주비로 클록을 제어하는 부분이다.

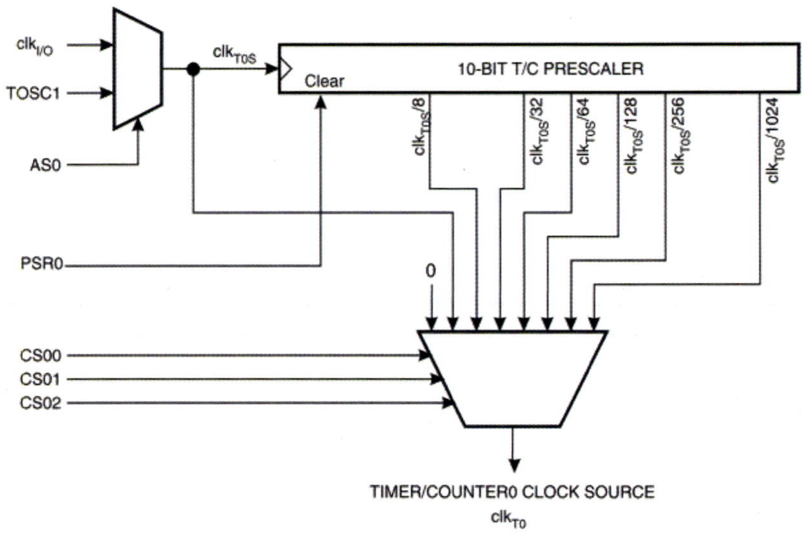

[그림 6-18. 프리스케일러]

타이머 / 카운터0의 클록 소스는 clk$_{T0}$이다. 디폴트로 시스템 클록(clk$_{I/O}$)를 사용한다. ASSRn 레지스터의 AS0 비트를 통해 TOSC1 핀으로부터 입력되는 클록을 비동기적으로 사용할 수 있다.

6.5 16비트 타이머 / 카운터

16비트 타이머 / 카운터는 8비트보다 큰 값을 사용할 수 있고, 더 확장된 기능을 수행할 수 있다. ATmega128 마이크로컨트롤러는 2개의 16비트 타이머 / 카운터를 내장하고 있다. 이들 각각은 타이머 / 카운터1과 타이머 / 카운터3이다. 16비트 타이머 / 카운터의 주요 기능과 특징을 살펴보면 다음과 같다.

- 16비트 지원(16비트 PWM 가능)
- 3개의 출력 비교 장치 지원
- 이중 버퍼 출력 비교 레지스터 지원
- 하나의 입력 캡처 장치 지원
- 입력 캡처 잡음 제거기 지원
- 자동 클리어 기능
- 글리치 없는 PC-PWM 모드
- 다양한 PWM 주기 가능
- 주파수 발생기 지원
- 외부 이벤트 카운터 가능
- 10개의 독립 인터럽트 소스를 가짐

(TOV1, OCF1A, OCF1B, OCF1C, ICF1, TOV3, OCF3A, OCF3B, OCF3C, and ICF3)

ATmega128 마이크로컨트롤러에서 사용하는 16비트 타이머/카운터의 기본 구조는 다음과 같다.

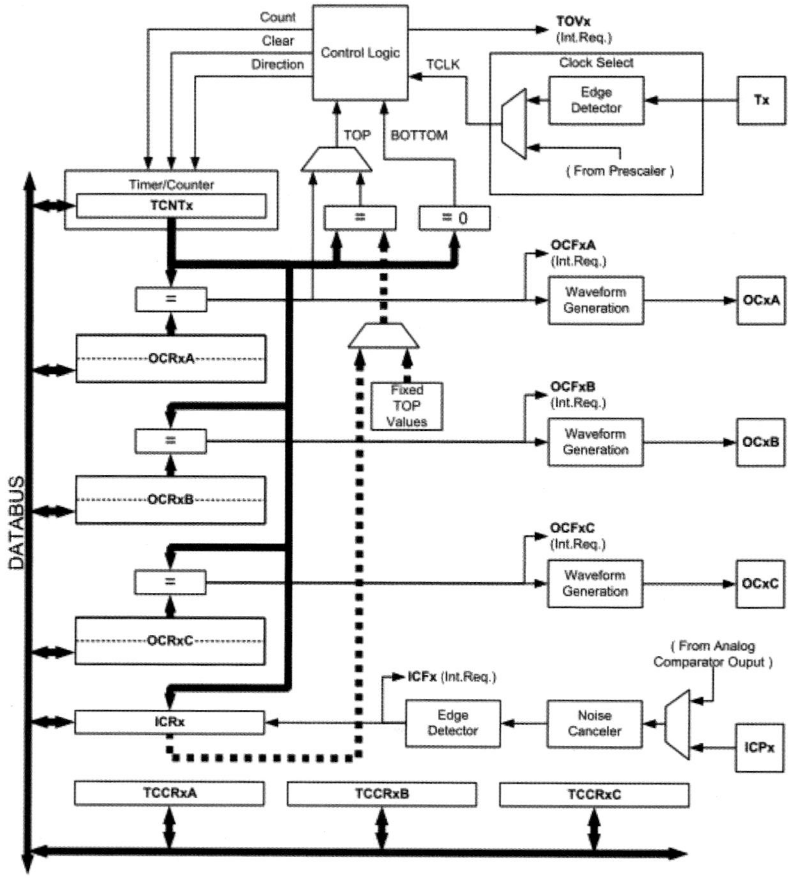

[그림 6-19. 16비트 타이머/카운터 구조]

16비트 타이머/카운터는 카운터부, 입력 캡처부, 출력 비교부, 비교 일치 출력부로 나뉜다.

카운터부는 8비트와 마찬가지로 기본적인 카운터 기능을 수행하는 부분이다. 다만 차이점은 16비트로 크기가 더 커졌다는 점이다. 이렇게 카운터 기능을 수행하기 위해 내부와 외부 클록 소스를 선택하여 카운터 기능을 수행한다. 클록 소스를 선택하는 기능은 TCCRnB 레지스터의 CSn2:0비트에 의해 선택하고 제어된다.

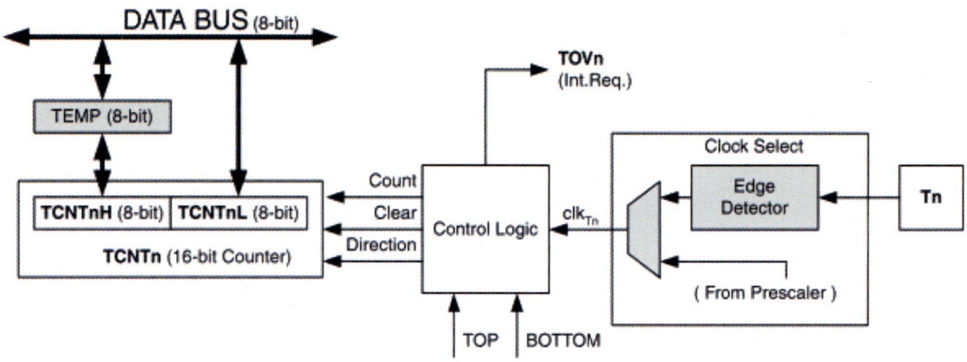

[그림 6-20. 16비트 타이머 / 카운터의 카운터부]

카운터부에서 사용하는 신호를 정의하면 다음과 같다.

[표 6-7. 카운터부에서 사용하는 신호]

count	TCNTn 증가 또는 감소 값
direction	증가 또는 감소
clear	TCNTn 클리어
clk$_{Tn}$	타이머 / 카운터 클록
TOP	TCNTn 레지스터의 타이머 / 카운터 최댓값(0xFFFF = 65,535)
BOTTOM	TCNTn 레지스터의 타이머 / 카운터 최솟값(0x0000 = 0)

16비트 타이머 / 카운터의 카운터 값을 저장하기 위해 사용하는 레지스터는 TCNTnH와 TCNTnL 레지스터이다. 16비트 값을 저장해야 하기 때문에 8비트씩 각각 상위와 하위 레지스터로 나누어 저장한다. 왜냐하면 ATmega128 마이크로컨트롤러는 8비트 단위로 데이터가 처리되고 저장되기 때문에 16비트 데이터를 처리하기 위해서는 상위 8비트와 하위 8비트로 나누어 저장하고 처리해야 한다. TCNTnH와 TCNTnL 레지스터는 입출력 메모리에 맵핑되어 있다. 따라서 CPU는 간접 접근 방식을 통해 두 레지스터에 접근할 수 있다. 하지만 16비트 레지스터(TCNTn)를 접근할 때 동일 시점에 카운터 값을 사용할 수 있어야 한다. 이를 위해 TCNTnH 레지스터의 값을 임시 레지스터인 TEMP 레지스터에 먼저 값을 저장하고 TCNTnL 레지스터의 값을 읽을 때 동시에 TEMP 레지스터 값을 읽어서 16비트 카운터 값을 읽을 수 있도록 설계하였다. 쓰기 동작도 마찬가지로 TCNTnH 레지스터의 값을 먼저 TEMP 레지스터에 저장하고 TCNTnL 레지스터에 값을 쓸 때 동시에 TEMP 레지스터 값을 써서 16비트 카운터 값을 쓸 수 있다. 이렇게 함으로써 하나의 클록 펄스에서 16비트 데이터를 8비트 버스에서 동시에 처리할 수 있다. 카운터부의 클록 소스는 clk$_{Tn}$으로 동작한다. clk$_{Tn}$은 내부 또는 외부에서 입력되는 클록이다. 클록의 선택은 TCCRnB

레지스터의 CSn2:0비트에 의해 선택되고 제어된다. 만약 선택된 클록이 없다면 타이머/카운터는 정지한다. 하지만 타이머/카운터가 정지되었더라도 TCNTn 레지스터의 값은 읽을 수도 있고, 모든 타이머/카운터 동작을 우선순위에 따라 쓰거나 오버라이드 할 수 있다. 카운터의 계수 순서는 TCCRnA 레지스터와 TCCRnB 레지스터의 WGMn0 ~ 3 비트의 설정 값에 따라 결정되고 수행한다. 타이머/카운터 오버플로우 비트(TOVn)는 TCCRnA 레지스터와 TCCRnB 레지스터의 WGMn3:0 비트의 설정값에 따라 동작 모드가 설정되고 인터럽트를 발생할 수 있다. 이렇게 설정된 비트에 의해 컨트롤러가 인터럽트를 발생시킨다.

입력 캡처부는 외부 이벤트 또는 이벤트 발생 시간을 캡처할 수 있다. 외부 이벤트는 ICPn 핀으로 입력되는 하나 또는 여러 개의 이벤트를 입력받을 수 있다. 입력 캡처 기능은 아날로그 비교 장치를 통해 타이머/카운터 1에서만 사용할 수 있다. 그리고 이벤트 발생 시간은 주파수, 주기 등을 이용하여 계산해서 측정된다. 이러한 이벤트 발생 시간 캡처 기능은 이벤트 발생 이력을 만들 수도 있다.

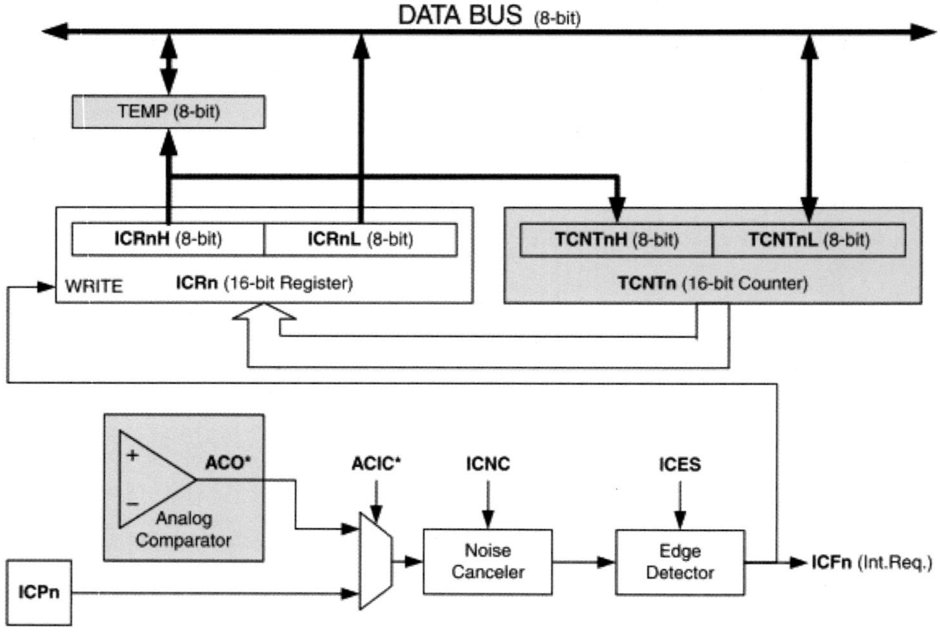

[그림 6-21. 16비트 타이머/카운터 입력 캡처부]

* 아날로그 비교 장치는 ICPn 핀에 의해서만 트리거된다.

ICPn 핀에 이벤트 신호가 입력되면 캡처된 ICRn 레지스터 값이 TCNTn 레지스터로 저장된다. 만약 TICIEn 비트가 '1'로 설정되어 있다면 입력 캡처 인터럽트가 발생한다. 따라서 발생한 인터럽트 처리 루틴이 자동으로 실행된다. ICRn 레지스터의 값을 읽을 때는 카운터부에서 설명한 것과 마찬가지로 TEMP 레지스터를 이용하여 ICRnH 레지스터의 값을 먼저 TEMP 레지스터에 저장한 다음 읽기와 쓰기 시에 ICRnL 레지스터의 값과 TEMP 레지스터의 값을 동시에 읽고 쓸 수 있다.

잡음 제거기는 TCCRnB 레지스터의 ICNCn 비트의 설정을 통하여 활성화되고 네 개의 클록 동안 이루어진다. 이때 사용하는 클록은 시스템 클록을 사용한다.

입력 캡처 인터럽트를 사용할 때 ICRn 레지스터가 인터럽트 핸들러에 의해 읽힌다. 입력 캡처 인터럽트는 상대적으로 높은 우선순위를 가진다.

출력 비교부는 TCNTn 레지스터와 OCRn 레지스터를 비교하여 일치할 때까지 계속 비교한다. 두 레지스터 값이 일치하게 되면 OCFnx 비트를 '1'로 설정한다. 이때 OCIEnx 비트가 '1'로 설정된 상태에서 OCFnx가 '1'로 설정되면 인터럽트가 발생하게 된다.

파형 발생기는 WGMn3:0 비트와 COMnx1:0 비트로 설정된 동작 모드에 따라서 신호를 발생한다. 최댓값은 TOP이고 최솟값은 BOTTOM으로 이러한 값은 동작모드에 따라 설정된다.

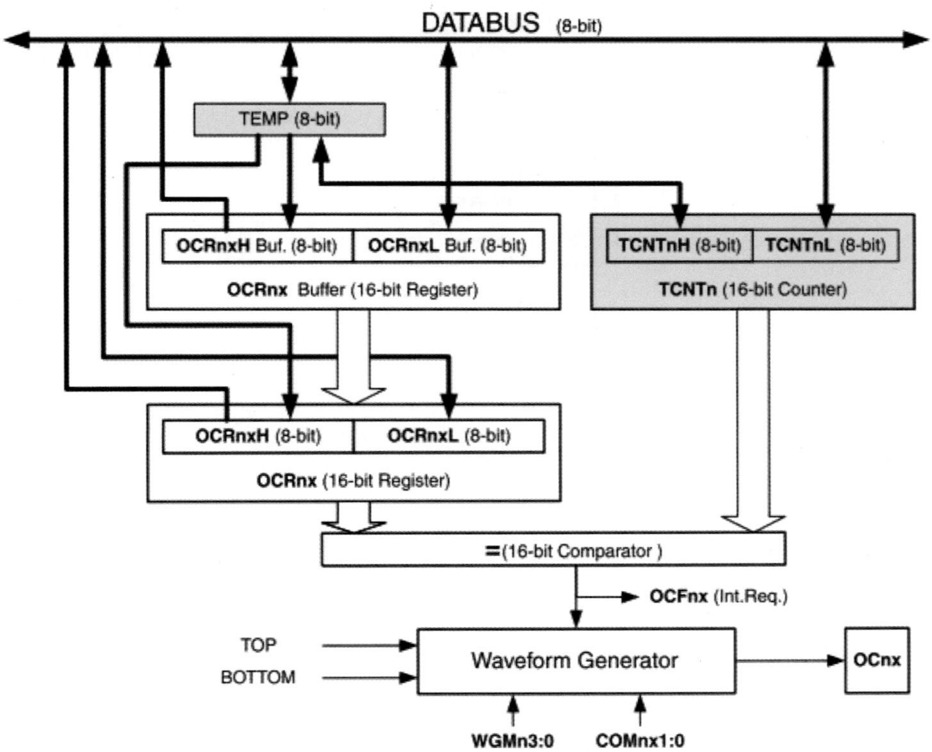

[그림 6-22. 16비트 타이머/카운터 출력 비교부 구조]

위의 구조에서 OCRnx 레지스터는 이중 버퍼 구조를 가지며, 12가지 PWM 모드를 사용할 수 있다. 일반 모드와 CTC 모드로 동작할 때는 이중 버퍼 기능이 중지된다. 이중 버퍼 기능이 활성화되었을 때 OCRnx 레지스터에 접근할 수 있다. OCR1x 레지스터의 값은 쓰기 동작을 통해 변경할 수 있다.

강제 출력 비교 발생 모드는 FOCnx 비트가 '1'로 설정되면 강제 비교 일치 출력을 한다. 강제 비교 일치는 타이머의 OCFnx 비트를 설정하거나 해제할 수 없다. 하지만 OCnx 핀에 값이 입력되면 갱신할 수 있다.

비교 일치 출력부는 범용의 입출력 기능과 타이머/카운터 기능을 수행할 수 있다. 비교 일치 출력부에서 파형 발생기는 OCnx 레지스터의 상태를 설정하기 위해 COMnx1:0 비트를 사용한다. 비교 일치 출력부는 범용의 입출력 기능으로 사용할 경우 OCnx를 사용하기 위해서 먼저 포트의 방향을 입력 또는 출력 방향으로 설정해 주어야 한다. 그래서 해당하는 포트의 DDRx 레지스터의 해당 비트를 입력 또는 출력 방향으로 설정한다. 그런 다음 입출력 기능으로 사용한다.

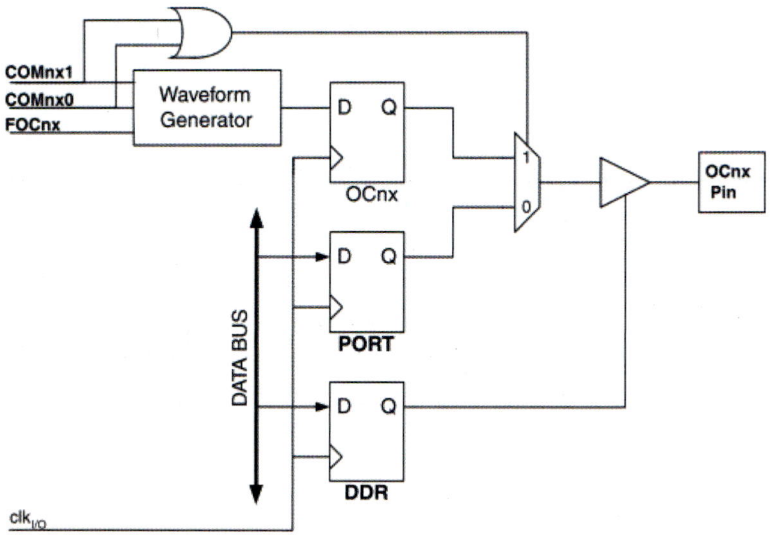

[그림 6-23. 비교 일치 출력부]

6.5.1 동작 모드

16비트 타이머/카운터에서 사용할 수 있는 동작 모드는 일반 모드, CTC 모드, 고속 PWM모드, PC PWM 모드, PFC PWM 모드가 있다.

6.5.1.1 일반 모드

일반 모드는 가장 간단하면서도 단순한 모드로서 WGMn0~3 비트를 0으로 설정하면 된다. 이 모드에서는 카운트 방향이 항상 상향 카운터로만 동작한다. 카운터 값이 도중에 리셋되지 않는다. 카운트의 범위는 0x0000부터 0xFFFF까지이며 만약 최대값 0xFFFF에 도달하면 다시 0x0000부터 반복 수행한다. 즉 최댓값에 도달한 다음 17번째 비트가 발생하면 오버플로우 인터럽트가 발생하고 인터럽트 서비스 루틴이 자동적으로 실행된다. 그리고 TOVn은 다시 '0'으로 리셋된다.

입력 캡처 장치는 일반 모드에서 쉽게 사용할 수 있지만 외부 이벤트가 카운터의 최대 범위를 넘지 않도록 해야 한다. 만약 내부 시간 간격에서 타이머의 최대 분해능을 초과할 경우 캡처 모듈의 분해능을 늘려서 해결할 수 있다. 이러한 방법은 오버플로우 인터럽트나 프리스케일러 등을 사용할 수 있다.

출력 비교 장치는 주어진 시간에 인터럽트를 발생하기 위해서 사용할 수 있다. 하지만 일반 모드에서는 파형을 발생하기 위한 출력 비교를 권장하지 않는다. 왜냐하면 CPU가 처리하는 데 시간이 너무 많이 걸리기 때문이다.

6.5.1.2 CTC[32] 모드

WGMn0 ~ 3 비트가 4, 12인 경우 CTC 모드로 동작한다. CTC 모드는 OCRnA(WGMn0 ~ 3 비트가 4) 레지스터나 ICRn(WGMn0 ~ 3 비트가 12) 레지스터값이 TCNTn 레지스터의 값과 일치할 경우 '0'으로 초기화된다. 이 모드는 더 큰 비교 일치 출력 주파수 제어를 할 수 있다. 따라서 일반적으로 주파수 분주를 위해 사용된다. 그리고 외부 이벤트 카운트 동작이 간단하다.

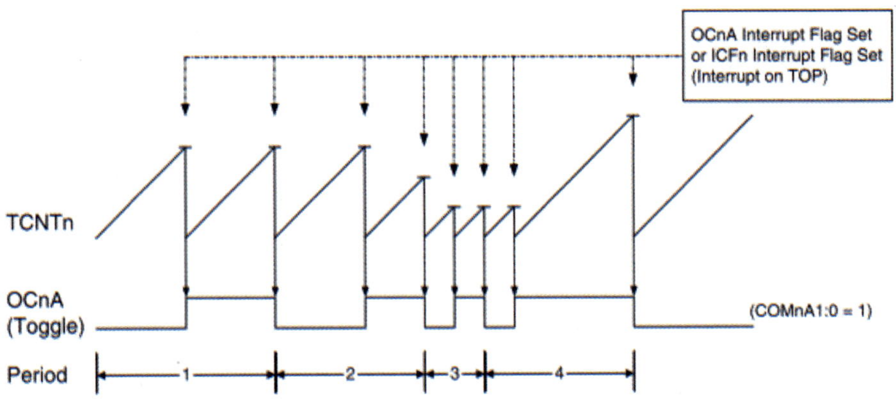

[그림 6-24. CTC 모드 동작 타이밍]

위의 타이밍도와 같이 TCNTn 레지스터 값이 OCRnA 레지스터 또는 ICRn 레지스터에 지정된 값과 일치할 때까지 계속 증가한다. 그러다가 값이 일치하게 되면 TCNTn 레지스터 값이 '0'으로 초기화된다.

OCRnA 레지스터 또는 ICRn 레지스터에 지정된 TOP 값에 카운트 값이 도달하면 인터럽트가 발생한다. 이때 OCFnA 또는 ICFn 플래그가 '1'로 설정된다. 만약 인터럽트가 활성화되어 있다면 인터럽트 서비스 루틴은 TOP 값을 갱신할 수 있다. 하지만 타이머/카운터가 실행하는 동안 TOP 값에서 BOTTOM 값으로 변경할 경우에는 주의해야 한다. 왜냐하면 CTC 모드에서는 이중 버퍼링 기능을 가지고 있지 않기 때문이다. 만약 갱신된 OCRnA 레지스터 또는 ICRn 레지스터 값이 TCNTn 레지스터 값보다 작다면 비교 일치가 실패한다. 실패하게 되면 카운터는 비교 일치가 발생하기 전에 최댓값 0xFFFF까지 카운트한 다음 0x0000으로 초기화된다. 이러한 문제의 대안으

32) CTC : Clear Timer on Compare

로 Fast PWM 모드를 사용하여 이중 버퍼를 사용할 수도 있다.

CTC 모드에서는 주파수 파형을 출력할 수도 있다. OCnA 주파수 파형을 출력하기 위해 OCnA를 출력 비교 모드에서 일치가 일어날 때마다 토글되도록 COMnA0 ~ 1 비트를 1로 설정하여 주파수 파형을 출력할 수 있다. 주파주의 최댓값은 OCRnA가 0x0000일 때 가장 크다. 주파수를 구하는 식은 다음과 같다.

$$f_{OCnA} = \frac{f_{clk\_I/O}}{2 \times N(1 + OCRnA)}$$

N은 프리스케일러의 분주비이며, 1, 8, 64, 256, 1024 중 하나를 선택하여 사용한다.

6.5.1.3 Fast PWM 모드

Fast PWM 모드는 WGMn0 ~ 3 비트를 5, 6, 7, 14, 15로 설정하여 고주파수 PWM 파형을 발생하기 위해 사용하는 모드이다. 이 모드는 Single-slope-Operation를 통해 다른 PWM 모드와 다르게 동작한다. 타이머 / 카운터는 BOTTOM에서 TOP까지 카운트하며 TOP에 도달한 다음에는 다시 BOTTOM부터 재시작하는 동작을 반복 수행한다.

비반전 비교 모드 출력은 TCNTn 레지스터와 OCRnx 레지스터 값이 일치하면 OCnx를 '0'으로 해제한다. 그리고 BOTTOM 값으로 설정한다. 반전 비교 모드 출력은 BOTTOM 값에서 '0'으로 해제된다. Single-slope-Operation 때문에 동작 주파수는 두 배 이상의 고주파수가 된다. PWM의 분해능은 8비트, 9비트, 10비트로 고정되거나 ICRn, OCRnA 레지스터 값을 통해 결정된다. 최소 분해능은 2비트(ICRn 또는 OCRnA = 0x0003)이고, 최대 분해능은 16비트(ICRn 또는 OCRnA = 0xFFFF)까지 가능하다. 분해능을 계산하는 수식은 다음과 같다.

$$R_{FPWM} = \frac{\log(TOP + 1)}{\log(2)}$$

Fast PWM 모드는 카운트 값이 WGMn0 ~ 3 비트를 5, 6, 7, 14, 15로 설정한 값과 같을 때까지 증가한다. 그런 다음 클록 사이클에 '0'로 클리어된다.

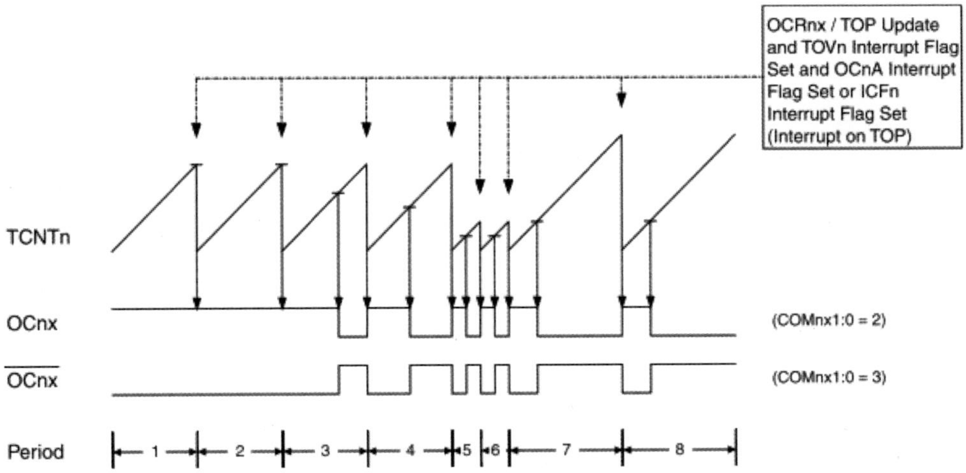

[그림 6-25. Fast PWM 타이밍]

TOVn은 타이머/카운터가 TOP 값에 도달했을 때 '1'로 설정된다. 동시에 OCnA, ICFn 플래그도 '1'로 설정된다. 만약 인터럽트가 활성화된다면 인터럽트 서비스 루틴은 비교값과 TOP 값을 갱신할 수도 있다.

이 동작 모드에서는 반전, 비반전 비교 모드 출력을 할 수 있는 주파수 파형을 만들어낼 수 있다. 이때 만들어지는 주파수를 계산하는 수식은 다음과 같다.

$$f_{OCnxPWM} = \frac{f_{clk\_I/O}}{N(1+TOP)}$$

N은 프리스케일러의 분주비이며, 1, 8, 64, 256, 1024 중 하나를 선택하여 사용한다.

6.5.1.4 PC[33] PWM 모드

PC PWM 모드는 WGMn0 ~ 3 비트를 1, 2, 3, 10, 11으로 설정한 경우 높은 분해능을 가지는 고주파수를 발생할 수 있는 모드이다. 이 동작 모드에서는 타이머/카운터의 TCNTn 값이 상향 카운터로 BOTTOM에서 TOP까지 증가하였다가 다시 TOP에서 BOTTOM까지 감소하는 동작을 반복 수행하는 양방향 동작(Dual-Slop-Operation)을 한다.

PC PWM 모드의 분해능은 8비트, 9비트, 10비트로 고정되거나 ICRn, OCRnA 레지스터 값을 통해 결정된다. 최소 분해능은 2비트(ICRn 또는 OCRnA = 0x0003)이고, 최대 분해능은 16비트(ICRn 또는 OCRnA = 0xFFFF)까지 가능하다. 분해능을 계산하는 수식은 다음과 같다.

---

33) PC : Phase Correct

$$R_{FPWM} = \frac{\log(TOP+1)}{\log(2)}$$

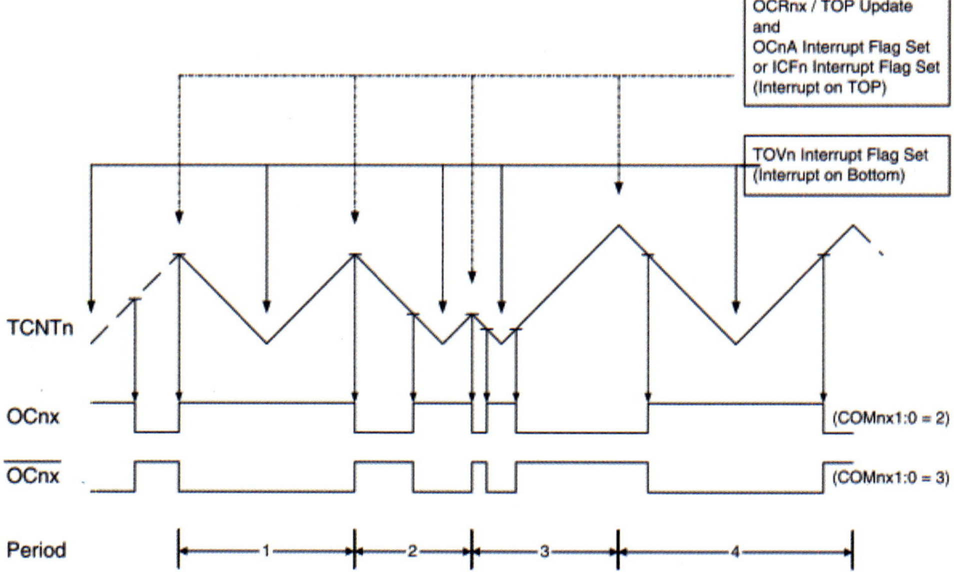

[그림 6-26. PC PWM 모드 타이밍]

TOVn은 타이머/카운터가 BOTTOM 값에 도달했을 때 '1'로 설정된다. 동시에 OCnA, ICFn 플래그도 '1'로 설정된다. 타이머/카운터가 TOP 또는 BOTTOM 값에 도달했을 때 인터럽트 플래그를 설정할 수 있다.

이 동작 모드에서는 반전, 비반전 비교 모드 출력을 할 수 있는 주파수 파형을 만들어낼 수 있다. 이때 만들어지는 주파수를 계산하는 수식은 다음과 같다.

$$f_{OCnxPCPWM} = \frac{f_{clk\_I/O}}{2 \times N \times TOP}$$

N은 프리스케일러의 분주비이며, 1, 8, 64, 256, 1024 중 하나를 선택하여 사용한다.

6.5.1.5 PFC[34] PWM 모드

PFC PWM 모드는 WGMn0 ~ 3 비트를 8, 9로 설정한 경우 높은 분해능을 가지는 고주파수를 발생할 수 있는 모드이다. 이 동작 모드에서는 타이머/카운터의 TCNTn 값이 상향 카운터로 BOTTOM에서 TOP까지 증가하였다가 다시 TOP에서 BOTTOM까지 감소하는 동작을 반복 수행하는 양방향 동작(Dual-Slop-Operation)을 한다.

PFC PWM 모드의 분해능은 8비트, 9비트, 10비트로 고정되거나 ICRn, OCRnA 레지스터 값을 통해 결정된다. 최소 분해능은 2비트(ICRn 또는 OCRnA = 0x0003)이고, 최대 분해능은 16비트(ICRn 또는 OCRnA = 0xFFFF)까지 가능하다. 분해능을 계산하는 수식은 다음과 같다.

$$R_{FPWM} = \frac{\log(TOP+1)}{\log(2)}$$

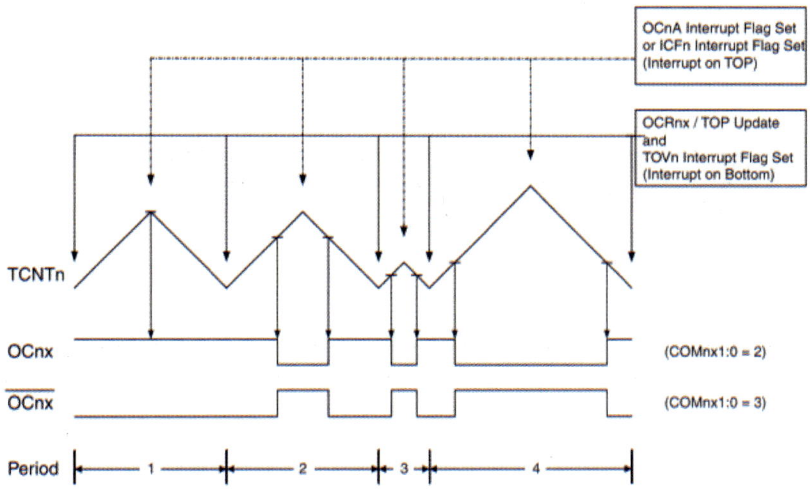

[그림 6-27. PFC PWM 모드 타이밍]

TOVn은 타이머/카운터가 이중 버퍼 값이 BOTTOM 값에 도달했을 때 '1'로 설정된다. 동시에 OCnA, ICFn 플래그도 '1'로 설정된다. 타이머/카운터가 TOP 또는 BOTTOM 값에 도달했을 때 인터럽트 플래그를 설정할 수 있다.

이 동작 모드에서는 반전, 비반전 비교 모드 출력을 할 수 있는 주파수 파형을 만들어낼 수 있다. 이때 만들어지는 주파수를 계산하는 수식은 다음과 같다.

$$f_{OCnxPFCPWM} = \frac{f_{clk\_I/O}}{2 \times N \times TOP}$$

N은 프리스케일러의 분주비이며, 1, 8, 64, 256, 1024 중 하나를 선택하여 사용한다.

34) PFC : Phase and Frequency Correct

6.6 16비트 타이머 / 카운터 레지스터

16비트 타이머/카운터를 제어하기 위해 사용하는 레지스터는 TCCR1A, TCCR3A, TCCR1B, TCCR3B, TCCR1C, TCCR3C, TCNT1, TCNT3, OCRn, ICRn, TIMSK, ETIMSK, TIFR, ETIFR, SFIOR 레지스터가 있다.

6.6.1 TCCR1A, TCCR3A

타이머/카운터1, 3의 동작모드를 설정하고 파형 발생 모드를 설정하는 기능을 수행하는 레지스터이다.

Bit	7	6	5	4	3	2	1	0	
	COM1A1	COM1A0	COM1B1	COM1B0	COM1C1	COM1C0	WGM11	WGM10	TCCR1A
Read/Write	R/W	R/W	R/W	R/W	R/W	R/W	R/W	R/W	
Initial Value	0	0	0	0	0	0	0	0	

Bit	7	6	5	4	3	2	1	0	
	COM3A1	COM3A0	COM3B1	COM3B0	COM3C1	COM3C0	WGM31	WGM30	TCCR3A
Read/Write	R/W	R/W	R/W	R/W	R/W	R/W	R/W	R/W	
Initial Value	0	0	0	0	0	0	0	0	

[그림 6-28. TCCR1A, TCCR3A 레지스터]

[표 6-8. TCCR1A, TCCR3A 레지스터 기능]

비트	기능
비트 7(COM1A1)	채널 A의 비교 출력 모드
비트 6(COM1A0)	
비트 5(COM1B1)	채널 B의 비교 출력 모드
비트 4(COM1B0)	
비트 3(COM1C1)	채널 C의 비교 출력 모드
비트 2(COM1C0)	
비트 1(WGM11)	파형 발생 모드
비트 0(WGM10)	

[표 6-9. PWM 모드가 아닌 비교 출력 모드]

COMnA1, COMnB1, COMnC1	COMnA0, COMnB0, COMnC0	기능
0	0	일반 입출력 포트로 동작
0	1	비교 일치에서 OCnA / OCnB / OCnC 출력을 토글
1	0	비교 일치에서 OCnA / OCnB / OCnC 출력을 '0'으로 해제
1	1	비교 일치에서 OCnA / OCnB / OCnC 출력을 '1'로 설정

[표 6-10. 고속 PWM 모드인 경우 비교 출력 모드]

COMnA1, COMnB1, COMnC1	COMnA0, COMnB0, COMnC0	기능
0	0	일반 입출력 포트로 동작
0	1	• WGMn3:0 = 15인 경우 비교 일치에서 OCnA를 토글 (OCnB/OCnC 레지스터는 차단, 일반 포트로 동작) • 다른 모드에서는 일반 포트로 동작(OCnA/OCnB/OCnC 레지스터는 차단)
1	0	• 비교 일치에서 OCnA/OCnB/OCnC 레지스터 값을 '0'으로 해제 • BOTTOM에서 OCnA/OCnB/OCnC 레지스터 값을 '1'로 설정 (비반전 모드)
1	1	• 비교 일치에서 OCnA/OCnB/OCnC 레지스터 값을 '1'로 설정 • BOTTOM에서 OCnA/OCnB/OCnC 레지스터 값을 '0'으로 해제 (반전 모드)

[표 6-11. PC PWM, PFC PWM 모드에서의 비교 출력 모드]

COMnA1, COMnB1, COMnC1	COMnA0, COMnB0, COMnC0	기능
0	0	일반 입출력 포트로 동작
0	1	• WGMn3:0 = 9 or 11인 경우 비교 일치에서 OCnA 레지스터를 토글(OCnB/OCnC 레지스터는 차단, 일반 포트로 동작) • 다른 모드에서는 일반 포트로 동작(OCnA/OCnB/OCnC 레지스터는 차단)
1	0	• 상향 카운트를 할 때 비교 일치에서 OCnA/OCnB/OCnC 레지스터 값을 '0'으로 해제 • 하향 카운트를 할 때 비교 일치에서 OCnA/OCnB/OCnC 레지스터 값을 '1'로 설정
1	1	• 상향 카운트를 할 때 비교 일치에서 OCnA/OCnB/OCnC 레지스터 값을 '1'로 설정 • 하향 카운트를 할 때 비교 일치에서 OCnA/OCnB/OCnC 레지스터 값을 '0'으로 해제

[표 6-12. 파형 발행 모드]

모드	WGMn3	WGMn2 (CTCn)	WGMn1 (PWMn1)	WGMn0 (PWMn0)	타이머 /카운터 동작 모드	TOP	OCRnx 레지스터 갱신 시점	TOVn 플래스 설정 시점
0	0	0	0	0	일반 모드	0xFFFF	즉시	MAX
1	0	0	0	1	PWM, PC PWM, 8비트	0x00FF	TOP	BOTTOM
2	0	0	1	0	PWM, PC PWM, 9비트	0x01FF	TOP	BOTTOM
3	0	0	1	1	PWM, PC PWM, 10비트	0x03FF	TOP	BOTTOM
4	0	1	0	0	CTC	OCRnA	즉시	MAX
5	0	1	0	1	Fast PWM, 8비트	0x00FF	BOTTOM	TOP
6	0	1	1	0	Fast PWM, 9비트	0x01FF	BOTTOM	TOP
7	0	1	1	1	Fast PWM, 10비트	0x03FF	BOTTOM	TOP
8	1	0	0	0	PWM, PFC PWM	ICRn	BOTTOM	BOTTOM
9	1	0	0	1	PWM, PFC PWM	OCRnA	BOTTOM	BOTTOM
10	1	0	1	0	PWM, PC PWM	ICRn	TOP	BOTTOM
11	1	0	1	1	PWM, PC PWM	OCRnA	TOP	BOTTOM
12	1	1	0	0	CTC	ICRn	즉시	MAX
13	1	1	0	1	Reserved	–		
14	1	1	1	0	Fast PWM	ICRn	BOTTOM	TOP
15	1	1	1	1	Fast PWM	OCRnA	BOTTOM	TOP

6.6.2 TCCR1B, TCCR3B

타이머/카운터1, 3의 입력 캡처 기능을 설정하거나 프리스케일러의 분주비를 설정하는 기능을 수행하는 레지스터이다.

Bit	7	6	5	4	3	2	1	0	
	ICNC1	ICES1	–	WGM13	WGM12	CS12	CS11	CS10	TCCR1B
Read/Write	R/W	R/W	R	R/W	R/W	R/W	R/W	R/W	
Initial Value	0	0	0	0	0	0	0	0	

Bit	7	6	5	4	3	2	1	0	
	ICNC3	ICES3	–	WGM33	WGM32	CS32	CS31	CS30	TCCR3B
Read/Write	R/W	R/W	R	R/W	R/W	R/W	R/W	R/W	
Initial Value	0	0	0	0	0	0	0	0	

[그림 6-29. TCCR1B, TCCR3B 레지스터]

[표 6-13. TCCR1B, TCCR3B 레지스터 기능]

<table>
<tr><th>비트</th><th>기능</th></tr>
<tr><td>비트 7(ICNC3)</td><td>• 잡음 제거 회로를 설정하여 잡음을 필터링
– '0' : 잡음 제거 회로 작동 해제
– '1' : 잡음 제거 회로 작동 설정</td></tr>
<tr><td>비트 6(ICES3)</td><td>• ICPn 핀으로 입력되는 신호의 에지를 선택
– '0' : 하강 에지일 때 캡처
– '1' : 상승 에지일 때 캡처</td></tr>
<tr><td>비트 5(–)</td><td>사용하지 않음</td></tr>
<tr><td>비트 4(WGM33)</td><td rowspan="2">파형 발생 모드</td></tr>
<tr><td>비트 3(WGM32)</td></tr>
<tr><td>비트 2(CS32)
비트 1(CS31)
비트 0(CS30)</td><td>• 클록 선택
<table>
<tr><th>CS32</th><th>CS31</th><th>CS30</th><th>기능</th></tr>
<tr><td>0</td><td>0</td><td>0</td><td>클록 소스 없음(타이머/카운터 정지)</td></tr>
<tr><td>0</td><td>0</td><td>1</td><td>$clk_{I/O}/1$</td></tr>
<tr><td>0</td><td>1</td><td>0</td><td>$clk_{I/O}/8$</td></tr>
<tr><td>0</td><td>1</td><td>1</td><td>$clk_{I/O}/64$</td></tr>
<tr><td>1</td><td>0</td><td>0</td><td>$clk_{I/O}/256$</td></tr>
<tr><td>1</td><td>0</td><td>1</td><td>$clk_{I/O}/1024$</td></tr>
<tr><td>1</td><td>1</td><td>0</td><td>Tn 핀의 외부 클록 소스(하강 에지)</td></tr>
<tr><td>1</td><td>1</td><td>1</td><td>Tn 핀의 외부 클록 소스(상승 에지)</td></tr>
</table></td></tr>
</table>

6.6.3 TCCR1C, TCCR3C

타이머/카운터1, 3의 출력 비교와 관련된 기능을 설정하는 기능을 수행하는 레지스터이다.

Bit	7	6	5	4	3	2	1	0	
	FOC1A	FOC1B	FOC1C	–	–	–	–	–	TCCR1C
Read/Write	W	W	W	R	R	R	R	R	
Initial Value	0	0	0	0	0	0	0	0	

Bit	7	6	5	4	3	2	1	0	
	FOC3A	FOC3B	FOC3C	–	–	–	–	–	TCCR3C
Read/Write	W	W	W	R	R	R	R	R	
Initial Value	0	0	0	0	0	0	0	0	

[그림 6-30. TCCR1C, TCCR3C 레지스터]

[표 6-14. TCCR1C, TCCR3C 레지스터 기능]

비트	기능
비트 7(FOCnA)	채널 A의 강제 출력 비교
비트 6(FOCnB)	채널 B의 강제 출력 비교
비트 5(FOCnC)	채널 C의 강제 출력 비교
비트 4(–)	사용하지 않음
비트 3(–)	사용하지 않음
비트 2(–)	사용하지 않음
비트 1(–)	사용하지 않음
비트 0(–)	사용하지 않음

FOCnA, FOCnB, FOCnC 비트는 PWM 모드가 아닌 경우에만 유효한 기능이다. FOCnA, FOCnB, FOCnC 비트를 '1'로 설정하면 즉시 강제 출력이 된다. 출력은 COMnx1:0 비트 설정에 따라 파형이 출력된다.

6.6.4 TCNT1, TCNT3

타이머/카운터1, 3의 카운트 값을 저장하는 기능을 수행하는 레지스터이다. 이 레지스터는 16비트 데이터를 사용하기 때문에 8비트씩 2번에 걸쳐 상위, 하위 레지스터를 접근해야 한다. 데이터를 쓸 경우에는 상위 바이트인 TCNTnH를 먼저 쓰고 하위 바이트 TCNTnL를 나중에 쓴다.

반대로 데이터를 읽을 경우에는 하위 바이트인 TCNTnL를 먼저 읽고 상위 바이트 TCNTnH를 나중에 읽는다. 만약 카운터가 동작하고 있을 때 값을 수정하게 되면 TCNTn 레지스터 값과 OCRnx 레지스터 값이 비교 일치 기능에 문제를 발생시킬 수도 있다. 따라서 주의하여 사용해야 한다.

Bit	7	6	5	4	3	2	1	0	
	TCNT1[15:8]								TCNT1H
	TCNT1[7:0]								TCNT1L
Read/Write	R/W	R/W	R/W	R/W	R/W	R/W	R/W	R/W	
Initial Value	0	0	0	0	0	0	0	0	

Bit	7	6	5	4	3	2	1	0	
	TCNT3[15:8]								TCNT3H
	TCNT3[7:0]								TCNT3L
Read/Write	R/W	R/W	R/W	R/W	R/W	R/W	R/W	R/W	
Initial Value	0	0	0	0	0	0	0	0	

[그림 6-31. TCNT1H / TCNT1L, TCNT3H / TCNT3L 레지스터]

6.6.5 OCRn

타이머 / 카운터1, 3의 TCNTn 레지스터와 OCRnx 레지스터의 값과 비교하여 출력 신호를 발생하기 위한 16비트 값을 저장하는 레지스터이다.

Bit	7	6	5	4	3	2	1	0	
	OCR1A[15:8]								OCR1AH
	OCR1A[7:0]								OCR1AL
Read/Write	R/W	R/W	R/W	R/W	R/W	R/W	R/W	R/W	
Initial Value	0	0	0	0	0	0	0	0	

Bit	7	6	5	4	3	2	1	0	
	OCR1B[15:8]								OCR1BH
	OCR1B[7:0]								OCR1BL
Read/Write	R/W	R/W	R/W	R/W	R/W	R/W	R/W	R/W	
Initial Value	0	0	0	0	0	0	0	0	

Bit	7	6	5	4	3	2	1	0	
	OCR1C[15:8]								OCR1CH
	OCR1C[7:0]								OCR1CL
Read/Write	R/W	R/W	R/W	R/W	R/W	R/W	R/W	R/W	
Initial Value	0	0	0	0	0	0	0	0	

[그림 6-32. OCR1A/OCR3A, OCR1B/OCR3B, OCR1C/OCR3C 레지스터]

OCR3A, OCR3B, OCR3C 레지스터도 동일한 구조를 가진다.

6.6.6. ICRn

타이머/카운터1, 3는 입력 캡처 신호 ICPn 핀에 외부 이벤트가 발생할 때마다 TCNTn 레지스터 값을 캡처하여 저장하는 16비트 레지스터이다.

Bit	7	6	5	4	3	2	1	0	
	ICR1[15:8]								ICR1H
	ICR1[7:0]								ICR1L
Read/Write	R/W	R/W	R/W	R/W	R/W	R/W	R/W	R/W	
Initial Value	0	0	0	0	0	0	0	0	

[그림 6-33. ICR1H / ICR1L 레지스터]

6.6.7 ETIMSK

타이머/카운터1의 출력 비교 일치 허가 인터럽트와 타이머 카운터 3이 발생시키는 인터럽트를 개별적으로 활성화하거나 비활성화하는 기능을 수행하는 레지스터이다.

Bit	7	6	5	4	3	2	1	0	
	–	–	TICIE3	OCIE3A	OCIE3B	TOIE3	OCIE3C	OCIE1C	ETIMSK
Read/Write	R	R	R/W	R/W	R/W	R/W	R/W	R/W	
Initial Value	0	0	0	0	0	0	0	0	

[그림 6-34. ETIMSK 레지스터]

[표 6-15. ETIMSK 레지스터 기능]

비트	기능
비트 7(–)	사용하지 않음
비트 6(–)	사용하지 않음
비트 5(TICIE3)	타이머/카운터3의 입력 캡처 인터럽트 활성화 비트
비트 4(OCIE3A)	타이머/카운터3의 출력 비교 A 일치 인터럽트 활성화 비트
비트 3(OCIE3B)	타이머/카운터3의 출력 비교 B 일치 인터럽트 활성화 비트
비트 2(TOIE3)	타이머/카운터3의 오버플로우 인터럽트 활성화 비트
비트 1(OCIE3C)	타이머/카운터3의 출력 비교 C 일치 인터럽트 활성화 비트
비트 0(OCIE1C)	타이머/카운터1의 출력 비교 C 일치 인터럽트 활성화 비트

지정된 인터럽트 활성화 비트가 '0'이면 인터럽트가 비활성화되어 인터럽트를 발생시킬 수 없다. '1'로 설정된 경우 인터럽트가 활성화되어 인터럽트를 발생시킬 수 있다. 이전에 반드시 상태 레지스터(SREG)의 인터럽트 비트(I)를 '1'로 설정해 두어야 인터럽트 기능을 사용할 수 있다.

6.6.8 ETIFR

타이머 / 카운터1의 출력 비교 일치 인터럽트 활성화 정보와 타이머 / 카운터 3에서 발생하는 인터럽트 정보를 저장하는 레지스터이다.

Bit	7	6	5	4	3	2	1	0	
	–	–	ICF3	OCF3A	OCF3B	TOV3	OCF3C	OCF1C	ETIFR
Read/Write	R/W	R/W	R/W	R/W	R/W	R/W	R/W	R/W	
Initial Value	0	0	0	0	0	0	0	0	

[그림 6-35. ETIFR 레지스터]

[표 6-16. ETIFR 레지스터 기능]

비트	기능
비트 7(–)	사용하지 않음
비트 6(–)	사용하지 않음
비트 5(ICF3)	• 입력 캡처 플래그 – 입력 캡처 동작 수행 시 '1'로 설정됨 → 인터럽트 발생 → 인터럽트 수행과 동시에 '0'으로 클리어됨
비트 4(OCF3A)	• 타이머 / 카운터3 출력 비교 A 일치 플래그 – TCNTn 레지스터 값과 OCR3A 레지스터 값을 비교하여 일치하면 '1'로 설정됨 → 인터럽트 발생 → 인터럽트 수행과 동시에 '0'으로 클리어됨
비트 3(OCF3B)	• 타이머 / 카운터3 출력 비교 B 일치 플래그 – TCNTn 레지스터 값과 OCR3B 레지스터 값을 비교하여 일치하면 '1'로 설정됨 → 인터럽트 발생 → 인터럽트 수행과 동시에 '0'으로 클리어됨
비트 2(TOV3)	• 타이머 / 카운터3 오버플로우 플래그 – WGMn3:0 비트에 설정된 동작 모드에 따라 다르게 동작한다. – 일반 모드, CTC 모드 : 타이머 / 카운터3 오버플로우가 발생하면 '1'로 설정됨 → 인터럽트 발생 → 인터럽트 수행과 동시에 '0'으로 클리어됨 – PC PWM 모드 : 타이머 / 카운터1이 카운트 방향(상향 / 하향)을 변경할 때 '1'로 설정 → 인터럽트 발생 → 인터럽트 수행과 동시에 '0'으로 클리어됨
비트 1(OCF3C)	• 타이머 / 카운터3 출력 비교 C 일치 플래그 – TCNTn 레지스터 값과 OCR3C 레지스터 값을 비교하여 일치하면 '1'로 설정됨 → 인터럽트 발생 → 인터럽트 수행과 동시에 '0'으로 클리어됨
비트 0(OCF1C)	• 타이머/카운터1 출력 비교 C 일치 플래그 – TCNTn 레지스터 값과 OCR1C 레지스터 값을 비교하여 일치하면 '1'로 설정됨 → 인터럽트 발생 → 인터럽트 수행과 동시에 '0'으로 클리어됨

6.7 타이머 / 카운터 실습

6.7.1 1초 주기로 타이머 / 카운터 인터럽트를 발생시키는 프로그램 실습

6.7.1.1 하드웨어 준비

아래의 회로는 ATmega128 보드에 포트 A0 ~ A7까지 LED를 연결하여 회로를 만든다. 만들어진 실습 회로는 타이머 / 카운터0 인터럽트 발생 시 인터럽트 발생을 USART0 직렬통신을 통해 PC로 송신하여 확인하는 프로그램 실습이다.

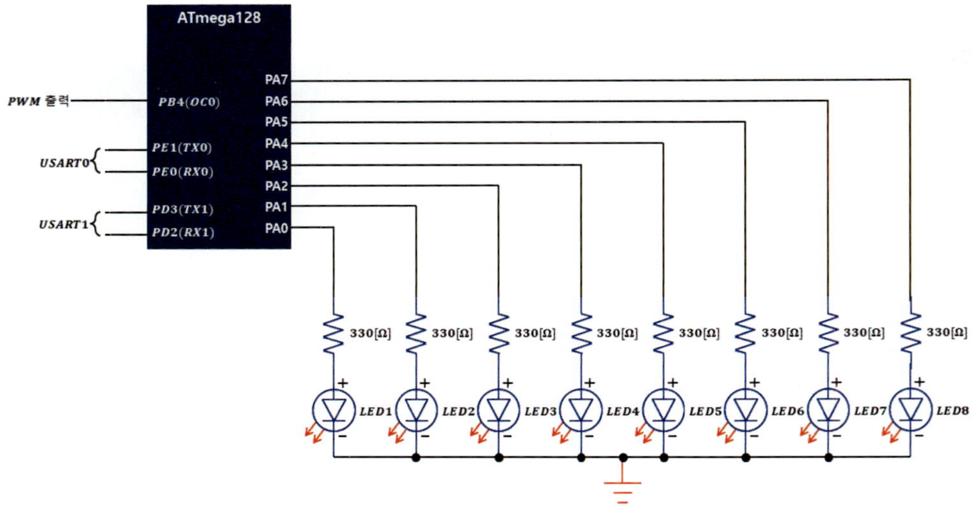

[그림 6-36. 8비트 타이머 / 카운터 실습 회로]

[표 6-17. 8비트 타이머 / 카운터 실습 부품 목록]

부품명	규격(수량)
ATmega128 실습보드	ATmega128A CPU 사용
저항(R)	330Ω(8개)
LED(적색)	LED(8개)
점퍼선	리드선(40cm)

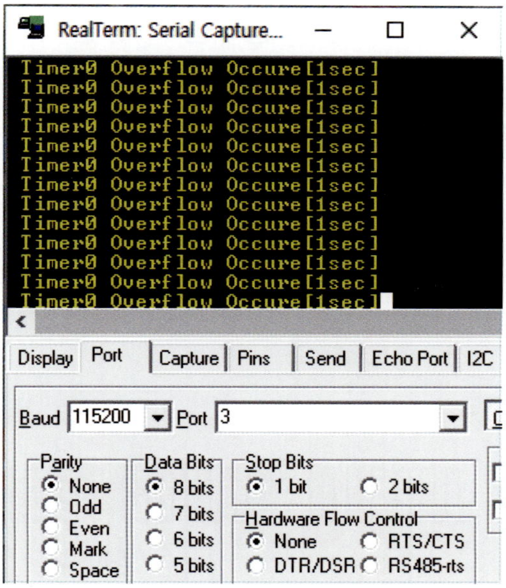

[그림 6-37. 직렬통신 수신 화면]

위의 회로도를 보고 부품을 모두 조립하면 아래의 화면과 같이 실습용 하드웨어가 완성된다. 이 실습용 하드웨어를 이용하여 실습하면 된다.

[그림 6-38. 타이머 / 카운터 실습용 하드웨어]

6.7.1.2 Timer0 Overflow 인터럽트를 이용한 1hz 만들기

TCCR0 레지스터 값을 0x07로 설정함으로써 일반모드로 사용하고 ATmega128 시스템 클록(16Mhz)을 1024분주하여 Timer0에 사용할 클록을 만든다. 이때 Timer0 클록 주파수는 15,625Khz 이므로 클록주기(1/15625hz)는 64us가 된다. Timer0의 TCNT0 값을 131로 설정하면 아래 그림에서와 같이 8ms(64us×125 = 8ms) 주기로 Timer0 Overflow 인터럽트가 발생한다. 8ms로 Overflow 인터럽트가 발생하면, 8ms 주기로 Timer0 Overflow ISR 함수가 실행된다. Timer0 Overflow ISR 함수가 125번 반복되면 1초(8ms×125 = 1sec)가 되고 이때 1초를 알리는 문자를 출력한다.

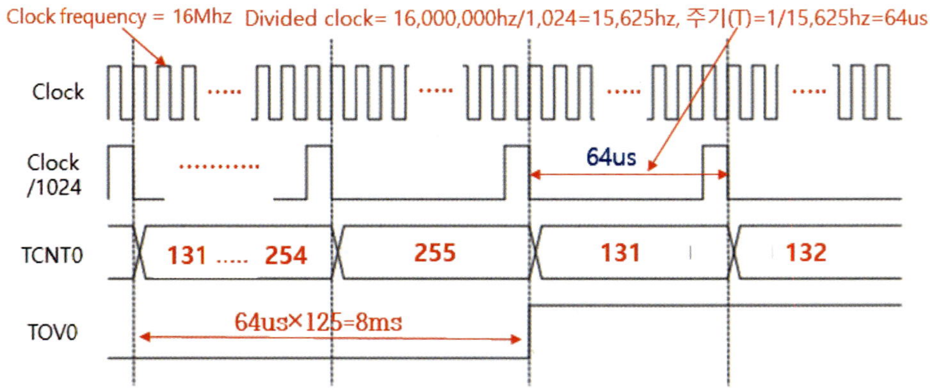

[그림 6-39. Timer0 타이밍도]

6.7.1.3 프로그램 작성

Timer0 Overflow 인터럽트를 이용하여 1초 주기로 문자를 출력하는 프로그램은 아래와 같이 작성한다.

소스 코드 : timer_counter_1.c

```
#include <avr/io.h>
#include <avr/interrupt.h>
#include <stdio.h>
#define F_CPU 16000000UL
#include <util/delay.h>

void Putch0(char data){
        while(!(UCSR0A & 0x20));     // UDRE0 = 1 Check
        UDR0 = data;                 // USART0 I/O 레지스터에 데이터 전송
}

char Getch0(void){
        while(!(UCSR0A & 0x80));     // RXC = 1 Check
```

```
        return UDR0;                // USART0 I/O 레지스터 리턴
}

void UART_initialize(void){
        UCSR0A = 0x0;
        UCSR0B = 0b00011000;        // TXENn : 송신 허가 비트 설정, RXENn : 수신 허가 비트 설정
        UCSR0C = 0b00000110;        // 데이터 : 8비트, 비동기, 패리티 : 없음, 정지 비트c : 1비트
        UBRR0H = 0;
        UBRR0L = 8;                 // 115,200bps 속도 설정
}

unsigned char count=0, timer0_flag=0;
ISR(TIMER0_OVF_vect,ISR_NOBLOCK){
        TCNT0=131;
        count++;
        if(count==125){     //8ms×125=1sec
                timer0_flag=1;
                printf("₩n₩r Timer0 Overflow Occure[1sec]");
                count=0;
        }
}

static FILE fp = FDEV_SETUP_STREAM((void*)Putch0, (void*)Getch0, _FDEV_SETUP_RW);
int main(void){
        stdin=stdout=stderr=&fp;
        cli();              // 전체 인터럽트 비활성화
        DDRA=0xff;
        UART_initialize();
        TCCR0=0x07;         // f=16Mhz/1024=15625hz, t=1/15625hz=64us
        TCNT0=131;          //256-(TCNT0:131)=125, 64us×125=8ms
        TIMSK=0x01;
        sei();              // 전체 인터럽트 활성화
        printf("₩n₩r Timer Interrupt Test");
        while(1){
        }
}
```

Timer0 Overflow 인터럽트를 이용하여 1초 주기로 문자를 출력하는 프로그램을 Message driven 방식으로 변경하는 프로그램은 아래와 같이 작성한다.

소스 코드 : timer_counter_2.c

```
#include <avr/io.h>
#include <avr/interrupt.h>
#include <stdio.h>
#define F_CPU 16000000UL
#include <util/delay.h>

void Putch0(char data){
		while(!(UCSR0A & 0x20));	// UDRE0 = 1 Check
		UDR0 = data;		// USART0 I/O 레지스터에 데이터 전송
}

char Getch0(void){
		while(!(UCSR0A & 0x80));	// RXC = 1 Check
		return UDR0;		// USART0 I/O 레지스터 리턴
}

void UART_initialize(void){
		UCSR0A = 0x0;
		UCSR0B = 0b00011000;	// TXENn : 송신 허가 비트 설정, RXENn : 수신 허가 비트 설정
		UCSR0C = 0b00000110;	// 데이터 : 8비트, 비동기, 패리티 : 없음, 정지 비트 : 1비트
		UBRR0H = 0;
		UBRR0L = 8;		// 115,200bps 속도 설정
}

unsigned char count=0, timer0_flag=0;
ISR(TIMER0_OVF_vect,ISR_NOBLOCK){
		count++;
		if(count==125){	//8ms×125=1sec
			timer0_flag=1;
			count=0;
		}
		TCNT0=131;
}

static FILE fp = FDEV_SETUP_STREAM((void*)Putch0, (void*)Getch0, _FDEV_SETUP_RW);

int main(void){
		stdin=stdout=stderr=&fp;
		//fp = fdevopen((void*)Putch0, (char*)Getch0);	// 선언
		cli();		// 전체 인터럽트 비활성화
		DDRA=0xff;
```

```
        UART_initialize();
        TCCR0=0x07;         // f=16Mhz/1024=15625hz, t=1/15625hz=64us
        TCNT0=131;          //256-(TCNT0:131)=125, 64us×125=8ms
        TIMSK=0x01;
        sei();              // 전체 인터럽트 활성화
        printf("₩n₩r Timer Interrupt Test");
        while(1){
                if(timer0_flag==1) printf("₩n₩r Timer0 Overflow Occur[1sec]");
                timer0_flag=0;
        }
}
```

컴파일 및 다운로드 과정은 3장에서 설명한 것과 동일하게 진행하면 된다.

6.7.2 1초 주기로 타이머 / 카운터 인터럽트를 발생시켜 LED를 ON/OFF시키는 프로그램 실습

6.7.2.1 하드웨어 준비

실습용 하드웨어는 6.9.1에서 만들어진 하드웨어와 동일한 것을 사용한다. 따라서 회로는 생략한다. 만들어진 실습회로는 타이머 / 카운터0 인터럽트 발생 시 인터럽트 발생을 USART0 직렬 통신을 통해 PC로 송신하여 확인하고, 실습 보드와 연결된 LED에 ON/OFF 상태를 확인하는 프로그램 실습이다.

[표 6-18. 동작 결과]

순서	출력(● : ON, ○ : OFF)								
기본 동작	PORTA = 0xff	LED1	LED2	LED3	LED4	LED5	LED6	LED7	LED8
		●	●	●	●	●	●	●	●
인터 럽트 발생	PORTA = 0x00	LED1	LED2	LED3	LED4	LED5	LED6	LED7	LED8
		○	○	○	○	○	○	○	○

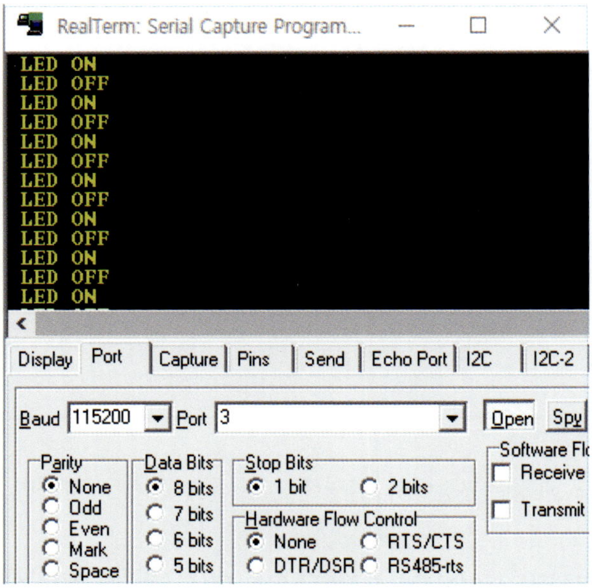

[그림 6-40. 직렬통신 수신 화면]

위의 회로도를 보고 부품을 모두 조립하면 아래의 화면과 같이 실습용 하드웨어가 완성된다. 이 실습용 하드웨어를 이용하여 실습하면 된다.

6.7.2.2 프로그램 작성

소스 코드 : timer_counter_3.c

```
#include <avr/io.h>
#include <avr/interrupt.h>
#include <stdio.h>
#define F_CPU 16000000UL
#include <util/delay.h>

void Putch0(char data){
        while(!(UCSR0A & 0x20));    // UDRE0 = 1 Check
        UDR0 = data;                // USART0 I/O 레지스터에 데이터 전송
}

char Getch0(void){
        while(!(UCSR0A & 0x80));    // RXC = 1 Check
        return UDR0;                // USART0 I/O 레지스터 리턴
}

void UART_initialize(void){
```

```
        UCSR0A = 0x0;
        UCSR0B = 0b00011000; // TXENn : 송신 허가 비트 설정, RXENn : 수신 허가 비트 설정
        UCSR0C = 0b00000110;   // 데이터 : 8비트, 비동기, 패리티 : 없음, 정지 비트 : 1비트
        UBRR0H = 0;
        UBRR0L = 8;             // 115,200bps 속도 설정
}

unsigned char count=0, flag=0;
ISR(TIMER0_OVF_vect,ISR_NOBLOCK){
        count++;
         if(count==125){
                if(flag==0){
                        PORTA=0xff;
                        printf("\n\r LED ON");
                        flag=1;
                }
                else if(flag==1){
                        PORTA=0x00;
                        printf("\n\r LED OFF");
                        flag=0;
                }
                count=0;
         }
        TCNT0=131;
}

static FILE fp = FDEV_SETUP_STREAM((void*)Putch0, (void*)Getch0, _FDEV_SETUP_RW);

int main(void){
        stdin=stdout=stderr=&fp;
        cli();                  // 전체 인터럽트 비활성화
        DDRA=0xff;
        UART_initialize();
        TCCR0=0x07;             // f=16Mhz/1024=15625hz, t=1/15625hz=64us
        TCNT0=131;              //256-(TCNT0:131)=125, 64us×125=8ms
        TIMSK=0x01;
        sei();                  // 전체 인터럽트 활성화
        printf("\n\r Timer Interrupt Test");
        while(1){
        }
}
```

컴파일 및 다운로드 과정은 3장에서 설명한 것과 동일하게 진행하면 된다.

6.7.3 PWM 분주비를 변경하는 프로그램 실습

6.7.3.1 하드웨어 준비

실습용 하드웨어는 6.9.1에서 만들어진 하드웨어와 동일한 것을 사용한다. 따라서 회로는 생략한다. 만들어진 실습회로는 PWM 파형을 발생하기 위한 회로로 발생하는 PWM 파형의 듀티비를 5초 주기로 0→25→50→75→100% 순으로 변경하는 프로그램 실습이다. 이러한 PWM 파형은 마이크로컨트롤러의 OC0(PB4) 출력 단자를 통해 출력된다.

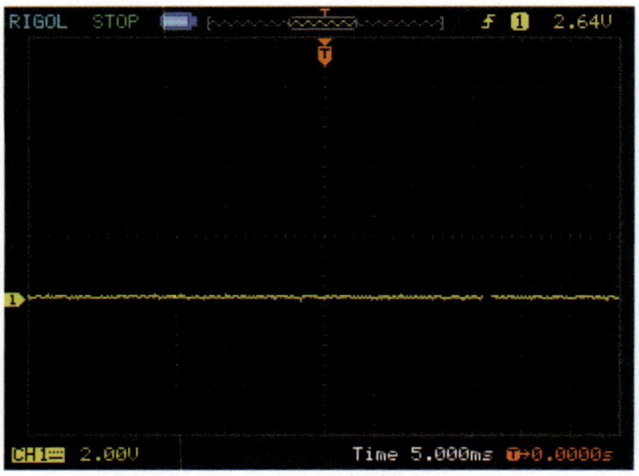

듀티비 : 0%

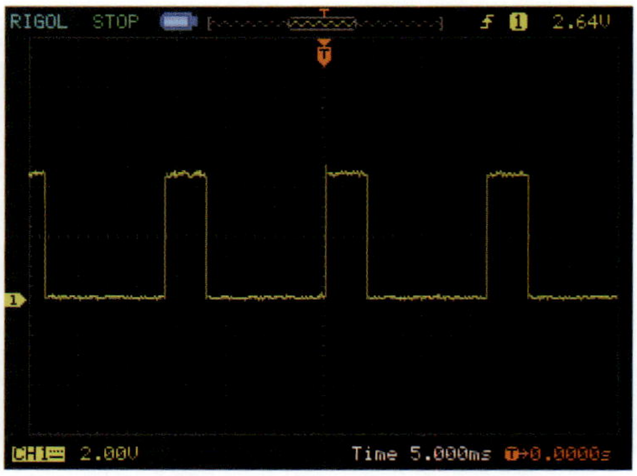

듀티비 : 25%

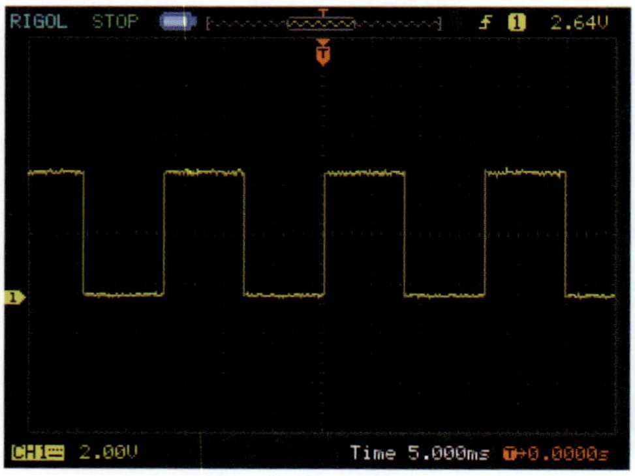

듀티비 : 50%

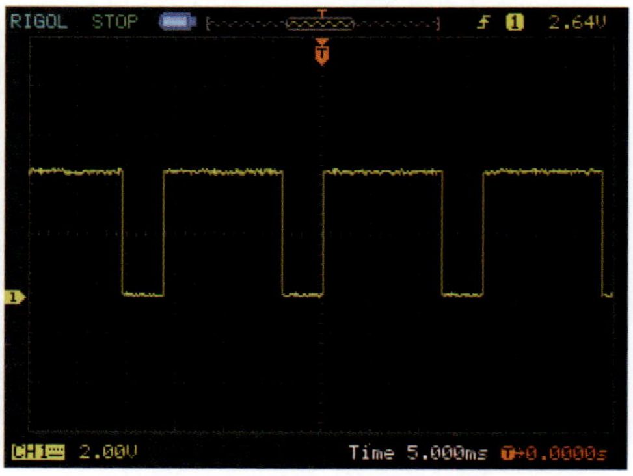

듀티비 : 75%

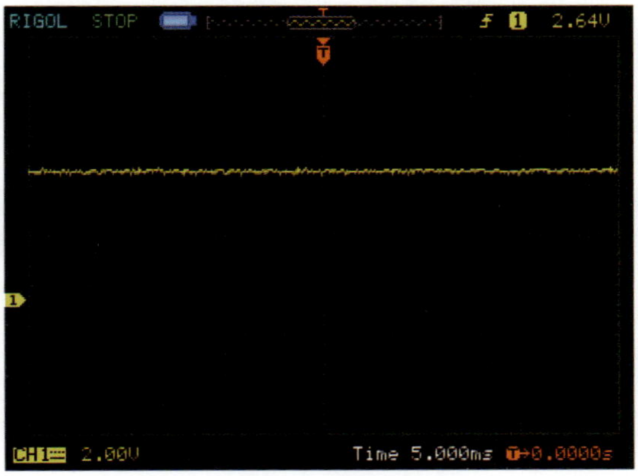

듀티비 : 100%

[그림 6-41. PWM 분주비 측정 결과]

6.7.3.2 PWM 동작 설명

TCCR0 레지스터 값을 0x6f로 설정함으로써 고속PWM 모드로 사용하고 ATmega128 시스템 클록(16Mhz)을 1024분주하여 Timer0에 사용할 클록을 만든다. 이때 Timer0 클록 주파수는 15,625Khz이므로 클록주기(1/15625hz)는 64us가 된다. Timer0의 TCNT0 값을 0으로 설정하면 PWM 주기는 16.38ms(64us*256)가 된다. 아래 그림과 같이 OCR0값이 191이라고 가정하면, COM01과 COM00비트가 1과 0으로 설정되었으므로 TCNT0가 OCR0(191)보다 작으면 OC0출력이 'H'가 되고 TCNT0가 OCR0(191)보다 크면 OC0출력이 'L'가 된다.

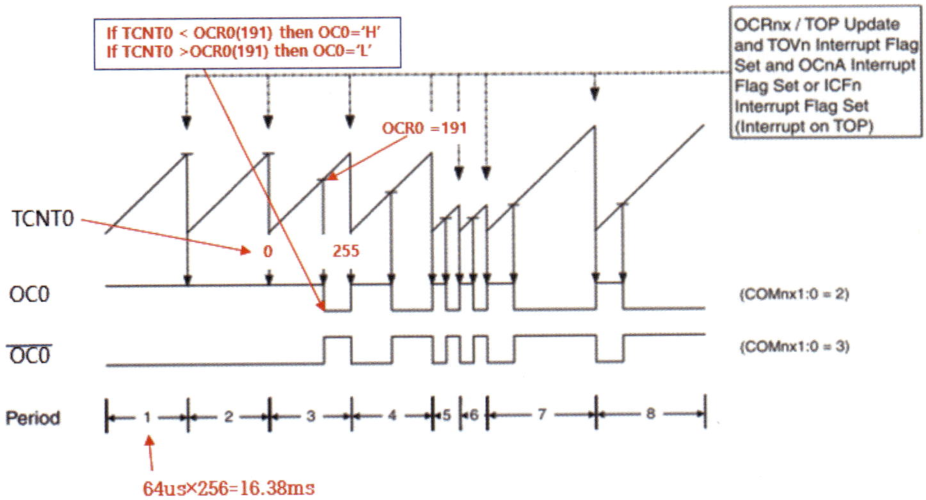

[그림 6-42. PWM 동작타이밍]

6.7.3.3 프로그램 작성

COM01:COM00이 1:0으로 설정될 때 5초 간격으로 PWM 듀티비가 0→25→50→75→100%로 변경되는 프로그램은 아래와 같이 작성한다.

소스 코드 : timer_counter_4.c

```
// TCCRO : Fast PWM Mode, COM01 COM00→10, 1024분주
// TCNT0값 < OCR0 설정값 → OC0(PWM출력) 1
// TCNT0값 > OCR0 설정값 → OC0(PWM출력) 0
// 듀티비 5초주기로 변경(0→25→50→75→100%)
#include <avr/io.h>
#include <avr/interrupt.h>
#include <stdio.h>
#define F_CPU 16000000UL
#include <util/delay.h>
int main(void){
        cli();              // 전체 인터럽트 비활성화
        DDRB=0xff;
        TCCR0=0x6f;         // f = 16Mhz/1024 = 15625hz, t = 64us, Fast PWM Mode
        // TCCRO : Fast PWM Mode, COM01 COM00→10, 1024분주
        TCNT0=0;            // PWM timer periode = 64us*256 = 16.38ms
        OCR0=0;             // 듀티비 0%
        while(1){
                OCR0=0;     _delay_ms(5000);
                OCR0=64;    _delay_ms(5000);
                OCR0=128;   _delay_ms(5000);
                OCR0=191;   _delay_ms(5000);
                OCR0=255;   _delay_ms(5000);
        }
}
```

COM01:COM00이 1:1으로 설정될 때 5초 간격으로 PWM 듀티비가 0→25→50→75→100%로 변경되는 프로그램은 아래와 같이 작성한다.

소스 코드 : timer_counter_5.c

```
// TCCRO : Fast PWM Mode, COM01 COM00→11, 1024분주
// TCNT0값 < OCR0 설정값 → OC0(PWM출력) 0
// TCNT0값 > OCR0 설정값 → OC0(PWM출력) 1
// 듀티비 5초주기로 변경(0 → 25 → 50 → 75 → 100%)
#include <avr/io.h>
```

```
#include <avr/interrupt.h>
#include <stdio.h>
#define F_CPU 16000000UL
#include <util/delay.h>

int main(void){
        cli();              // 전체 인터럽트 비활성화
        DDRB=0xff;
        TCCR0=0x7f;         // f = 16Mhz/1024 = 15625hz, t = 64us, Fast PWM Mode
       // TCCRO : Fast PWM Mode, COM01 COM00 → 10, 1024분주
        TCNT0=0;            // PWM timer periode = 64us*256 = 16.38ms
        OCR0=0;             // 듀티비 0%
        while(1){
                OCR0=0;     _delay_ms(5000);
                OCR0=64;    _delay_ms(5000);
                OCR0=128;   _delay_ms(5000);
                OCR0=191;   _delay_ms(5000);
                OCR0=255;   _delay_ms(5000);
        }
}
```

COM01:COM00이 1:0으로 설정될 때 PWM 듀티비가 0.1초 간격으로 0 → 100%로 변경되는 프로그램은 아래와 같이 작성한다.

소스 코드 : timer_counter_6.c

```
// TCCRO : Fast PWM Mode, COM01 COM00 → 10, 1024분주
// TCNT0값 < OCR0 설정값 → OC0(PWM출력) 1
// TCNT0값 > OCR0 설정값 → OC0(PWM출력) 0
// 듀티비 가변(0 → 100%)프로그램
#include <avr/io.h>
#include <avr/interrupt.h>
#include <stdio.h>
#define F_CPU 16000000UL
#include <util/delay.h>

int main(void){
    cli();              // 전체 인터럽트 비활성화
    DDRB=0xff;
    TCCR0=0x6f;         // f = 16Mhz/1024 = 15625hz, t = 64us, Fast PWM Mode
    TCNT0=0;            // PWM timer periode = 64us*256 = 16.38ms
    OCR0=0;             // 듀티비 0%
    while(1){
```

```
        if(duty>255) duty = 0;
        OCR0 = duty++;
        _delay_ms(100);
    }
}
```

6.7.4 CTC 모드를 이용한 음계 주파수 만들기 프로그램 실습

6.7.4.1 하드웨어 준비

실습용 하드웨어는 6.9.1에서 만들어진 하드웨어와 동일한 것을 사용한다. 따라서 회로는 생략한다. 만들어진 실습회로는 8비트 타이머/카운터0의 CTC 모드를 이용하여 음계에 맞는 구형파를 발생하는 프로그램이다. 발생하는 구형파 출력은 마이크로컨트롤러의 OC0(PB4) 출력 단자를 통해 출력된다.

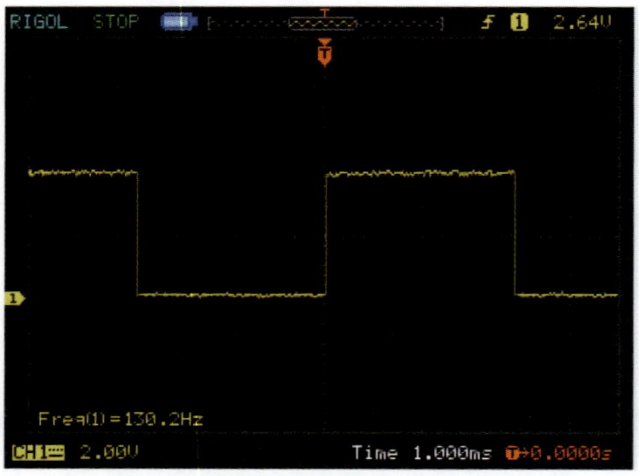

'도' 클록 출력

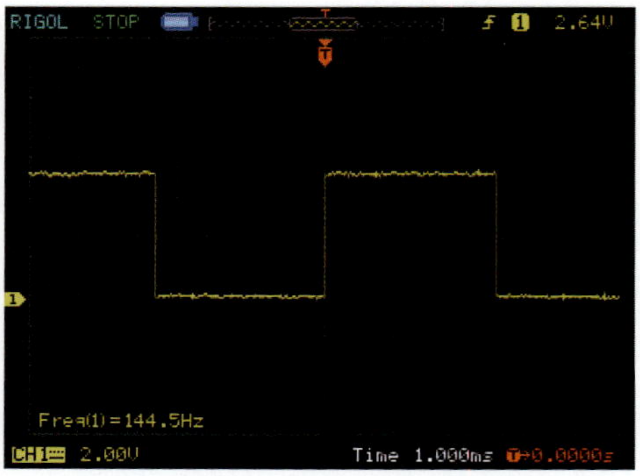

'레' 클록 출력

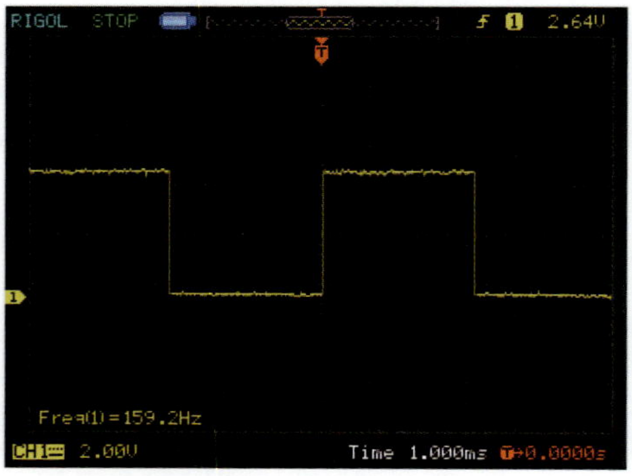

'미' 클록 출력

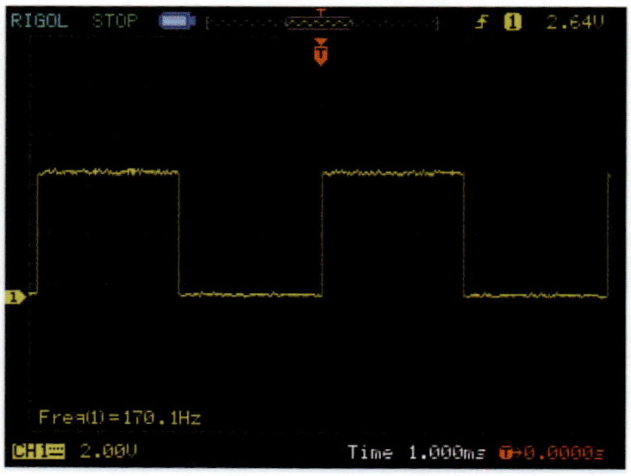

'파' 클록 출력

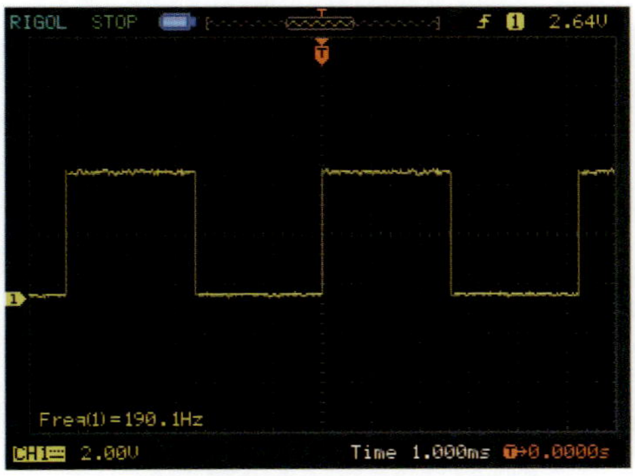

'솔' 클록 출력

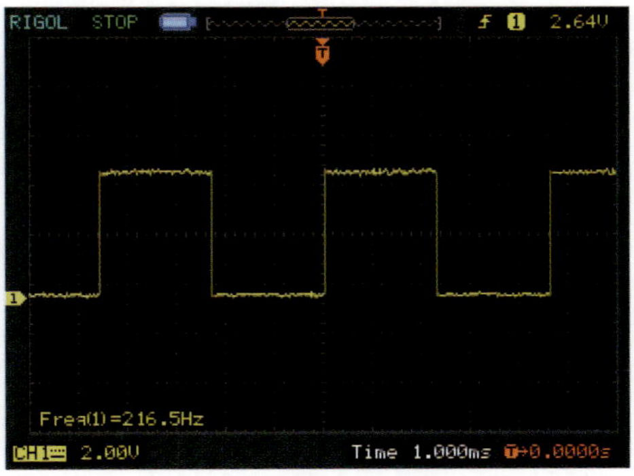

'라' 클록 출력

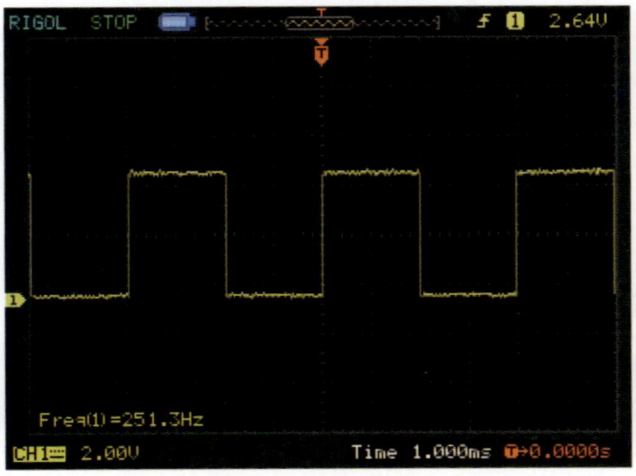

'시' 클록 출력

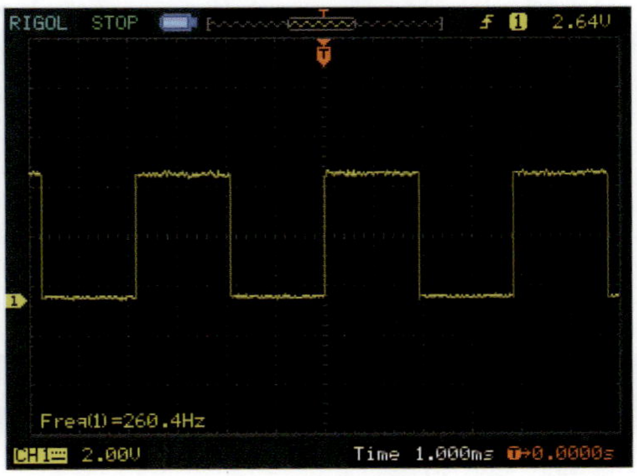

'도' 클록 출력

[그림 6-43. Fast PWM 측정 결과]

6.7.4.2 CTC 동작설명

TCCR0 레지스터 값을 0x1f로 설정함으로써 CTC 모드로 사용하고 ATmega128 시스템 클록(16Mhz)을 1024분주하여 Timer0에 사용할 클록을 만든다. 이때 Timer0 클록 주파수는 15,625Khz이므로 클록주기(1/15625hz)는 64us가 된다. 아래 그림과 같이 OCR0값이 40이라고 가정을 하면, 카운터가 증가하면서 TCNT0값이 40이 되면 OCR0와 같아지는 시점에서 OC0출력이 Toggle되고 동시에 카운터는 0으로 초기화되면서 OC0 출력이 반복적으로 Toggle된다. 64us 클록이 40개일 때 OC0 출력이 토글되므로 반복주기는 5.12ms가(64us*40*2) 된다. 이때 주파수는 195hz가 되어 솔에 해당된다.

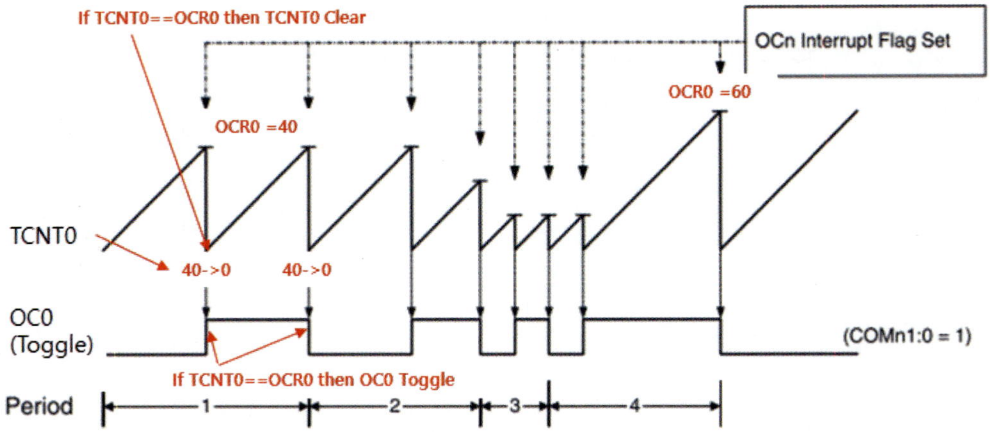

[그림 6-44. CTC 동작타이밍]

6.7.4.3 프로그램 작성

CTC 모드를 이용하여 음계에 해당하는 구형파를 발생시키는 프로그램은 아래와 같이 작성한다.

소스 코드 : timer_counter_7.c

```
#include <avr/io.h>
#include <avr/interrupt.h>
#include <stdio.h>
#define F_CPU 16000000UL
#include <util/delay.h>

#define DO    59  // 130hz
#define RAE   53  // 146hz
#define ME    48  // 164hz
#define PA    45  // 174hz
#define SOL   40  // 195hz
#define RA    35  // 220hz
#define SHE   30  // 246hz
#define H_DO 29 // 261hz

int main(void){
        cli();              // 전체 인터럽트 비활성화
        DDRB=0xff;
        TCCR0=0x1f;         // f = 16Mhz/1024 = 15625hz, t = 64us, CTC Mode
        OCR0=128;
        while(1){
                OCR0=DO;
```

```
                _delay_ms(600);
                OCR0=RAE;
                _delay_ms(600);
                OCR0=ME;
                _delay_ms(600);
                OCR0=PA;
                _delay_ms(600);
                OCR0=SOL;
                _delay_ms(600);
                OCR0=RA;
                _delay_ms(600);
                OCR0=SHE;
                _delay_ms(600);
                OCR0=H_DO;
                _delay_ms(600);
        }
}
```

컴파일 및 다운로드 과정은 3장에서 설명한 것과 동일하게 진행하면 된다.

6.7.5 초음파센서(HC-SR04)를 이용한 거리측정

6.7.5.1 하드웨어 준비

초음파센서(HC-SR04)를 이용한 거리측정을 위해서는 아래와 같이 하드웨어를 구성한다. Trig는 PA0, Echo는 외부 인터럽트를 사용하기 위해 PD0와 PD1을 사용한다.

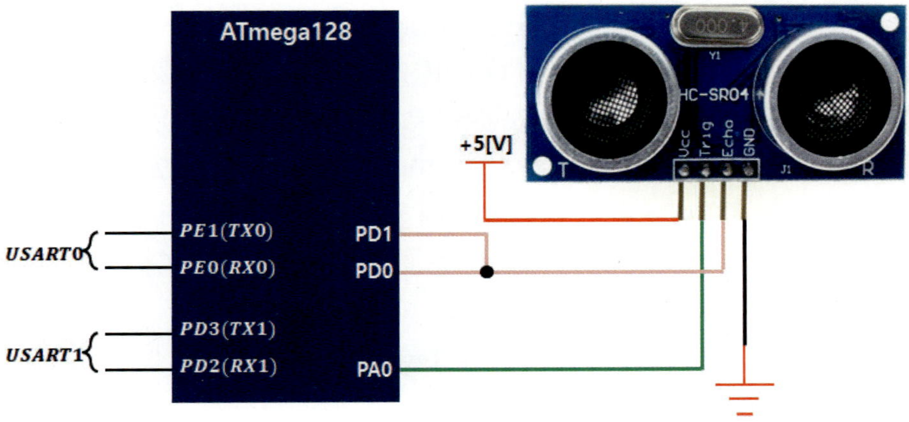

[그림 6-45. 초음파센서(HC-SR04) 회로도]

[표 6-9. 초음파센서를 이용한 거리측정 실습 부품 목록]

부품명	규격(수량)
ATmega128 실습보드	ATmega128A CPU 사용
초음파센서	HC-SR04
점퍼선	리드선(40cm)

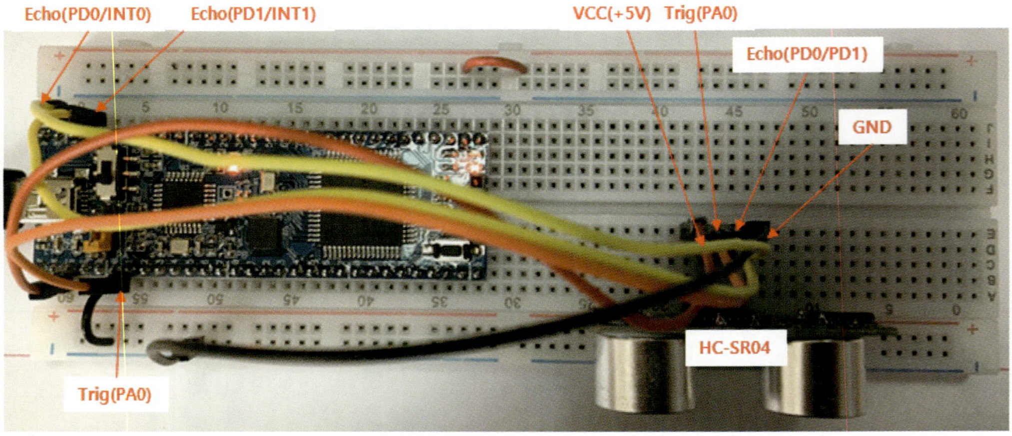

[그림 6-46. 초음파센서(HC-SR04) 실습회로 구성]

6.7.5.2 초음파센서(HC-SR04) 동작설명

PA0 핀을 이용하여 2us High신호를 초음파센서모듈 Trig핀에 인가하면 40Khz 초음파가 출력된다. 출력된 초음파가 물체에 부딪치면 Echo핀에서 거리에 비례하는 구형파가 발생된다. Echo 핀의 구형파가 Low → High로 변경되는 순간을 외부 인터럽트 INT0(PD0)를 이용하여 감지함과 동시에 타이머를 동작시키고, Echo 핀의 구형파가 High → Low로 변경되는 순간은 외부 인터럽트 INT1(PD1)를 이용하여 감지함과 동시에 타이머를 정지하고 물체와의 거리를 계산한다.

16Mhz 클록을 8분주한 2Mhz를 Timer0 클록으로 사용하므로 주기는 0.5us이다. TCNT0값이 20증가(236 → 255)하면 10us(0.5us*20)가 되므로 Timer0는 10us 주기로 오버플로워 인터럽트가 발생한다. 즉, 10us 주기로 반복되는 시간을 이용해서 거리를 측정한다. 초음파 속도는 초당 340[m/s]이고, 왕복을 고려하면 물체와의 거리는 다음과 같다.

물체와의 거리 = (High Level Time * 340) / 2

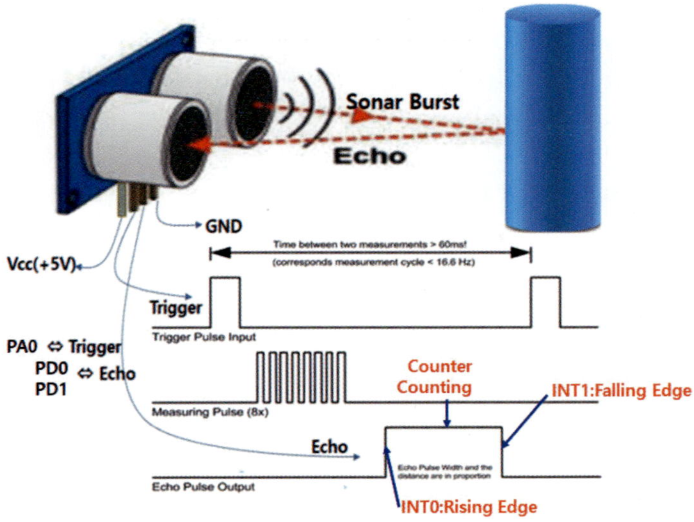

[그림 6-47. 초음파 거리측정 원리]

6.7.5.3 프로그램 작성

외부 인터럽트와 Timer0 오버플로우 인터럽트를 이용한 초음파 거리측정기 프로그램 작성은 다음과 같다.

소스 코드 : timer_counter_8.c

```
#include <avr/io.h>
#include <avr/interrupt.h>
#include <stdio.h>
#define F_CPU 16000000UL
#include <util/delay.h>

unsigned int duration, distance;
void Putch0(char data) {
        while(!(UCSR0A & 0x20));     // UDRE0 = 1 Check
        UDR0 = data;                 // USART0 I/O 레지스터에 데이터 전송
}

char Getch0(void) {
        while(!(UCSR0A & 0x80));     // RXC = 1 Check
        return UDR0;                 // USART0 I/O 레지스터 리턴
}

void UART_Initialize(void)
{
```

```
	UCSR0A = 0x0;
	UCSR0B = 0b10011000; // TXENn : 송신 허가 비트 설정, RXENn : 수신 허가 비트 설정
	UCSR0C = 0b00000110; // 데이터 : 8비트, 비동기, 패리티 : 없음, 정지 비트 : 1비트
	UBRR0H = 0;
	UBRR0L = 8; // 115,200bps 속도 설정
}

ISR(INT0_vect, ISR_BLOCK) { // Sonar Rising Edge Detect
	TIMSK = 0b00000001; // Timer0 Start!
}

ISR(INT1_vect, ISR_BLOCK) { // Sonar Falling Edge Detect
	TIMSK = 0b00000000; // Timer0 Stop!
	distance = (unsigned int)(duration*340)/2;
	printf("\n\r distance= %3.1f[Cm]", (float)distance*0.001);
	duration = 0;
}

ISR(TIMER0_OVF_vect,ISR_NOBLOCK) {
	duration++;
	TCNT0 = 236;  // Overflow periode = 10[uS]
}

void Timer0_Initalize(void) {
	TCCR0 = 0b00000010; //normal mode, prescaler = 8, f=2Mhz
	TIMSK = 0b00000000; //tc0 ovf interrput : disable;
	TCNT0 = 236;        // Overflow periode = 10[uS]
}

void ExtInt_Initalize(void) {
	EICRA = 0b00001011; // Int1:Falling(10), Int0:Rising(11)
	EIMSK = 0b00000011;
}

void Sonar_Operation(void) {
	PORTA = 0x01;
	_delay_us(10);
	PORTA = 0x00;
	_delay_us(2);
}
```

```
static FILE fp = FDEV_SETUP_STREAM((void*)Putch0, (void*)Getch0, _FDEV_SETUP_RW);

int main(void) {
        stdin = stdout = stderr = &fp;
        cli(); // 전체 인터럽트 비활성화
        DDRA = 0x01;
        UART_Initialize();  // UART 초기화
        Timer0_Initalize(); // Timer 초기화
        ExtInt_Initalize();  // 외부 인터럽트 초기화
        sei(); // 전체 인터럽트 활성화
        printf("\n\r Sonar Test");

        while(1)
        {
                Sonar_Operation();
                _delay_ms(500);
        }
}
```

컴파일 및 다운로드 과정은 3장에서 설명한 것과 동일하게 진행하면 된다.

6.7.5.4 실행결과

물체와의 거리측정 결과는 아래 그림과 같이 확인할 수 있다.

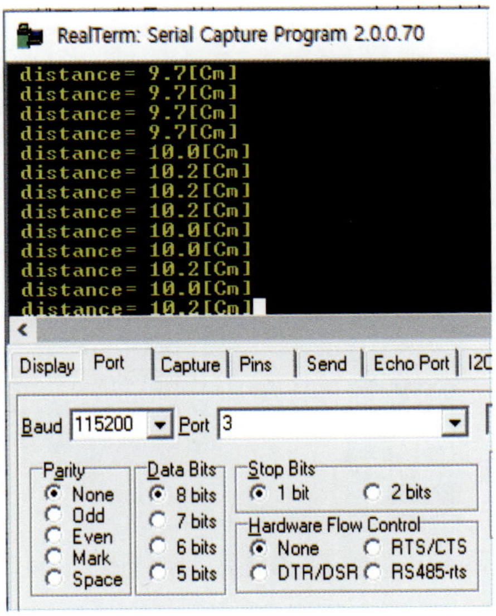

[그림 6-48. 초음파 거리측정 결과]

계산된 거리 값에 실수 값을 출력하기 위해서 '프로젝트파일'에서 '속성'을 선택한 후 'Toolchain' → 'AVR/GNU Linker' → 'Libraries'를 선택한다. 여기에서 'libprintf_flt.a를 추가한다.

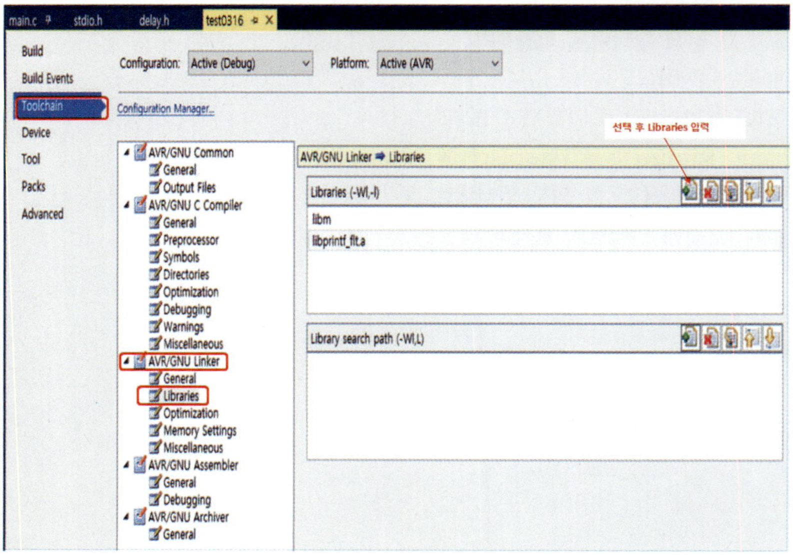

[그림 6-49. 실수 값 출력을 위한 Libraries 추가하기]

추가로 'AVR/GNU Linker' → 'General'를 선택한 후 그림과 같이 Link statically 등을 선택한다.

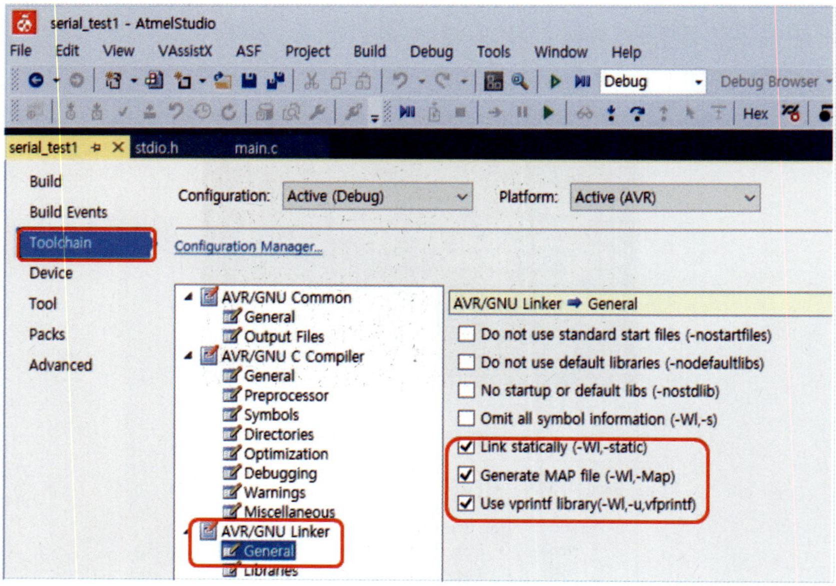

[그림 6-50. 실수 값 출력을 위한 Linker 설정하기]

CHAPTER

07

ADC 실습

7.1 ADC

ADC란 연속적인 신호인 아날로그 신호를 부호화된 디지털 신호로 변환하는 장치를 뜻한다. 이러한 ADC는 온도, 압력, 음성, 영상신호, 전압 등을 실생활에서 연속적인 아날로그 신호를 측정하여 그 신호를 컴퓨터로 입력하고 디지털로 변환하는 장치이다.

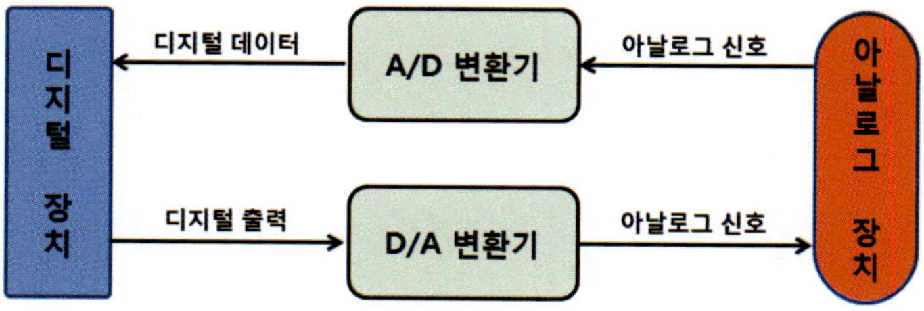

[그림 7-1. A/D, D/A 변환]

ATmega128 마이크로컨트롤러에서는 이러한 ADC를 내장하고 있다. 내장하고 있는 ADC는 다음과 같은 특징을 가진다.

- 8채널의 아날로그 신호 입력
- 10비트 분해능
- 8개의 단극성 입력 채널
- 7개의 차동 입력 채널
- 차동 입력에서 10 ~ 200배의 증폭 기능
- 샘플 & 홀드 회로 내장
- 포트 F를 사용
- ADC 정확도 성능 향상을 위한 전원 구성
  - AVCC[35] : ADC 변환기 전원 전압(V_{CC})
  - AREF[36] : ADC 변환 시에 사용하는 기준 전압(V_{ref})
  - AGND[37] : GND
- 0V ~ V_{CC} 입력 전압 범위
  - 일반모드 : 0V ~ V_{ref}

35) AVCC : Analog Supply Voltage
36) AREF : Analog Reference Voltage
37) AGND : Analog Ground

- 차동모드 : $-V_{ref} \sim V_{ref}$
- ADC 완료 후 인터럽트 발생

ADC 변환 회로는 다양한 종류가 있다. ATmega128 마이크로컨트롤러에서 사용하고 있는 ADC는 연속-근사 방식이라고 하는데, 이 방식은 가장 널리 사용되는 방식이다. 아날로그 입력값에 관계없이 변환 시간이 항상 일정한 특성을 가지고 있다. 연속-근사 방식의 기본 구조는 다음과 같다. 연속-근사 방식은 샘플링된 입력 신호값과 DAC의 출력값을 비교하여 SAR의 값을 읽어 디지털 데이터로 변환이 완료된다.

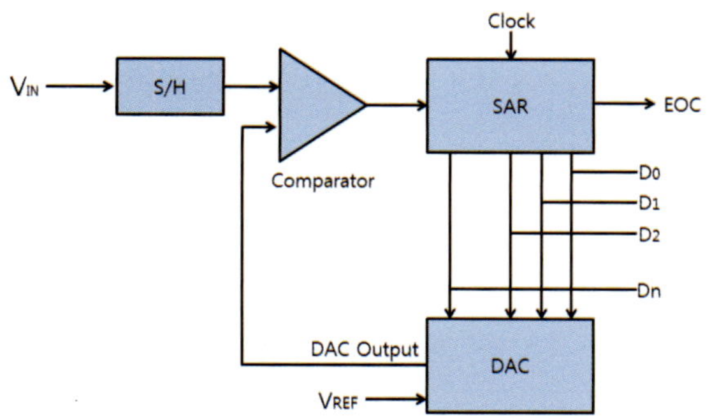

DAC : Digital Analog Converter
EOC : End Of Conversion
SAR : Successive approximation Register
S/H : Sample Hold
V_{in} : Input Voltage
V_{ref} : Reference Voltage

[그림 7-2. 연속 근사 방식 ADC 구조]

ADC는 변환의 특성상 반드시 약간의 오차가 발생하게 된다. 이러한 오차에는 근본적으로 AD 변환 시 발생할 수 있는 양자화 오차가 있다. 또한 ADC 방식에 따라 다음과 같은 여러 오차들이 발생할 수 있다.

[표 7-1. ADC 오차]

오차	내용
양자화 오차	• 아날로그를 디지털로 변환할 때 양자화 과정에서 발생하는 오차 – 해결 방법 : 분해능을 높게 설정하여 줄임
오프셋 오차	• 변환된 결과값이 이상적인 값에서 벗어난 값을 가질 때 나타나는 오차 – 해결 방법 : 결과값에서 일정한 값을 더하거나 빼서 보정
이득 오차	• 변환된 결과값이 이상적인 값에서 벗어난 값을 가질 때 나타나는 오차 – 해결 방법 : 결과값에서 일정한 값을 곱하거나 나누어서 보정
비선형 오차	• 오프셋 오차, 이득 오차 등을 보상한 이후에 변환된 결과값이 이상적인 값에서 벗어난 값을 나타내는 오차 – 해결 방법 : 없음
차동 비선형 오차	• 하나의 비트 변화를 발생하는 아날로그 값이 이상적인 값에서 벗어난 값을 나타내는 오차 – 해결 방법 : 없음

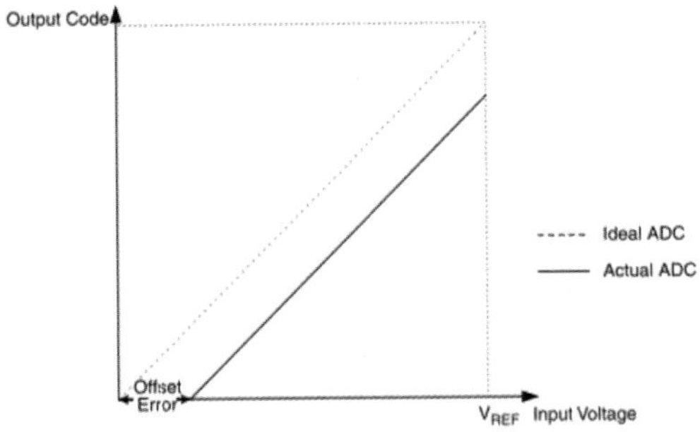

[그림 7-3. 오프셋 오차]

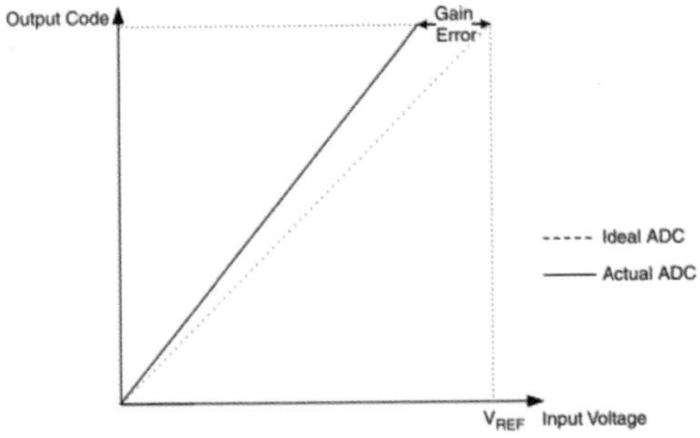

[그림 7-4. 이득 오차]

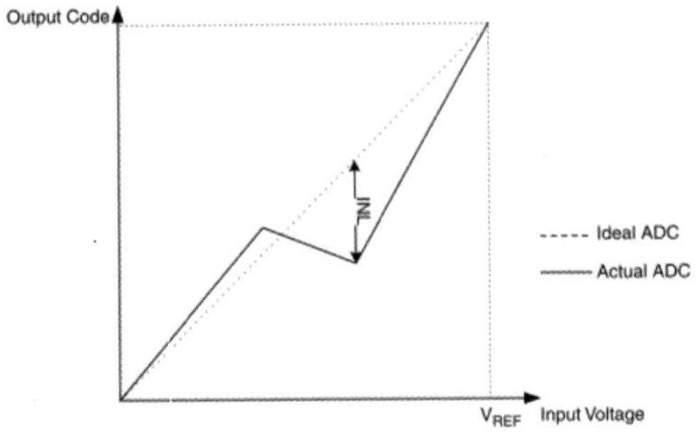

[그림 7-5. 비선형 오차]

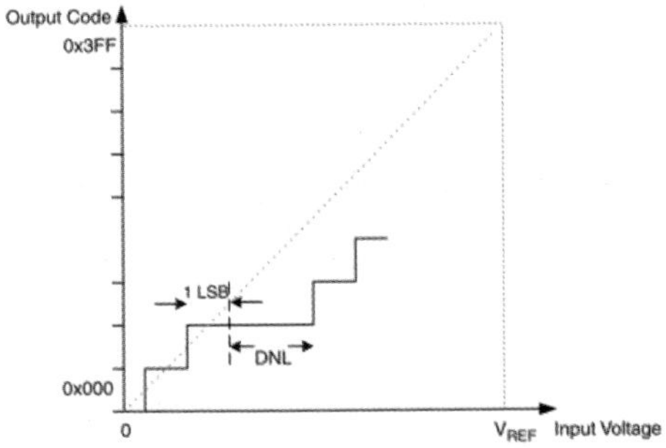

[그림 7-6. 차동 비선형 오차]

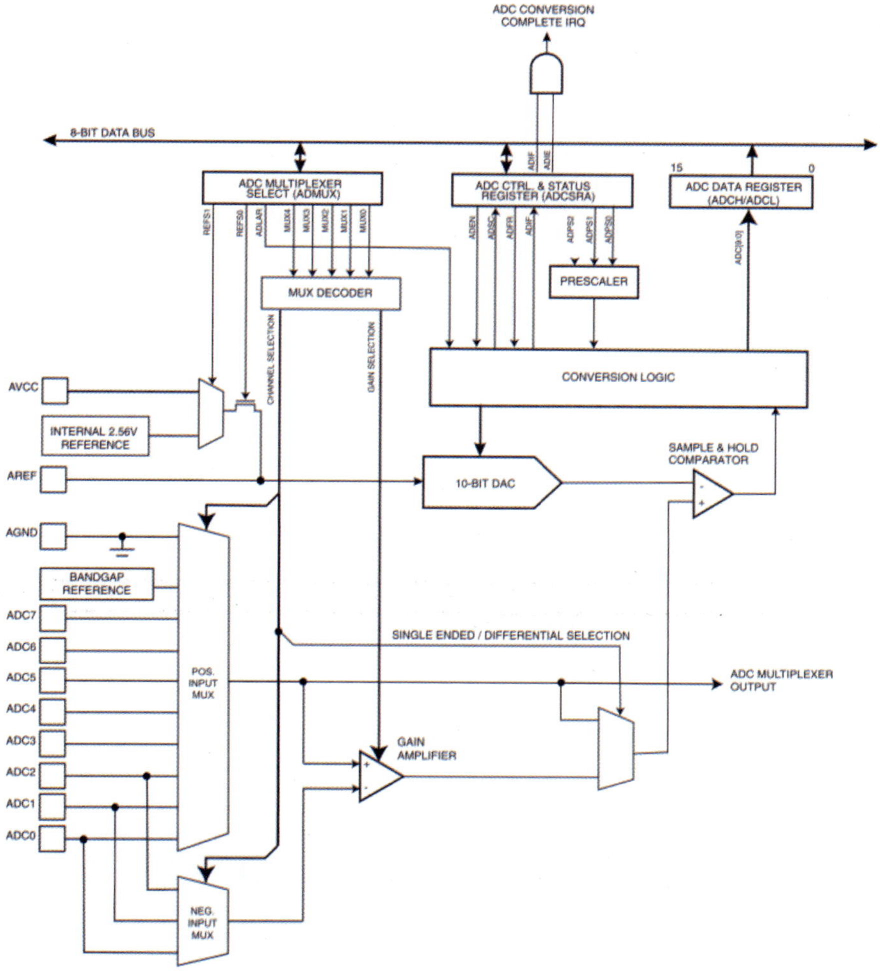

[그림 7-7. ADC 구성도]

ATmega128 마이크로컨트롤러에 내장된 ADC는 위의 그림과 같이 구성되어 있다. 입력 단자로는 포트 F의 8개 핀을 사용한다. 그리고 별도의 AREF, AGND, AVCC의 3개 핀을 사용한다.

7.2 ADC 레지스터

ADC에서 사용하는 레지스터는 ADMUX, ADCSRA, ADCH, ADCL이 있다.

7.2.1 ADMUX

ADC의 입력 채널을 선택하는 기능, 기준 전압 선택, 결과 데이터 저장 형식 지정 기능을 수행하는 레지스터이다.

Bit	7	6	5	4	3	2	1	0	
	REFS1	REFS0	ADLAR	MUX4	MUX3	MUX2	MUX1	MUX0	ADMUX
Read/Write	R/W	R/W	R/W	R/W	R/W	R/W	R/W	R/W	
Initial Value	0	0	0	0	0	0	0	0	

[그림 7-8. ADMUX 레지스터]

[표 7-2. ADMUX 레지스터 기능]

<table>
<tr><th>비트</th><th>기능</th></tr>
<tr><td>비트 7(REF1)
비트 6(REF0)</td><td>• 기준 전압을 선택하는 기능을 설정하는 비트
<table>
<tr><th>REF1</th><th>REF0</th><th>기준 전압</th></tr>
<tr><td>0</td><td>0</td><td>외부 AREF(내부 V_{ref} off)</td></tr>
<tr><td>0</td><td>1</td><td>외부 AVCC</td></tr>
<tr><td>1</td><td>0</td><td>Reserved(사용하지 않음)</td></tr>
<tr><td>1</td><td>1</td><td>내부 전압 2.56V 사용</td></tr>
</table></td></tr>
<tr><td>비트 5(ADLAR)</td><td>• 변환된 결과를 저장할 때 저장 형식을 지정하는 비트
– '0' : 변환된 결과 10 비트가 왼쪽부터 저장
– '1' : 변환된 결과 10 비트가 오른쪽부터 저장</td></tr>
<tr><td>비트 4(MUX4)
비트 3(MUX3)</td><td>• 입력 채널을 설정하는 비트
<table>
<tr><th rowspan="2">MUX4~0</th><th rowspan="2">단극성 입력</th><th colspan="3">차동 입력</th></tr>
<tr><th>+</th><th>−</th><th>이득</th></tr>
<tr><td>00000</td><td>ADC0</td><td></td><td></td><td></td></tr>
<tr><td>00001</td><td>ADC1</td><td></td><td></td><td></td></tr>
<tr><td>00010</td><td>ADC2</td><td></td><td></td><td></td></tr>
<tr><td>00011</td><td>ADC3</td><td></td><td></td><td></td></tr>
<tr><td>00100</td><td>ADC4</td><td></td><td></td><td></td></tr>
<tr><td>00101</td><td>ADC5</td><td></td><td></td><td></td></tr>
<tr><td>00110</td><td>ADC6</td><td></td><td></td><td></td></tr>
<tr><td>00111</td><td>ADC7</td><td></td><td></td><td></td></tr>
</table></td></tr>
</table>

비트 2(MUX2)	01000		ADC0	ADC0	10×
	01001		ADC1	ADC0	10×
	01010		ADC0	ADC0	200×
	01011		ADC1	ADC0	200×
	01100		ADC2	ADC2	10×
	01101		ADC3	ADC2	10×
	01110		ADC2	ADC2	200×
	01111		ADC3	ADC2	200×
비트 1(MUX1)	10000		ADC0	ADC1	1×
	10001		ADC1	ADC1	1×
	10010		ADC2	ADC1	1×
	10011		ADC3	ADC1	1×
	10100		ADC4	ADC1	1×
	10101		ADC5	ADC1	1×
	10110		ADC6	ADC1	1×
	10111		ADC7	ADC2	1×
비트 0(MUX0)	11000		ADC0	ADC2	1×
	11001		ADC1	ADC2	1×
	11010		ADC2	ADC2	1×
	11011		ADC3	ADC2	1×
	11100		ADC4	ADC2	1×
	11101		ADC5	ADC2	1×
	11110	1.23V(V_{BG})			
	11111	0V(GND)			

7.2.2 ADCSRA

ADC 제어를 하기 위해 설정하는 레지스터이다.

Bit	7	6	5	4	3	2	1	0	
	ADEN	ADSC	ADFR	ADIF	ADIE	ADPS2	ADPS1	ADPS0	ADCSRA
Read/Write	R/W	R/W	R/W	R/W	R/W	R/W	R/W	R/W	
Initial Value	0	0	0	0	0	0	0	0	

[그림 7-9. ADCSRA 레지스터]

[표 7-3. ADCSRA 레지스터 기능]

비트	기능
비트 7(ADEN)	• ADC 동작을 허가하는 비트 – '0' : ADC 동작을 금지 – '1' : ADC 동작을 허가
비트 6(ADSC)	• ADC 변환을 시작하는 비트 – 단일 변환 모드 '1' : ADC 변환을 시작 – 프리 러닝 모드 '1' : ADC 변환을 시작, 계속 반복

비트 5(ADFR)	• ADC를 프리 러닝 모드로 동작시키는 비트 – '0' : 프리 러닝 모드 해제 – '1' : 프리 러닝 모드 설정
비트 4(ADIF)	• AD 변환의 종료를 알리는 비트
비트 3(ADIE)	• ADIE 비트가 '1'로 설정되고 상태 레지스터(SREG)의 'I' 비트가 '1'로 설정되면 AD 변환 완료 인터럽트가 허용상태로 됨
비트 2(ADPS2) 비트 1(ADPS1) 비트 0(ADPS0)	• ADC로 입력되는 클록의 분주비를 선택 비트

ADPS2	ADPS1	ADPS0	분주비
0	0	0	2
0	0	1	2
0	1	0	4
0	1	1	8
1	0	0	16
1	0	1	32
1	1	0	64
1	1	1	128

7.2.3 ADCH / ADCL

ADCH / ADCL 레지스터는 AD 변환된 결과를 저장하는 레지스터이다. ADLAR에서 지정한 비트에 따라 ADLAR 비트가 '0'이면 왼쪽부터 저장하고, ADLAR 비트가 '1'이면 오른쪽부터 저장한다.

Bit	15	14	13	12	11	10	9	8	
	–	–	–	–	–	–	ADC9	ADC8	ADCH
	ADC7	ADC6	ADC5	ADC4	ADC3	ADC2	ADC1	ADC0	ADCL
	7	6	5	4	3	2	1	0	
Read/Write	R	R	R	R	R	R	R	R	
	R	R	R	R	R	R	R	R	
Initial Value	0	0	0	0	0	0	0	0	
	0	0	0	0	0	0	0	0	

[그림 7-10. ADLAR = '0']

Bit	15	14	13	12	11	10	9	8	
	ADC9	ADC8	ADC7	ADC6	ADC5	ADC4	ADC3	ADC2	ADCH
	ADC1	ADC0	–	–	–	–	–	–	ADCL
	7	6	5	4	3	2	1	0	
Read/Write	R	R	R	R	R	R	R	R	
	R	R	R	R	R	R	R	R	
Initial Value	0	0	0	0	0	0	0	0	
	0	0	0	0	0	0	0	0	

[그림 7-11. ADLAR = '1']

7.3 ADC 동작

ATmega128 마이크로컨트롤러의 ADC는 단일 모드와 프리 러닝 모드로 동작할 수 있다. 단일 모드는 ADC를 한 번만 동작하는 방법이고, 프리 러닝 모드는 ADC를 반복적으로 동작하는 방법이다. 그러면 ATmega128 마이크로컨트롤러의 ADC를 동작시키는 과정을 먼저 알아보도록 한다.

① ADC 초기화
- ADC 활성화(ADEN = '1')
- ADC 클록 설정(ADPS2~0)
- ADC 기준 전압 설정(REF1~0)
- ADC 입력 채널 설정(MUX4~0)
- ADC 동작 모드 설정(ADFR)
- ADC 변환 완료 인터럽트 활성화(ADIE = '1')

↓

② AD 변환 시작
- ADC 변환 시작(ADSC)

↓

③ AD 변환
- ADC 변환 결과
  - 단일 입력 : $ADC = \frac{V_{IN} \times 1024}{V_{REF}}$
  - 차동 입력 : $ADC = \frac{(V_{+} - V_{-}) \times Gain \times 512}{V_{REF}}$

↓

④ AD 변환 완료
- AD 변환 결과값이 ADCH, ADCL에 저장

↓

⑤ AD 변환 완료 인터럽트 요청
- AD 변환 완료 인터럽트 요청

↓

⑥ ADC 상태 비트 설정
- ADIF = '1'

[그림 7-12. ADC 과정]

7.4 ADC 실습

ADC 실습은 ATmega128 마이크로컨트롤러에 내장된 ADC 장치를 이용하여 아날로그 신호를 10비트 디지털 데이터로 변환하여 그 결과값을 확인 순서로 이루어진다. 결과값을 확인하기 위해 USART1를 이용하여 PC에서 변환된 디지털 데이터를 직렬통신으로 수신하여 확인한다. 직렬통신에 대한 내용은 직렬통신 실습에서 다루겠다.

7.4.1 USART1 직렬통신을 이용한 AD 변환 실습

7.4.1.1 하드웨어 준비

아래의 회로는 가변저항을 통해 0 ~ 5V까지 변경되는 아날로그 전압을 ATmega128 실습보드를 활용하여 디지털값으로 변환시킨다. 변환된 값은 ATmega128 실습보드 USART0를 이용하여 PC로 송신하여 결과를 확인하는 프로그램 실습이다.

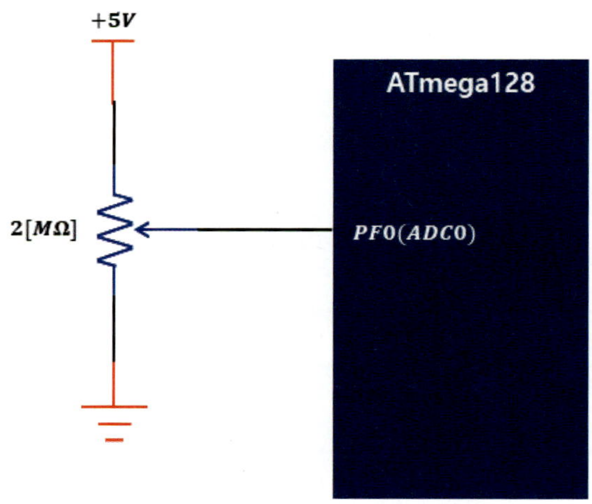

[그림 7-13. AD 변환 실습 회로]

[표 7-4. AD 변환 실습 부품 목록]

부품명	규격(수량)
ATmega128 실습보드	ATmega128A CPU
가변저항(R)	VR 2MΩ(1개)
점퍼선	리드선(40cm)

위의 회로도를 보고 부품을 모두 조립하면 아래의 화면과 같이 실습용 하드웨어가 완성된다. 이 실습용 하드웨어를 이용하여 실습하면 된다.

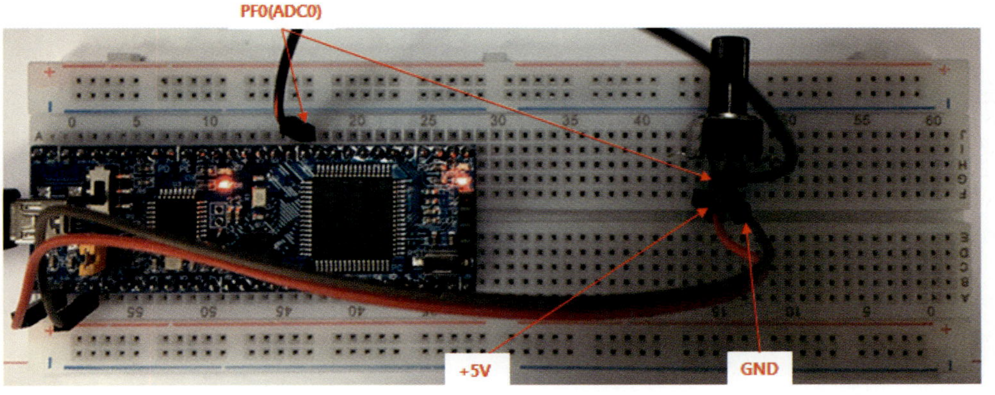

[그림 7-14. ADC 실습용 하드웨어]

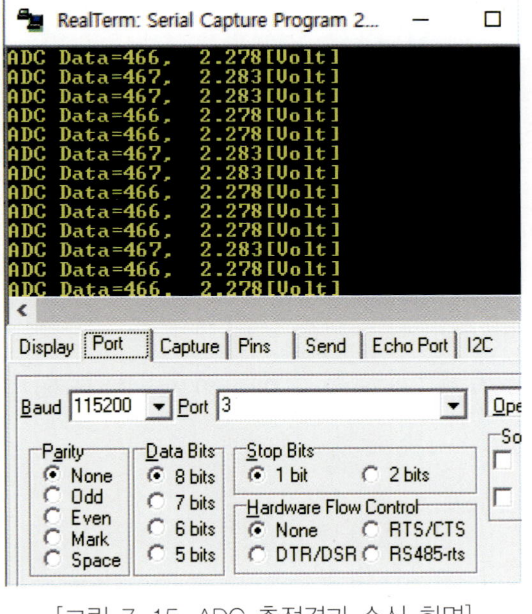

[그림 7-15. ADC 측정결과 수신 화면]

7.4.1.2 프로그램 작성

소스 프로그램 : adc_1.c

```
#include <avr/io.h>
#include <avr/interrupt.h>
#include <stdio.h>
#define F_CPU 16000000UL
#include <util/delay.h>

void Putch0(char data){
        while(!(UCSR0A & 0x20));    // UDRE0 = 1 Check
        UDR0 = data;                // USART0 I/O 레지스터에 데이터 전송
}

char Getch0(void){
        while(!(UCSR0A & 0x80));    // RXC = 1 Check
        return UDR0;                // USART0 I/O 레지스터 리턴
}

unsigned int Read_ADC(unsigned char adc_channel){
        ADMUX |= adc_channel;
        ADCSRA |= 0x40; // ADC 변환을 시작하는 비트 설정
        _delay_ms(10);
        return ADC;
}

static FILE fp = FDEV_SETUP_STREAM((void*)Putch0, (void*)Getch0, _FDEV_SETUP_RW);

int main(void){
        int unsigned adc_data;
        float volt;
        char str[50];
        stdin = stdout = stderr = &fp;

        // USART1 초기화
        UCSR0A = 0x0;
        UCSR0B = 0b00011000;    // TXENn : 송신 허가 비트 설정, RXENn : 수신 허가 비트 설정
        UCSR0C = 0b00000110;    // 데이터 : 8비트, 비동기, 패리티 : 없음, 정지 비트 : 1비트
        UBRR0H = 0;
        UBRR0L = 8;             // 115,200bps 속도 설정
```

```
        // ADC 초기화
        ADMUX = 0x40;              // REFS1 REFS0(01:AVCC)
        ADCSRA = 0x87;             // ADC enable, ADC 분주비

        printf("₩n₩r ADC Test Start");
        while(1){
                adc_data=Read_ADC(0);
                volt = (float)(adc_data/1023.0)*5;
                printf("₩n₩rADC Data=%d,  %1.3f[Volt]",adc_data, volt);
                _delay_ms(100);
        }

}
```

컴파일과 다운로드 과정은 위에서 설명한 방법과 동일하게 진행하면 된다.

7.4.2 인터럽트를 활용한 AD 변환 실습

7.4.2.1 하드웨어 준비

실습용 하드웨어는 7.3.1에서 만들어진 하드웨어와 동일한 것을 사용한다. 따라서 회로는 생략한다. 7.3.1과 동일한 방법이지만 인터럽트를 활용한다는 점이 다르다.

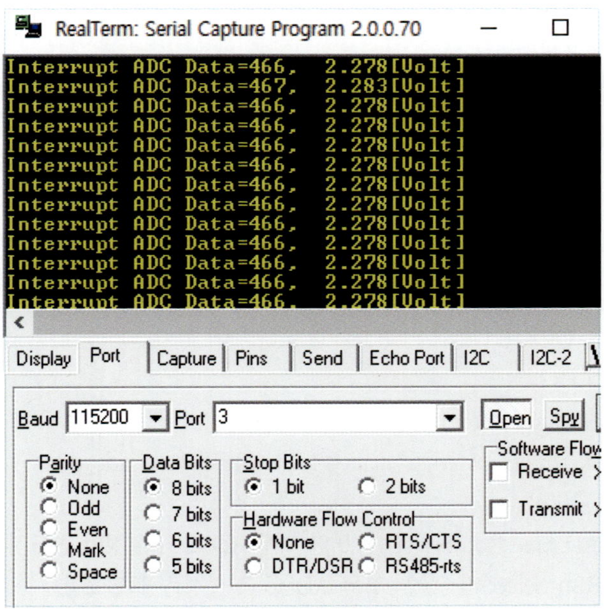

[그림 7-16. 터미널 수신 화면]

7.4.2.2 프로그램 작성

소스 프로그램 : adc_2.c

```
#include <avr/io.h>
#include <avr/interrupt.h>
#include <stdio.h>
#define F_CPU 16000000UL
#include <util/delay.h>

unsigned int adc_data;
float volt;

void Putch0(char data){
        while(!(UCSR0A & 0x20));   // UDRE0 = 1 Check
        UDR0 = data;               // USART0 I/O 레지스터에 데이터 전송
}

char Getch0(void){
        while(!(UCSR0A & 0x80));   // RXC = 1 Check
        return UDR0;               // USART0 I/O 레지스터 리턴
}

void UART_initialize(void){
        UCSR0A = 0x0;
        UCSR0B = 0b00011000;       // TXENn : 송신 허가 비트 설정, RXENn : 수신 허가 비트 설정
        UCSR0C = 0b00000110;       // 데이터 : 8비트, 비동기, 패리티 : 없음, 정지 비트 : 1비트
        UBRR0H = 0;
        UBRR0L = 8;                // 115,200bps 속도 설정
}

ISR(ADC_vect,ISR_BLOCK){
        adc_data=ADC;
        volt = (float)(adc_data/1023.0)*5;
        printf("₩n₩rInterrupt ADC Data=%d,  %1.3f[Volt]",adc_data, volt);
        _delay_ms(100);
        // ADFR(AD Free Run Select)가 '0'인 경우 ADSC '1'설정이 반드시 필요하고, ADFR(AD
           Free Run Select)가 '1'인 경우 ADSC '1'설정은 불필요함
}
```

```
static FILE fp = FDEV_SETUP_STREAM((void*)Putch0, (void*)Getch0, _FDEV_SETUP_RW);

int main(void){
        char adc_channel;
        stdin=stdout=stderr=&fp;
        cli();
        DDRA = 0xff;
        DDRF = 0x00;
        UART_initialize();
        adc_channel = 0;     //ADC Channel Select

        // ADC 초기화
        ADMUX = 0x40;              // REFS1 REFS0(01:AVCC)
        ADCSRA = 0x87;             // ADC enable, ADC 분주비
        ADMUX |= adc_channel;
        ADCSRA |= 0x68;

        // ADC Conversion Start,  Free Run Mode, Interrupt Enable
        printf("₩n₩r ADC Test Start");
        sei();
        while(1){
        }
}
```

컴파일과 다운로드 과정은 3장에서 설명한 방법과 동일하게 진행하면 된다.

7.4.3 CDS 센서를 이용한 AD 변환 실습

7.4.3.1 하드웨어 준비

실습용 하드웨어는 아래와 같이 CDS 센서로 만든다. 이 실습회로는 CDS 센서로부터 센싱 아날로그 신호를 ATmega128 마이크로컨트롤러가 입력받아 그 AD 변환하고, 변환 결과를 PC로 전송하여 확인하는 프로그램 실습이다.

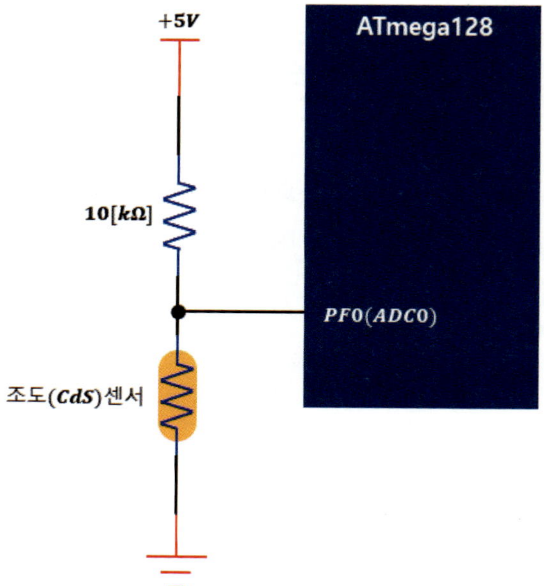

[그림 7-17. CDS 센서 실습 회로]

[표 7-5. CDS 센서 실습 부품 목록]

부품명	규격(수량)
ATmega128 실습보드	ATmega128A CPU
저항(R)	10kΩ(1개)
CDS 센서	CDS 센서(1개)
점퍼선	리드선(40cm)

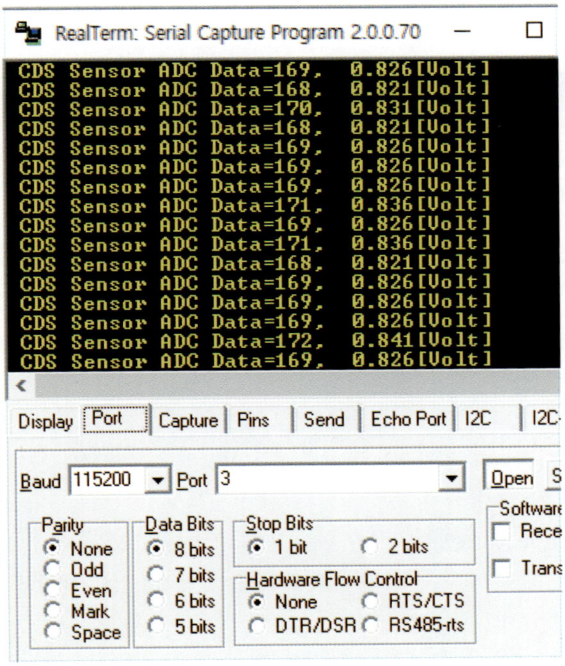

[그림 7-18. CDS 센서 값 수신 화면]

[그림 7-19. CDS 센서 실습을 위한 하드웨어 구성]

7.4.3.2 프로그램 작성

소스 프로그램 : adc_5.c

```
#include <avr/io.h>
#include <avr/interrupt.h>
#include <stdio.h>6
#define F_CPU 16000000UL
#include <util/delay.h>

unsigned int adc_data;
float volt;

void Putch0(char data) {
        while(!(UCSR0A & 0x20));      // UDRE0 = 1 Check
        UDR0 = data;                  // USART0 I/O 레지스터에 데이터 전송
}

char Getch0(void) {
        while(!(UCSR0A & 0x80));      // RXC = 1 Check
        return UDR0;                  // USART0 I/O 레지스터 리턴
}

void UART_initialize(void) {
        UCSR0A = 0x0;
        UCSR0B = 0b00011000;          // TXENn : 송신 허가 비트 설정, RXENn : 수신 허가 비트 설정
        UCSR0C = 0b00000110;          // 데이터 : 8비트, 비동기, 패리티 : 없음, 정지 비트 : 1비트
        UBRR0H = 0;
        UBRR0L = 8;                   // 115,200bps 속도 설정
}

ISR(ADC_vect,ISR_BLOCK) {
        adc_data=ADC;
        volt = (float)(adc_data/1023.0)*5;
        printf("₩n₩r CDS Sensor ADC Data=%d,  %1.3f[Volt]",adc_data, volt);
        _delay_ms(100);
}

static FILE fp = FDEV_SETUP_STREAM((void*)Putch0, (void*)Getch0, _FDEV_SETUP_RW);

int main(void) {
        char adc_channel;
```

```
    stdin=stdout=stderr=&fp;
    cli();
    DDRA = 0xff;
    DDRF = 0x00;
    UART_initialize();
    adc_channel=0;      //ADC Channel Select

    // ADC 초기화
    ADMUX = 0x40;               // REFS1 REFS0(01:AVCC)
    ADCSRA = 0x87;  // ADC enable, ADC 분주비
    ADMUX |= adc_channel;
    ADCSRA |= 0x68;

    // ADC Conversion Start,  Free Run Mode, Interrupt Enable
    printf("\n\r ADC Test Start");
    sei();
    while(1){
    }
}
```

컴파일과 다운로드 과정은 3장에서 설명한 방법과 동일하게 진행하면 된다.

7.4.4 LM35 온도센서를 이용한 AD 변환 실습

7.4.4.1 하드웨어 준비

실습용 하드웨어는 아래와 같이 온도센서로 많이 활용되는 LM35를 사용하였다. 이 실습회로는 온도 측정센서인 LM35센서로부터 출력된 아날로그 신호를 ATmega128 마이크로컨트롤러가 입력받아 AD로 변환하고, 변환된 결과를 PC로 전송하여 확인하는 프로그램 실습이다.

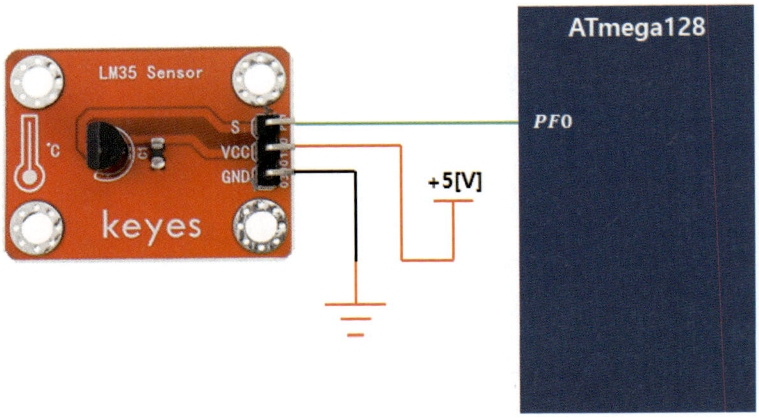

[그림 7-20 온도센서(LM35) 실습회로]

[표 7-6. 온도센서(LM35) 실습 부품 목록]

부품명	규격(수량)
ATmega128 실습보드	ATmega128A CPU
온도센서 모듈	LM35
점퍼선	리드선(40cm)

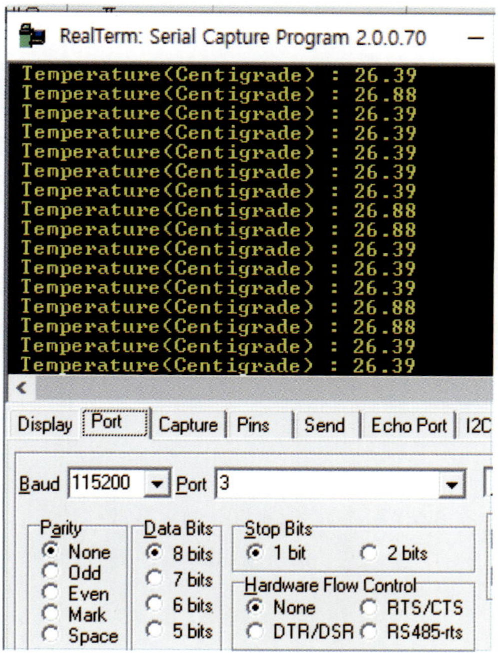

[그림 7-21. 온도센서(LM35) 데이터 수신 화면]

온도센서 실습은 센서 주변의 온도를 증가시켰을 때 그림 7-21과 같이 측정됨을 확인하였다.

[그림 7-22. 온도센서(LM35)를 이용한 AD 변환 실습 보드]

7.4.4.2 프로그램 작성

소스 코드 : adc_9.c

```
#include <avr/io.h>
#include <avr/interrupt.h>
#include <stdio.h>
#define F_CPU 16000000UL
#include <util/delay.h>

unsigned int adc_data;
float volt, temper;

void Putch0(char data) {
        while(!(UCSR0A & 0x20));    // UDRE0 = 1 Check
        UDR0 = data;                  // USART0 I/O 레지스터에 데이터 전송
}

char Getch0(void) {
        while(!(UCSR0A & 0x80));    // RXC = 1 Check
        return UDR0;                          // USART0 I/O 레지스터 리턴
}

void UART_initialize(void){
        UCSR0A = 0x0;
        UCSR0B = 0b00011000;        // TXENn : 송신 허가 비트 설정, RXENn : 수신 허가 비트 설정
        UCSR0C = 0b00000110;        // 데이터 : 8비트, 비동기, 패리티 : 없음, 정지 비트 : 1비트
        UBRR0H = 0;
        UBRR0L = 8;                 // 115,200bps 속도 설정
}

ISR(ADC_vect,ISR_BLOCK) {
        adc_data=ADC;
        volt = (float)(adc_data/1023.0)*5;
       // 전압 → 온도계산
        temper=volt*100;
        printf("₩n₩r Temperature(Centigrade) : %3.2f",temper);
        _delay_ms(100);
}

static FILE fp = FDEV_SETUP_STREAM((void*)Putch0, (void*)Getch0, _FDEV_SETUP_RW);

int main(void) {
```

```
	char adc_channel;
	stdin=stdout=stderr=&fp;
	cli();
	DDRA = 0xff;
	DDRF = 0x00;
	UART_initialize();
	adc_channel = 0;	//ADC Channel Select

	// ADC 초기화
	ADMUX = 0x40;			// REFS1 REFS0(01:AVCC)
	ADCSRA = 0x87;	// ADC enable, ADC 분주비
	ADMUX |= adc_channel;
	ADCSRA |= 0x68;

	// ADC Conversion Start,  Free Run Mode, Interrupt Enable
	printf("\n\r Temperature Test Start");
	sei();
	while(1){
	}
}
```

컴파일과 다운로드 과정은 3장에서 설명한 방법과 동일하게 진행하면 된다.

CHAPTER

08

SPI 실습

8.1 SPI

SPI[38]는 모토로라에서 개발한 근거리용 통신 규격으로 마이크로컨트롤러와 주변 장치 간 직렬 데이터 통신을 위해 사용되는 인터페이스 규격이다. 4개의 신호선으로 구성되며 아래의 그림과 같이 연결하여 사용한다.

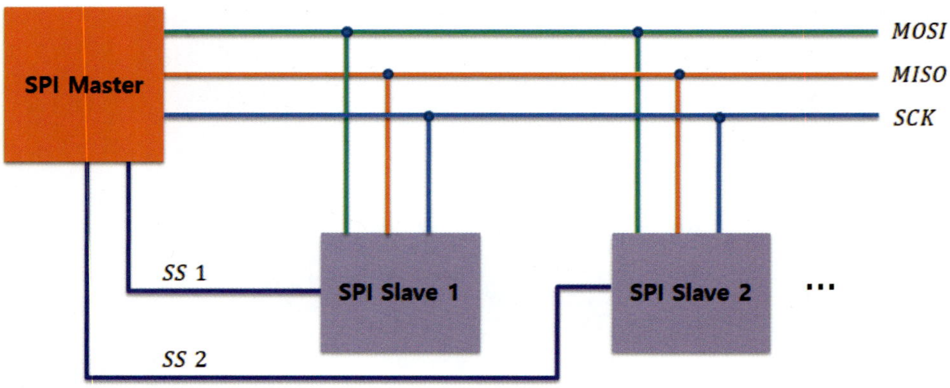

[그림 8-1. SPI 인터페이스]

[표 8-1. SPI 신호선 기능]

핀	기능	마스터 모드	슬레이브 모드
PB0(SCK)	Serial Clock	출력(*)	입력
PB1(MISO)	Master Input Slave Output	입력	출력(*)
PB2(MOSI)	Master Output Slave Input	출력(*)	입력
PB3(/SS)	Slave Select	출력(*)	입력

* 사용자가 정의하여 사용할 수도 있으나 충돌을 회피하기 위해 표준 규격을 사용한다.

38) SPI : Serial Peripheral Interface

ATmega128 마이크로컨트롤러에서는 아래와 같은 구조의 SPI 인터페이스를 내장하고 있다.

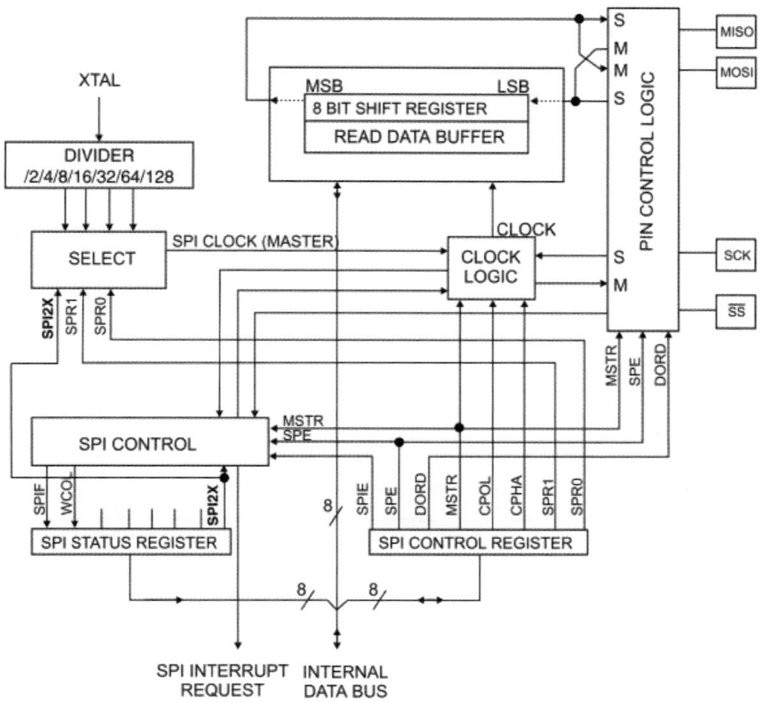

[그림 8-2. SPI 구조]

ATmega128 마이크로컨트롤러에 내장되어 있는 SPI의 특성은 다음과 같다.

- 직렬 동기식 통신 모드를 지원(전이중 통신 가능)
- 마스터 / 슬레이브 동작
- 마스터가 송신 또는 수신을 할 때도 클록은 마스터에서 항상 발생
- 문자를 전송 시 LSB or MSB 우선으로 선택적 전송 가능
- 7가지 전송 속도
- 전송 완료를 알리는 인터럽트 비트와 쓰기 충돌 방지 비트가 내장됨
- 휴면 모드로부터 해제 기능 지원
- 마스터 SPI 모드에서는 2배속 클록 설정이 가능

8.2 SPI 레지스터

ATmega128 마이크로컨트롤러에 내장된 SPI를 제어하기 위해서는 SPCR[39], SPSR[40], SPDR[41] 세 개의 레지스터가 사용된다.

8.2.1 SPCR

SPI 동작을 제어하기 위해서 사용하는 레지스터로, 다음과 같이 구성되어 있다.

Bit	7	6	5	4	3	2	1	0	
	SPIE	SPE	DORD	MSTR	CPOL	CPHA	SPR1	SPR0	SPCR
Read/Write	R/W	R/W	R/W	R/W	R/W	R/W	R/W	R/W	
Initial Value	0	0	0	0	0	0	0	0	

[그림 8-3. SPCR 레지스터]

[표 8-2. SPCR 레지스터 기능]

<table>
<tr><th>비트</th><th>기능</th></tr>
<tr><td>비트 7(SPIE)</td><td>• 상태 레지스터(SREG)의 'I' 비트가 '1'로 설정된 상태에서 SPIE 비트가 '1'로 설정되면 SPI 인터럽트가 활성화됨</td></tr>
<tr><td>비트 6(SPE)</td><td>• SPI가 동작되도록 설정하는 비트
– SPI를 사용할 경우 반드시 '1'로 설정되어야 함</td></tr>
<tr><td>비트 5(DORD)</td><td>• 전송 순서를 결정하는 비트
– '0' : MSB부터 데이터를 전송
– '1' : LSB부터 데이터를 전송</td></tr>
<tr><td>비트 4(MSTR)</td><td>• 마스터 / 슬레이브를 선택하는 비트
– '0' : 슬레이브 모드
– '1' : 마스터 모드</td></tr>
<tr><td>비트 3(CPOL)</td><td>• 클록의 극성을 설정하는 비트
<table><tr><th>CPOL</th><th>Leading 에지</th><th>Trailing 에지</th></tr><tr><td>0</td><td>상승 에지</td><td>하강 에지</td></tr><tr><td>1</td><td>하강 에지</td><td>상승 에지</td></tr></table></td></tr>
</table>

39) SPCR : SPI Control Register
40) SPSR : SPI Status Register
41) SPDR : SPI Data Register

비트	설명
비트 2(CPHA)	• 데이터 샘플링 동작이 수행되는 SCK의 위상을 결정하는 비트

CPHA	Leading 에지	Trailing 에지
0	샘플	설정
1	설정	샘플

비트	설명
비트 1(SPR1) 비트 0(SPR0)	• 마스터로 동작할 때 클록을 결정하는 비트

SPI2X	SPR1	SPR0	SCK 주파수
0	0	0	$f_{osc}/4$
0	0	1	$f_{osc}/16$
0	1	0	$f_{osc}/64$
0	1	1	$f_{osc}/128$
1	0	0	$f_{osc}/2$
1	0	1	$f_{osc}/8$
1	1	0	$f_{osc}/32$
1	1	1	$f_{osc}/64$

– SPSR 레지스터의 SPI2X 비트가 '1'로 된 경우 2배속 모드가 됨

SPI 직렬 데이터는 SCK의 극성(CPOL)과 위상(CPHA)에 따라 4가지 모드로 사용할 수 있다.

[표 8-3. SPI 직렬 데이터 모드]

CPOL	CPHA	Leading 에지	Trailing 에지	SPI 모드
0	0	샘플(상승)	설정(하강)	0
0	1	설정(상승)	샘플(하강)	1
1	0	샘플(하강)	설정(상승)	2
1	1	설정(하강)	샘플(상승)	3

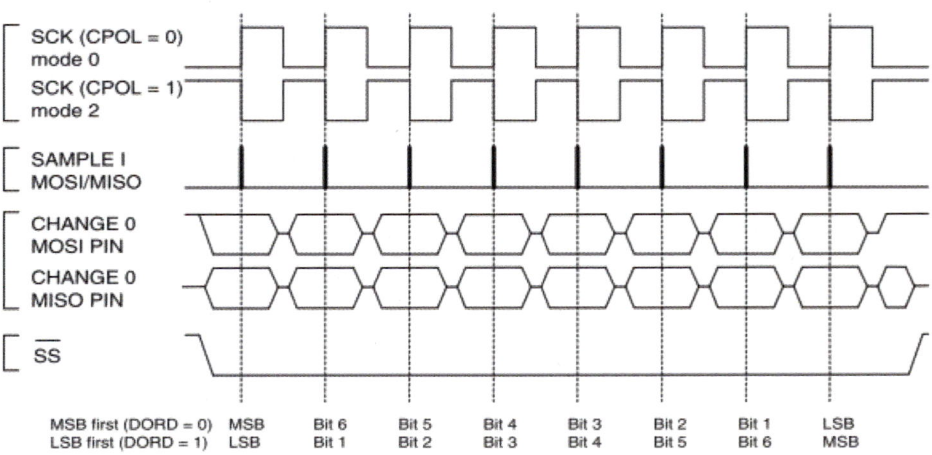

[그림 8-4. CPHA = '0']

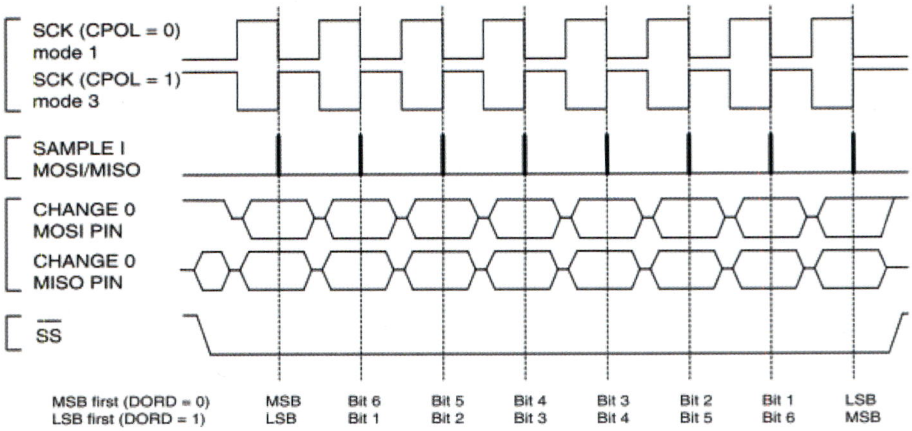

[그림 8-5. CPHA = '1']

8.2.2 SPSR

SPI의 동작 상태를 나타내거나 SCK 클록 주파수를 설정하는 기능을 수행하는 레지스터이다.

Bit	7	6	5	4	3	2	1	0	
	SPIF	WCOL	–	–	–	–	–	SPI2X	SPSR
Read/Write	R	R	R	R	R	R	R	R/W	
Initial Value	0	0	0	0	0	0	0	0	

[그림 8-6. SPSR 레지스터]

[표 8-4. SPSR 레지스터 기능]

비트	기능
비트 7(SPIF)	SPI 전송이 완료되면 '1'로 설정되는 비트
비트 6(WCOL)	SPI 데이터를 전송하는 동안에 SPDR 레지스터에 데이터를 쓸 경우 '1'로 설정됨
비트 5(–)	사용하지 않음
비트 4(–)	사용하지 않음
비트 3(–)	사용하지 않음
비트 2(–)	사용하지 않음
비트 1(–)	사용하지 않음
비트 0(SPI2X)	• 마스터 모드 동작 시 SCK 주파수를 2배속으로 설정하는 기능 – '0' : 일반 모드 – '1' : 2배속 모드

8.2.3 SPDR

SPI 전송 시 송신할 데이터를 저장하거나, 수신 데이터를 저장하는 레지스터이다.

Bit	7	6	5	4	3	2	1	0	
	MSB							LSB	SPDR
Read/Write	R/W	R/W	R/W	R/W	R/W	R/W	R/W	R/W	
Initial Value	X	X	X	X	X	X	X	X	Undefined

[그림 8-7. SPDR 레지스터]

8.3 SPI를 이용한 MPU-6500 인터페이스

MPU-6500 센서는 직선 3축과 곡선 3축 총 6개의 축을 표시한다. 직선 3축은 가속도센서를 사용하고, 곡선 3축은 자이로센서를 사용한다. 또 직선 3축은 각 축에 대해 중력 방향을 기준으로 센서의 기울어진 정도를 측정할 때 사용하고, 곡선 3축은 각 축 진행 방향에 대한 회전 정도를 측정할 때 사용한다. 아래 그림에서와 같이 직선 및 곡선 축 진행 방향은 +X, +Y, +Z로 표시하고, 반대 방향은 -X, -Y, -Z가 된다.

이 센서는 다음과 같은 특성을 가지고 있다.

8.3.1 가속도센서 특징

- ±2g, ±4g, ±8g 및 ±16g의 디지털 3축(X, Y, Z) 측정이 가능한 가속도센서, 16비트 ADC
- 가속도계 정상 작동 전류: 450μA
- 저전력 가속도계 모드 전류: 0.98Hz에서 6.37μA, 31.25Hz에서 17.75μA
- 사용자 프로그램이 가능한 인터럽트들
- 애플리케이션 프로세서의 저전력 작동을 위한 Wake-on-motion 인터럽트 기능
- 자가 테스트 기능

8.3.2 자이로센서 특징

- 사용자가 프로그래밍할 수 있는 최대 범위는 ±250, ±500, ±1000, ±2000°/초인 디지털 3축(X, Y, Z)축 각속도 센서
- 디지털 프로그래밍이 가능한 저역통과필터 기능

- 자이로스코프 작동 전류 : 3.2mA
- 자가 테스트 기능

8.3.3 추가기능

- 6개의 동작 감지 축이 모두 활성 상태일 때 3.4mA 작동 전류
- 1.8 – 3.3V ± 5%의 VDD 공급 전압 범위
- 가속도계와 자이로스코프 축 간 교차축 감도 최소화
- 4096 바이트 FIFO 버퍼를 통해 애플리케이션 프로세서가 버스트에서 데이터 읽기 가능
- 디지털-출력 온도 센서 기능
- 자이로스코프, 가속도계 및 온도 센서를 위한 사용자 프로그래밍 가능한 디지털 필터 기능
- 10,000g의 내충격성
- 모든 레지스터와 통신하기 위한 400kHz 고속 모드 I2C
- 모든 레지스터와 통신하기 위한 1MHz SPI 직렬 인터페이스

8.3.4 MPU-6500 구조

MPU-6500 센서는 다음과 같이 구성되어 있다. X, Y, Z축에 대한 가속도와 자이로 값이 16Bit 'ADC'를 통해 디지털 값으로 변환된다. 변환된 디지털 데이터는 'Sensor Registers'로 저장된다. 저장된 'Sensor Registers' 값은 I2C 인터페이스를 통해 ATmega128 프로세서로 전송된다.

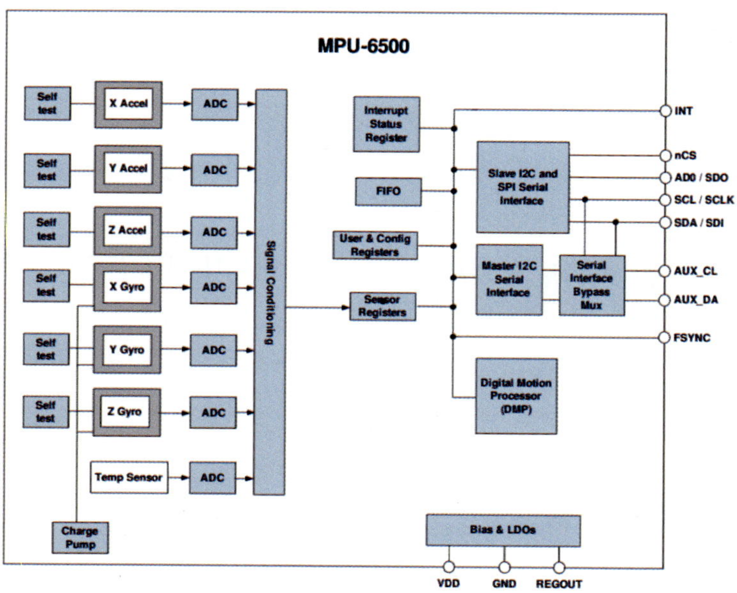

[그림 8-8. MPU-6500 센서 칩 구성도]

8.3.5 센서의 SPI 동작

가속도센서와 자이로센서의 데이터를 읽고 쓰는 동작은 아래의 규격에 따라 기능을 사용할 수 있다.

[표 8-5. MPU-6500 센서 동작 규격]

핀 이름	기능
nCS	• SPI 활성화 – Chip 선택(SPI mode only)
SCL/SCLK	• SPI 직렬 포트 클록(SCLK) – I2C 직렬 클록(SCL)
SDA/SDI	• SPI 직렬 데이터 입력(SDI) – I2C 직렬 데이터(SDA) – 3-Wire 인터페이스 직렬 데이터 출력(SDO)
AD0/SDO	• SPI 직렬 데이터 출력(SDO) – I2C 슬레이브 주소(AD0)

8.3.5.1 SPI 타이밍 특징

SPI 모드로 데이터를 읽거나 쓰기 동작 시 타이밍을 나타낸다.

Parameters	Conditions	Min	Typical	Max	Units	Notes
SPI TIMING						
f_{SCLK}, SCLK Clock Frequency				1	MHz	1
t_{LOW}, SCLK Low Period		400			ns	1
t_{HIGH}, SCLK High Period		400			ns	1
$t_{SU.CS}$, CS Setup Time		8			ns	1
$t_{HD.CS}$, CS Hold Time		500			ns	1
$t_{SU.SDI}$, SDI Setup Time		11			ns	1
$t_{HD.SDI}$, SDI Hold Time		7			ns	1
$t_{VD.SDO}$, SDO Valid Time	C_{load} = 20pF			100	ns	1
$t_{HD.SDO}$, SDO Hold Time	C_{load} = 20pF	4			ns	1
$t_{DIS.SDO}$, SDO Output Disable Time				50	ns	1

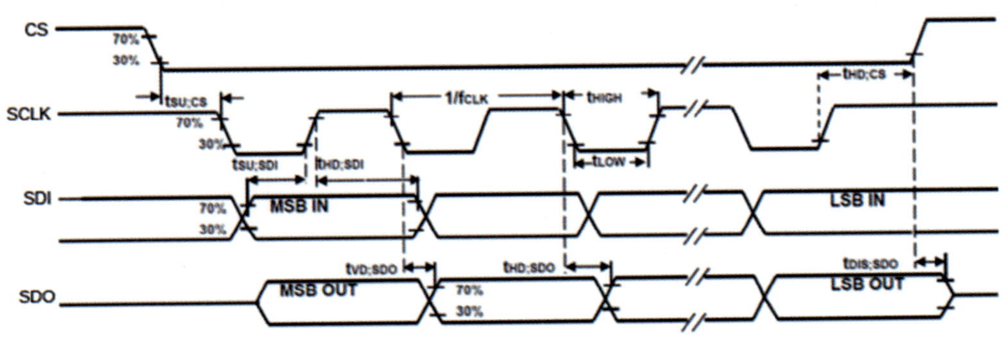

[그림 8-9. SPI 데이터 읽기/쓰기 타이밍]

8.3.5.2 MPU-6500 센서 제어 레지스터

MPU-6500 센서 내부에는 레지스터 집합을 가지고 있다.

[표 8-6. MPU-6500 센서 내부 주요 레지스터 집합]

Addr (Hex)	Addr (Dec.)	Register Name	Serial I/F	Bit7	Bit6	Bit5	Bit4	Bit3	Bit2	Bit1	Bit0
00	0	SELF_TEST_X_GYRO	R/W	XG_ST_DATA[7:0]							
01	1	SELF_TEST_Y_GYRO	R/W	YG_ST_DATA[7:0]							
02	2	SELF_TEST_Z_GYRO	R/W	ZG_ST_DATA[7:0]							
0D	13	SELF_TEST_X_ACCEL	R/W	XA_ST_DATA [7:0]							
0E	14	SELF_TEST_Y_ACCEL	R/W	YA_ST_DATA [7:0]							
0F	15	SELF_TEST_Z_ACCEL	R/W	ZA_ST_DATA [7:0]							
13	19	XG_OFFSET_H	R/W	X_OFFS_USR [15:8]							
14	20	XG_OFFSET_L	R/W	X_OFFS_USR [7:0]							
15	21	YG_OFFSET_H	R/W	Y_OFFS_USR [15:8]							
16	22	YG_OFFSET_L	R/W	Y_OFFS_USR [7:0]							
17	23	ZG_OFFSET_H	R/W	Z_OFFS_USR [15:8]							
18	24	ZG_OFFSET_L	R/W	Z_OFFS_USR [7:0]							
19	25	SMPLRT_DIV	R/W	SMPLRT_DIV[7:0]							
1A	26	CONFIG	R/W	-	FIFO_MODE	EXT_SYNC_SET[2:0]			DLPF_CFG[2:0]		
1B	27	GYRO_CONFIG	R/W	XG_ST	YG_ST	ZG_ST	GYRO_FS_SEL [1:0]		-	FCHOICE_B[1:0]	
1C	28	ACCEL_CONFIG	R/W	XA_ST	YA_ST	ZA_ST	ACCEL_FS_SEL[1:0]		-		
3B	59	ACCEL_XOUT_H	R	ACCEL_XOUT_H[15:8]							
3C	60	ACCEL_XOUT_L	R	ACCEL_XOUT_L[7:0]							
3D	61	ACCEL_YOUT_H	R	ACCEL_YOUT_H[15:8]							
3E	62	ACCEL_YOUT_L	R	ACCEL_YOUT_L[7:0]							
3F	63	ACCEL_ZOUT_H	R	ACCEL_ZOUT_H[15:8]							
40	64	ACCEL_ZOUT_L	R	ACCEL_ZOUT_L[7:0]							
41	65	TEMP_OUT_H	R	TEMP_OUT_H[15:8]							
42	66	TEMP_OUT_L	R	TEMP_OUT_L[7:0]							
43	67	GYRO_XOUT_H	R	GYRO_XOUT_H[15:8]							
44	68	GYRO_XOUT_L	R	GYRO_XOUT_L[7:0]							
45	69	GYRO_YOUT_H	R	GYRO_YOUT_H[15:8]							
46	70	GYRO_YOUT_L	R	GYRO_YOUT_L[7:0]							
47	71	GYRO_ZOUT_H	R	GYRO_ZOUT_H[15:8]							
48	72	GYRO_ZOUT_L	R	GYRO_ZOUT_L[7:0]							
6B	107	PWR_MGMT_1	R/W	DEVICE_RESET	SLEEP	CYCLE	GYRO_STANDBY	TEMP_DIS	CLKSEL[2:0]		
6C	108	PWR_MGMT_2 *	R/W	-		DIS_XA	DIS_YA	DIS_ZA	DIS_XG	DIS_YG	DIS_ZG
72	114	FIFO_COUNT_H	R/W	-			FIFO_CNT[12:8]				
73	115	FIFO_COUNT_L	R/W	FIFO_CNT[7:0]							
74	116	FIFO_R_W	R/W	D[7:0]							
75	117	WHO_AM_I	R	WHOAMI[7:0]							
77	119	XA_OFFSET_H *	R/W	XA_OFFS [14:7]							
78	120	XA_OFFSET_L *	R/W	XA_OFFS [6:0]							-
7A	122	YA_OFFSET_H *	R/W	YA_OFFS [14:7]							
7B	123	YA_OFFSET_L *	R/W	YA_OFFS [6:0]							-
7D	125	ZA_OFFSET_H *	R/W	ZA_OFFS [14:7]							
7E	126	ZA_OFFSET_L *	R/W	ZA_OFFS [6:0]							-

8.4 SPI를 이용한 MPU-6500 프로그램 실습

8.4.1 하드웨어 구성

실습용 하드웨어는 아래와 같이 구성한다. 이 실습회로는 ATmega128 마이크로컨트롤러가 가속도와 각속도 값을 MPU-6500 센서로부터 입력받아 PC로 전송하여 확인하는 프로그램 실습이다.

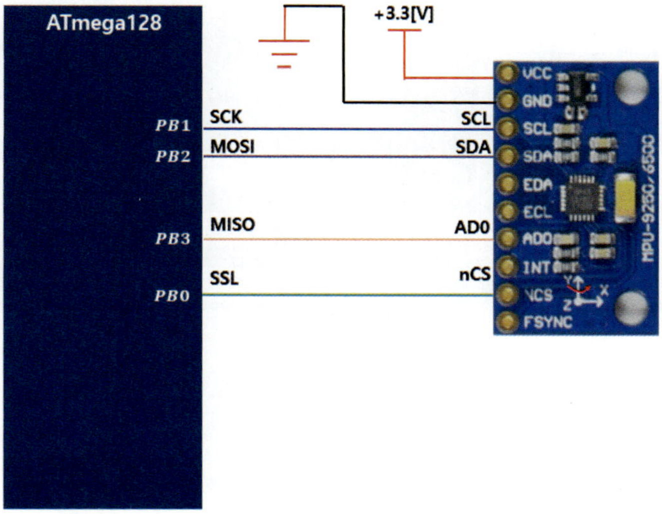

[그림 8-10. MPU-6500 실습을 위한 SPI 실습 회로]

[표 8-7. 가속도센서를 이용한 SPI 실습 부품 목록]

부품명	규격(수량)
ATmega128 실습보드	ATmega128A CPU
가속도 / 자이로센서	MPU-6500(1개)
점퍼선	리드선(40cm)

[표 8-8 실습보드와 MPU6500 간의 SPI 신호선 연결]

ATmega128 SPI 신호선	MPU6500 SPI 신호선
PB0(/SSL)	nCS
PB1(SCK)	SCL
PB2(MOSI)	SDA
PB3(MISO)	AD0

[그림 8-11. MPU6500 실습용 하드웨어]

8.4.2 MPU-6500 가속도센서 제어

8.4.2.1 실습 프로그램

소스 프로그램 : spi_1.c

```
#include <avr/io.h>
#include <avr/interrupt.h>
#include <stdio.h>
#define F_CPU 16000000UL
#include <util/delay.h>

// Accelomter Register
#define ACC_OUTX_L 0x3c
#define ACC_OUTX_H 0x3b
#define ACC_OUTY_L 0x3e
#define ACC_OUTY_H 0x3d
#define ACC_OUTZ_L 0x40
#define ACC_OUTZ_H 0x3f

#define SPI_CS_LOW()            PORTB &= 0
#define SPI_CS_HIGH()           PORTB |= 1

void Putch0(char data)
{
        while(!(UCSR0A & 0x20)); // UDRE1 = 1 ?
        UDR0 = data; // USART1 I/O 레지스터에 데이터 전송
}
char Getch0(void)
{
        while(!(UCSR0A & 0x80)); // RXC = 1 수신 완료 확인
        return UDR0; // USART I/O 레지스터 리턴
}
void UART_Initialize(void)
{
        UCSR0A = 0x0;
        UCSR0B = 0b10011000;
        UCSR0C = 0b00000110;
        UBRR0H = 0;
        UBRR0L = 8; // 115,200bps 속도 설정
        printf("₩n₩r UART0 Initialize....END.");
}

unsigned char Accel_Read_Reg(unsigned char reg_data){
        unsigned char ret_data = 0;
```

```
        SPI_CS_LOW();

        SPDR = 0x80|reg_data;
        while(!(SPSR & 0x80));
        ret_data = SPDR;

        SPDR = 0;
        while(!(SPSR & 0x80));
        ret_data = SPDR;

        SPI_CS_HIGH();
        return ret_data;
}

void Accel_Write_Reg(unsigned char reg_data, unsigned char data_write){
        SPI_CS_LOW();
        SPDR = reg_data;
        while(!(SPSR & 0x80));
        SPDR = data_write;
        while(!(SPSR & 0x80));

        SPI_CS_HIGH();
}

void MPU6500_SPI_Initalize(void){
        char device_address_temp, temp_reg, temp_reg1, temp_reg2, temp_reg3;

        DDRB=0xf7;          // /CS, SCK, MOSI=출력, MISO=입력
        SPI_CS_HIGH();              // CS를 HIGH로 올려주면서 SPI 통신 종료.
       // SPI 모드설정
        SPCR=0x50;                  // SPI 활성화, 마스터 모드

        device_address_temp=Accel_Read_Reg(0x75);
        printf("\n\r Device Address=0x%02X",device_address_temp);
        if(device_address_temp!=0x70)
        { printf("\n\r Device Address Error! Please Reset CPU!!!!");
                while(1);
        }

        // MPU6500 0x6B Register Setting
        temp_reg=Accel_Read_Reg(0x6b);
        temp_reg1=temp_reg&0xb8; // bit 6, 2-0 mask
        temp_reg1=temp_reg1|(0<<6|0x1);
        Accel_Write_Reg(0x6b,temp_reg1);
```

```
        // MPU6500 0x1B Register Zyro Setting
        temp_reg=Accel_Read_Reg(0x1b);
        temp_reg2=temp_reg&0xe7; // bit 4, 3 mask
        temp_reg2=temp_reg2|(0<<3|0<<4);
        Accel_Write_Reg(0x1b,temp_reg2);

        // MPU6500 0x1C Register Accelometer Setting
        temp_reg=Accel_Read_Reg(0x1c);
        temp_reg3=temp_reg&0xe7; // bit 4, 3 mask
        temp_reg3=temp_reg3|(0<<3|0<<4);
        Accel_Write_Reg(0x1c,temp_reg2);
        printf("₩n₩r MPU6500 SPI Interface Initialize....END.");
}

static FILE fp = FDEV_SETUP_STREAM((void*)Putch0, (void*)Getch0, _FDEV_SETUP_RW);

int main(void)
{
        signed int accel_x, accel_y, accel_z;
        stdin=stdout=stderr=&fp;
        UART_Initialize();
        MPU6500_SPI_Initalize();

        while(1)
        {
                accel_x = Accel_Read_Reg(ACC_OUTX_L);
                accel_x |= Accel_Read_Reg(ACC_OUTX_H)<<8;
                accel_y = Accel_Read_Reg(ACC_OUTY_L);
                accel_y |= Accel_Read_Reg(ACC_OUTY_H)<<8;
                accel_z = Accel_Read_Reg(ACC_OUTZ_L);
                accel_z |= Accel_Read_Reg(ACC_OUTZ_H)<<8;

        printf("₩n₩r [Accel_X]=%d, [Accel_Y]=%d,  [Accel_Z]=%d", accel_x, accel_y, accel_z);
                _delay_ms(100);

        }
}
```

가) 실습 결과

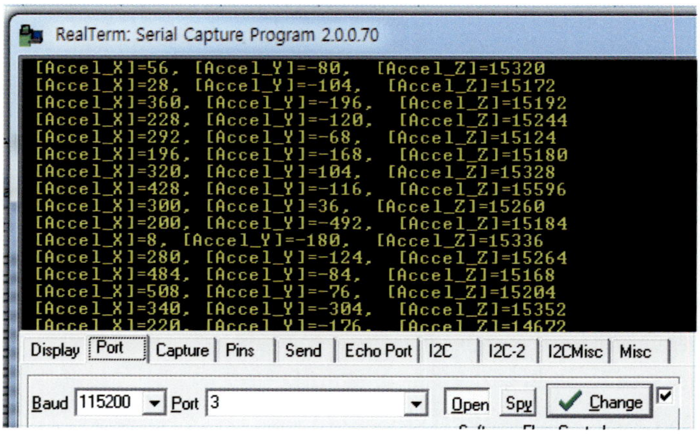

[그림 8-12. MPU6500 가속도센서 측정값]

8.4.3 가속도센서 측정을 위한 레지스터 제어

1) MPU6500 레지스터 설정

① MPU6500 Register 0x75

```
// MPU6500 ID check
device_address_temp=Accel_Read_Reg(0x75);
 printf("₩n₩r Device Address=0x%02X",device_address_temp);
 if(device_address_temp!=0x70)
 { printf("₩n₩r Device Address Error! Please Reset CPU!!!!");
        while(1);
 }
```

Reset value: 0x70

BIT	NAME	FUNCTION
[7:0]	WHOAMI	Register to indicate to user which device is being accessed.

[그림 8-13. MPU6500 Register 0x75번지 내용]

- MPU6500 ID를 확인하는 데 사용된다. WHO_AM_I의 내용은 0x70이다.

② MPU6500 Register 0x6B

- 프로그램 내용

```
// MPU6500 0x6B Register Setting
temp_reg=Accel_Read_Reg(0x6b);
temp_reg1=temp_reg&0xb8;          // bit 6, 2-0 mask
temp_reg1=temp_reg1|(0<<6|0x1);  // Sleep mode disable, Clock Source 선택
Accel_Write_Reg(0x6b,temp_reg1);
```

- 레지스터 내용

Register (Hex)	Register (Decimal)	Bit7	Bit6	Bit5	Bit4	Bit3	Bit2	Bit1	Bit0
6B	107	DEVICE _RESET	SLEEP	CYCLE	-	TEMP_DIS	CLKSEL[2:0]		

[그림 8-14. MPU6500 Register 0x6B 내용]

[표 8-9. MPU6500 Register 0x6B 세부내용]

DEVICE_RESET	'1'로 설정하면 MPU6500 레지스터값이 Default 값으로 설정된다. 이 비트는 Reset 후 '0'으로 클리어된다.
SLEEP	'1'로 설정하면 MPU65000이 Sleep 모드로 진입한다. 실습에서는 Sleep Mode Bit를 '0'으로 설정한다.
CLKSEL[2:0]	**Code** **Clock Source** 0 Internal 20MHz oscillator 1 Auto selects the best available clock source – PLL if ready, else use the Internal oscillator 2 Auto selects the best available clock source – PLL if ready, else use the Internal oscillator 3 Auto selects the best available clock source – PLL if ready, else use the Internal oscillator 4 Auto selects the best available clock source – PLL if ready, else use the Internal oscillator 5 Auto selects the best available clock source – PLL if ready, else use the Internal oscillator 6 Internal 20MHz oscillator 7 Stops the clock and keeps timing generator in reset

③ MPU6500 Register 0x1B

- 프로그램 내용

```
// MPU6500 0x1B Register Zyro Setting
  temp_reg=Accel_Read_Reg(0x1b);
  temp_reg2=temp_reg&0xe7; // bit 4, 3 mask
  temp_reg2=temp_reg2|(0<<3|0<<4);
  Accel_Write_Reg(0x1b,temp_reg2);
```

- 레지스터 내용

Register (Hex)	Register (Decimal)	Bit7	Bit6	Bit5	Bit4	Bit3	Bit2	Bit1	Bit0
1B	27	XG_ST	YG_ST	ZG_ST	FS_SEL[1:0]		-	-	-

[그림 8-15. MPU6500 Register 0x1B 내용]

[표 8-10. MPU6500 Register 0x1B 세부내용]

XG_ST/YG_ST/ZG_ST	X, Y, Z축 Gyroscopes selt test 설정 bit
FS_SEL[1:0]	– Full scale range of gyroscopes FS_SEL 0: ± 250 °/s; 1: ± 500 °/s; 2: ± 1000 °/s; 3: ± 2000 °/s – Gyro X, Gyro Y, Gyro Z가 16비트 데이터이므로 최대 표현할 수 있는 값은 -32768~32767이다. – 실습에서는 FS_SEL를 '00'으로 설정하므로 가속도센서 측정 Full Scale Range가 ±250 °/s이다. – Gyro X, Gyro Y, Gyro Z의 -32768~32767값은 자이로센서의 각속도 -250 °/s~+250 °/s 사이의 값을 나타낸다. 즉, 곡선 +Z축 회전 방향으로 일정한 회전속도로 1초 동안 250도 회전했을 때 32767값을 유지하고, 곡선 +Z축 회전 반대 방향으로 일정한 회전속도로 1초 동안 250도 회전했을 때 -32768값을 유지한다. – 자이로센서가 1초 동안 1° 회전했을 때 Gyro Z값은 131에 해당한다. (32768/250=131) – Gyro X, Gyro Y값도 Gyro Z와 같이 측정된다.

FS_SEL	Full Scale Range
0	± 250 °/s
1	± 500 °/s
2	± 1000 °/s
3	± 2000 °/s

④ MPU6500 Register 0x1C

- 프로그램 내용

```
// MPU6500 0x1C Register Setting
temp_reg=I2C_read(m6050_addr,0x1c);
temp_reg3=temp_reg&0xe7; // bit 4, 3 mask
temp_reg3=temp_reg3|(0<<3|0<<4);
I2C_write(m6050_addr,0x1c,temp_reg2);
```

- 레지스터 내용

Register (Hex)	Register (Decimal)	Bit7	Bit6	Bit5	Bit4	Bit3	Bit2	Bit1	Bit0
1C	28	XA_ST	YA_ST	ZA_ST	ACCEL_FS_SEL[1:0]		-		

[그림 8-16. MPU6500 Register 0x1C 내용]

[표 8-11. MPU6500 Register 0x1C 세부내용]

XA_ST/YA_ST/ZA_ST	X, Y, Z축 Accelerometer selt test 설정 bit
ACCEL_FS_SEL[1:0]	- Full scale range of the accelerometer output - Accelerometer X, Accelerometer Y, Accelerometer Z가 16비트 데이터이므로 최대 표현할 수 있는 값은 -32768~32767이다. - 실습에서는 AFS_SEL를 '00'으로 설정하므로 가속도센서 측정 Full Scale Range가 ±2g이다. - ±2g (00), ±4g (01), ±8g (10), ±16g (11) - Accelerometer X, Accelerometer Y, Accelerometer Z가 가속도 ±1g 사이이면 X, Y, Z축 가속도센서값은 -16384~+16387의 값이 측정된다. - Z축이 중력가속도 방향과 같으면 -16384 근처값이 측정되고, 중력가속도와 반대 방향이면 +16387 근처값이 측정된다. - Accelerometer X, Accelerometer Y는 Accelerometer Z 같이 측정된다.

2) 가속도센서 값 읽기 및 데이터 특성

① 가속도센서 16비트 ADC값 읽기

- 프로그램 내용

```
// Accelomter Register
#define ACC_OUTX_L 0x3c
#define ACC_OUTX_H 0x3b
#define ACC_OUTY_L 0x3e
#define ACC_OUTY_H 0x3d
#define ACC_OUTZ_L 0x40
#define ACC_OUTZ_H 0x3f
accel_x = Accel_Read_Reg(ACC_OUTX_L);
accel_x |= Accel_Read_Reg(ACC_OUTX_H)<<8;
accel_y = Accel_Read_Reg(ACC_OUTY_L);
accel_y |= Accel_Read_Reg(ACC_OUTY_H)<<8;
accel_z = Accel_Read_Reg(ACC_OUTZ_L);
accel_z |= Accel_Read_Reg(ACC_OUTZ_H)<<8;
```

- 레지스터 내용

[표 8-12. 가속도센서 3축(X, Y, Z) 레지스터 값]

어드레스(Hex)	레지스터 이름	내용
0x3B	ACCEL_XOUT_H	Accelerometer X값 상위 1BYTE 값
0x3C	ACCEL_XOUT_L	Accelerometer X값 하위 1BYTE 값
0x3D	ACCEL_YOUT_H	Accelerometer Y값 상위 1BYTE 값
0x3E	ACCEL_YOUT_L	Accelerometer Y값 하위 1BYTE 값
0x3F	ACCEL_ZOUT_H	Accelerometer Z값 상위 1BYTE 값
0x40	ACCEL_ZOUT_L	Accelerometer Z값 하위 1BYTE 값

② 가속도센서 직선 X값 측정

실제 가속도센서값을 측정해 보면, 직선 +X가 중력 방향(오른쪽)으로 움직이면 가속도센서 X축 값은 음수값이 측정되고, 중력 반대 방향(왼쪽)으로 움직이면 가속도센서 X축 값은 양수가 측정된다.

X축 중력 반대 방향(왼쪽)　　　　X축 기준　　　　X축 중력 방향(오른쪽)

[그림 8-17. MPU6500 X축 가속도 값 측정]

◎ 직선 X가 중력 방향(오른쪽)으로 기울어질 때 측정값

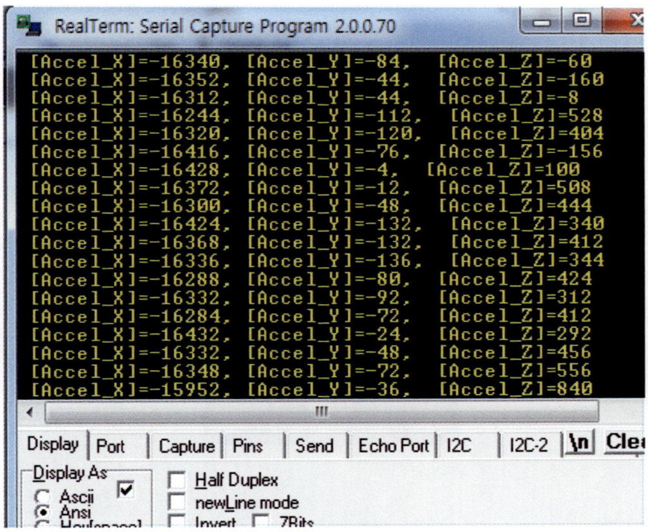

[그림 8-18. MPU6500 가속도센서 직선 X가 중력 방향(오른쪽)으로 기울어질 때 측정값]

◎ 직선 X가 중력 반대 방향(왼쪽)으로 기울어질 때 측정값

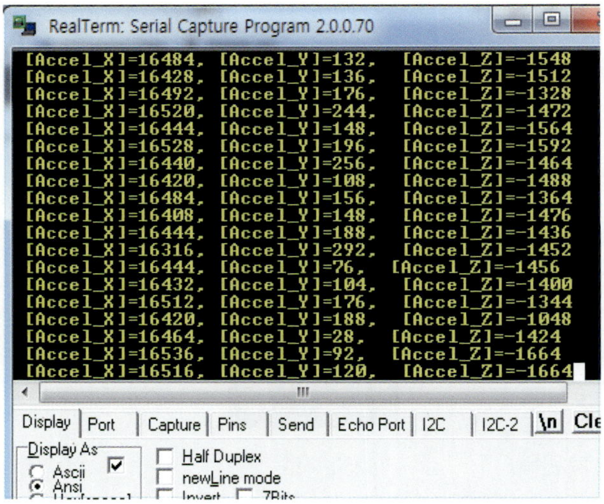

[그림 8-19. MPU6500 가속도센서 직선 X가 중력 반대 방향(왼쪽)으로 기울어질 때 측정값]

③ 가속도센서 직선 Y값 측정

실제 가속도센서값을 측정해 보면, 직선 +Y가 중력 방향(오른쪽)으로 움직이면 가속도센서 Y축 값은 음수값이 측정되고, 중력 반대 방향(왼쪽)으로 움직이면 가속도센서 Y축 값은 양수가 측정된다.

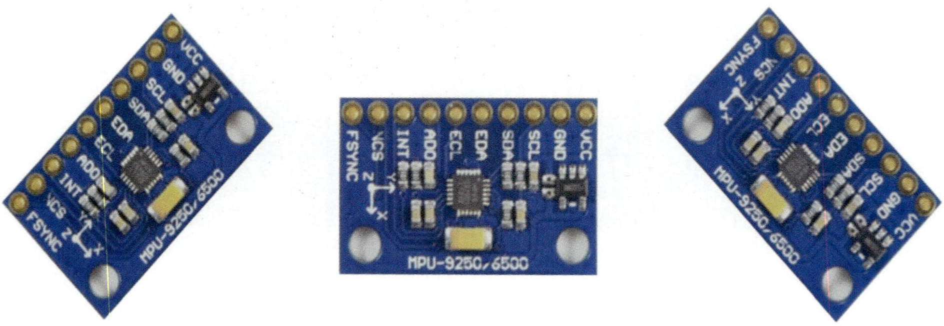

Y축 중력 반대 방향(왼쪽)　　Y축 기준　　Y축 중력 방향(오른쪽)

[그림 8-20. MPU6500 Y축 가속도 값 측정]

◎ 직선 Y가 중력 방향(오른쪽)으로 기울어질 때 측정값

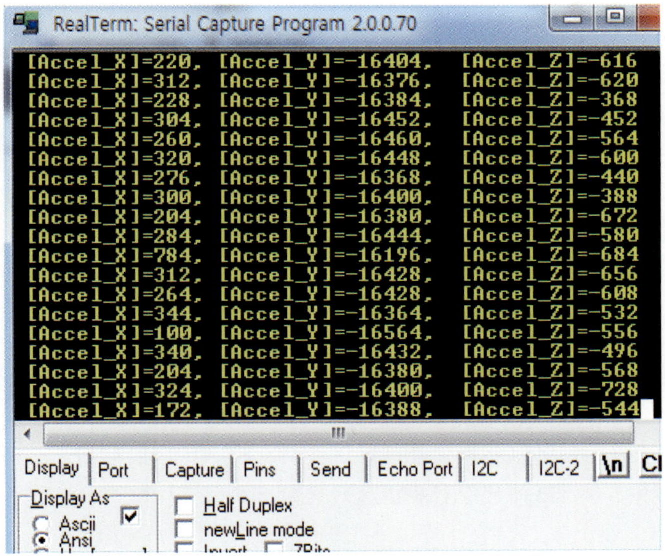

[그림 8-21. MPU6500 가속도센서 직선 Y가 중력 방향(오른쪽)으로 기울어질 때 측정값]

◎ 직선 Y가 중력 반대 방향(왼쪽)으로 기울어질 때 측정값

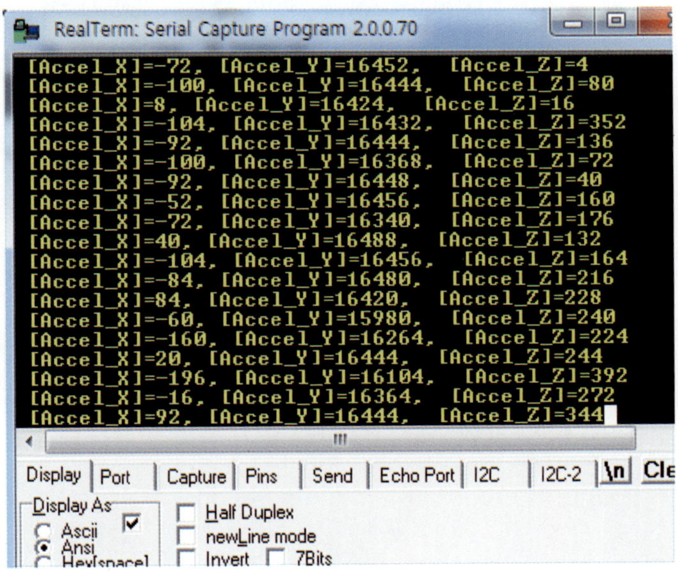

[그림 8-22. MPU6500 가속도센서 직선 Y가 중력 반대 방향(왼쪽)으로 기울어질 때 측정값]

④ 가속도센서 직선 Z값 측정

실제 가속도센서값을 측정해 보면, 직선 +Z가 중력 방향이면 가속도센서 Z축 값은 음수값이 측정되고, 중력 반대 방향이면 가속도센서 Z축 값은 양수값이 측정된다.

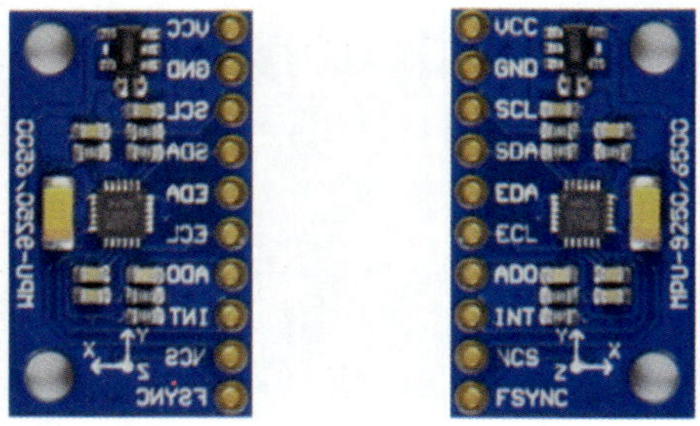

Z축(중력 방향)　　　　Z축(중력 반대 방향)

[그림 8-23.MPU6500 Z축 가속도 값 측정]

◎ 직선 Z가 중력 방향일 때 측정값

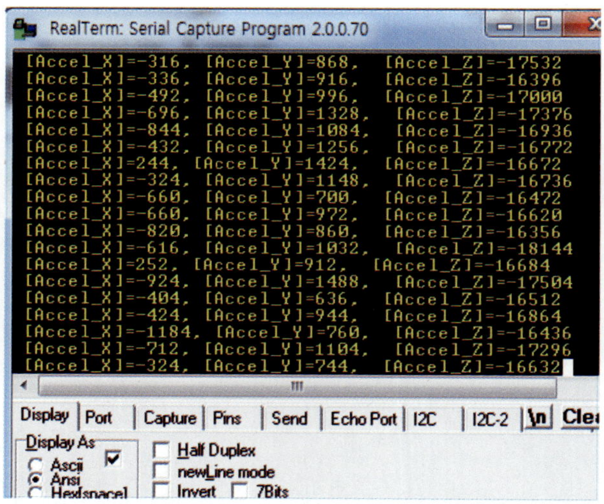

[그림 8-24. MPU6500 가속도센서 직선 Z가 중력 방향일 때 측정값]

◎ 직선 Z가 중력 반대 방향일 때 측정값

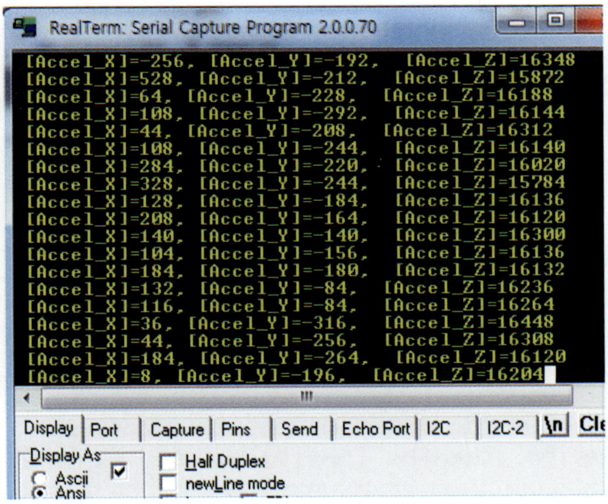

[그림 8-25. MPU6500 가속도센서 직선 Z가 중력 반대 방향일 때 측정값]

⑤ 가속도센서 각도계산

◎ 가속도센서 각도계산 공식

- angle(Y), Roll = $\tan^{-1}\left(\frac{AcX}{\sqrt{(Ac^2Y + Ac^2Z)}}\right)\times\left(\frac{180}{\pi}\right)$
- angle(X), Pitch = $\tan^{-1}\left(\frac{AcY}{\sqrt{(Ac^2X + Ac^2Z)}}\right)\times\left(\frac{180}{\pi}\right)$
- angle(Z), Yaw = $\tan^{-1}\left(\frac{\sqrt{(Ac^2X + Ac^2Y)}}{AcZ}\right)\times\left(\frac{180}{\pi}\right)$

◎ 가속도센서 각도계산 프로그램 작성

```
float redTodeg = 180/3.141592;
accel_yz = sqrt(pow(accel_y,2)+pow(accel_z,2));
accel_angle_y = atan(accel_x/accel_yz)*redTodeg;
accel_xz = sqrt(pow(accel_x,2)+pow(accel_z,2));
accel_angle_x = atan(accel_y/accel_xz)*redTodeg;
accel_xy = sqrt(pow(accel_x,2)+pow(accel_y,2));
accel_angle_z = atan(accel_xy/accel_z)*redTodeg;
```

◎ 가속도센서 각도계산 결과

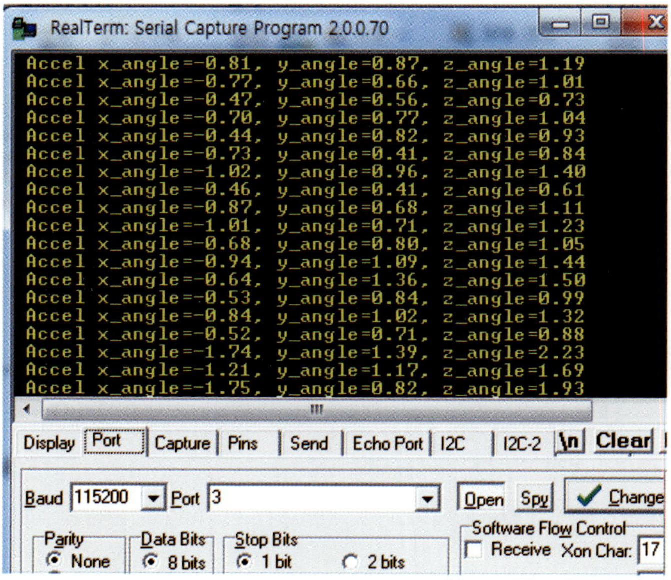

[그림 8-26. MPU6500 가속도센서 각도계산 결과]

8.4.4 MPU-6500 자이로센서 제어

① 자이로센서 16비트 값 읽기

◎ 프로그램 내용

```
// Zyro Register
#define ZYRO_OUTX_L 0x44
#define ZYRO_OUTX_H 0x43
#define ZYRO_OUTY_L 0x46
#define ZYRO_OUTY_H 0x45
#define ZYRO_OUTZ_L 0x48
#define ZYRO_OUTZ_H 0x47
 --------- 중복부분 생략함 -----------
int main(void)
{          signed int zyro_x, zyro_y, zyro_z;
           UART_Initialize();
           MPU6500_SPI_Initalize();
           while(1)
           { zyro_x = Accel_Read_Reg(ZYRO_OUTX_L);
             zyro_x |= Accel_Read_Reg(ZYRO_OUTX_H)<<8;
             zyro_y = Accel_Read_Reg(ZYRO_OUTY_L);
             zyro_y |= Accel_Read_Reg(ZYRO_OUTY_H)<<8;
             zyro_z = Accel_Read_Reg(ZYRO_OUTZ_L);
             zyro_z |= Accel_Read_Reg(ZYRO_OUTZ_H)<<8;
            printf("₩n₩r [Zyro_X]=%d, [Zyro_Y]=%d,  [Zyro_Z]=%d", zyro_x, zyro_y, zyro_z);
             _delay_ms(30);
           }
}
```

◎ 실행 결과

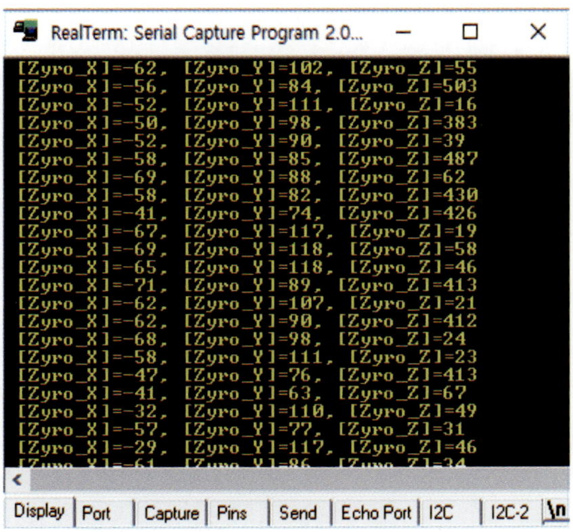

[그림 8-27. MPU6500 자이로센서 측정결과]

◎ 레지스터 내용

주소(Hex)	레지스터 이름	내용
0x43	GYRO_XOUT_H	GYRO X값 상위 1BYTE 값
0x44	GYROL_XOUT_L	GYRO X값 하위 1BYTE 값
0x45	GYRO_YOUT_H	GYRO Y값 상위 1BYTE 값
0x46	GYRO_YOUT_L	GYRO Y값 하위 1BYTE 값
0x47	GYRO_ZOUT_H	GYRO Z값 상위 1BYTE 값
0x48	GYRO_ZOUT_L	GYRO Z값 하위 1BYTE 값

② 자이로센서 회전 X값 측정

[그림 8-28. MPU6500 자이로센서 회전 X값 측정]

직선 +X를 엄지 방향으로 한 상태에서 손가락을 감는 방향이 곡선 회전각 속도 +X값이다. 회전각이 손가락을 감는 방향이면 회전각 속도 X는 양수값이 측정되고, 손가락을 감는 방향과 반대이면 회전각 속도 X는 음수 값이 측정된다.

◎ X 회전각이 손가락을 감는 방향일 때(오른쪽 회전) 회전각 속도 측정값

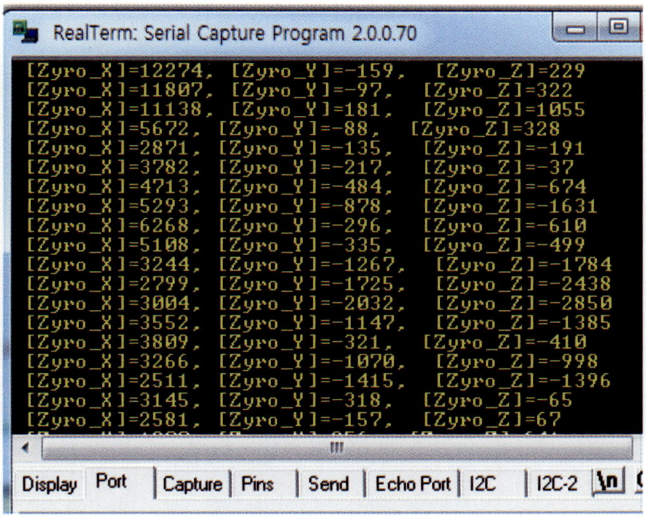

[그림 8-29. MPU6500 자이로센서 X 회전각이 손가락을 감는 방향일 때(오른쪽 회전) 측정값

X 회전각이 손가락을 감는 반대 방향일 때(왼쪽 회전) 회전각 속도 측정값은 손가락을 감는 방향일 때(오른쪽 회전)와 반대값이 측정된다.

③ 자이로센서 회전 Y값 측정

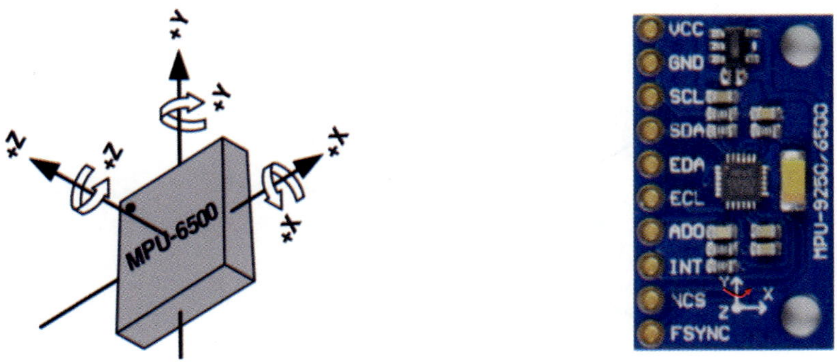

[그림 8-30. MPU6500 자이로센서 회전 Y값 측정]

직선 +Y를 엄지 방향으로 한 상태에서 손가락을 감는 방향이 곡선 회전각 속도 +Y값이다. 회전각이 손가락을 감는 방향이면 회전각 속도 Y는 양수 값이 측정되고, 손가락을 감는 방향과 반대이면 회전각 속도 Y는 음수 값이 측정된다.

◎ Y 회전각이 손가락을 감는 방향일 때(오른쪽 회전) 회전각 속도 측정값

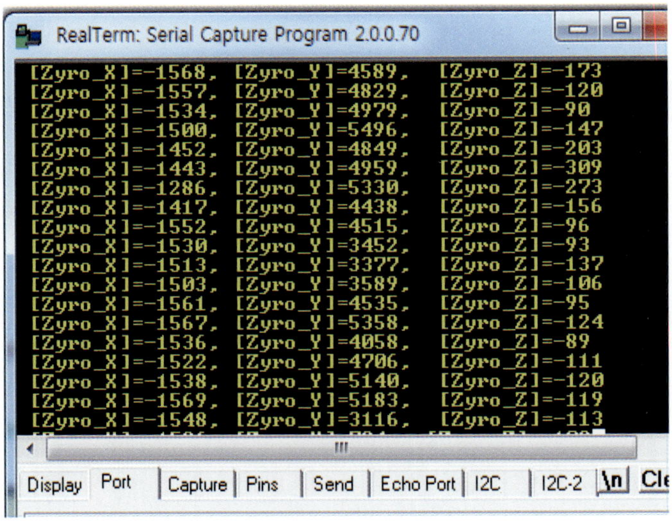

[그림 8-31. MPU6500 자이로센서 Y 회전각이 손가락을 감는 방향일 때(오른쪽 회전) 측정값

Y 회전각이 손가락을 감는 반대 방향일 때(왼쪽 회전) 회전각 속도 측정값은 손가락을 감는 방향일 때(오른쪽 회전)와 반대 값이 측정된다.

④ 자이로센서 회전 Z값 측정

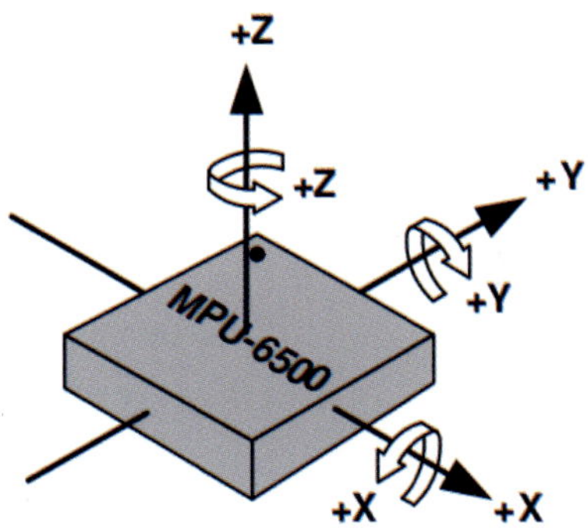

[그림 8-32. MPU6500 자이로센서 회전 Z값 측정]

직선 +Z를 엄지 방향으로 한 상태에서 손가락을 감는 방향이 곡선 회전각 속도 +Z값이다. 회전각이 손가락을 감는 방향이면 회전각 속도 Z는 양수 값이 측정되고, 손가락을 감는 방향과 반대이면 회전각 속도 Z는 음수 값이 측정된다.

◎ Z 회전각이 손가락을 감는 방향일 때(오른쪽 회전) 회전각 속도 측정값

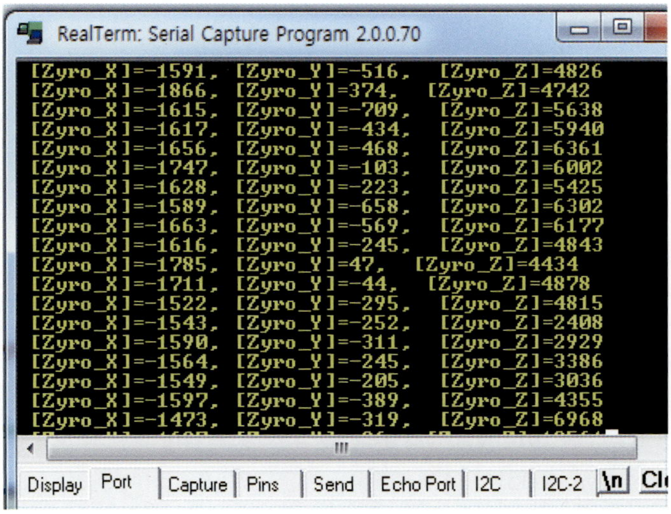

[그림 8-33. MPU6500 자이로센서 Z 회전각이 손가락을 감는 방향일 때(오른쪽 회전) 측정값

Z 회전각이 손가락을 감는 반대 방향일 때(왼쪽 회전) 회전각 속도 측정값은 손가락을 감는 방향일 때(오른쪽 회전)와 반대 값이 측정된다.

⑤ 자이로센서를 이용한 각도계산

◎ 각속도를 이용한 각도계산 공식

- 회전각도(X) $= \int \omega_x \cdot dt$

- 회전각도(Y) $= \int \omega_y \cdot dt$

- 회전각도(Z) $= \int \omega_z \cdot dt$

◎ 시간변화(dt) 설정하기 위한 방법

- Timver0 Overflow 인터럽트를 사용하여 dt = 32[ms]로 설정

- 설정을 위한 프로그램 코딩

```
void Timer0_Initalize(void)
{ TCCR0=0x07;      // f=16Mhz/1024=15625hz, t=1/15625hz=64us
  TCNT0=131;       //255-(TCNT0:131+1)=125, 64us×125=8ms
  TIMSK=0x01;
}
```

```
unsigned char count=0, timer0_flag=0;
ISR(TIMER0_OVF_vect,ISR_NOBLOCK){
```

```
        count++;
        if(count==4){          //8ms×4=32msec
                Calc_Zyro();
                count=0;
        }
}
```

◎ 자이로센서 각도계산(적분) 프로그램 작성

```
float zyro_angle_vx, zyro_angle_vy, zyro_angle_vz;
float zyro_angle_x, zyro_angle_y, zyro_angle_z;
void Calc_Zyro(void)
{ //±32,767으로 각속도 ±250도를 표현하므로, 32,767/250=131임
  zyro_angle_vx=(float)zyro_x/131;
  zyro_angle_vy=(float)zyro_y/131;
  zyro_angle_vz=(float)zyro_z/131;
  zyro_angle_x+=zyro_angle_vx*0.032;
  zyro_angle_y+=zyro_angle_vy*0.032;
  zyro_angle_z+=zyro_angle_vz*0.032;
}
```

소스 프로그램 : spi_int_1.c

```
#include <avr/io.h>
#include <avr/interrupt.h>
#include <stdio.h>
#define F_CPU 16000000UL
#include <util/delay.h>

// Accelomter Register
#define ACC_OUTX_L 0x3c
#define ACC_OUTX_H 0x3b
#define ACC_OUTY_L 0x3e
#define ACC_OUTY_H 0x3d
#define ACC_OUTZ_L 0x40
#define ACC_OUTZ_H 0x3f

// Zyro Register
#define ZYRO_OUTX_L 0x44
#define ZYRO_OUTX_H 0x43
#define ZYRO_OUTY_L 0x46
```

```
#define ZYRO_OUTY_H 0x45
#define ZYRO_OUTZ_L 0x48
#define ZYRO_OUTZ_H 0x47

#define SPI_CS_LOW()                PORTB &= 0
#define SPI_CS_HIGH()               PORTB |= 1

void Timer0_Initalize(void)
{ TCCR0=0x07;     // f=16Mhz/1024=15625hz, t=1/15625hz=64us
        TCNT0=131;        //256-(TCNT0:131)=125, 64us×125=8ms
        TIMSK=0x01;
}

float zyro_angle_vx, zyro_angle_vy, zyro_angle_vz;
float zyro_angle_x, zyro_angle_y, zyro_angle_z;
signed int zyro_x, zyro_y, zyro_z;

void Calc_Zyro(void)
{  //±32,767으로 각속도 ±250도를 표현하므로, 32,767/250=131임
        zyro_angle_vx=(float)zyro_x/131;
        zyro_angle_vy=(float)zyro_y/131;
        zyro_angle_vz=(float)zyro_z/131;
        zyro_angle_x+=zyro_angle_vx*0.032;
        zyro_angle_y+=zyro_angle_vy*0.032;
        zyro_angle_z+=zyro_angle_vz*0.032;
}

unsigned char count=0, timer0_flag=0;
ISR(TIMER0_OVF_vect,ISR_NOBLOCK){
        count++;
        if(count==4){         //8ms×4=32msec
                Calc_Zyro();
                count=0;
        }
}

void Putch0(char data)
{
        while(!(UCSR0A & 0x20)); // UDRE1 = 1 ?
        UDR0 = data; // USART1 I/O 레지스터에 데이터 전송
}
```

```
char Getch0(void)
{
        while(!(UCSR0A & 0x80)); // RXC = 1 수신 완료 확인
        return UDR0; // USART I/O 레지스터 리턴
}
void UART_Initialize(void)
{
        UCSR0A = 0x0;
        UCSR0B = 0b10011000;
        UCSR0C = 0b00000110;
        UBRR0H = 0;
        UBRR0L = 8; // 115,200bps 속도 설정
        printf("\n\r UART0 Initialize....END.");
}

unsigned char Accel_Read_Reg(unsigned char reg_data){
        unsigned char ret_data = 0;
        SPI_CS_LOW();

        SPDR = 0x80|reg_data;
        while(!(SPSR & 0x80));
        ret_data = SPDR;

        SPDR = 0;
        while(!(SPSR & 0x80));
        ret_data = SPDR;

        SPI_CS_HIGH();
        return ret_data;
}

void Accel_Write_Reg(unsigned char reg_data, unsigned char data_write){
        SPI_CS_LOW();
        SPDR = reg_data;
        while(!(SPSR & 0x80));
        SPDR = data_write;
        while(!(SPSR & 0x80));

        SPI_CS_HIGH();
}
```

```
void MPU6500_SPI_Initalize(void){
        char device_address_temp, temp_reg, temp_reg1, temp_reg2, temp_reg3;

        DDRB=0xf7;          // /CS, SCK, MOSI=출력, MISO=입력
        SPI_CS_HIGH();                // CS를 HIGH로 올려주면서 SPI 통신 종료.
        SPCR=0x50;                    // SPI 활성화, 마스터 모드

        device_address_temp=Accel_Read_Reg(0x75);
        printf("\n\r Device Address=0x%02X",device_address_temp);
        if(device_address_temp!=0x70)
        { printf("\n\r Device Address Error! Please Reset CPU!!!!");
                while(1);
        }

        // MPU6500 0x6B Register Setting
        temp_reg=Accel_Read_Reg(0x6b);
        temp_reg1=temp_reg&0xb8; // bit 6, 2-0 mask
        temp_reg1=temp_reg1|(0<<6|0x1);
        Accel_Write_Reg(0x6b,temp_reg1);

        // MPU6500 0x1B Register Zyro Setting
        temp_reg=Accel_Read_Reg(0x1b);
        temp_reg2=temp_reg&0xe7; // bit 4, 3 mask
        temp_reg2=temp_reg2|(0<<3|0<<4);
        Accel_Write_Reg(0x1b,temp_reg2);

        // MPU6500 0x1C Register Accelometer Setting
        temp_reg=Accel_Read_Reg(0x1c);
        temp_reg3=temp_reg&0xe7; // bit 4, 3 mask
        temp_reg3=temp_reg3|(0<<3|0<<4);
        Accel_Write_Reg(0x1c,temp_reg2);
        printf("\n\r MPU6500 SPI Interface Initialize....END.");
}

void SPI_Zyro_Read(void)
{
        zyro_x = Accel_Read_Reg(ZYRO_OUTX_L);
        zyro_x |= Accel_Read_Reg(ZYRO_OUTX_H)<<8;
        zyro_y = Accel_Read_Reg(ZYRO_OUTY_L);
        zyro_y |= Accel_Read_Reg(ZYRO_OUTY_H)<<8;
        zyro_z = Accel_Read_Reg(ZYRO_OUTZ_L);
```

```
        zyro_z |= Accel_Read_Reg(ZYRO_OUTZ_H)<<8;
}

static FILE fp = FDEV_SETUP_STREAM((void*)Putch0,  (void*)Getch0, _FDEV_SETUP_RW);

int main(void)
{
        stdin=stdout=stderr=&fp;
        cli();
        Timer0_Initalize();
        UART_Initialize();
        MPU6500_SPI_Initalize();
        sei();

        while(1)
        {  SPI_Zyro_Read();
          printf("₩n₩r Zyro Angle x=%3.2f, y=%3.2f, z=%3.2f",
           zyro_angle_x, zyro_angle_y, zyro_angle_z);
           _delay_ms(100);

        }
}
```

○ 자이로센서 각도계산(적분) 프로그램

◎ X 회전각 측정결과

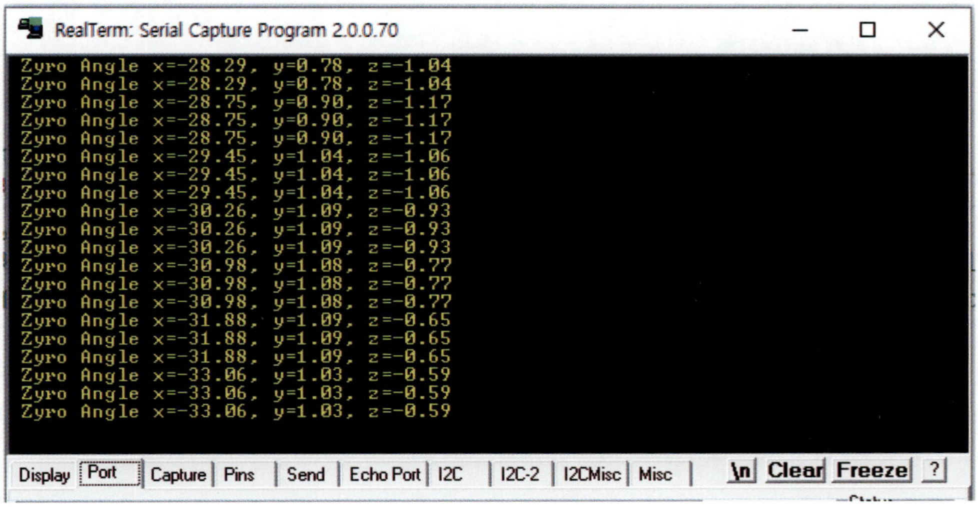

[그림 8-34. MPU6500 자이로센서 X 각도]

◎ Y 회전각 측정결과

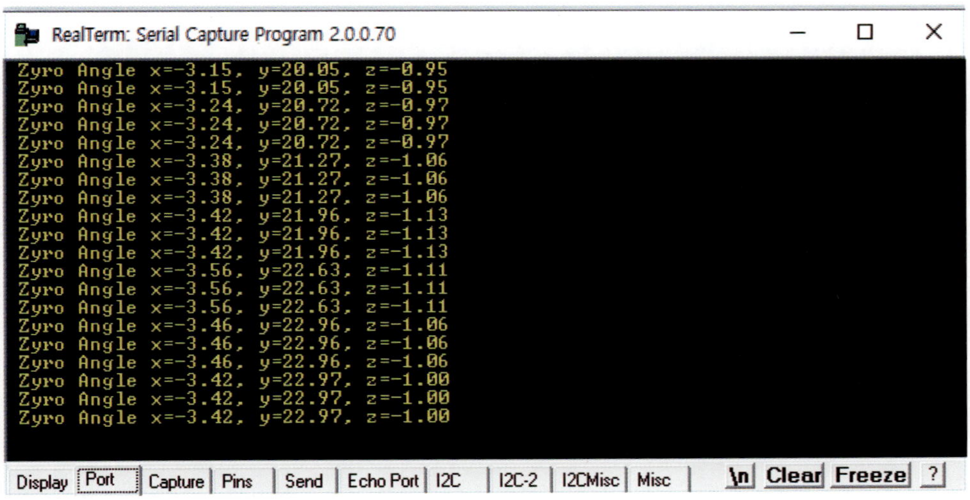

[그림 8-35. MPU6500 자이로센서 Y 각도]

◎ Z 회전각 측정결과

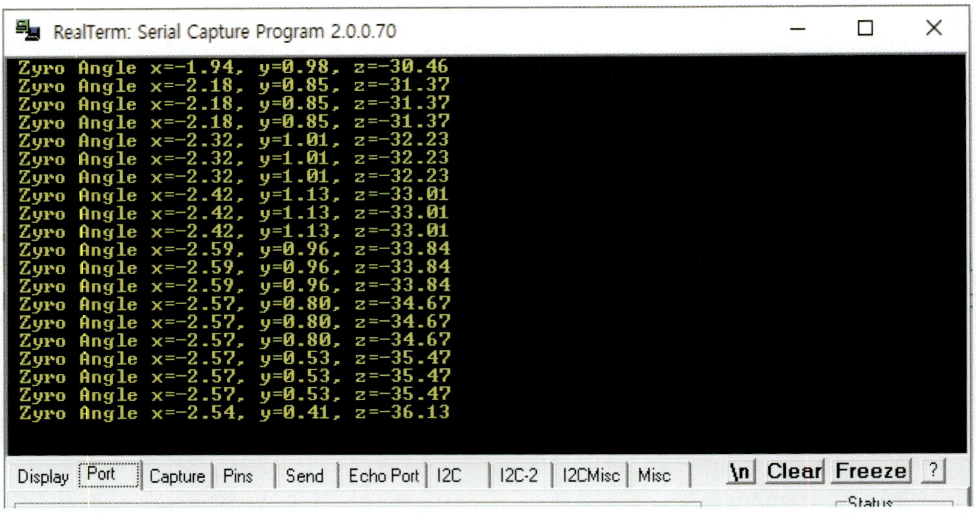

[그림 8-36. MPU6500 자이로센서 Z 각도]

자이로센서값을 적분하면 적분으로 인한 오차가 누적되므로 보상필터를 사용하여 보상이 필요하다. 보상필터 구현은 TWI 인터페이스에서 설명한다.

CHAPTER

09

TWI 실습

9.1 TWI

TWI는 필립스에서 제안한 근거리 표준 직렬통신 방식으로, ATmega128 마이크로컨트롤러에서 TWI[42)]라고 한다. 이 방식은 마이크로컨트롤러와 주변장치들 간에 인터페이스를 하기 위해 만들어진 직렬통신 방식이다. 2개의 양방향 신호선을 사용하여 단순하게 통신을 구현할 수 있다. ATmega128 마이크로컨트롤러에서 사용하고 있는 TWI 관련 포트에 대하여 알아본다. 먼저 TWI의 주요 기능 및 특징은 다음과 같다.

- 단순하며 강하고 유연한 통신 인터페이스 지원(2개 신호선 사용)
- 마스터 또는 슬레이브 동작
- 송신기 또는 수신기로 동작
- 7비트 주소 공간으로 128개의 슬레이브 사용 가능
- 다중 마스터 중재가 가능
- 400kHz 전송 속도
- 슬루-레이트(Slew-rate) 드라이버 출력 제한
- 버스에서 잡음을 제거하기 위해 제거 회로 내장
- 일반 호출 기능을 통해 모든 슬레이브 주소 프로그램 가능
- 슬립 모드일 때 주소 인식으로 깨어나는 기능 지원

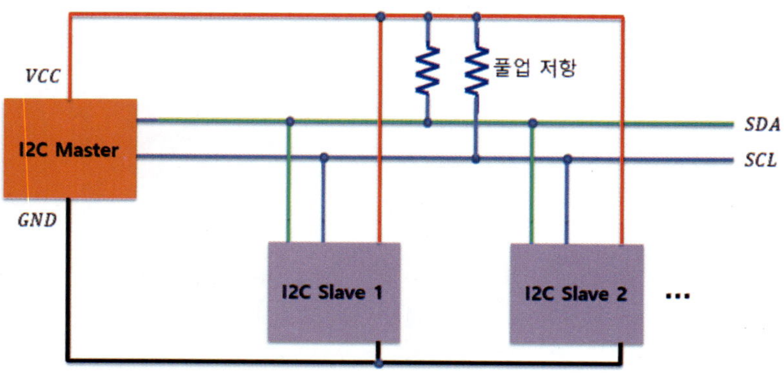

[그림 9-1. TWI 내부 연결 블록도]

42) TWI : Two Wire Serial Interface

[표 9-1. TWI 마스터, 슬레이브의 용어 정의]

구분	기능 정의
마스터(Master)	전송을 시작하고 종료하는 기본 장치 SCL 클록을 발생
슬레이브(Slave)	마스터를 통해 지정되는 장치
송신기(Transmitter)	버스를 통해 데이터를 송신하는 장치
수신기(Receiver)	버스로부터 데이터를 수신하는 장치

9.2 TWI 데이터 전송과 포맷

9.2.1 데이터 전송

클록 신호선(SCL)에 하나의 클록 펄스동안 데이터 신호선(SDA)를 통하여 TWI 버스로 데이터 비트가 전송된다. 즉 클록 신호를 통해 동기화되고 이 동기화 신호에 따라 데이터 비트가 전송된다. 데이터 신호선(SDA)의 데이터는 반드시 클록 신호의 High 레벨에서 전송할 수 있고, Low 레벨에서는 변경이 가능하다. START와 STOP 신호일 때는 예외로 한다. 이를 그림으로 나타내면 다음과 같다.

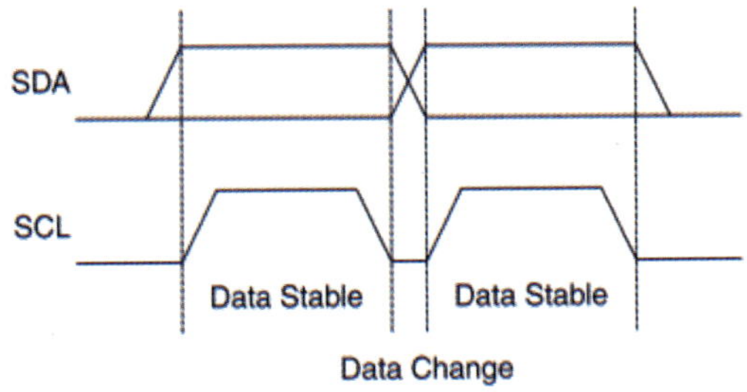

[그림 9-2. 데이터]

9.2.2 데이터 전송 조건

마스터는 데이터 전송을 시작하고 종료하는 기능을 한다. 데이터의 시작을 나타내는 것을 START, 종료를 나타내는 것을 STOP이라 한다.

START를 하기 위한 조건은 클록 신호선(SCL)의 클록 신호가 High 레벨을 유지한 상태에서 데이터 신호선(SDA)의 신호가 하강 에지로 변해야 한다. 그리고 STOP를 하기 위한 조건은 클록 신호선(SCL)의 클록 신호가 High 레벨을 유지한 상태에서 데이터 신호선(SDA)의 신호가 상승 에지로 변해야 한다. 하지만 START 이후에 STOP 신호가 발생되지 않고 다시 START할 수 있는데, 이를 REPEAT START라 한다. REPEAT START는 마스터가 제어권한을 계속 유지하면서 새로운 데이터 전송을 하기 위해서 사용한다. 이러한 조건들을 그림으로 표현하면 다음과 같다.

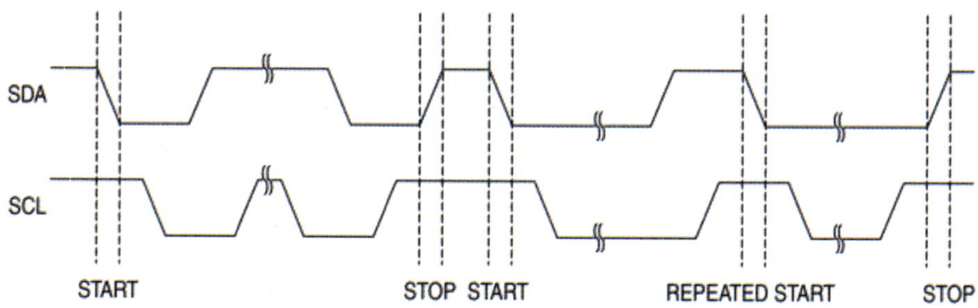

[그림 9-3. START, STOP, REPEAT START 조건]

9.2.3 데이터 포맷

모든 패킷[43)]은 TWI 버스로 전송된다. 이러한 패킷은 크게 주소 패킷과 데이터 패킷으로 구분된다. 각각의 패킷은 다음과 같이 구성된다.

주소 패킷 :

주소(7비트)	READ/WRITE(1비트)	응답확인(ACK)(1비트)

데이터 패킷 :

데이터(8비트)	응답확인(ACK)(1비트)

[그림 9-4. 패킷 구성]

43) 패킷(Packet) : 데이터 전송 단위, 데이터 묶음, 보통은 바이트(8비트)이나 별도로 정할 수 있음.

[표 9-2. 패킷별 기능]

패킷 구분	비트	기능
주소 패킷	1 ~ 7	주소(0x00 ~ 0xFF) 비트
	8	• 읽기/쓰기 제어 비트 – '0' : WRITE – '1' : READ
	9	• 응답확인 비트 – Low : 정상 응답 – High : 서비스할 수 없음
데이터 패킷	1 ~ 8	데이터
	9	• 응답확인 비트 – Low : 정상 응답 – High : 서비스할 수 없음

주소 패킷은 주소 7비트와 읽기(READ)/쓰기(WRITE) 제어를 위한 1비트, 응답확인 1비트로 구성된다. 읽기(READ)/쓰기(WRITE) 제어 비트가 '0'이면 쓰기 동작을 수행하고, '1'이면 읽기로 동작한다. 응답확인 비트는 9번째 클록에서 Low 상태로 응답한다. 만약 슬레이브가 사용 중이거나 다른 이유로 마스터 요청을 서비스할 수 없는 경우 High 상태로 응답한다. 이때에는 STOP를 하거나 REPEAT START를 전송하여 새로운 데이터 전송을 해야 한다.

주소는 사용자가 임의로 지정하여 사용할 수 있다. 하지만 '0000 0000' 주소는 전체 슬레이브를 호출할 때 사용하기 위해 정해져 있다. 따라서 이 호출이 발생하면 모든 슬레이브는 응답확인 클록 사이클에서 Low로 응답하도록 되어 있다.

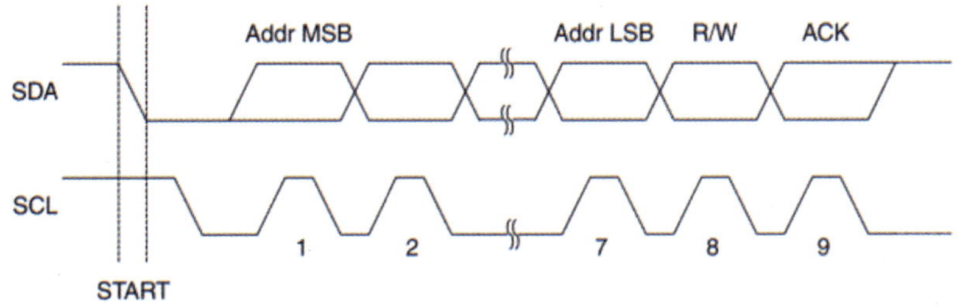

[그림 9-5. 주소 패킷]

데이터 패킷은 주소 패킷과 동일한 동작을 수행한다. 기본 패킷 구성은 데이터 8비트, 응답확인 1비트로 구성되어 있다.

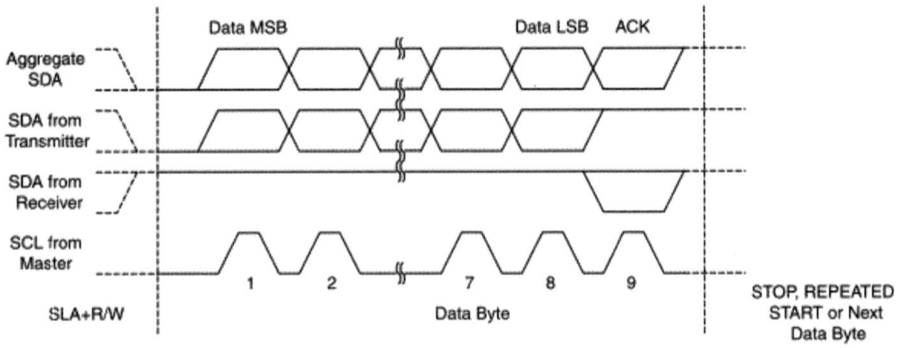

[그림 9-6. 데이터 패킷]

기본적으로 TWI에서 데이터 전송은 START, SLA+R/W, 하나 이상의 데이터 패킷과 STOP 조건으로 이루어진다.

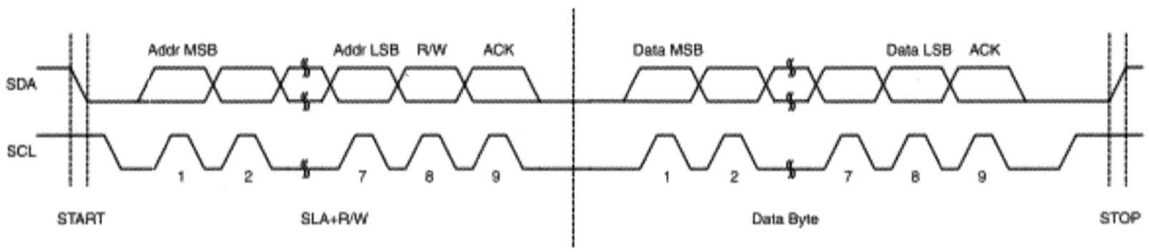

[그림 9-7. TWI의 전형적인 데이터 전송]

9.3 TWI 다중-마스터 버스 시스템 중재와 동기화

TWI 프로토콜은 버스 시스템에서 여러 개의 마스터를 허용하고 있다. 하지만 이러한 다중-마스터 시스템에서 발생할 수 있는 문제가 두 가지 있다.

① 하나의 마스터만이 데이터 패킷을 전송할 수 있다. 다른 마스터들은 선택 프로세스를 잃었을 때 전송하지 말아야 한다. 이때 선택 프로세스를 중재라고 한다. 이렇게 선택 프로세스를 잃은 마스터는 슬레이브 모드로 전환하여 자신에게 주소가 할당되어 있는지를 검사해야 한다. 만약 여러 개의 마스터가 동시에 데이터를 전송하면 슬레이브들이 데이터를 수신할 수 없게 된다.
② 마스터들은 서로 다른 SCL 주파수를 사용한다. 이는 모든 마스터들로부터 동기화 유지하기 위해서이다. 이러한 방법이 중재 과정을 좋게 한다.

위의 문제점들을 해결하기 위해 버스 라인에 wired-AND를 사용한다. 모든 마스터의 직렬 동기화 클록이 wired-AND가 되고 조합된 클록 신호의 High 구간과 가장 짧은 High 구간을 가지는 마스터와 동일한 마스터가 선택된다. 조합된 클록 신호의 Low 구간이 가장 긴 Low 구간을 가지는 마스터와 동일한 마스터가 선택된다.

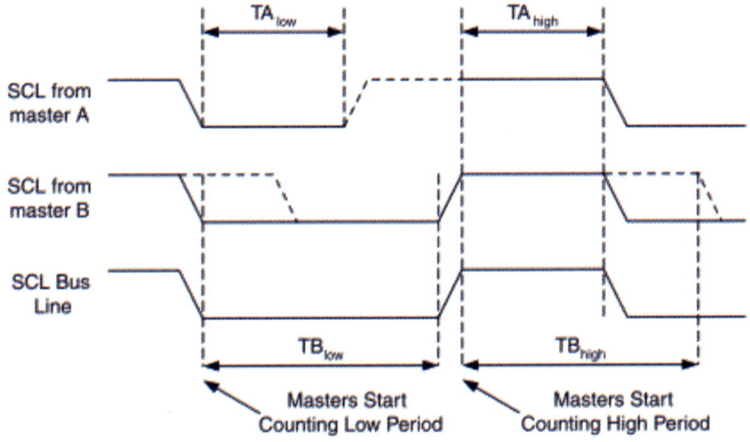

[그림 9-8. 다중-마스터들 사이에서 동기화]

중재는 SDA 라인의 데이터 출력 이후에 모든 마스터들을 지속적으로 모니터링하여 수행한다. 만약 SDA 라인으로부터 데이터를 읽은 값이 마스터의 출력 값이 아니면 중재를 잃어버리게 된다. 중재를 잃어버린 마스터는 즉시 슬레이브 모드로 전환되어야 하고, 중재를 가진 마스터로부터 주소 설정이 되었는지 확인해야 한다. 중재를 잃어버린 마스터는 전송 중인 데이터의 마지막까지 모두 전송하도록 클록 신호를 발생할 수 있다. 중재는 하나의 마스터가 남을 때까지 계속한다.

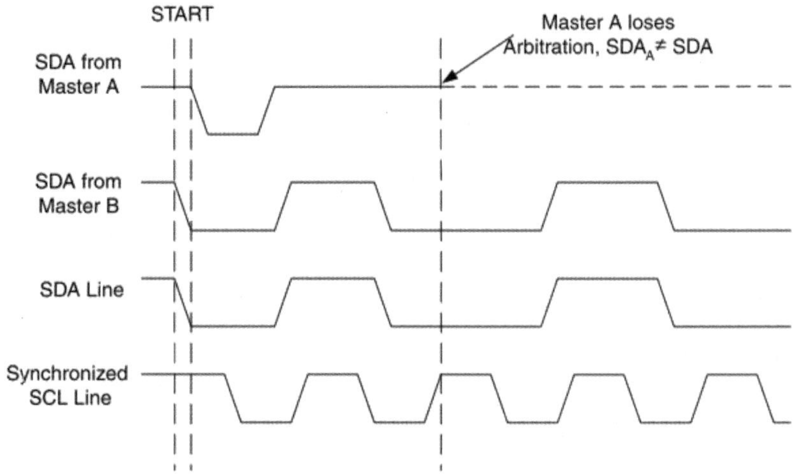

[그림 9-9. 두 개의 마스터 사이에서의 중재 과정]

하지만 다음과 같은 경우에는 중재가 허용되지 않는다.

- REPEAT START, 데이터 비트일 경우
- STOP, 데이터 비트일 경우
- REPEAT START, STOP 조건일 경우

9.4 ATmega128 마이크로컨트롤러의 TWI

ATmega128 마이크로컨트롤러의 TWI는 다음과 같이 구성되어 있다.

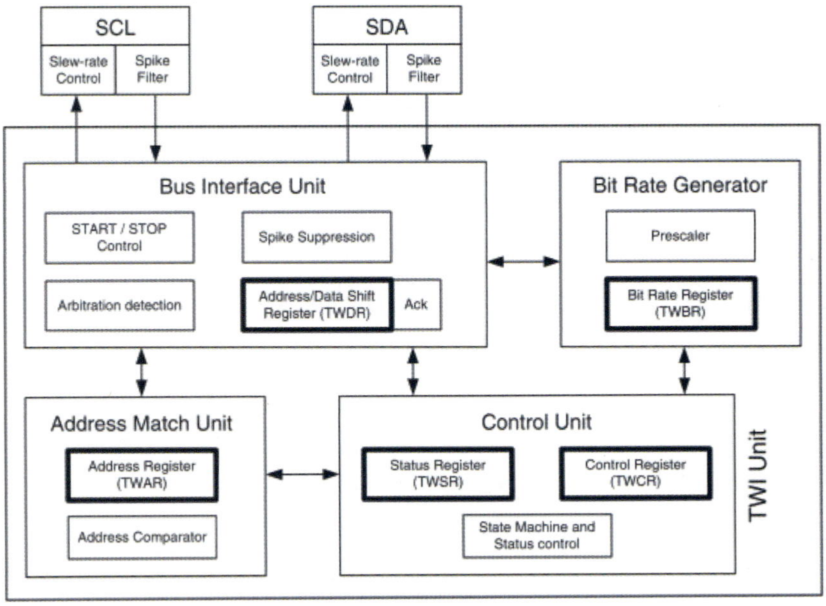

[그림 9-10. TWI 기본 구조]

TWI는 크게 비트 레이트 발생기, 버스 인터페이스 장치, 주소 일치 장치, 제어 장치로 구성되어 있다. 비트 레이트 발생기는 마스터 모드로 동작할 때 SCL의 주기를 제어한다. SCL 주기는 TWSR 레지스터의 프리스케일러 비트와 TWBR 레지스터의 설정에 의해 제어된다. 슬레이브 모드일 때는 비트 레이트 발생기에 의존하지는 않지만 시스템 클록(CPU 클록)이 SCL 주파수보다 16배 이하로 되어야 한다.

$$SCL\,frequency = \frac{CPU\,Clock\,frequency}{16 + 2(TWBR)4^{TWPS}}$$

TWBR[44] : TWBR 레지스터 값

TWPS[45] : TWSR 레지스터에서 프리스케일러 비트 값

44) TWBR : TWI Bit Rate Register

버스 인터페이스 장치는 TWDR[46] 레지스터, START/STOP 컨트롤러, 중재 탐지 하드웨어, (N)ACK 레지스터를 포함한다. TDWR 레지스터는 주소나 데이터 바이트를 송수신하는 기능을 수행한다. START/STOP 컨트롤러는 START, REPEAT START, STOP 조건의 탐지와 생성에 응답하는 기능을 수행한다. 중재 탐지 하드웨어는 여러 개의 마스터가 하나의 슬레이브에 동시 접근 시 충돌을 방지하고 버스의 제어권 중재를 결정하기 위해 모니터링을 수행한다. (N)ACK 레지스터는 수신 모드일 때 TWCR[47] 레지스터 중재에 의해서 설정되거나 클리어될 수 있고, 송신 모드일 때는 (N)ACK 비트의 값이 TWSR[48] 레지스터 값에 의해 결정된다.

주소 일치 장치는 수신된 주소 바이트가 TWAR[49] 레지스터에 설정된 7비트 주소와 일치하는지 검사한다. 만약 TWGCE 비트가 '1'로 설정되면 수신된 주소와 TWAR 레지스터에 설정된 레지스터를 비교하여 주소가 일치하면 제어 장치에게 알려 적절한 동작을 수행한다.

제어 장치는 TWI 버스 모니터링과 TWCR 레지스터에서 설정된 값에 따라 동작한다. TWI 버스에 이벤트가 발생하면 TWCR 레지스터의 TWINT 플래그를 설정하여 이벤트 발생을 알린다. 그런 다음 TWSR 레지스터의 상태 코드가 갱신된다. TWSR 레지스터는 TWI 인터럽트 플래그가 설정되었을 때에만 의미 있는 상태 정보를 나타낸다. TWINT 플래그가 설정되면 SCL 신호선은 Low를 유지한다. 아래의 표는 TWI 플래그를 나타낸 것이다.

- TWI가 START/REPEATED START 조건을 전송한 다음 플래그가 설정됨
- TWI가 SLA+R/W를 전송한 다음 플래그가 설정됨
- TWI가 주소 바이트를 전송한 다음 플래그가 설정됨
- TWI가 중재를 잃었을 경우 플래그가 설정됨
- TWI가 자신의 슬레이브 주소 또는 일반 호출을 통해 주소로 맵핑된 경우 플래그가 설정됨
- TWI가 데이터 바이트를 수신한 다음 플래그가 설정됨
- STOP, REPEATED START가 슬레이브일 동안 수신된 경우 플래그가 설정됨
- 잘못된 START, STOP 조건 때문에 버스 에러가 발생한 경우 플래그가 설정됨

45) TWPS : TWI Prescaler Status
46) TWDR : TWI Data and Address Shift Register
47) TWCR : TWI Control Register
48) TWSR : TWI Status Register
49) TWAR : TWI Address Register

9.5 TWI 레지스터

ATmega128 마이크로컨트롤러는 TWI를 제어하기 위해 TWBR, TWCR, TWSR, TWDR, TWAR 레지스터들을 사용한다.

9.5.1 TWBR

TWBR 레지스터는 클록의 주기를 설정하기 위한 분주비를 설정하는 레지스터이다.

Bit	7	6	5	4	3	2	1	0	
	TWBR7	TWBR6	TWBR5	TWBR4	TWBR3	TWBR2	TWBR1	TWBR0	TWBR
Read/Write	R/W	R/W	R/W	R/W	R/W	R/W	R/W	R/W	
Initial Value	0	0	0	0	0	0	0	0	

[그림 9-11. TWBR 레지스터]

9.5.2 TWCR

TWCR 레지스터는 TWI 동작을 제어하는 레지스터이다.

Bit	7	6	5	4	3	2	1	0	
	TWINT	TWEA	TWSTA	TWSTO	TWWC	TWEN	–	TWIE	TWCR
Read/Write	R/W	R/W	R/W	R/W	R	R/W	R	R/W	
Initial Value	0	0	0	0	0	0	0	0	

[그림 9-12. TWCR 레지스터]

[표 9-3. TWCR 레지스터 기능]

비트	기능
비트 7(TWINT)	• TWI 인터럽트 플래그 – TWI가 현재 작업을 종료하면 하드웨어에 의해 '1'로 설정됨
비트 6(TWEA)	• TWI 활성화 확인 비트 – 확인 펄스 발생을 제어하는 비트 – '0' : TWI 버스 차단 – '1' : ACK 펄스 발생 • 조건 1. 장치 소유의 슬레이브 주소가 수신될 경우 2. TWAR 레지스터의 TWGCE 비트가 '1'로 설정된 상태에서 일반 호출을 받은 경우

	3. 마스터 수신기 모드 또는 슬레이브 수신기 모드에서 데이터 바이트를 수신한 경우
비트 5(TWSTA)	• TWI START 상태 비트 – '0' : START 조건이 전송된 다음 반드시 소프트웨어에 의해 클리어되어야 함 – '1' : TWI 직렬 버스에서 마스터로 동작 – TWI 하드웨어가 버스가 사용 가능한 상태인지 검사하고, 가능하다면 START 조건을 발생. 만약 가능하지 않다면 STOP 조건이 감지될 때까지 대기
비트 4(TWSTO)	• TWI STOP 상태 비트 – '0' : STOP 조건이 발생한 다음 클리어된다. – '1' : 마스터 모드에서 설정되면 버스로 STOP 조건을 발생 – 슬레이브 모드에서 설정되면 에러 조건을 복구하기 위해 사용 – 이때에는 STOP 조건을 발생하지는 않음
비트 3(TWWC)	• TWI 쓰기 충돌 플래그 – '0' : TWINT '1'일 때 TWDR 레지스터 쓰기를 통해 클리어 – '1' : TWDR 레지스터에 데이터 쓰기를 시도할 때 설정
비트 2(TWEN)	• TWI 활성화 비트 – '0' : TWI 동작 비활성화 – '1' : TWI 동작과 인터페이스 활성화를 설정
비트 1(–)	사용하지 않음
비트 0(TWIE)	• TWI 인터럽트 활성화 비트 – '0' : TWI 인터럽트 비활성화 – '1' : TWI 인터럽트 활성화

9.5.3 TWSR

TWSR 레지스터는 TWI 논리 상태나 TWI 버스의 상태를 반영할 때 사용하는 레지스터이다.

Bit	7	6	5	4	3	2	1	0	
	TWS7	TWS6	TWS5	TWS4	TWS3	–	TWPS1	TWPS0	TWSR
Read/Write	R	R	R	R	R	R	R/W	R/W	
Initial Value	1	1	1	1	1	0	0	0	

[그림 9-13. TWSR 레지스터]

[표 9-4. TWSR 레지스터 기능]

<table>
<tr><th>비트</th><th>기능</th></tr>
<tr><td>비트 7(TWS7)</td><td rowspan="5">• TWI 논리 상태나 TWI 버스의 상태를 반영하기 위한 비트
- 상태 코드표를 참조</td></tr>
<tr><td>비트 6(TWS6)</td></tr>
<tr><td>비트 5(TWS5)</td></tr>
<tr><td>비트 4(TWS4)</td></tr>
<tr><td>비트 3(TWS3)</td></tr>
<tr><td>비트 2(–)</td><td>사용하지 않음</td></tr>
<tr><td>비트 1(TWPS1)</td><td rowspan="2">• TWI 프리스케일러를 제어하거나 읽고 쓸 수 있는 비트
<table><tr><th>TWPS1</th><th>TWPS0</th><th>프리스케일러 값</th></tr><tr><td>0</td><td>0</td><td>1</td></tr><tr><td>0</td><td>1</td><td>4</td></tr><tr><td>1</td><td>0</td><td>16</td></tr><tr><td>1</td><td>1</td><td>64</td></tr></table></td></tr>
<tr><td>비트 0(TWPS0)</td></tr>
</table>

9.5.4 TWDR

TWDR 레지스터는 송신 모드에서 다음에 전송할 데이터를 저장하는 레지스터이다. 수신 모드에서는 마지막으로 수신한 데이터 바이트를 저장한다. 즉, 하드웨어에 의해 TWI 인터럽트 플래그가 '1'로 설정되었을 때 수행한다. 하지만 첫 번째 인터럽트가 발생하기 이전에 사용자가 TWDR 레지스터를 초기화할 수 없다. 데이터가 시프트 출력되는 동안 버스상의 데이터는 연속적으로 시프트 입력된다. TWDR 레지스터는 항상 버스상의 마지막 바이트를 저장한다. 하지만 TWI 인터럽트에 의해 슬립 모드로부터 깨어날 때는 예외로 한다. 이때 TWDR 레지스터 값은 정해지지 않는다. 버스 중재 상태를 잃어버리는 경우 마스터에서 슬레이브로 데이터 전송은 잃어버리는 것이 없다. ACK 비트 제어는 TWI 논리를 통해 자동적으로 제어된다.

Bit	7	6	5	4	3	2	1	0	
	TWD7	TWD6	TWD5	TWD4	TWD3	TWD2	TWD1	TWD0	TWDR
Read/Write	R/W	R/W	R/W	R/W	R/W	R/W	R/W	R/W	
Initial Value	1	1	1	1	1	1	1	1	

[그림 9-14. TWDR 레지스터]

9.5.5 TWAR

TWAR 레지스터는 슬레이브 모드에서 동작하는 레지스터이다. 마스터가 지정한 7비트 슬레이브 주소를 나타내고, 나머지 1비트는 전체 슬레이브를 호출하기 위해 사용한다.

Bit	7	6	5	4	3	2	1	0	
	TWA6	TWA5	TWA4	TWA3	TWA2	TWA1	TWA0	TWGCE	TWAR
Read/Write	R/W	R/W	R/W	R/W	R/W	R/W	R/W	R/W	
Initial Value	1	1	1	1	1	1	1	0	

[그림 9-15. TWAR 레지스터]

[표 9-5. TWAR 레지스터 기능]

<table>
<tr><th>비트</th><th>기능</th></tr>
<tr><td>비트 7(TWA6)</td><td rowspan="7">슬레이브 주소</td></tr>
<tr><td>비트 6(TWA5)</td></tr>
<tr><td>비트 5(TWA4)</td></tr>
<tr><td>비트 4(TWA3)</td></tr>
<tr><td>비트 3(TWA2)</td></tr>
<tr><td>비트 2(TWA1)</td></tr>
<tr><td>비트 1(TWA0)</td></tr>
<tr><td>비트 0(TWGCE)</td><td>• 전체 슬레이브 호출 활성화 비트
– ‘0’ : 전체 슬레이브 호출 비활성화
– ‘1’ : 전체 슬레이브 호출 활성화</td></tr>
</table>

9.6 TWI 동작

TWI는 바이트-지향, 인터럽트 기반으로 동작한다. 인터럽트는 모든 버스 이벤트 다음에 발생하는데, 즉 START 조건 전송이나 바이트 수신과 같은 이벤트 다음에 발생한다. 왜냐하면 TWI가 인터럽트 기반이기 때문이다. 그래서 소프트웨어에서 TWI 포트를 통해 바이트를 전송하는 동안에도 다른 동작을 수행할 수도 있다. 따라서 반드시 상태 레지스터(SREG) 인터럽트 비트(I)가 '1'로 설정되어 있어야 하며, TWIE 비트를 '1'로 설정하여 인터럽트를 활성화시켜야 사용할 수 있다. 만약 TWIE 비트가 '0'으로 클리어되면 TWI 동작을 감지하기 위해 TWINT 플래그를 폴링 방식으로 처리해야 한다.

TWINT 플래그가 '1'로 설정되면 TWI 동작을 끝내고 어플리케이션의 응답을 대기한다. 이 경우 TWSR 레지스터는 TWI 버스 상태를 나타내는 값을 저장한다. 어플리케이션은 TWCR, TWDR 레지스터를 조작하여 다음 TWI 버스 사이클에서 어떻게 동작할지를 결정한다.

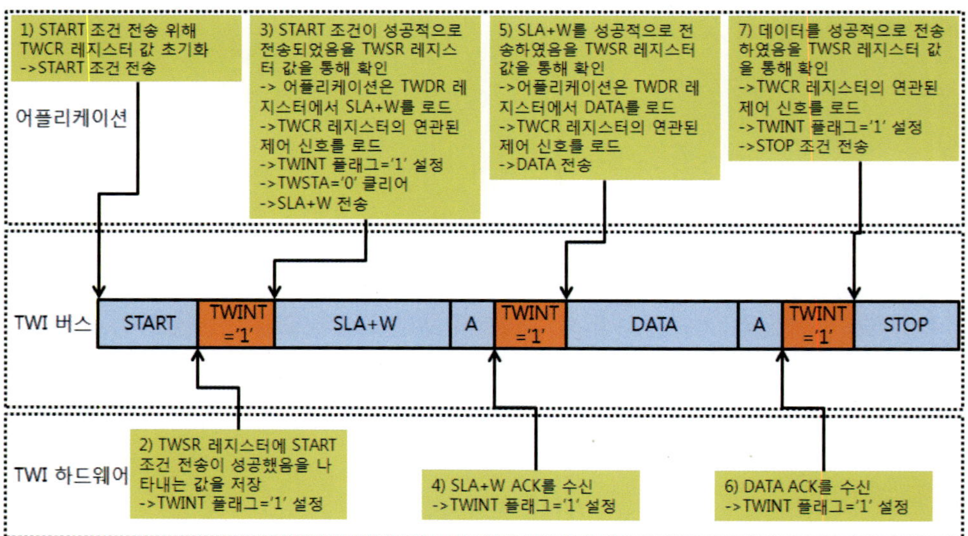

[그림 9-16. 전송을 위한 TWI와 어플리케이션 간의 인터페이스]

① START 조건을 전송하기 위해 TWCR 레지스터에 값을 초기화함 → START 조건 전송 → TWINT 플래그를 '0'으로 클리어

② TWINT 플래그를 '1'로 설정 →TWSR 레지스터에 START 조건 전송이 성공했음을 나타내는 값을 저장

③ START 조건이 성공적으로 전송되었음을 TWSR 레지스터 값을 통해 확인
→ TWDR 레지스터의 SLA+W를 읽어들임
→ TWCR 레지스터의 연관된 제어 신호를 읽어들임
→ TWINT를 1로 설정하고 TWSTA를 '0'으로 클리어
④ TWINT 플래그를 '1'로 설정
→ SLA+W를 전송하고 ACK를 수신
⑤ SLA+W를 성공적으로 전송하였음을 TWSR 레지스터 값을 통해 확인
→ ACK 수신
→ 어플리케이션은 TWDR 레지스터에서 데이터를 읽어들임
→ TWCR 레지스터의 연관된 제어 신호를 읽어들임
→ TWINT를 1로 설정
→ 데이터 전송
⑥ TWINT 플래그를 '1'로 설정
→ 데이터를 전송하고 ACK를 수신
⑦ 데이터를 성공적으로 전송하였음을 TWSR 레지스터 값을 통해 확인
→ ACK 수신
→ TWCR 레지스터의 연관된 제어 신호를 읽어들임
→ TWINT를 1로 설정
→ STOP 조건 전송

이를 간단히 요약하면 다음과 같다.

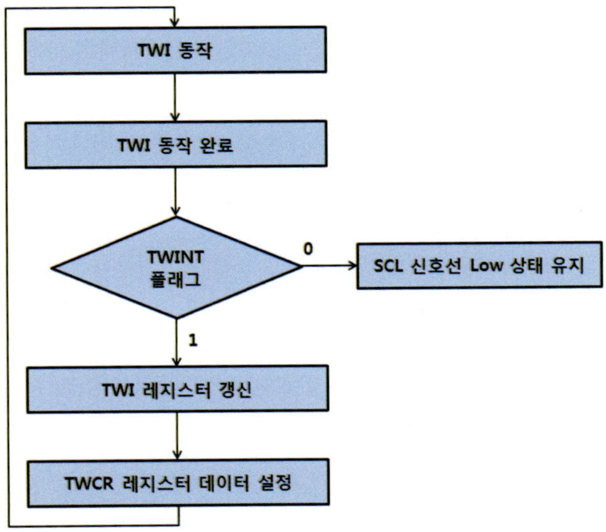

[그림 9-17. TWI 동작 과정]

9.7 TWI 전송 모드

TWI 전송 모드는 마스터 송신 모드, 마스터 수신 모드, 슬레이브 송신 모드, 슬레이브 수신 모드 등의 네 가지가 있다. 각 동작 모드에서 사용하는 약어는 다음과 같다.

[표 9-6. TWI 전송 모드 약어]

약어	기능
S	START 조건
Rs	REPEATED START 조건
R	읽기 비트(SDA 신호선에서 High 레벨)
W	쓰기 비트(SDA 신호선에서 Low 레벨)
A	ACK 응답 비트(SDA 신호선에서 Low 레벨)
/A	NACK 응답 비트(SDA 신호선에서 High 레벨)
Data	8비트 데이터 바이트
P	STOP 조건
SLA	슬레이브 주소

9.7.1 마스터 송신 모드

마스터 송신 모드는 마스터가 많은 데이터 바이트를 슬레이브로 전송하는 모드이다. 마스터 모드로 동작하기 위해서는 먼저 START 조건이 반드시 전송되어야만 한다. 주소 패킷의 형식에 따라 마스터 송신 또는 마스터 수신 모드가 결정된다. 만약 SLA+W가 전송되면 마스터 송신 모드가 되고, SLA+R이 전송되면 마스터 수신 모드가 된다.

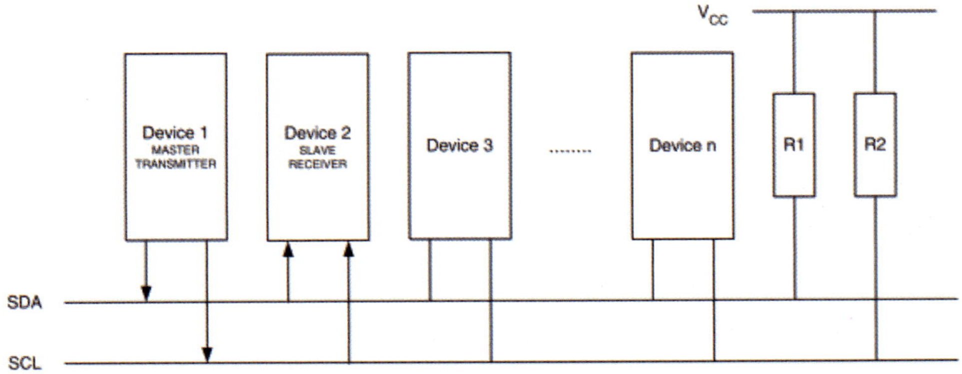

[그림 9-18. 마스터 송신 모드의 데이터 전송]

마스터 송신 모드의 동작 과정은 아래의 순서대로 이루어진다.

9.7.1.1 START 조건 전송

아래와 같이 TWCR 레지스터의 값을 설정하여 START 조건이 반드시 전송되어야만 한다.

TWCR	TWINT	TWEA	TWSTA	TWSTO	TWWC	TWEN	-	TWIE
value	1	X	1	0	X	1	0	X

[그림 9-19. TWCR 레지스터]

[표 9-7. START 조건 전송 시 TWCR 레지스터 설정]

비트	기능
TWINT	TWINT 플래그를 '0'로 클리어하기 위해서는 반드시 TWINT 비트를 '1'로 설정해야 함
TWEA	사용하지 않음
TWSTA	START 조건을 전송하기 위해서는 반드시 '1'로 설정되어야 함
TWSTO	STOP 조건을 전송하기 위한 것이 아니기 때문에 '0'으로 설정해야 함
TWWC	사용하지 않음

TWEN	TWI를 사용하기 위해서는 반드시 '1'로 설정되어야 함
–	사용하지 않음
TWIE	사용하지 않음

위와 같이 설정된 다음 마스터 버스를 통하여 START 조건을 전송한다. 전송되면 TWSR 레지스터 상태 코드는 0x08로 된다.

9.7.1.2 마스터 송신 모드로 동작 시작

마스터 송신 모드로 동작하기 위해서는 TWDR 레지스터에 SLA+W를 저장하고 TWCR 레지스터 값을 아래와 같이 설정해야 한다.

TWCR	TWINT	TWEA	TWSTA	TWSTO	TWWC	TWEN	-	TWIE
value	1	X	0	0	X	1	0	X

[그림 9-20. TWCR 레지스터]

[표 9-8. 마스터 송신 모드 TWCR 레지스터 설정]

비트	기능
TWINT	TWINT 플래그를 '0'로 클리어하기 위해서는 반드시 TWINT 비트를 '1'로 설정해야 함
TWEA	사용하지 않음
TWSTA	START 조건을 전송하기 위한 것이 아니기 때문에 '0'로 설정되어야 함
TWSTO	STOP 조건을 전송하기 위한 것이 아니기 때문에 '0'으로 설정해야 함
TWWC	사용하지 않음
TWEN	TWI를 사용하기 위해서는 반드시 '1'로 설정되어야 함
–	사용하지 않음
TWIE	사용하지 않음

위와 같이 설정된 다음 SLA+W를 전송한다. 전송이 되면 슬레이브로부터 확인 비트가 수신된다. TWCR 레지스터의 TWINT 비트는 '1'로 설정되고, TWSR 레지스터의 상태 코드는 0x18, 0x20, 0x38 중의 하나로 설정된다.

9.7.1.3 데이터 패킷 전송

SLA+W 전송이 완료되면 데이터 패킷을 전송한다. 즉 전송할 데이터 바이트를 TWDR 레지스터에 저장과 동시에 데이터 바이트가 전송된다. 이때 데이터 전송을 위해 TWCR 레지스터는 아래와 같이 설정한다.

TWCR	TWINT	TWEA	TWSTA	TWSTO	TWWC	TWEN	–	TWIE
value	1	X	0	0	X	1	0	X

[그림 9-21. TWCR 레지스터]

[표 9-9. 마스터 송신 모드에서 데이터 패킷 전송을 위한 TWCR 레지스터 설정]

비트	기능
TWINT	TWINT 플래그를 '0'로 클리어하기 위해서는 반드시 TWINT 비트를 '1'로 설정해야 함
TWEA	사용하지 않음
TWSTA	START 조건을 전송하기 위한 것이 아니기 때문에 '0'로 설정되어야 함
TWSTO	STOP 조건을 전송하기 위한 것이 아니기 때문에 '0'으로 설정해야 함
TWWC	사용하지 않음
TWEN	TWI를 사용하기 위해서는 반드시 '1'로 설정되어야 함
–	사용하지 않음
TWIE	사용하지 않음

TWDR 레지스터는 TWINT 비트가 '1'로 설정되어 있어야만 값을 쓸 수 있다. 만약 '1'로 설정되어 있지 않다면 접근할 수 없고, TWCR 레지스터의 TWWC 비트가 '1'로 설정되어 쓰기 충돌이 발생했음을 알린다.

TWDR 레지스터가 갱신된 다음에 계속해서 데이터를 전송하기 위해 TWINT 비트를 클리어하면 된다. 송신할 데이터의 마지막 바이트까지 이 과정을 반복 수행하여 전송한다. 전송 종료는 STOP 조건 또는 REPEATED START 조건을 전송하여 종료한다. STOP 조건은 아래와 같이 TWCR 레지스터 값을 설정한다.

TWCR	TWINT	TWEA	TWSTA	TWSTO	TWWC	TWEN	–	TWIE
value	1	X	0	1	X	1	0	X

[그림 9-22. TWCR 레지스터]

REPEATED START 조건은 아래와 같이 TWCR 레지스터 값을 설정한다.

TWCR	TWINT	TWEA	TWSTA	TWSTO	TWWC	TWEN	-	TWIE
value	1	X	1	0	X	1	0	X

[그림 9-23. TWCR 레지스터]

[표 9-10. 마스터 송신 모드의 상태 코드표]

상태 코드 (TWSR) 프리스케일러 상태 비트 = 0	TWI 버스 상태 TWI 하드웨어 상태	응용 소프트웨어 응답					TWI 하드웨어를 통한 다음 동작
		To/From TWDR	To TWCR				
			STA	STO	TWINT	TWEA	
$08	START 조건 송신	SLA+W 저장	0	0	1	×	SLA+W 송신 ACK or NACK 수신
$10	REPEATED START 조건 송신	SLA+W 저장 or SLA+R 저장	0 0	0 0	1 1	× ×	SLA+W 송신 ACK or NACK 수신 SLA+R 송신 마스터 수신 모드로 전환
$18	SLA+W 송신 ACK 수신	데이터 저장 TWDR 동작 없음 TWDR 동작 없음 TWDR 동작 없음	0 1 0 1	0 0 1 1	1 1 1 1	× × × ×	데이터 송신 & ACK or NACK 수신 REPEATED START 조건 송신 STOP 조건 송신 & TWSTO 리셋 STOP 조건 송신 후 STOP 조건 송신 후 TWSTO 리셋
$20	SLA+W 송신 NACK 수신	데이터 저장 TWDR 동작 없음 TWDR 동작 없음 TWDR 동작 없음	0 1 0 1	0 0 1 1	1 1 1 1	× × × ×	데이터 송신 & ACK or NACK 수신 REPEATED START 조건 송신 STOP 조건 송신 & TWSTO 리셋 STOP 조건 송신 후 STOP 조건 송신 후 TWSTO 리셋
$28	데이터 바이트 송신 ACK 수신	데이터 저장 TWDR 동작 없음 TWDR 동작 없음 TWDR 동작 없음	0 1 0 1	0 0 1 1	1 1 1 1	× × × ×	데이터 송신 & ACK or NACK 수신 REPEATED START 조건 송신 STOP 조건 송신 & TWSTO 리셋 STOP 조건 송신 후 STOP 조건 송신 후 TWSTO 리셋
$30	데이터 바이트 송신 NACK 수신	데이터 저장 TWDR 동작 없음 TWDR 동작 없음 TWDR 동작 없음	0 1 0 1	0 0 1 1	1 1 1 1	× × × ×	데이터 송신 & ACK or NACK 수신 REPEATED START 조건 송신 STOP 조건 송신 & TWSTO 리셋 STOP 조건 송신 후 STOP 조건 송신 후 TWSTO 리셋
$38	데이터 바이트 or SLA+W 전송 시 중재 실패	TWDR 동작 없음 TWDR 동작 없음	0 1	0 0	1 1	× ×	TWI 버스 제어 권한 해제 & 슬레이브 모드로 들어가지 않음 버스 프리 상태일 때 START 조건 송신

마스터 송신 모드의 단계별 동작을 그림으로 살펴보면 다음과 같이 동작한다.

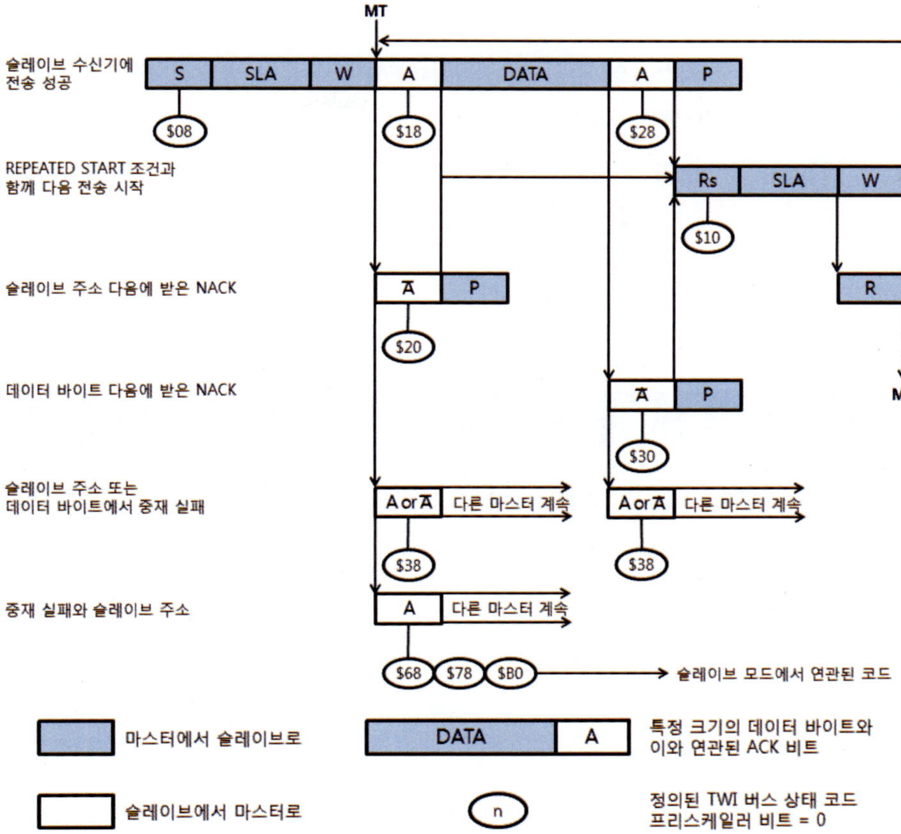

[그림 9-24. 마스터 송신 모드 동작]

9.7.2 마스터 수신 모드

마스터 수신 모드는 마스터가 많은 데이터 바이트를 슬레이브로부터 받는 모드이다. 마스터 모드로 동작하기 위해서는 먼저 START 조건이 반드시 전송되어야만 한다. 주소 패킷의 형식에 따라 마스터 송신 또는 마스터 수신 모드가 결정된다. 만약 SLA+W가 전송되면 마스터 송신 모드가 되고, SLA+R이 전송되면 마스터 수신 모드가 된다.

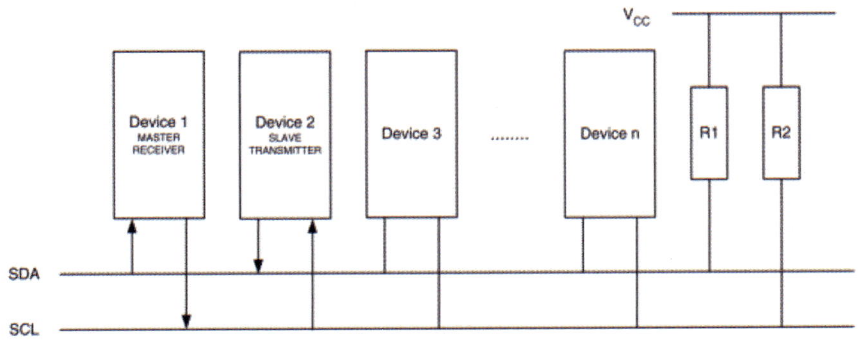

[그림 9-25. 마스터 수신 모드에서 데이터 전송]

9.7.2.1 START 조건 전송

아래와 같이 TWCR 레지스터의 값을 설정하여 START 조건이 반드시 전송되어야만 한다.

TWCR	TWINT	TWEA	TWSTA	TWSTO	TWWC	TWEN	-	TWIE
value	1	X	1	0	X	1	0	X

[그림 9-26. TWCR 레지스터]

[표 9-11. 마스터 수신 모드에서 START 조건 전송을 위한 TWCR 레지스터 설정]

비트	기능
TWINT	TWINT 플래그를 '0'로 클리어하기 위해서는 반드시 TWINT 비트를 '1'로 설정해야 함
TWEA	사용하지 않음
TWSTA	START 조건을 전송하기 위해서는 반드시 '1'로 설정되어야 함
TWSTO	STOP 조건을 전송하기 위한 것이 아니기 때문에 '0'으로 설정해야 함
TWWC	사용하지 않음
TWEN	TWI를 사용하기 위해서는 반드시 '1'로 설정되어야 함
–	사용하지 않음
TWIE	사용하지 않음

위와 같이 설정된 다음 마스터 버스를 통하여 START 조건을 전송한다. 전송되면 TWSR 레지스터 상태 코드는 0x08로 된다.

9.7.2.2 마스터 수신 모드로 동작 시작

마스터 수신 모드로 동작하기 위해서는 TWDR 레지스터에 SLA+R를 저장하고 TWCR 레지스터 값을 아래와 같이 설정해야 한다.

TWCR	TWINT	TWEA	TWSTA	TWSTO	TWWC	TWEN	-	TWIE
value	1	X	0	0	X	1	0	X

[그림 9-27. TWCR 레지스터]

[표 9-12. 마스터 수신 모드 동작을 위한 TWCR 레지스터 설정]

비트	기능
TWINT	TWINT 플래그를 '0'로 클리어하기 위해서는 반드시 TWINT 비트를 '1'로 설정해야 함
TWEA	사용하지 않음
TWSTA	START 조건을 전송하기 위한 것이 아니기 때문에 '0'로 설정되어야 함
TWSTO	STOP 조건을 전송하기 위한 것이 아니기 때문에 '0'으로 설정해야 함
TWWC	사용하지 않음
TWEN	TWI를 사용하기 위해서는 반드시 '1'로 설정되어야 함
–	사용하지 않음
TWIE	사용하지 않음

위와 같이 설정된 다음 SLA+R를 전송한다. 전송되면 슬레이브로부터 확인 비트가 수신된다. TWCR 레지스터의 TWINT 비트는 '1'로 설정되고, TWSR 레지스터의 상태 코드는 0x18, 0x20, 0x38 중의 하나로 설정된다.

9.7.2.3 데이터 패킷 전송

SLA+W 전송이 완료되면 데이터 패킷을 수신한다. 이때 데이터 수신을 위해 TWCR 레지스터는 아래와 같이 설정한다.

TWCR	TWINT	TWEA	TWSTA	TWSTO	TWWC	TWEN	-	TWIE
value	1	X	0	0	X	1	0	X

[그림 9-28. TWCR 레지스터]

[표 9-13. 마스터 수신 모드에서 데이터 패킷 전송을 위한 TWCR 레지스터 설정]

비트	기능
TWINT	TWINT 플래그를 '0'로 클리어하기 위해서는 반드시 TWINT 비트를 '1'로 설정해야 함
TWEA	사용하지 않음
TWSTA	START 조건을 전송하기 위한 것이 아니기 때문에 '0'로 설정되어야 함
TWSTO	STOP 조건을 전송하기 위한 것이 아니기 때문에 '0'으로 설정해야 함
TWWC	사용하지 않음
TWEN	TWI를 사용하기 위해서는 반드시 '1'로 설정되어야 함
–	사용하지 않음
TWIE	사용하지 않음

TWDR 레지스터가 갱신된 다음에 계속해서 데이터를 전송하기 위해 TWINT 비트를 클리어하면 된다. 수신할 데이터의 마지막 바이트까지 이 과정을 반복 수행하여 전송한다. 수신 종료는 STOP 조건 또는 REPEATED START 조건을 전송하여 종료한다. STOP 조건은 아래와 같이 TWCR 레지스터 값을 설정한다.

TWCR	TWINT	TWEA	TWSTA	TWSTO	TWWC	TWEN	-	TWIE
value	1	X	0	1	X	1	0	X

[그림 9-29. TWCR 레지스터]

REPEATED START 조건은 아래와 같이 TWCR 레지스터 값을 설정한다.

TWCR	TWINT	TWEA	TWSTA	TWSTO	TWWC	TWEN	-	TWIE
value	1	X	1	0	X	1	0	X

[그림 9-30. TWCR 레지스터]

[표 9-14. 마스터 수신 모드의 상태 코드표]

상태 코드 (TWSR) 프리스케일러 상태 비트 = 0	TWI 버스 상태 TWI 하드웨어 상태	응용 소프트웨어 응답					TWI 하드웨어를 통한 다음 동작
		To/From TWDR	To TWCR				
			STA	STO	TWINT	TWEA	
$08	START 조건 송신	SLA+W 저장	0	0	1	×	SLA+W 송신 ACK or NACK 수신
$10	REPEATED START 조건 송신	SLA+W 저장 or SLA+R 저장	0 0	0 0	1 1	× ×	SLA+W 송신 ACK or NACK 수신 SLA+R 송신 마스터 수신 모드로 전환
$38	NACK 비트 수신 or SLA+W 전송 시 중재 실패	TWDR 동작 없음 TWDR 동작 없음	0 1	0 0	1 1	× ×	TWI 버스 제어 권한 해제 & 슬레이브 모드로 들어가지 않음 버스 프리 상태일 때 START 조건 송신
$40	SLA+R 송신 ACK 수신	TWDR 동작 없음 TWDR 동작 없음	0 0	0 0	1 1	0 1	데이터 바이트 수신 & NACK 반환 데이터 바이트 수신 & ACK 반환
$48	SLA+R 송신 NACK 수신	TWDR 동작 없음 TWDR 동작 없음 TWDR 동작 없음	1 0 1	0 1 1	1 1 1	× × ×	REPEATED START 조건 송신 STOP 조건 송신 & TWSTO 리셋 STOP 조건 송신 후 STOP 조건 송신 후 TWSTO 리셋
$50	데이터 바이트 송신 ACK 반환	데이터 바이트 읽음 데이터 바이트 읽음	0 0	0 0	1 1	0 1	데이터 바이트 수신 & NACK 반환 데이터 바이트 수신 & ACK 반환
$58	데이터 바이트 송신 NACK 반환	데이터 바이트 읽음 데이터 바이트 읽음 데이터 바이트 읽음	1 0 1	0 1 1	1 1 1	× × ×	REPEATED START 조건 송신 STOP 조건 송신 & TWSTO 리셋 STOP 조건 송신 후 STOP 조건 송신 후 TWSTO 리셋

마스터 수신 모드의 단계별 동작을 그림으로 살펴보면 다음과 같이 동작한다.

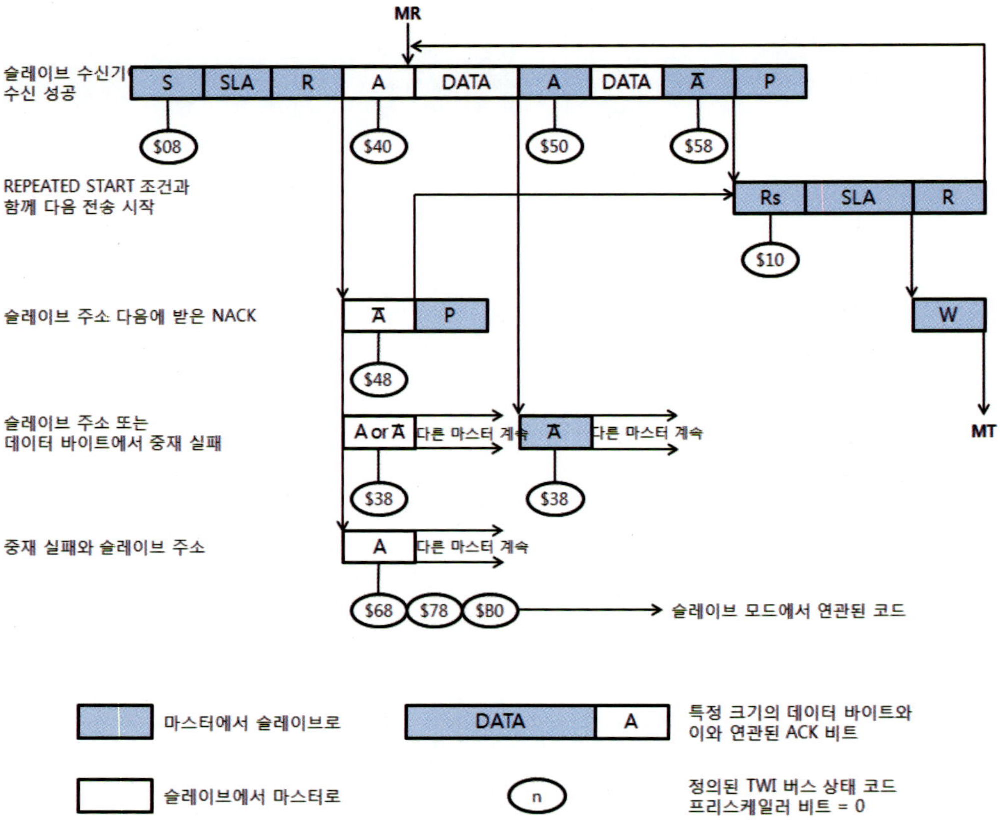

[그림 9-31. 마스터 수신 모드의 단계별 동작 과정]

9.7.3 슬레이브 수신 모드

슬레이브 수신 모드는 마스터로부터 데이터를 수신하기 위한 모드이다. 아래의 그림은 슬레이브 수신 모드에서 'Device 2' 마스터 송신기가 보내는 데이터를 'Device 1' 슬레이브 수신기가 데이터를 수신하는 동작을 나타낸 것이다.

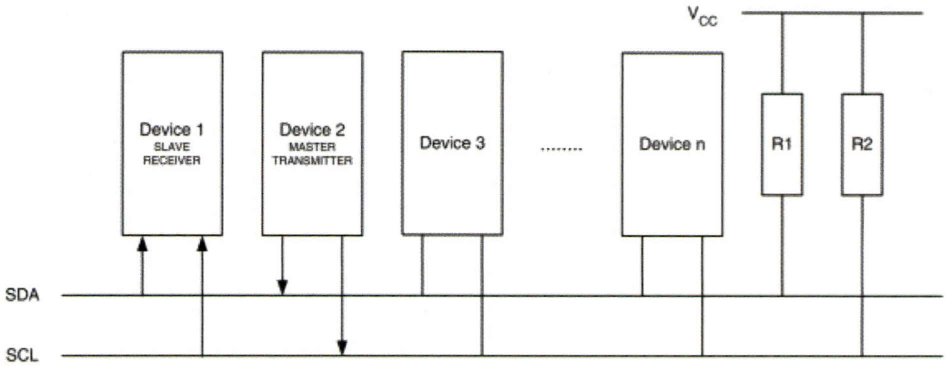

[그림 9-32. 슬레이브 수신 모드에서의 데이터 전송]

이 모드로 동작하기 위해서는 아래와 같이 슬레이브 수신 모드로 동작하는 장치의 주소가 TWAR과 TWCR 레지스터에 반드시 설정되어 있어야 한다.

TWAR	TWA6	TWA5	TWA4	TWA3	TWA2	TWA1	TWA0	TWGCE
value	Device's Own Slave Address							

[그림 9-33. TWAR 레지스터]

[표 9-15. TWAR 레지스터]

비트	기능
TWA0 ~ TWA6	장치의 슬레이브 주소
TWGCE	

TWCR	TWINT	TWEA	TWSTA	TWSTO	TWWC	TWEN	-	TWIE
value	0	1	0	0	0	1	0	X

[그림 9-34. TWCR 레지스터]

[표 9-16. TWCR 레지스터 설정]

비트	기능
TWINT	TWINT 플래그를 '0'로 클리어하기 위해서는 반드시 TWINT 비트를 '1'로 설정해야 함
TWEA	• '1'로 설정 – 장치의 슬레이브 주소 또는 일반 호출에 응답하기 위함
TWSTA	START 조건을 전송하기 위한 것이 아니기 때문에 '0'로 설정되어야 함
TWSTO	STOP 조건을 전송하기 위한 것이 아니기 때문에 '0'으로 설정해야 함
TWWC	사용하지 않음
TWEN	TWI를 사용하기 위해서는 반드시 '1'로 설정되어야 함
–	사용하지 않음
TWIE	사용하지 않음

TWAR와 TWCR 레지스터가 초기화되면 슬레이브는 데이터 방향 비트 설정을 통해 주소가 지정된다. 만약 데이터 방향 비트가 '0'(쓰기)이면 TWI가 슬레이브 수신 모드로 동작하게 된다. 그렇지 않으면 슬레이브 송신 모드로 동작하게 된다. 쓰기 비트와 장치의 슬레이브 주소가 수신된 다음 TWINT 비트가 '1'로 설정되고 TWSR 레지스터로부터 유효 상태 코드를 읽을 수 있다. 상태 코드는 코드표를 참조하면 된다.

만약 데이터를 전송하는 동안 TWEA 비트가 리셋되면 다음 데이터 바이트를 수신한 다음 SDA 신호선에 '1'(NACK)를 반환한다. 이는 슬레이브가 더 이상 데이터를 수신할 수 없음을 나타낸다. TWEA 비트가 '0' 동안에는 장치 슬레이브 주소로 더 이상 응답할 수 없다. 하지만 TWI 버스는 계속 모니터링된다. 특정 시점에 TWEA 비트를 '1'로 설정하여 주소를 인식하고 데이터 전송을 재개할 수 있다. TWEA 비트는 TWI 버스로부터 장치를 임시로 분리하기 위해 사용된다.

휴면 모드와 달리 모든 슬립 모드에서는 TWI로 연결된 클록 시스템이 꺼진다. 만약 TWEA 비트가 '1'로 설정되면 TWI 직렬 버스 클록을 사용하여 장치의 슬레이브 주소와 일반 호출 주소에 응답할 수 있다. 슬립 모드로부터 깨어난 다음 TWI는 TWINT가 클리어될 때까지 SCL 신호선의 상태를 Low로 유지한다.

[표 9-17. 슬레이브 수신 모드의 상태 코드표]

상태 코드 (TWSR) 프리스케일러 상태 비트 = 0	TWI 버스 상태 TWI 하드웨어 상태	응용 소프트웨어 응답					TWI 하드웨어를 통한 다음 동작
		To/From TWDR	To TWCR				
			STA	STO	TWINT	TWEA	
$60	SLA+W 수신 ACK 반환	TWDR 동작 없음 TWDR 동작 없음	× ×	0 0	1 1	0 1	데이터 바이트 수신 & NACK 반환 데이터 바이트 수신 & ACK 반환
$68	마스터 : SLA+R/W 중재 실패 자신의 SLA+W 수신, ACK 반환	TWDR 동작 없음 TWDR 동작 없음	× ×	0 0	1 1	0 1	데이터 바이트 수신 & NACK 반환 데이터 바이트 수신 & ACK 반환
$70	일반 호출 주소 수신 ACK 반환	TWDR 동작 없음 TWDR 동작 없음	× ×	0 0	1 1	0 1	데이터 바이트 수신 & NACK 반환 데이터 바이트 수신 & ACK 반환
$78	마스터 : SLA+R/W 중재 실패 일반 호출 주소 수신 ACK 반환	TWDR 동작 없음 TWDR 동작 없음	× ×	0 0	1 1	0 1	데이터 바이트 수신 & NACK 반환 데이터 바이트 수신 & ACK 반환
$80	자신의 SLA+W로 이전 주소 호출 데이터 수신 ACK 반환	데이터 바이트 읽음 데이터 바이트 읽음	× ×	0 0	1 1	0 1	데이터 바이트 수신 & NACK 반환 데이터 바이트 수신 & ACK 반환
$88	자신의 SLA+W로 이전 주소 호출 데이터 수신 NACK 반환	데이터 바이트 읽음 데이터 바이트 읽음 데이터 바이트 읽음 데이터 바이트 읽음	0 0 1 1	0 0 0 0	1 1 1 1	0 1 0 1	주소가 지정되지 않은 슬레이브 모드로 전환 –자신의 SLA or GCA로 인식하지 않음 주소가 지정되지 않은 슬레이브 모드로 전환 –자신의 SLA가 인식됨 –TWGCE='1'이면 자신의 GCA가 인식됨 주소가 지정되지 않은 슬레이브 모드로 전환 –자신의 SLA or GCA로 인식하지 않음 –버스 제어권이 자유로울 때 START 조건 송신 주소가 지정되지 않은 슬레이브 모드로 전환 –자신의 SLA가 인식됨 –TWGCE='1'이면 자신의 GCA가 인식됨 –버스 제어권이 자유로울 때 START 조건 송신
$90	전체 호출로 이전 주소 호출 데이터 수신 ACK 반환	데이터 바이트 읽음 데이터 바이트 읽음	× ×	0 0	1 1	0 1	데이터 바이트 수신 & NACK 반환 데이터 바이트 수신 & ACK 반환
$98	전체 호출로 이전 주소 호출 데이터 수신 ACK 반환	데이터 바이트 읽음 데이터 바이트 읽음 데이터 바이트 읽음 데이터 바이트 읽음	0 0 1 1	0 0 0 0	1 1 1 1	0 1 0 1	주소가 지정되지 않은 슬레이브 모드로 전환 –자신의 SLA or GCA로 인식하지 않음 주소가 지정되지 않은 슬레이브 모드로 전환 –자신의 SLA가 인식됨 –TWGCE='1'이면 자신의 GCA가 인식됨 주소가 지정되지 않은 슬레이브 모드로 전환 –자신의 SLA or GCA로 인식하지 않음 –버스 제어권이 자유로울 때 START 조건 송신 주소가 지정되지 않은 슬레이브 모드로 전환 –자신의 SLA가 인식됨 –TWGCE='1'이면 자신의 GCA가 인식됨 –버스 제어권이 자유로울 때 START 조건 송신
$A0	슬레이브로 지정된 동안 STOP 조건 or REPEATED START 조건 수신	동작 없음	0 0 1 1	0 0 0 0	1 1 1 1	0 1 0 1	주소가 지정되지 않은 슬레이브 모드로 전환 –자신의 SLA or GCA로 인식하지 않음 주소가 지정되지 않은 슬레이브 모드로 전환 –자신의 SLA가 인식됨 –TWGCE='1'이면 자신의 GCA가 인식됨 주소가 지정되지 않은 슬레이브 모드로 전환 –자신의 SLA or GCA로 인식하지 않음 –버스 제어권이 자유로울 때 START 조건 송신 주소가 지정되지 않은 슬레이브 모드로 전환 –자신의 SLA가 인식됨 –TWGCE='1'이면 자신의 GCA가 인식됨 –버스 제어권이 자유로울 때 START 조건 송신

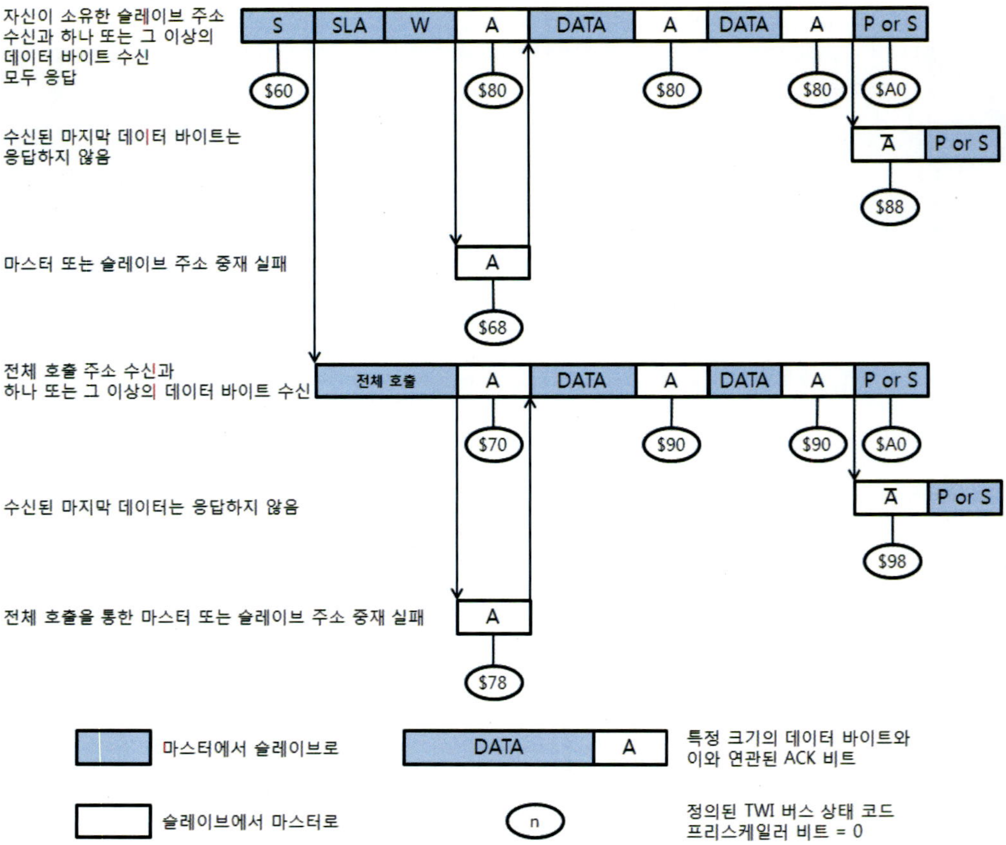

[그림 9-35. 슬레이브 수신 모드에서의 동작 과정]

9.7.4 슬레이브 송신 모드

슬레이브 송신 모드는 마스터 수신기로 데이터를 송신하기 위한 모드이다. 아래의 그림에서 'Device 1'의 슬레이브 송신기가 'Device 2'의 마스터 수신기로 데이터를 송신하는 동작을 나타낸 것이다.

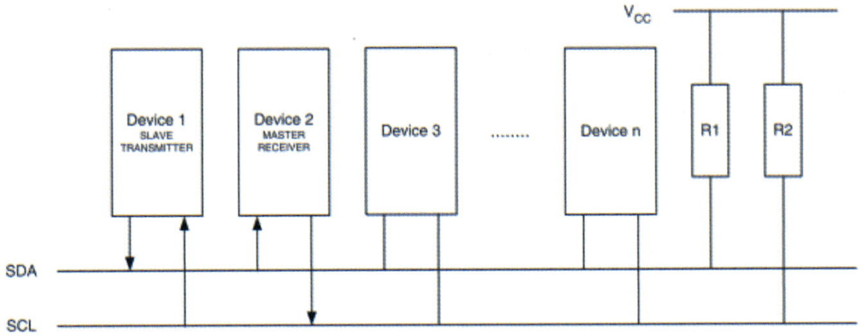

[그림 9-36. 슬레이브 송신 모드에서의 데이터 전송]

이 모드로 동작하기 위해서는 아래와 같이 슬레이브 송신 모드로 동작하는 장치의 주소가 TWAR과 TWCR 레지스터에 반드시 설정되어 있어야 한다.

TWAR	TWA6	TWA5	TWA4	TWA3	TWA2	TWA1	TWA0	TWGCE
value	Device's Own Slave Address							

[그림 9-37. TWAR 레지스터]

[표 9-18. TWAR 레지스터]

비트	기능
TWA0 ~ TWA6	장치의 슬레이브 주소
TWGCE	

TWCR	TWINT	TWEA	TWSTA	TWSTO	TWWC	TWEN	-	TWIE
value	0	1	0	0	0	1	0	X

[그림 9-38. TWCR 레지스터]

[표 9-19. TWCR 레지스터]

비트	기능
TWINT	TWINT 플래그를 '0'로 클리어하기 위해서는 반드시 TWINT 비트를 '0'로 설정해야 함
TWEA	• '1'로 설정 – 장치의 슬레이브 주소 또는 일반 호출에 응답하기 위함
TWSTA	START 조건을 전송하기 위한 것이 아니기 때문에 '0'로 설정되어야 함
TWSTO	STOP 조건을 전송하기 위한 것이 아니기 때문에 '0'으로 설정해야 함
TWWC	사용하지 않음
TWEN	TWI를 사용하기 위해서는 반드시 '1'로 설정되어야 함
–	사용하지 않음
TWIE	사용하지 않음

TWAR와 TWCR 레지스터가 초기화되면 슬레이브는 데이터 방향 비트 설정을 통해 주소가 지정된다. 만약 데이터 방향 비트가 '1'(쓰기)이면 TWI가 슬레이브 송신 모드로 동작하게 된다. 그렇지 않으면 슬레이브 수신 모드로 동작하게 된다. 쓰기 비트와 장치의 슬레이브 주소가 수신된 다음 TWINT 비트가 '1'로 설정되고 TWSR 레지스터로부터 유효 상태 코드를 읽을 수 있다. 상태 코드는 코드표를 참조하면 된다.

만약 데이터를 전송하는 동안 TWEA 비트가 '0'으로 쓰이면 마지막 데이터 바이트를 전송한다. 마지막 바이트 다음에 수신한 ACK 또는 NACK에 따라 상태 코드 0xC0, 0xC8로 들어간다.

TWEA 비트가 '0' 동안에는 장치 슬레이브 주소로 더 이상 응답할 수 없다. 하지만 TWI 버스는 계속 모니터링된다. 특정 시점에 TWEA 비트를 '1'로 설정하여 주소를 인식하고 데이터 전송을 재개할 수 있다. TWEA 비트는 TWI 버스로부터 장치를 임시로 분리하기 위해 사용된다.

휴면 모드와 달리 모든 슬립 모드에서는 TWI로 연결된 클록 시스템이 꺼진다. 만약 TWEA 비트가 '1'로 설정되면 TWI 직렬 버스 클록을 사용하여 장치의 슬레이브 주소와 일반 호출 주소에 응답할 수 있다. 슬립 모드로부터 깨어난 다음 TWI는 TWINT가 클리어될 때까지 SCL 신호선의 상태를 Low로 유지한다.

[표 9-20. 슬레이브 송신 모드의 상태 코드표]

상태 코드 (TWSR) 프리스케일러 상태 비트 = 0	TWI 버스 상태 TWI 하드웨어 상태	응용 소프트웨어 응답					TWI 하드웨어를 통한 다음 동작
		To/From TWDR	To TWCR				
			STA	STO	TWINT	TWEA	
$A8	자신의 SLA+R 수신 ACK 반환	데이터 바이트 저장 데이터 바이트 저장	× ×	0 0	1 1	0 1	데이터 바이트 수신 & NACK 반환 데이터 바이트 수신 & ACK 반환
$B0	마스터 : SLA+R/W 중재 실패 자신의 SLA+R 수신, ACK 반환	데이터 바이트 저장 데이터 바이트 저장	× ×	0 0	1 1	0 1	데이터 바이트 수신 & NACK 반환 데이터 바이트 수신 & ACK 반환
$B8	TWDR 데이터 바이트 송신 ACK 수신	데이터 바이트 저장 데이터 바이트 저장	× ×	0 0	1 1	0 1	데이터 바이트 수신 & NACK 반환 데이터 바이트 수신 & ACK 반환
$C0	TWDR 데이터 바이트 송신 NACK 수신	TWDR 동작 없음 TWDR 동작 없음 TWDR 동작 없음 TWDR 동작 없음	0 0 1 1	0 0 0 0	1 1 1 1	0 1 0 1	주소가 지정되지 않은 슬레이브 모드로 전환 -자신의 SLA or GCA로 인식하지 않음 주소가 지정되지 않은 슬레이브 모드로 전환 -자신의 SLA가 인식됨 -TWGCE='1'이면 자신의 GCA가 인식됨 주소가 지정되지 않은 슬레이브 모드로 전환 -자신의 SLA or GCA로 인식하지 않음 -버스 제어권이 자유로울 때 START 조건 송신 주소가 지정되지 않은 슬레이브 모드로 전환 -자신의 SLA가 인식됨 -TWGCE='1'이면 자신의 GCA가 인식됨 -버스 제어권이 자유로울 때 START 조건 송신
$C8	TWDR 마지막 데이터 바이트 송신(TWEA=0) ACK 수신	TWDR 동작 없음 TWDR 동작 없음 TWDR 동작 없음 TWDR 동작 없음	0 0 1 1	0 0 0 0	1 1 1 1	0 1 0 1	주소가 지정되지 않은 슬레이브 모드로 전환 -자신의 SLA or GCA로 인식하지 않음 주소가 지정되지 않은 슬레이브 모드로 전환 -자신의 SLA가 인식됨 -TWGCE='1'이면 자신의 GCA가 인식됨 주소가 지정되지 않은 슬레이브 모드로 전환 -자신의 SLA or GCA로 인식하지 않음 -버스 제어권이 자유로울 때 START 조건 송신 주소가 지정되지 않은 슬레이브 모드로 전환 -자신의 SLA가 인식됨 -TWGCE = '1'이면 자신의 GCA가 인식됨 -버스 제어권이 자유로울 때 START 조건 송신

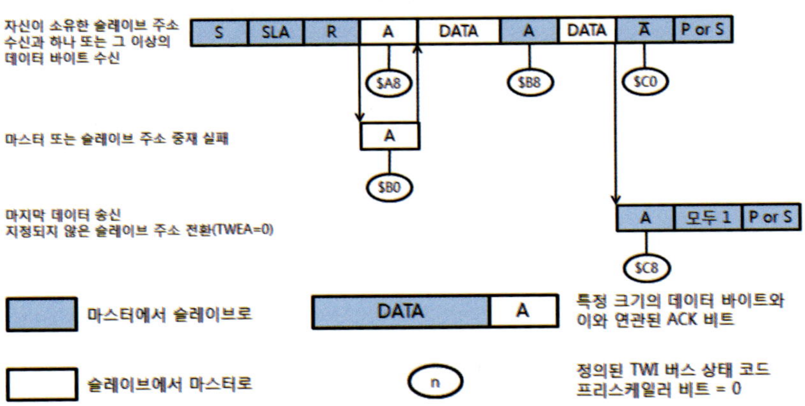

[그림 9-39. 슬레이브 송신 모드에서의 동작 과정]

9.7.5 기타 상태

추가적으로 두 가지 상태가 더 존재한다. 0xF8 상태 코드는 유효한 정보가 없다는 것을 의미한다. 왜냐하면 TWINT 비트가 '1'로 설정되지 않았기 때문에 유효한 정보가 없다고 인식한다. 직렬 전송에서 TWI가 포함되지 않았을 때 다른 상태들 사이에서 이 상태 코드가 발생한다. 0x00 상태 코드는 TWI 전송 동안에 버스 에러가 발생한 상태를 의미한다. 에러는 START 또는 STOP 조건이 포맷 프레임 내의 잘못된 위치로 인해 발생한다.

[표 9-21. 기타 상태 코드표]

상태 코드 (TWSR) 프리스케일러 상태 비트=0	TWI 버스 상태 TWI 하드웨어 상태	응용 소프트웨어 응답					TWI 하드웨어를 통한 다음 동작
		To/From TWDR	To TWCR				
			STA	STO	TWINT	TWEA	
$F8	유효 정보 없음 TWINT = 1	TWDR 동작 없음	TWCR 동작 없음				대기 또는 진행된 현재 전송
$00	잘못된 START or STOP 조건 때문에 버스 에러	TWDR 동작 없음	0	1	1	×	• 내부 하드웨어는 영향을 받음 • STOP 조건 버스에 전송되지 않음 • 모든 경우 버스 제어권한이 해제되고 TWSTO 비트가 클리어됨

9.7.6 혼합 모드

몇몇 모드는 혼합하여 사용하는 경우도 있다. 예를 들어 EEPROM으로부터 데이터를 읽어들일 때와 같은 경우 혼합 모드를 사용할 수도 있다.

① 전송 초기화
② EEPROM 읽을 위치 결정
③ 읽기 동작 수행
④ 전송 종료

데이터는 마스터에서 슬레이브로 또는 슬레이브에서 마스터로 전송된다. 마스터는 마스터 송신 모드를 사용하여 슬레이브에서 읽을 데이터 위치를 지정한다. 그런 다음 데이터는 슬레이브인 EEPROM의 읽을 데이터 위치로부터 마스터로 읽혀야 한다. 이때는 마스터가 마스터 수신 모드로 동작해야 한다. 마스터는 모든 단계에서 제어권을 유지해야 하며 자동적으로 수행되어야 한다. 만약 멀티 마스터 시스템에서 제어권을 유지하지 못하면 다른 마스터들이 EEPROM의 잘못된 데이터 위치로부터 데이터를 읽어올 수 있는 상황이 발생할 수도 있다. 따라서 방향 전환 시 REPEATED START 조건을 사용하여 마스터의 제어권을 유지할 수 있도록 한다. 이를 그림으로 표현하면 아래와 같이 혼합된 모드로 동작할 수 있다.

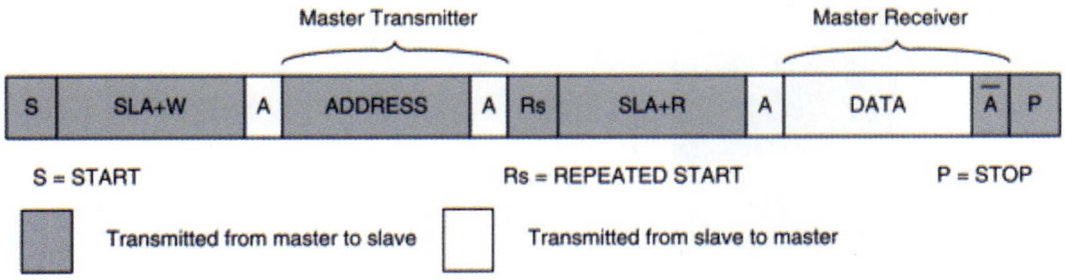

[그림 9-40. 직렬 EEPROM에 접근하기 위한 TWI 혼합 모드]

9.8 TWI 실습

TWI 실습은 SPI 실습보다 더 다양한 실습과 응용이 가능하다. MPU-6050 센서를 사용해서 TWI 실습을 한다.

9.8.1 MPU-6050 센서를 활용한 TWI 프로그램 실습

9.8.1.1 하드웨어 준비

실습용 하드웨어는 아래와 같이 그림과 같다. ATmega128 마이크로컨트롤러가 MPU-6050 센서로부터 센싱 정보 신호를 입력받아 PC로 전송하여 확인하는 프로그램 실습이다.

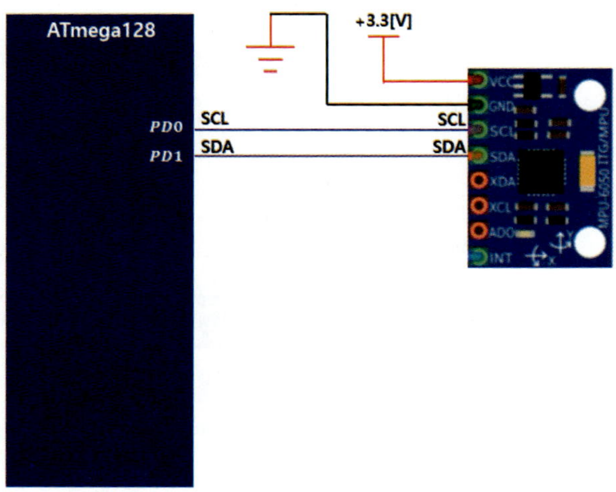

[그림 9-41. MPU-6050 TWI 실습 회로]

[표 9-22. MPU-6050 TWI 실습 부품 목록]

부품명	규격(수량)
ATmega128 실습보드	ATmega128A CPU
가속도 / 자이로센서	MPU-6050(1개)
점퍼선	리드선(40cm)

[표 9-23. MPU-6050 TWI 신호선]

ATmega128 TWI 신호선	MPU-6050 TWI 신호선
PD0(SCL)	SCL
PD1(SDA)	SDA

[그림 9-42. MPU-6050 TWI 실습용 하드웨어 구성]

9.8.2 MPU-6050 이해

9.8.2.1 MPU-6050 특징

MPU-6050 센서는 직선 3축과 곡선 3축 총 6개의 축을 표시한다. 직선 3축은 가속도센서로 사용하고, 곡선 3축은 자이로센서로 사용된다. 직선 3축은 각 축에 대해 중력 방향을 기준으로 센서의 기울어진 정도를 측정할 때 사용하고, 곡선 3축은 각 축 진행 방향에 대한 회전 정도를 측정할 때 사용한다. 아래 그림에서와 같이 직선 및 곡선 축 진행 방향은 +X, +Y, +Z로 표시하고, 반대 방향은 -X, -Y, -Z가 된다.

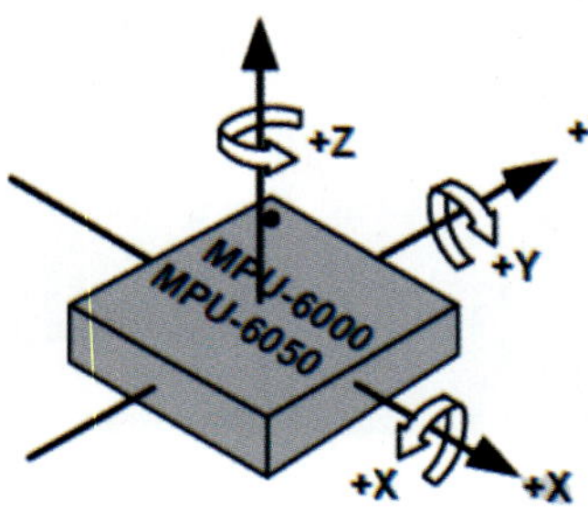

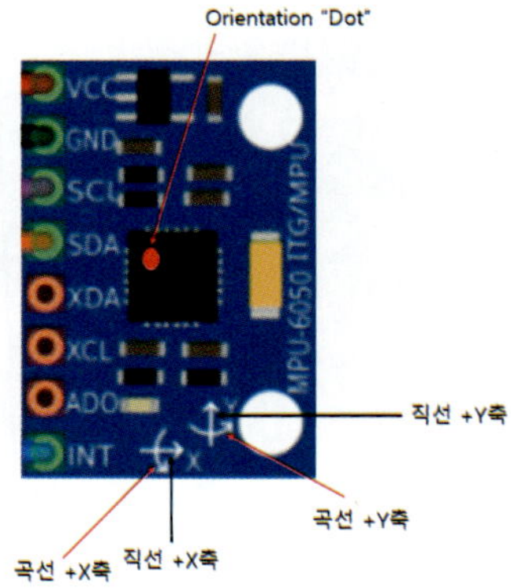

[그림 9-43. MPU-6050 센서 모듈]

9.8.2.2 자이로스코프 특징

- 디지털 출력 X, Y, 및 Z축 각속도센서(자이로스코프) 사용자가 프로그래밍할 수 있는 풀 스케일 범위가 ±250, ±500, ±1000 및 ±2000°/sec임
- FSYNC 핀에 연결된 외부 동기화 신호로 이미지, 비디오 및 GPS 동기화 지원
- 내장된 16bit ADC는 자이로 센서데이터 동시 샘플링 지원
- 유저의 조정 필요를 줄일 수 있는 바이어스 및 민감한 온도 안정성 향상
- 저주파 노이즈 성능 개선
- 디지털로 프로그램 가능한 저역통과 필터
- 동작전류 : 3.6mA
- 대기전류 : 5μA

9.8.2.3 가속도센서 특징

- 전체 스케일 범위가 ±2g, ±4g, ±8g 및 ±16g인 디지털 3축 가속도센서
- 내장된 16비트 ADC로 외부 멀티플렉서 필요 없이 가속도센서 동시 샘플링 가능
- 일반적인 동작전류 : 500μA
- 저전력 모드 전류 : 10μA at 1.25Hz, 20μA at 5Hz, 60μA at 20Hz, 110μA at 40Hz

9.8.2.4 MPU-6050 내부 블록도

X, Y, Z축에 대한 가속도와 자이로 값이 16Bit 'ADC'를 통해 디지털 값으로 변환된다. 변환된 디지털 데이터는 'Sensor Registers'로 저장된다. 저장된 'Sensor Registers' 값은 TWI 인터페이스를 통해 ATmega128 프로세서로 전송된다.

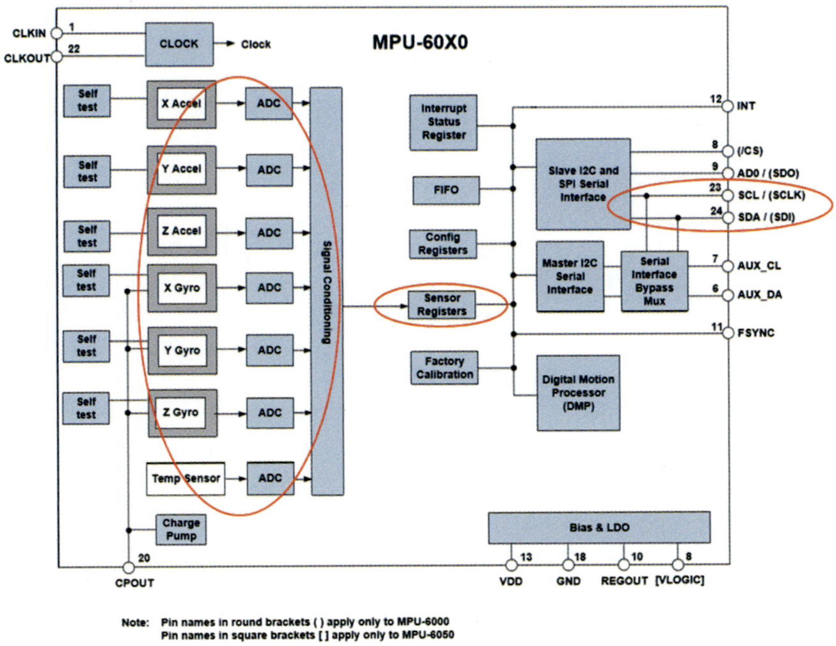

[그림 9-44. MPU-6050 내부 구조]

9.8.2.5 TWI Interface

○ TWI는 신호 직렬 데이터(SDA)와 시리얼 클록(SCL)으로 구성된 2선 인터페이스다. 일반적으로 선은 오픈 드레인(open-drain)이며 양방향이다. 마스터 장치(ATmega128)는 버스에 슬레이브 주소를 전송하고, 일치하는 주소를 가진 슬레이브 장치(MPU-6050)는 마스터와 통신한다.

○ MPU-6050의 슬레이브 주소는 7비트 길이의 b110100X이다. 7비트 주소의 LSB 비트는 AD0 핀의 논리 수준에 의해 결정된다. 두 개의 MPU-6050을 동일한 TWI 버스에 연결할 경우, 하나의 주소는 b110 1000(핀 AD0은 'LOW')이어야 하고 다른 하나의 주소는 b1101001(핀 AD0은 'HIGH')이어야 한다. 실습에서는 MPU-6050 AD0를 '0'으로 설정하므로 MPU-6050 디바이스 어드레스는 b1101000로 한다.

9.8.3 MPU-6050 제어프로그램 작성

9.8.3.1 MPU-6050 프로그램 작성 및 결과

○ 가속도센서 소프트웨어 코딩

소스 프로그램 : i2c_1.c

```
#include <avr/io.h>
#include <avr/interrupt.h>
#include <stdio.h>
#define F_CPU 16000000UL
#include <util/delay.h>
#define m6050_addr 0x68<<1

void Putch0(char data)
{
        while(!(UCSR0A & 0x20)); // UDRE1 = 1 ?
        UDR0 = data; // USART1 I/O 레지스터에 데이터 전송
}
char Getch0(void)
{
        while(!(UCSR0A & 0x80)); // RXC = 1 수신 완료 확인
        return UDR0; // USART I/O 레지스터 리턴
}
void UART_Initialize(void)
{
        UCSR0A = 0x0;
        UCSR0B = 0b10011000;
        UCSR0C = 0b00000110;
        UBRR0H = 0;
        UBRR0L = 8; // 115,200bps 속도 설정
        printf("₩n₩r UART0 Initialize....END.");
}



void TWI_write(unsigned char slv_addr, unsigned char address, unsigned char byte)
{
        _delay_ms(1);

        TWCR = 0xA4;        // START condition
        while(((TWCR & 0x80) == 0x00) || (TWSR & 0xF8) != 0x08);
```

```
        TWDR =slv_addr;
        TWCR = 0x84;        // MT_SLA_ACK
        while(((TWCR & 0x80) == 0x00) || (TWSR & 0xF8) != 0x18);

        TWDR = address;
        TWCR = 0x84;        // MT_ADDRESS_ACK
        while(((TWCR & 0x80) == 0x00) || (TWSR & 0xF8) != 0x28);

        TWDR = byte;
        TWCR = 0x84;        // MT_REGUSTER_ACK

        while(((TWCR & 0x80) == 0x00) || (TWSR & 0xF8) != 0x28);

        TWCR = 0x94;        // STOP condition
}

unsigned int TWI_read(unsigned char slv_addr, unsigned char regi){
        _delay_ms(1);
        unsigned int result;
        TWCR = 0xA4;        // START condition
        while(((TWCR & 0x80) == 0x00) || (TWSR & 0xF8) != 0x08);
        TWDR = slv_addr;
        TWCR = 0x84;        // MT_SLA_ACK
        while(((TWCR & 0x80) == 0x00) || (TWSR & 0xF8) != 0x18);
        TWDR = regi;  // Select Temperature Register
        TWCR = 0x84;        // MT_DATA_ACK
        while(((TWCR & 0x80) == 0x00) || (TWSR & 0xF8) != 0x28);
        TWCR = 0xA4;        // RESTART condition
        while(((TWCR & 0x80) == 0x00) || (TWSR & 0xF8) != 0x10);
        TWDR = slv_addr+1;     // TCN75 Slave Address (R/W =1; Read)
        TWCR = 0x84;        // MR_SLA_ACK
        while(((TWCR & 0x80) == 0x00) || (TWSR & 0xF8) != 0x40);
        TWCR = 0x84;        // MR_DATA_NOACK       // 84
        while(((TWCR & 0x80) == 0x00) || (TWSR & 0xF8) != 0x58);      // 58
        result = TWDR;  // 하위바이트
        TWCR = 0x94;        // STOP condition
        return result;
}

void TWI_initialize(void){
```

```
        char device_address_temp, temp_reg, temp_reg1, temp_reg2, temp_reg3;
        TWBR = 72;
        TWSR = 0;
        _delay_ms(100);
                // MPU 6080 Slave Address Check
        device_address_temp=TWI_read(m6050_addr,0x75);
        printf("\n\r Device Address=0x%02X",device_address_temp);

        if(device_address_temp!=0x68)
         { printf("\n\r Device Address Error! Please Reset CPU!!!!");
                while(1);
         }
          // MPU-6050 0x6B Register Setting
         temp_reg=TWI_read(m6050_addr,0x6b);
         temp_reg1=temp_reg&0xb8; // bit 6, 2-0 mask
         temp_reg1=temp_reg1|(0<<6|0x1);
         TWI_write(m6050_addr,0x6b,temp_reg1);

    // MPU-6050 0x1B Register Setting
         temp_reg=TWI_read(m6050_addr,0x1b);
         temp_reg2=temp_reg&0xe7; // bit 4, 3 mask
         temp_reg2=temp_reg2|(0<<3|0<<4);
         TWI_write(m6050_addr,0x1b,temp_reg2);

         // MPU-6050 0x1C Register Setting
         temp_reg=TWI_read(m6050_addr,0x1c);
         temp_reg3=temp_reg&0xe7; // bit 4, 3 mask
         temp_reg3=temp_reg3|(0<<3|0<<4);
         TWI_write(m6050_addr,0x1c,temp_reg2);
         printf("\n\r MPU-6050 Initialize....END.");
}

static FILE fp = FDEV_SETUP_STREAM((void*)Putch0, (void*)Getch0, _FDEV_SETUP_RW);

int main(void)
{
        unsigned char buffer[6];
        signed int accel_x, accel_y, accel_z;
        stdin=stdout=stderr=&fp;

        UART_Initialize();
```

```
        //TWI Initalize
        TWI_initialize();

        while(1)
        {
                //PORTA=0xff;
                _delay_ms(100);
                // MPU-6050 Accelerometer X, Y, Z Read
                buffer[0]=TWI_read(m6050_addr,0x3b);
                buffer[1]=TWI_read(m6050_addr,0x3c);
                buffer[2]=TWI_read(m6050_addr,0x3d);
                buffer[3]=TWI_read(m6050_addr,0x3e);
                buffer[4]=TWI_read(m6050_addr,0x3f);
                buffer[5]=TWI_read(m6050_addr,0x40);

                accel_x=(buffer[0]<<8) | buffer[1];
                accel_y=(buffer[2]<<8) | buffer[3];
                accel_z=(buffer[4]<<8) | buffer[5];

                printf("₩n₩r [Accel_X]=%d, [Accel_Y]=%d,
              [Accel_Z]=%d", accel_x, accel_y, accel_z);

                _delay_ms(100);
        }
}
```

◎ 실습결과 화면

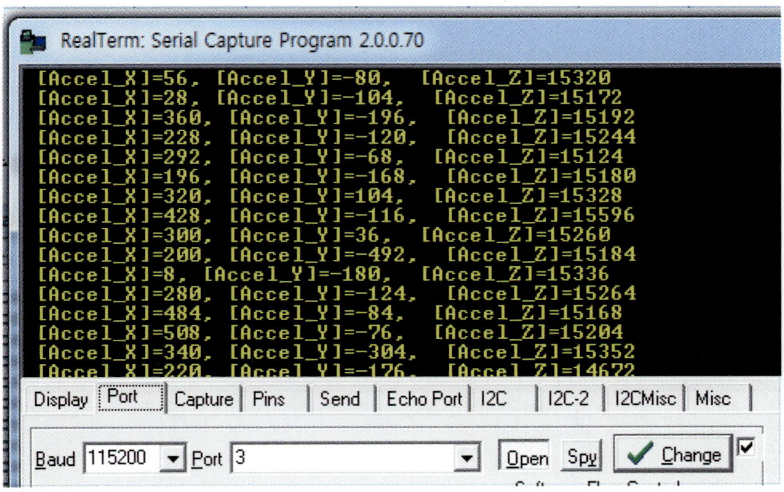

[그림 9-45. 가속도센서 측정 결과]

9.8.3.2 MPU-6050 레지스터 설정

① MPU-6050 Register 0x75

Register (Hex)	Register (Decimal)	Bit7	Bit6	Bit5	Bit4	Bit3	Bit2	Bit1	Bit0
75	117	-	WHO_AM_I[6:1]						-

[그림 9-46. MPU-6050 레지스터 0x75 내용]

```
device_address_temp=TWI_read(m6050_addr,0x75);
        printf("\n\r Device Address=0x%02X",device_address_temp);

        if(device_address_temp!=0x68)
        {
                printf("\n\r Device Address Error! Please Reset CPU!!!");
                while(1);
        }
```

MPU-6050 ID를 확인하는 데 사용된다. WHO_AM_I의 내용은 MPU-6050의 7비트(주소의 상위 6비트)이다. MPU-6050의 TWI 어드레스의 최하위 비트는 AD0 핀의 값에 의해 결정된다. 만약 AD0 핀의 값이 0이면 레지스터 값은 0x68(-110 1000)이고, AD0 핀의 값이 1이면 레지스터 값은 0x69(-110 1001)이 된다.

② MPU-6050 Register 0x6B

◎ 프로그램 내용

```
// MPU-6050 0x6B Register Setting
temp_reg=TWI_read(m6050_addr,0x6b);
temp_reg1=temp_reg&0xb8; // bit 6, 2-0 mask
temp_reg1=temp_reg1|(0<<6|0x1);
//temp_reg1=0b00000001;
TWI_write(m6050_addr,0x6b,temp_reg1);
```

◎ 레지스터 내용

Register (Hex)	Register (Decimal)	Bit7	Bit6	Bit5	Bit4	Bit3	Bit2	Bit1	Bit0
6B	107	DEVICE _RESET	SLEEP	CYCLE	-	TEMP_DIS	CLKSEL[2:0]		

[그림 9-47. MPU-6050 레지스터 0x6B 내용]

[표 9-24. MPU-6050 레지스터 0x6B 설명]

<table>
<tr><td>DEVICE_RESET</td><td>'1'로 설정하면 MPU-6050 레지스터값이 Default 값으로 설정된다.
이 비트는 Reset 후 '0'으로 클리어된다.</td></tr>
<tr><td>SLEEP</td><td>'1'로 설정하면 MPU-6050이 Sleep 모드로 진입한다.</td></tr>
<tr><td>CLKSEL</td><td><table>
<tr><th>CLKSEL</th><th>Clock Source</th></tr>
<tr><td>0</td><td>Internal 8MHz oscillator</td></tr>
<tr><td>1</td><td>PLL with X axis gyroscope reference</td></tr>
<tr><td>2</td><td>PLL with Y axis gyroscope reference</td></tr>
<tr><td>3</td><td>PLL with Z axis gyroscope reference</td></tr>
<tr><td>4</td><td>PLL with external 32.768kHz reference</td></tr>
<tr><td>5</td><td>PLL with external 19.2MHz reference</td></tr>
<tr><td>6</td><td>Reserved</td></tr>
<tr><td>7</td><td>Stops the clock and keeps the timing generator in reset</td></tr>
</table></td></tr>
</table>

③ MPU-6050 Register 0x1B

◎ 프로그램 내용

```
// MPU-6050 0x1B Register Setting
temp_reg=TWI_read(m6050_addr,0x1b);
temp_reg2=temp_reg&0xe7; // bit 4, 3 mask
temp_reg2=temp_reg2|(0<<3|0<<4);
TWI_write(m6050_addr,0x1b,temp_reg2);
```

◎ 레지스터 내용

Register (Hex)	Register (Decimal)	Bit7	Bit6	Bit5	Bit4	Bit3	Bit2	Bit1	Bit0
1B	27	XG_ST	YG_ST	ZG_ST	FS_SEL[1:0]		-	-	-

[그림 9-48. MPU-6050 레지스터 0x1B 내용]

[표 9-25. MPU-6050 레지스터 0x1B 설명]

<table>
<tr><td>XG_ST/YG_ST/ZG_ST</td><td>X, Y, Z축 Gyroscopes selt test 설정 bit</td></tr>
<tr><td>FS_SEL[1:0]</td><td>- Full scale range of gyroscopes
<table><tr><th>FS_SEL</th><th>Full Scale Range</th></tr><tr><td>0</td><td>± 250 °/s</td></tr><tr><td>1</td><td>± 500 °/s</td></tr><tr><td>2</td><td>± 1000 °/s</td></tr><tr><td>3</td><td>± 2000 °/s</td></tr></table>- Gyro X, Gyro Y, Gyro Z가 16비트 데이터이므로 최대 표현할 수 있는 값은 -32768~32767이다.
- 실습에서는 FS_SEL를 '00'으로 설정하므로 가속도센서 측정 Full Scale Range가 ±250 °/s이다.
- Gyro X, Gyro Y, Gyro Z의 -32768~32767값은 자이로센서의 각속도 -250 °/s~+250 °/s 사이의 값을 나타낸다. 즉, 곡선 +Z축 회전 방향으로 일정한 회전속도로 1초 동안 250도 회전했을 때 32767값을 유지하고, 곡선 +Z축 회전 반대 방향으로 일정한 회전속도로 1초 동안 250도 회전했을 때 -32768값을 유지한다.
- 자이로센서가 1초 동안 1° 회전했을 때 Gyro Z값은 131에 해당한다(32768/250 = 131).
- Gyro X, Gyro Y값도 Gyro Z와 같이 측정된다.</td></tr>
</table>

④ MPU-6050 Register 0x1C

◎ 프로그램 내용

```
// MPU-6050 0x1C Register Setting
temp_reg=TWI_read(m6050_addr,0x1c);
temp_reg3=temp_reg&0xe7; // bit 4, 3 mask
temp_reg3=temp_reg3|(0<<3|0<<4);
TWI_write(m6050_addr,0x1c,temp_reg2);
```

◎ 레지스터 내용

Register (Hex)	Register (Decimal)	Bit7	Bit6	Bit5	Bit4	Bit3	Bit2	Bit1	Bit0
1C	28	XA_ST	YA_ST	ZA_ST	AFS_SEL[1:0]		-		

[그림 9-49. MPU-6050 레지스터 0x1C 내용]

[표 9-26. MPU-6050 레지스터 0x1B 설명]

XA_ST/YA_ST/ZA_ST	X, Y, Z축 Accelerometer selt test 설정 bit
FS_SEL[1:0]	- Full scale range of the accelerometer output AFS_SEL / Full Scale Range: 0 = ± 2*g*, 1 = ± 4*g*, 2 = ± 8*g*, 3 = ± 16*g* - Accelerometer X, Accelerometer Y, Accelerometer Z가 16비트 데이터이므로 최대 표현할 수 있는 값은 -32768~32767이다. - 실습에서는 AFS_SEL를 '00'으로 설정하므로 가속도센서 측정 Full Scale Range가 ±2g이다. - Accelerometer X, Accelerometer Y, Accelerometer Z가 가속도 ±1g 사이이면 X, Y, Z축 가속도센서값은 -16384~+16387의 값이 측정된다. - Z축이 중력가속도 방향과 같으면 -16384 근처값이 측정되고, 중력가속도와 반대 방향이면 +16387 근처값이 측정된다. - Accelerometer X, Accelerometer Y는 Accelerometer Z 같이 측정된다.

AFS_SEL	Full Scale Range
0	± 2*g*
1	± 4*g*
2	± 8*g*
3	± 16*g*

9.8.3.3. 가속도센서 값 읽기 및 데이터 특성

① 가속도센서 16비트 값 읽기

◎ 프로그램 내용

```
buffer[0]=TWI_read(m6050_addr,0x3b);
buffer[1]=TWI_read(m6050_addr,0x3c);
buffer[2]=TWI_read(m6050_addr,0x3d);
buffer[3]=TWI_read(m6050_addr,0x3e);
buffer[4]=TWI_read(m6050_addr,0x3f);
buffer[5]=TWI_read(m6050_addr,0x40);
accel_x=(buffer[0]<<8) | buffer[1];
accel_y=(buffer[2]<<8) | buffer[3];
accel_z=(buffer[4]<<8) | buffer[5];
```

```
unsigned int TWI_read(unsigned char slv_addr, unsigned char regi){
        _delay_ms(1);
        unsigned int result;

        TWCR = 0xA4;        // START condition
        while(((TWCR & 0x80) == 0x00) || (TWSR & 0xF8) != 0x08);

        TWDR = slv_addr;
        TWCR = 0x84;        // MT_SLA_ACK
        while(((TWCR & 0x80) == 0x00) || (TWSR & 0xF8) != 0x18);

        TWDR = regi;  // Select Temperature Register
        TWCR = 0x84;        // MT_DATA_ACK
        while(((TWCR & 0x80) == 0x00) || (TWSR & 0xF8) != 0x28);

        TWCR = 0xA4;        // RESTART condition
        while(((TWCR & 0x80) == 0x00) || (TWSR & 0xF8) != 0x10);

        TWDR = slv_addr+1;     // TCN75 Slave Address (R/W =1; Read)
        TWCR = 0x84;        // MR_SLA_ACK
        while(((TWCR & 0x80) == 0x00) || (TWSR & 0xF8) != 0x40);

        TWCR = 0x84;        // MR_DATA_NOACK        // 84
        while(((TWCR & 0x80) == 0x00) || (TWSR & 0xF8) != 0x58);        // 58
        result = TWDR;  // 하위바이트

        TWCR = 0x94;        // STOP condition
```

```
        return result;
}
```

◎ 레지스터 내용

Register (Hex)	Register (Decimal)	Bit7	Bit6	Bit5	Bit4	Bit3	Bit2	Bit1	Bit0
3B	59	ACCEL_XOUT[15:8]							
3C	60	ACCEL_XOUT[7:0]							
3D	61	ACCEL_YOUT[15:8]							
3E	62	ACCEL_YOUT[7:0]							
3F	63	ACCEL_ZOUT[15:8]							
40	64	ACCEL_ZOUT[7:0]							

[그림 9-50. MPU-6050 가속도 3축 X, Y, Z 레지스터]

[표 9-27. MPU-6050 가속도 3축 X, Y, Z 레지스터 내용]

ACCEL_XOUT[15:8]	Accelerometer X값 상위 1BYTE 값
ACCEL_XOUT[7:0]	Accelerometer X값 하위 1BYTE 값
ACCEL_YOUT[15:8]	Accelerometer Y값 상위 1BYTE 값
ACCEL_YOUT[7:0]	Accelerometer Y값 하위 1BYTE 값
ACCEL_ZOUT[15:8]	Accelerometer Y값 상위 1BYTE 값
ACCEL_ZOUT[7:0]	Accelerometer Y값 하위 1BYTE 값

② 가속도센서 직선 X값 측정

실제 가속도센서 값을 측정해 보면, 직선 +X가 중력 방향(오른쪽)으로 움직이면 가속도센서 X축 값은 음수 값이 측정되고, 중력 반대 방향(왼쪽)으로 움직이면 가속도센서 X축 값은 양수가 측정된다.

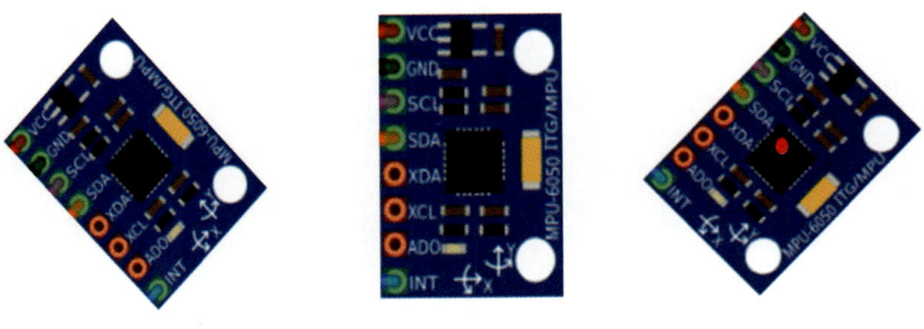

X축 중력 반대 방향(왼쪽)　　X축 기준　　X축 중력 방향(오른쪽)

[그림 9-51. MPU-6050 가속도 X값 측정 방법]

◎ 직선 X가 기울기가 없을 때 측정값

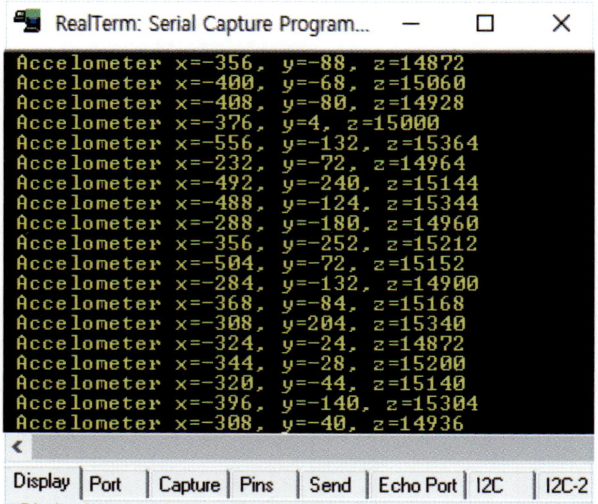

[그림 9-52. MPU-6050 직선 X가 기울기가 없을 때 측정결과]

◎ 직선 X가 중력 방향(오른쪽)으로 기울어질 때 측정값

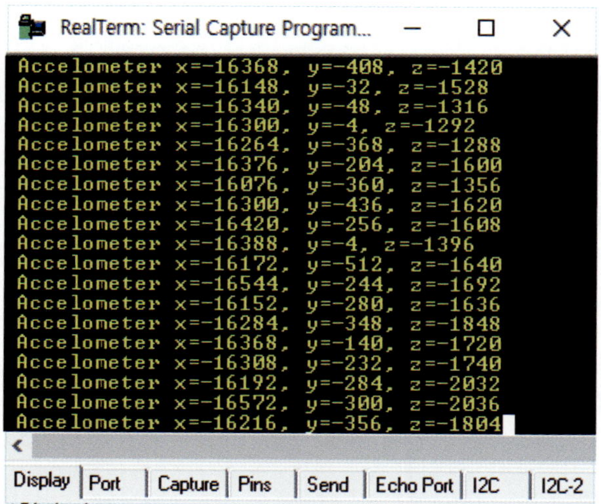

[그림 9-53. MPU-6050 직선 X가 중력 방향(오른쪽)으로 기울어질 때 측정결과]

◎ 직선 X가 중력 반대 방향(왼쪽)으로 기울어질 때 측정값

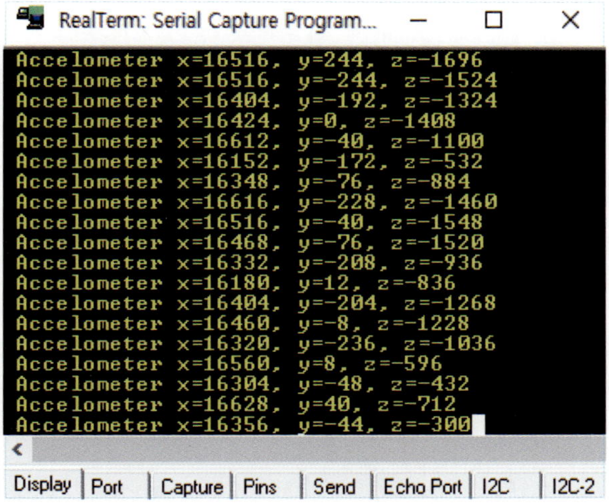

[그림 9-54. MPU-6050 직선 X가 중력 반대 방향(왼쪽)으로 기울어질 때 측정결과]

③ 가속도센서 직선 Y값 측정

실제 가속도센서값을 측정해 보면, 직선 +Y가 중력 방향(오른쪽)으로 움직이면 가속도센서 Y축 값은 음수값이 측정되고, 중력 반대 방향(왼쪽)으로 움직이면 가속도센서 Y축 값은 양수가 측정된다.

Y축 중력 반대 방향(왼쪽)　　Y축 기준　　Y축 중력 방향(오른쪽)

[그림 9-55. MPU-6050 가속도 Y값 측정 방법]

◎ 직선 Y가 기울기가 없을 때 측정값

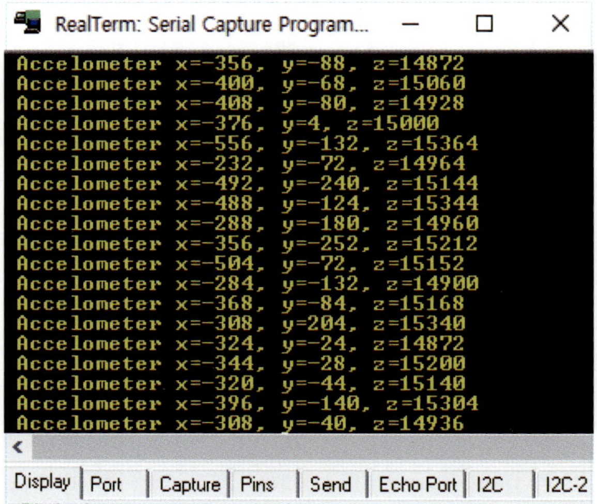

[그림 9-56. MPU-6050 직선 Y가 기울기가 없을 때 측정결과]

◎ 직선 Y가 중력 방향(오른쪽)으로 기울어질 때 측정값

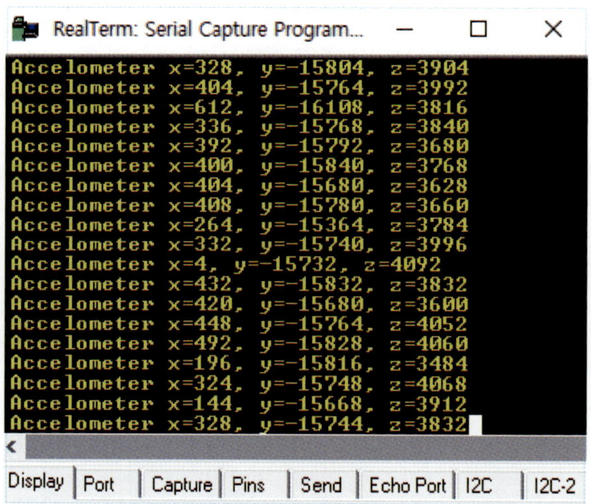

[그림 9-57. MPU-6050 직선 Y가 중력 방향(오른쪽)으로 기울어질 때 측정결과]

◎ 직선 Y가 중력 반대 방향(왼쪽)으로 기울어질 때 측정값

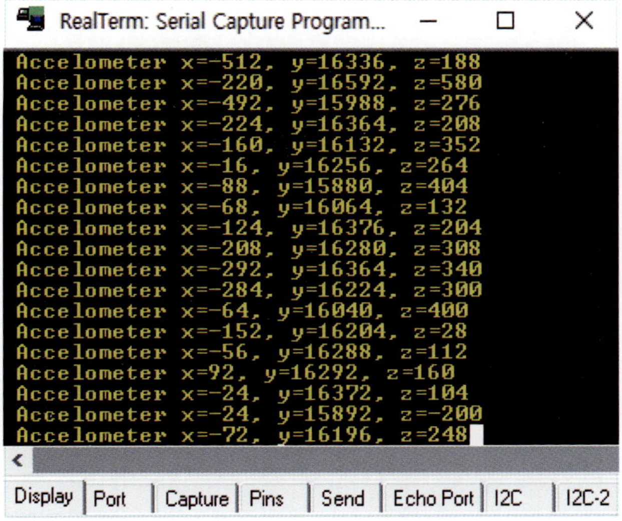

[그림 9-58. MPU-6050 직선 Y가 중력 반대 방향(왼쪽)으로 기울어질 때 측정결과]

④ 가속도센서 직선 Z값 측정

실제 가속도센서값을 측정해 보면, 직선 +Z가 중력 방향이면 가속도센서 Z축 값은 음수 값이 측정되고, 중력 반대 방향이면 가속도센서 Z축 값은 양수 값이 측정된다.

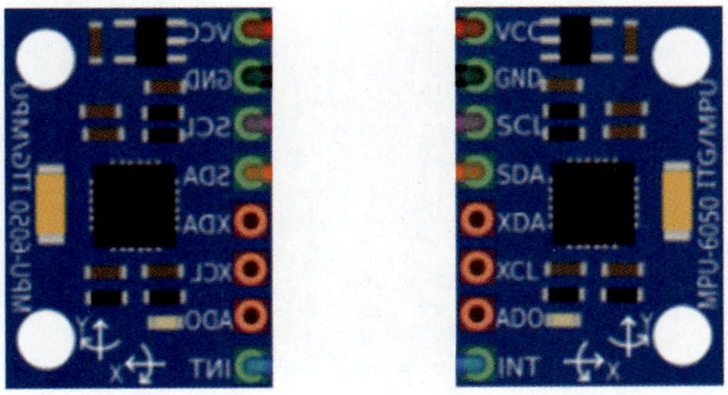

Z축(중력 방향) Z축(중력 반대 방향)

[그림 9-59. MPU-6050 가속도 Z값 측정 방법]

◎ 직선 Z가 중력 방향일 때 측정값

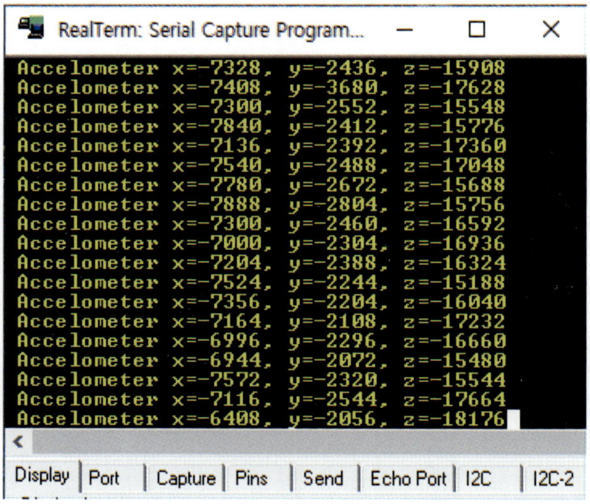

[그림 9-60. MPU-6050 직선 Z가 중력 방향일 때 측정결과]

◎ 직선 Z가 중력 반대 방향일 때 측정값

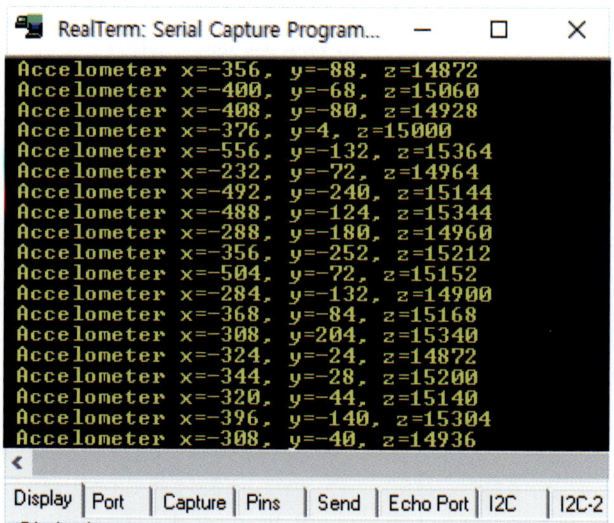

[그림 9-61. MPU-6050 직선 Z가 중력 반대 방향일 때 측정결과]

⑤ 가속도센서 각도계산

◎ 가속도센서 각도계산 공식

- angle(Y), Roll = $\tan^{-1}\left(\dfrac{AcX}{\sqrt{(Ac^2Y + Ac^2Z}}\right)\times\left(\dfrac{180}{\pi}\right)$

- angle(X), Pitch = $\tan^{-1}\left(\dfrac{AcY}{\sqrt{(Ac^2X + Ac^2Z}}\right)\times\left(\dfrac{180}{\pi}\right)$

- angle(Z), Yaw = $\tan^{-1}\left(\dfrac{\sqrt{(Ac^2X + Ac^2Y}}{AcZ}\right)\times\left(\dfrac{180}{\pi}\right)$

◎ 가속도센서 각도계산 프로그램 작성

```
float radTodeg=180/3.141592;
float accel_angle_x, accel_angle_y, accel_angle_z;

void Read_MPU6050_ACC_Data(void)
{ unsigned char buffer[6];

  buffer[0]=TWI_read(m6050_addr,0x3b);
  buffer[1]=TWI_read(m6050_addr,0x3c);
  buffer[2]=TWI_read(m6050_addr,0x3d);
  buffer[3]=TWI_read(m6050_addr,0x3e);
  buffer[4]=TWI_read(m6050_addr,0x3f);
  buffer[5]=TWI_read(m6050_addr,0x40);

  accel_x=(buffer[0]<<8) | buffer[1];
  accel_y=(buffer[2]<<8) | buffer[3];
  accel_z=(buffer[4]<<8) | buffer[5];
}

void Calc_Accelometer(void)
{
        float accel_xz, accel_yz, accel_xy;
        accel_yz = sqrt(pow(accel_y,2)+pow(accel_z,2));
        accel_angle_y = atan(accel_x/accel_yz)*redTodeg;

        accel_xz = sqrt(pow(accel_x,2)+pow(accel_z,2));
        accel_angle_x = atan(accel_y/accel_xz)*redTodeg;

        accel_xy = sqrt(pow(accel_x,2)+pow(accel_y,2));
        accel_angle_z = atan(accel_xy/accel_z)*redTodeg;
}


signed int accel_x, accel_y, accel_z;
```

```
float accel_angle_x, accel_angle_y, accel_angle_z;
int main(void)
{  ----생략 ------

   //TWI Initalize
   TWI_initialize();

  while(1)
  { Read_MPU_6050_ACC_Data();
    Calc_Accelometer();
    printf("₩n₩r Accel x_angle=%3.2f, y_angle=%3.2f, z_angle=%3.2f",
    accel_angle_x, accel_angle_y, accel_angle_z);
   }
}
```

◎ 가속도센서 각도계산 결과

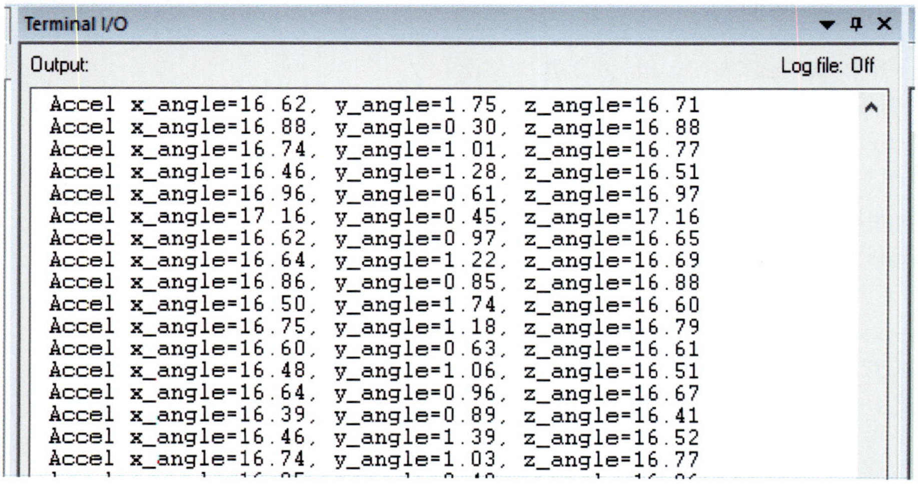

[그림 9-62. MPU-6050 가속도센서 각도계산 결과]

9.8.3.4 자이로센서 값 읽기 및 데이터 특성

① 자이로센서 16비트 값 읽기

◎ 프로그램 내용

```
signed int zyro_x, zyro_y, zyro_z;
void Read_MPU_6050_Zyro_Data(void)
{       unsigned char buffer[6];
        buffer[0] = TWI_read(m6050_addr, 0x43);
        buffer[1] = TWI_read(m6050_addr, 0x44);
        buffer[2] = TWI_read(m6050_addr, 0x45);
        buffer[3] = TWI_read(m6050_addr, 0x46);
        buffer[4] = TWI_read(m6050_addr, 0x47);
        buffer[5] = TWI_read(m6050_addr, 0x48);

        zyro_x = (buffer[0]<<(8) | buffer[1];
        zyro_y = (buffer[2]<<(8) | buffer[3];
        zyro_z = (buffer[4]<<(8) | buffer[5];
}
```

◎ 레지스터 내용

Register (Hex)	Register (Decimal)	Bit7	Bit6	Bit5	Bit4	Bit3	Bit2	Bit1	Bit0
43	67	GYRO_XOUT[15:8]							
44	68	GYRO_XOUT[7:0]							
45	69	GYRO_YOUT[15:8]							
46	70	GYRO_YOUT[7:0]							
47	71	GYRO_ZOUT[15:8]							
48	72	GYRO_ZOUT[7:0]							

[그림 9-63. MPU-6050 자이로센서 3축(X, Y, Z) 레지스터]

[표 9-28. MPU-6050 가속도 3축 X, Y, Z 레지스터 내용]

GYRO_XOUT[15:8]	Gyro X값 상위 1BYTE 값
GYRO_XOUT[7:0]	Gyro X값 하위 1BYTE 값
GYRO_YOUT[15:8]	Gyro Y값 상위 1BYTE 값
GYRO_YOUT[7:0]	Gyro Y값 하위 1BYTE 값
GYRO_ZOUT[15:8]	Gyro Z값 상위 1BYTE 값
GYRO_ZOUT[7:0]	Gyro Z값 하위 1BYTE 값

② 자이로센서 회전 X값 측정

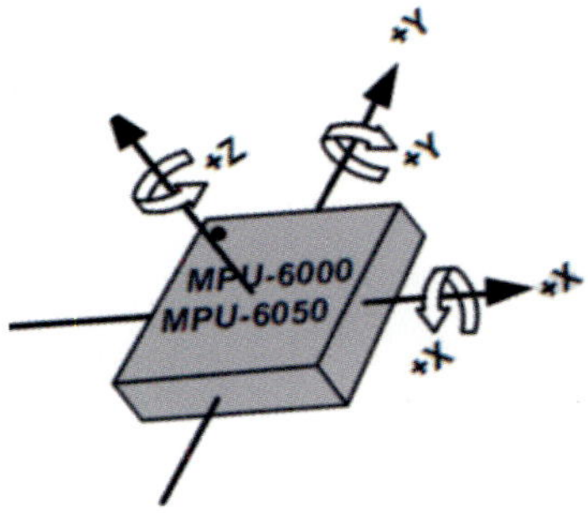

[그림 9-64. MPU-6050 자이로센서 회전 X값 측정]

직선 +X를 엄지 방향으로 한 상태에서 나머지 손가락을 감는 방향이 곡선 회전각 속도 +X이다. 회전각이 나머지 손가락을 감는 방향이면 회전각 속도 X는 양수값이 측정되고, 나머지 손가락을 감는 방향과 반대이면 회전각 속도 X는 음수 값이 측정된다.

◎ X 회전각이 손가락을 감는 방향일 때(오른쪽 회전) 회전각 속도 측정값

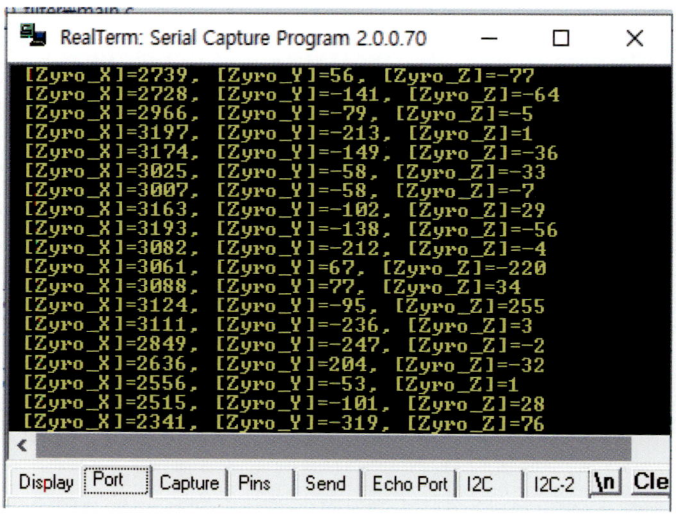

[그림 9-65. MPU-6050 X축 회전각 속도(오른쪽 회전) 측정결과]

◎ X 회전각이 손가락을 감는 반대 방향일 때(왼쪽 회전) 회전각 속도 측정값

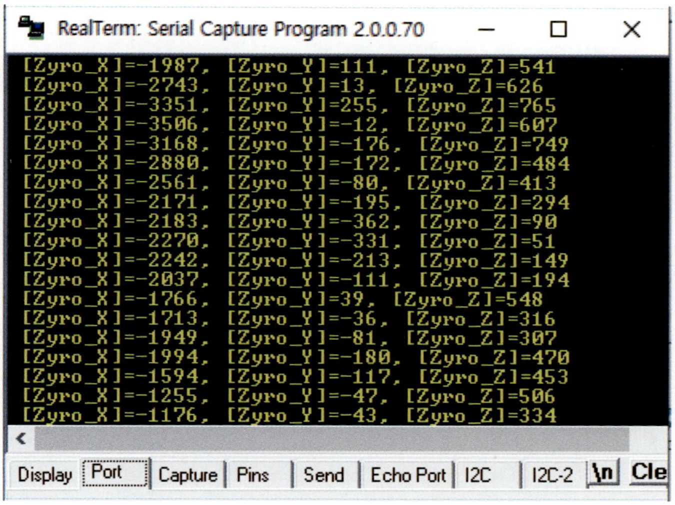

[그림 9-66. MPU-6050 X축 회전각 속도(왼쪽 회전) 측정결과]

③ 자이로센서 회전 Y값 측정

[그림 9-67. MPU-6050 자이로센서 회전 Y값 측정]

직선 +Y를 엄지 방향으로 한 상태에서 나머지 손가락을 감는 방향이 곡선 회전각 속도 +Y값이다. 회전각이 나머지 손가락을 감는 방향이면 회전각 속도 Y는 양수 값이 측정되고, 나머지 손가락을 감는 방향과 반대이면 회전각 속도 Y는 음수 값이 측정된다.

◎ Y 회전각이 손가락을 감는 방향일 때(오른쪽 회전) 회전각 속도 측정값

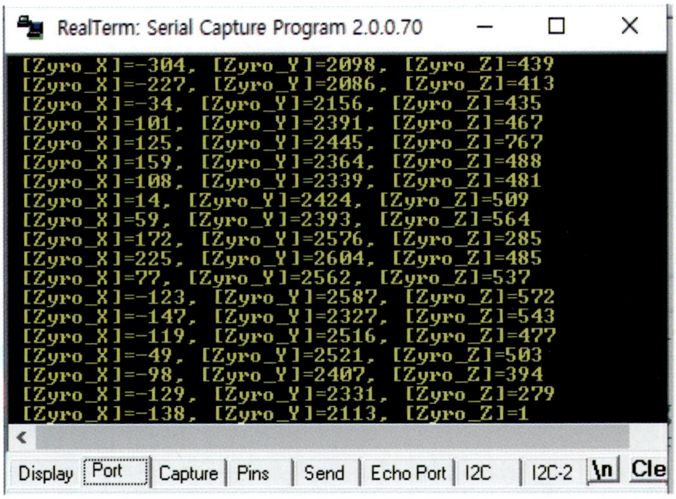

[그림 9-68. MPU-6050 Y축 회전각 속도(오른쪽 회전) 측정결과]

◎ Y 회전각이 손가락을 감는 반대 방향일 때(왼쪽 회전) 회전각 속도 측정값

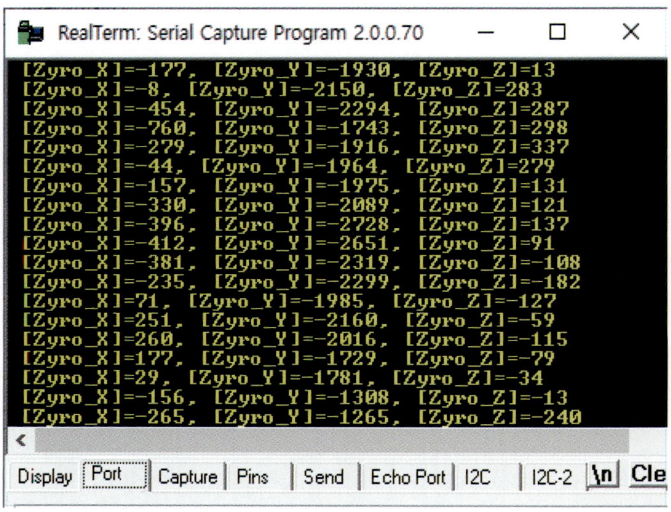

[그림 9-69. MPU-6050 Y축 회전각 속도(왼쪽 회전) 측정결과]

④ 자이로센서 회전 Z값 측정

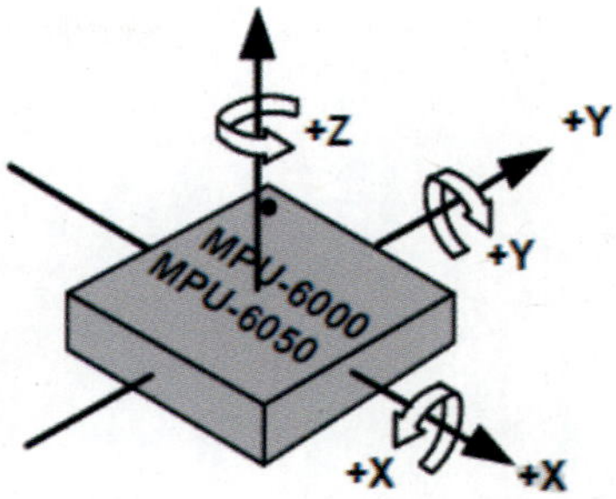

[그림 9-70. MPU-6050 자이로센서 회전 Z값 측정]

직선 +Z를 엄지 방향으로 한 상태에서 나머지 손가락을 감는 방향이 곡선 회전각 속도 +Z값이다. 회전각이 나머지 손가락을 감는 방향이면 회전각 속도 Z는 양수 값이 측정되고, 나머지 손가락을 감는 방향과 반대이면 회전각 속도 Z는 음수 값이 측정된다.

◎ Z 회전각이 손가락을 감는 방향일 때(오른쪽 회전) 회전각 속도 측정값

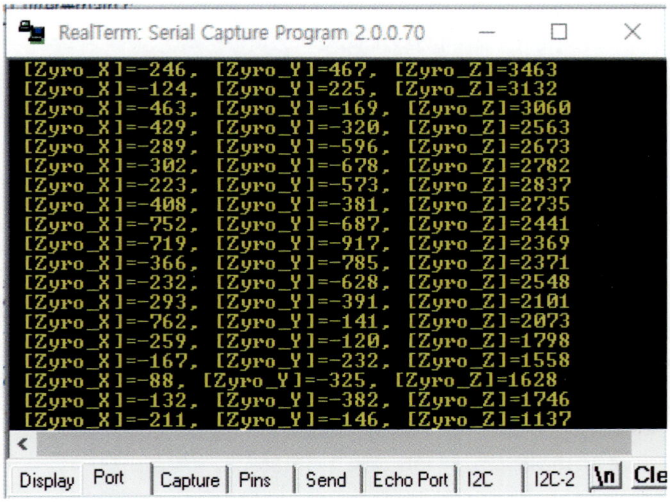

[그림 9-71. MPU-6050 Z축 회전각 속도(오른쪽 회전) 측정결과]

◎ Z 회전각이 손가락을 감는 반대 방향일 때(왼쪽 회전) 회전각 속도 측정값

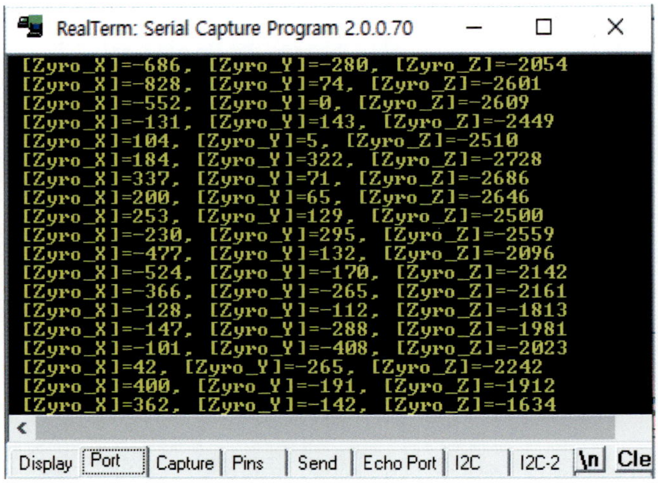

[그림 9-72. MPU-6050 Z축 회전각 속도(왼쪽 회전) 측정결과]

⑤ 자이로센서를 이용한 각도계산

◎ 각속도를 이용한 각도계산 공식

- 회전각도(X) $= \int \omega_x \cdot dt$
- 회전각도(Y) $= \int \omega_y \cdot dt$
- 회전각도(Z) $= \int \omega_z \cdot dt$

◎ 시간변화(dt) 설정하기 위한 방법

- Timver0 Overflow 인터럽트를 사용하여 dt = 32[ms]로 설정한다.
- 설정을 위한 프로그램 코딩

```
void Timer0_Initalize(void)
{ TCCR0=0x07;      // f=16Mhz/1024=15625hz, t=1/15625hz=64us
  TCNT0=131;       //255-(TCNT0:131+1)=125, 64us×125=8ms
  TIMSK=0x01;
}
```

```
unsigned char count=0, timer0_flag=0;
ISR(TIMER0_OVF_vect,ISR_NOBLOCK){
        count++;
        if(count==4){        //8ms×4=32msec
                Calc_Zyro();
                count=0;
        }
}
```

◎ 자이로센서 각도계산(적분) 프로그램 작성

```
float zyro_angle_vx, zyro_angle_vy, zyro_angle_vz;
float zyro_angle_x, zyro_angle_y, zyro_angle_z;
void Calc_Zyro(void)
{  //±32,767으로 각속도 ±250도를 표현하므로, 32,767/250=131임
   zyro_angle_vx=(float)zyro_x/131;
   zyro_angle_vy=(float)zyro_y/131;
   zyro_angle_vz=(float)zyro_z/131;
   zyro_angle_x+=zyro_angle_vx*0.032;
   zyro_angle_y+=zyro_angle_vy*0.032;
   zyro_angle_z+=zyro_angle_vz*0.032;
}
```

- 자이로센서 각도계산(적분) 프로그램

소스 프로그램 : i2c_int_1.c

```
#include <avr/io.h>
#include <avr/interrupt.h>
#include <stdio.h>
#define F_CPU 16000000UL
#include <util/delay.h>
#define m6050_addr 0x68<<1

void Putch0(char data)
{
		while(!(UCSR0A & 0x20));
		UDR0 = data;
}

char Getch0(void)
{
		while(!(UCSR0A & 0x80));
		return UDR0;
}

void UART_Initialize(void)
{
		UCSR0A = 0x0;
		UCSR0B = 0b10011000;
		UCSR0C = 0b00000110;
```

```
        UBRR0H = 0;
        UBRR0L = 8;
        printf("\n\r UART0 Initialize...END.");
}

void TWI_write(unsigned char slv_addr, unsigned char address, unsigned char byte)
{
        _delay_ms(1);

        TWCR = 0xA4;
        while((TWCR & 0x80) == 0x00 || (TWSR & 0xF8) != 0x08);

        TWDR = slv_addr;
        TWCR = 0x84;
        while((TWCR & 0x80) == 0x00 || (TWSR & 0xF8) != 0x18);

        TWDR = address;
        TWCR = 0x84;
        while((TWCR & 0x80) == 0x00 || (TWSR & 0xF8) != 0x28);

        TWDR = byte;
        TWCR = 0x84;

        while((TWCR & 0x80) == 0x00 || (TWSR & 0xF8) != 0x28);

        TWCR = 0x94;
}

unsigned int TWI_read(unsigned char slv_addr, unsigned char regi){
        _delay_ms(1);
        unsigned int result;
        TWCR = 0xA4;        // START condition
        while(((TWCR & 0x80) == 0x00) || (TWSR & 0xF8) != 0x08);
        TWDR = slv_addr;
        TWCR = 0x84;        // MT_SLA_ACK
        while(((TWCR & 0x80) == 0x00) || (TWSR & 0xF8) != 0x18);
        TWDR = regi;  // Select Temperature Register
        TWCR = 0x84;        // MT_DATA_ACK
        while(((TWCR & 0x80) == 0x00) || (TWSR & 0xF8) != 0x28);
        TWCR = 0xA4;        // RESTART condition
        while(((TWCR & 0x80) == 0x00) || (TWSR & 0xF8) != 0x10);
```

```
        TWDR = slv_addr+1;      // TCN75 Slave Address (R/W =1; Read)
        TWCR = 0x84;        // MR_SLA_ACK
        while(((TWCR & 0x80) == 0x00) || (TWSR & 0xF8) != 0x40);
        TWCR = 0x84;        // MR_DATA_NOACK        // 84
        while(((TWCR & 0x80) == 0x00) || (TWSR & 0xF8) != 0x58);        // 58
        result = TWDR;  // 하위바이트
        TWCR = 0x94;        // STOP condition
        return result;
}

void TWI_initialize(void)
{
        char device_address_temp, temp_reg, temp_regl, temp_reg2, temp_reg3;
        TWBR = 72;
        TWSR = 0;
        _delay_ms(100);
        device_address_temp = TWI_read(m6050_addr, 0x75);
        printf("₩n₩r Device Address=0x%02X", device_address_temp);

        if(device_address_temp!=0x68)
        {
                printf("₩n₩r Device Address Error! Please Reset CPU!!!!");
                while(1);
        }

        temp_reg = TWI_read(m6050_addr, 0x6b);
        temp_regl = temp_reg & 0xb8;
        temp_regl = temp_regl|(0<<6|0x1);
        TWI_write(m6050_addr, 0x6b, temp_regl);

        temp_reg = TWI_read(m6050_addr, 0x1b);
        temp_reg2 = temp_reg & 0xe7;
        temp_reg2 = temp_reg2|(0<<3|0<<4);
        TWI_write(m6050_addr, 0x1b, temp_reg2);

        temp_reg = TWI_read(m6050_addr, 0x1c);
        temp_reg3 = temp_reg & 0xe7;
        temp_reg3 = temp_reg3|(0<<3|0<<4);
        TWI_write(m6050_addr, 0x1c, temp_reg3);
        printf("₩n₩r MPU-6050 Initialize....END.");
}
```

```
signed int accel_x, accel_y, accel_z;

void Read_MPU_6050_ACC_Data()
{
        unsigned char buffer[6];
        buffer[0] = TWI_read(m6050_addr, 0x3b);
        buffer[1] = TWI_read(m6050_addr, 0x3c);
        buffer[2] = TWI_read(m6050_addr, 0x3d);
        buffer[3] = TWI_read(m6050_addr, 0x3e);
        buffer[4] = TWI_read(m6050_addr, 0x3f);
        buffer[5] = TWI_read(m6050_addr, 0x40);

        accel_x = (buffer[0]<<8) | buffer[1];
        accel_y = (buffer[2]<<8) | buffer[3];
        accel_z = (buffer[4]<<8) | buffer[5];
}

float redTodeg = 180/3.141592;
float accel_angle_x, accel_angle_y, accel_angle_z;

void Calc_Accelometer(void)
{
        float accel_xz, accel_yz, accel_xy;
        accel_yz = sqrt(pow(accel_y,2)+pow(accel_z,2));
        accel_angle_y = atan(accel_x/accel_yz)*redTodeg;

        accel_xz = sqrt(pow(accel_x,2)+pow(accel_z,2));
        accel_angle_x = atan(accel_y/accel_xz)*redTodeg;

        accel_xy = sqrt(pow(accel_x,2)+pow(accel_y,2));
        accel_angle_z = atan(accel_xy/accel_z)*redTodeg;
}

signed int zyro_x, zyro_y, zyro_z;
void Read_MPU_6050_Zyro_Data(void)
{       unsigned char buffer[6];
        buffer[0] = TWI_read(m6050_addr, 0x43);
        buffer[1] = TWI_read(m6050_addr, 0x44);
        buffer[2] = TWI_read(m6050_addr, 0x45);
        buffer[3] = TWI_read(m6050_addr, 0x46);
```

```
        buffer[4] = TWI_read(m6050_addr, 0x47);
        buffer[5] = TWI_read(m6050_addr, 0x48);

        zyro_x = (buffer[0]<<8) | buffer[1];
        zyro_y = (buffer[2]<<8) | buffer[3];
        zyro_z = (buffer[4]<<8) | buffer[5];
}

float zyro_angle_vx, zyro_angle_vy, zyro_angle_vz;
float zyro_angle_x, zyro_angle_y, zyro_angle_z;
void Calc_Zyro(void)
{  //±32,767으로 각속도 ±250도를 표현하므로, 32,767/250 = 131임
  zyro_angle_vx=(float)zyro_x/131;
  zyro_angle_vy=(float)zyro_y/131;
  zyro_angle_vz=(float)zyro_z/131;
  zyro_angle_x+=zyro_angle_vx*0.032;
  zyro_angle_y+=zyro_angle_vy*0.032;
  zyro_angle_z+=zyro_angle_vz*0.032;
}

unsigned char count=0, timer0_flag=0;
ISR(TIMER0_OVF_vect,ISR_NOBLOCK){
        count++;
        if(count==4){         //8ms×4=32msec
                Calc_Zyro();
                count=0;
        }
}

void Timer0_Initalize(void)
{ TCCR0=0x07;      // f=16Mhz/1024=15625hz, t=1/15625hz=64us
  TCNT0=131;       //255-(TCNT0:131+1)=125, 64us×125=8ms
  TIMSK=0x01;
}

static FILE fp = FDEV_SETUP_STREAM((void*)Putch0, (void*)Getch0, _FDEV_SETUP_RW);

int main(void)
{
        stdin=stdout=stderr=&fp;
        cli();
```

```
    UART_Initialize();
    TWI_initialize();
    Timer0_Initalize();
    sei();                  // 전체 인터럽트 활성화

    while (1)
    {   _delay_ms(100);
            Read_MPU_6050_ACC_Data();
            Read_MPU_6050_Zyro_Data();
            Calc_Accelometer();
            printf("₩n₩r Zyro Angle x=%3.2f, y=%3.2f, z=%3.2f",
           zyro_angle_x, zyro_angle_y, zyro_angle_z);
            _delay_ms(100);
    }
}
```

◎ 자이로센서 각속도를 이용한 각도계산 결과(초기값)

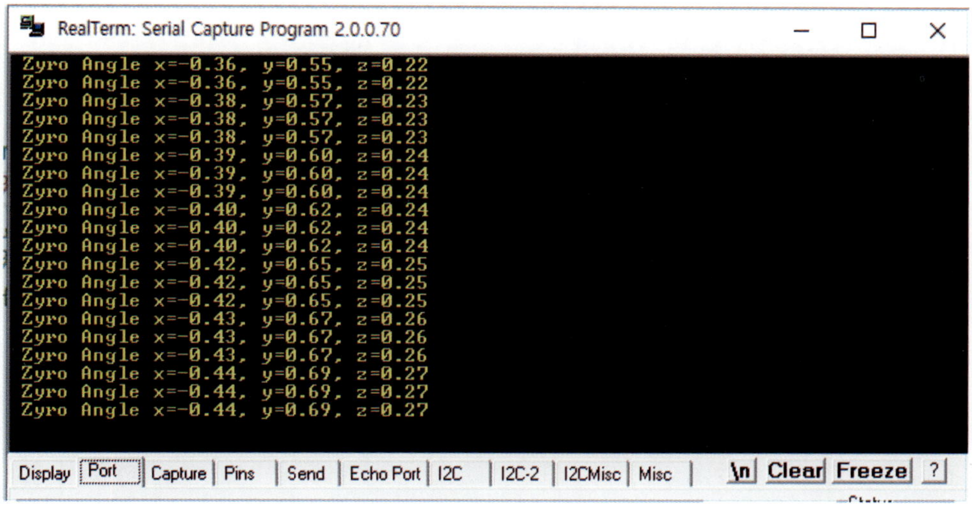

[그림 9-73. MPU-6050 Z 회전각(왼쪽 회전) 측정결과]

◎ 자이로센서 X 회전각 측정결과

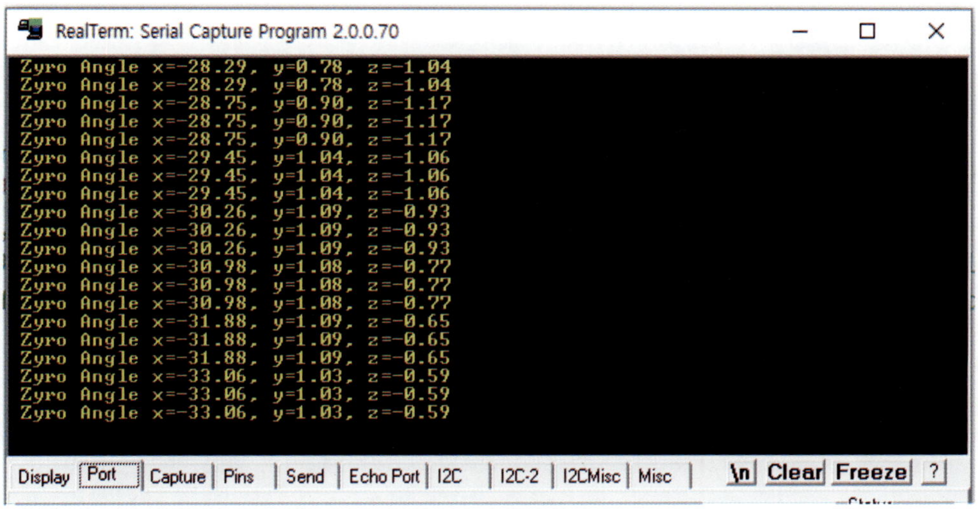

[그림 9-74. MPU-6050 X축 회전각도 측정결과]

◎ 자이로센서 Y 회전각 측정결과

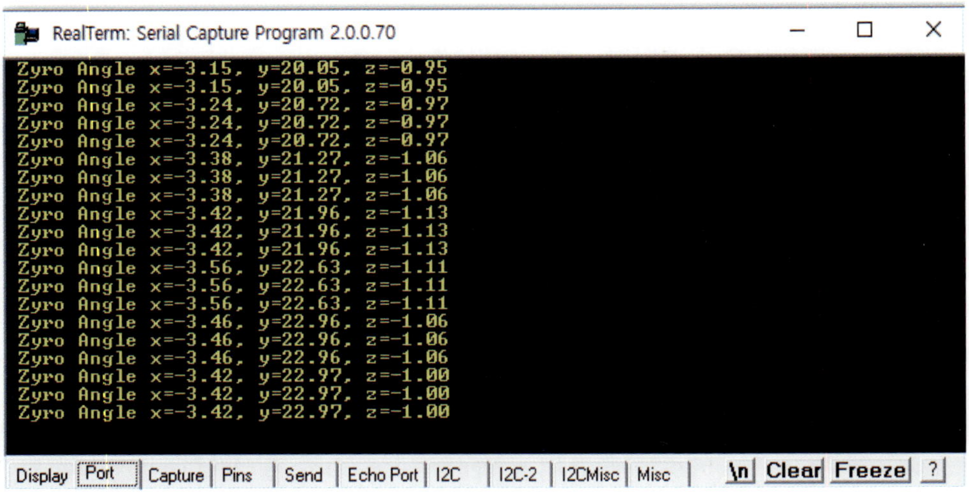

[그림 9-75. MPU-6050 Y축 회전각도 측정결과]

◎ 자이로센서 Z 회전각 측정결과

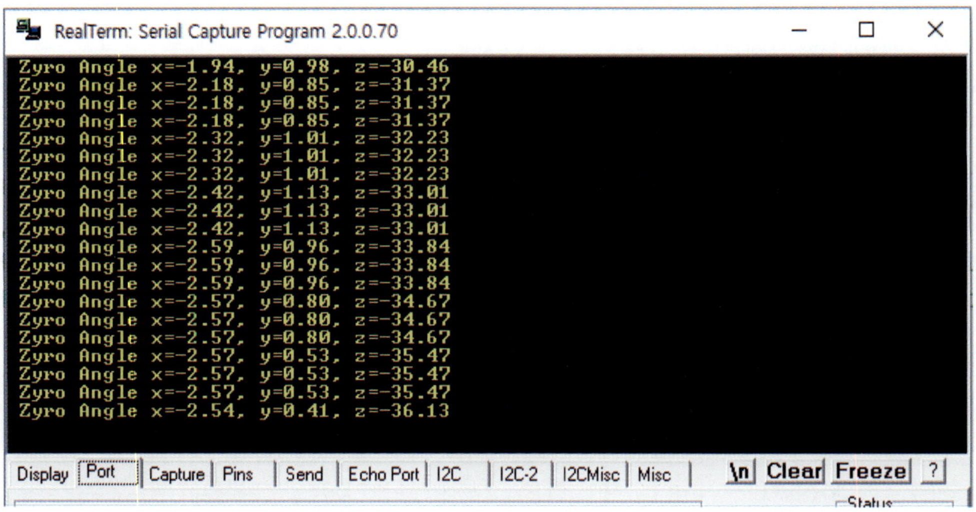

[그림 9-76. MPU-6050 Z축 회전각도 측정결과]

9.8.3.5 상보필터를 이용한 X, Y, Z 각도 보상

① 상보필터

○ 상보필터 공식

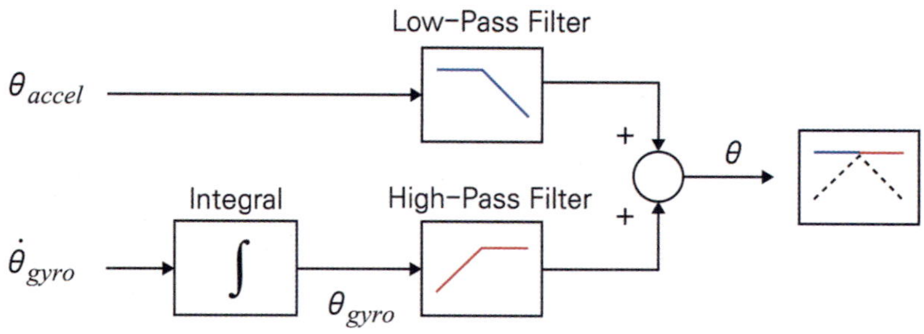

[그림 9-77. 상보필터 블록도]

- Filtered Angle = α × (Gyroscope Angle) + (1 − α) × (Accelerometer Angle)

  where, $\alpha = \tau/(\tau + \Delta t)$, Gyroscope Angle = Last Measured Filtered Angle + $\omega \times \Delta t$

  Δt = sampling rate,

  τ = time constant greater than timescale of typical accelerometer noise

(예) I had a sampling rate of about 0.032 seconds and chose a time constant of about 1 second, giving $\alpha \approx 0.969$.

○ 보상필터 프로그램 작성

```
float filter_x, filter_y, filter_z;
void Filtered_xyz(void)
{  float temp_x, temp_y, temp_z;
  temp_x=filter_x+zyro_angle_vx*0.032;
  temp_y=filter_y+zyro_angle_vy*0.032;
  temp_z=filter_z+zyro_angle_vz*0.032;

  filter_x=(0.969*temp_x)+((1.0-0.969)*accel_angle_x);
  filter_y=(0.969*temp_y)+((1.0-0.969)*accel_angle_y);
  filter_z=(0.969*temp_z)+((1.0-0.969)*accel_angle_z);
}
```

```
unsigned char count=0, timer0_flag=0;
ISR(TIMER0_OVF_vect,ISR_NOBLOCK){
          count++;
          if(count==4){          //8ms×4=32msec
                    Calc_Zyro();
```

```
                    Filtered_xyz();
                    count=0;
          }
}
static FILE fp = FDEV_SETUP_STREAM((void*)Putch0, (void*)Getch0, _FDEV_SETUP_RW);

int main(void)
{ stdin=stdout=stderr=&fp;
  cli();
  UART_Initialize();
  TWI_initialize();
  Timer0_Initalize();
  sei();              // 전체 인터럽트 활성화
  while (1)
   {
    Read_MPU_6050_ACC_Data();
    Read_MPU_6050_Zyro_Data();
    Calc_Accelometer();
    printf("₩n₩rDEL:0.032#ACC:%3.2f,%3.2f,%3.2f#GYR:%3.2f,%3.2f,%3.2f
    #FIL:%3.2f,%3.2f,%3.2f",accel_angle_x, accel_angle_y,
    accel_angle_z,zyro_angle_x, zyro_angle_y, zyro_angle_z,
    filter_x, filter_y, filter_z);
   }
}
```

② Processing 프로그램 활용

○ Processing 프로그램 다운로드(https://processing.org/)

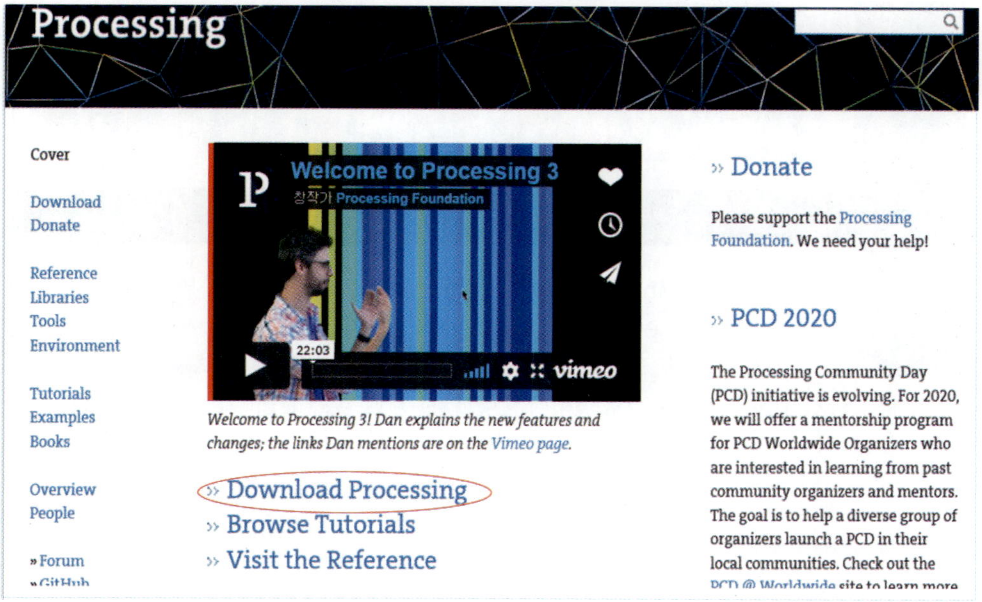

[그림 9-78. Processing 프로그램 활용(1)]

[그림 9-79. Processing 프로그램 활용(2)]

○ ShowGY521Data 다운로드

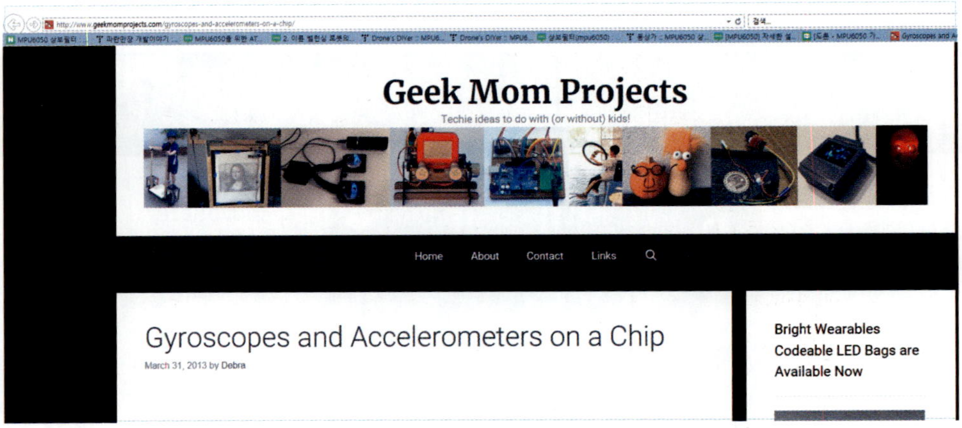

(http://www.geekmomprojects.com/gyroscopes-and-accelerometers-on-a-chip/

[그림 9-80. ShowGY521Data 다운로드 웹사이트]

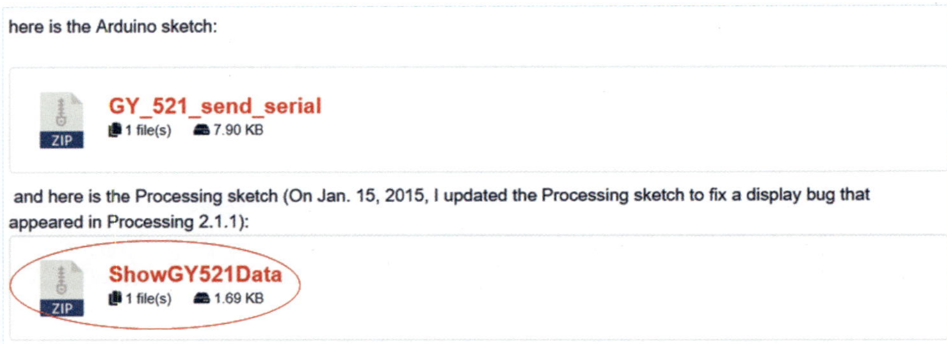

[그림 9-81. ShowGY521Data 다운로드]

○ Processing 활용에 맞춘 출력데이터 형식

```
printf("₩n₩rDEL:0.0030#ACC:%3.2f,%3.2f,%3.2f#GYR:%3.2f,%3.2f,%3.2f#FIL:%3.2f,%3.2f,
%3.2f",
accel_angle_x, accel_angle_y, accel_angle_z, zyro_angle_x, zyro_angle_y, zyro_angle_z,
filter_x, filter_y, filter_z);
```

- Processing 활용에 맞춘 출력결과

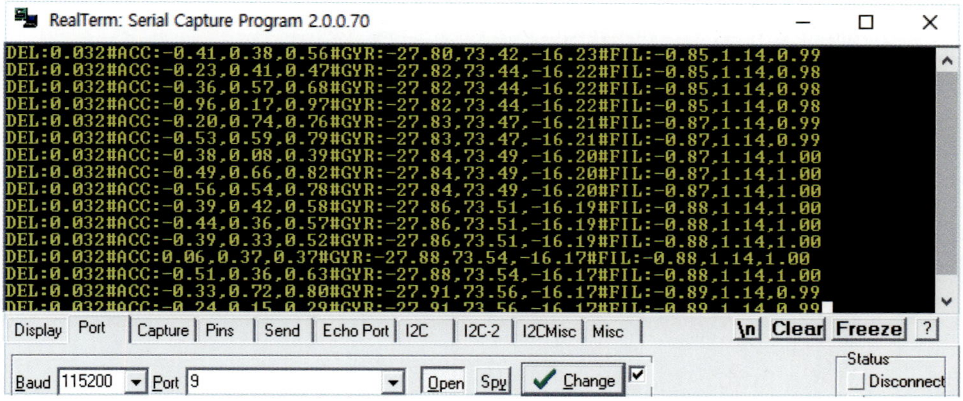

[그림 9-82. Processing 활용에 맞춘 출력결과]

◎ MPU-6050 최종 프로그램

소스 프로그램 : i2c_final.c

```
#include <avr/io.h>
#include <avr/interrupt.h>
#include <stdio.h>
#define F_CPU 16000000UL
#include <util/delay.h>
#define m6050_addr 0x68<<1

void Putch0(char data)
{
        while(!(UCSR0A & 0x20));
        UDR0 = data;
}

char Getch0(void)
{
        while(!(UCSR0A & 0x80));
        return UDR0;
}

void UART_Initialize(void)
{
        UCSR0A = 0x0;
        UCSR0B = 0b10011000;
        UCSR0C = 0b00000110;
        UBRR0H = 0;
```

```
        UBRR0L = 8;
        printf("₩n₩r UART0 Initialize...END.");
}

void TWI_write(unsigned char slv_addr, unsigned char address, unsigned char byte)
{
        _delay_ms(1);
        TWCR = 0xA4;
        while((TWCR & 0x80) == 0x00 || (TWSR & 0xF8) != 0x08);
        TWDR = slv_addr;
        TWCR = 0x84;
        while((TWCR & 0x80) == 0x00 || (TWSR & 0xF8) != 0x18);
        TWDR = address;
        TWCR = 0x84;
        while((TWCR & 0x80) == 0x00 || (TWSR & 0xF8) != 0x28);
        TWDR = byte;
        TWCR = 0x84;
        while((TWCR & 0x80) == 0x00 || (TWSR & 0xF8) != 0x28);
        TWCR = 0x94;
}

unsigned int TWI_read(unsigned char slv_addr, unsigned char regi){
        _delay_ms(1);
        unsigned int result;
        TWCR = 0xA4;        // START condition
        while(((TWCR & 0x80) == 0x00) || (TWSR & 0xF8) != 0x08);
        TWDR = slv_addr;
        TWCR = 0x84;        // MT_SLA_ACK
        while(((TWCR & 0x80) == 0x00) || (TWSR & 0xF8) != 0x18);
        TWDR = regi;  // Select Temperature Register
        TWCR = 0x84;        // MT_DATA_ACK
        while(((TWCR & 0x80) == 0x00) || (TWSR & 0xF8) != 0x28);
        TWCR = 0xA4;        // RESTART condition
        while(((TWCR & 0x80) == 0x00) || (TWSR & 0xF8) != 0x10);
        TWDR = slv_addr+1;     // TCN75 Slave Address (R/W =1; Read)
        TWCR = 0x84;        // MR_SLA_ACK
        while(((TWCR & 0x80) == 0x00) || (TWSR & 0xF8) != 0x40);
        TWCR = 0x84;        // MR_DATA_NOACK        // 84
        while(((TWCR & 0x80) == 0x00) || (TWSR & 0xF8) != 0x58);        // 58
        result = TWDR;  // 하위바이트
        TWCR = 0x94;        // STOP condition
```

```
        return result;
}

void TWI_initialize(void) {
        char device_address_temp, temp_reg, temp_regl, temp_reg2, temp_reg3;
        TWBR = 72;
        TWSR = 0;
        _delay_ms(100);
        device_address_temp = TWI_read(m6050_addr, 0x75);
        printf("₩n₩r Device Address=0x%02X", device_address_temp);

        if(device_address_temp!=0x68) {
                printf("₩n₩r Device Address Error! Please Reset CPU!!!!");
                while(1);
        }

        temp_reg = TWI_read(m6050_addr, 0x6b);
        temp_regl = temp_reg & 0xb8;
        temp_regl = temp_regl|(0<<6|0x1);
        TWI_write(m6050_addr, 0x6b, temp_regl);

        temp_reg = TWI_read(m6050_addr, 0x1b);
        temp_reg2 = temp_reg & 0xe7;
        temp_reg2 = temp_reg2|(0<<3|0<<4);
        TWI_write(m6050_addr, 0x1b, temp_reg2);

        temp_reg = TWI_read(m6050_addr, 0x1c);
        temp_reg3 = temp_reg & 0xe7;
        temp_reg3 = temp_reg3|(0<<3|0<<4);
        TWI_write(m6050_addr, 0x1c, temp_reg3);
        printf("₩n₩r MPU-6050 Initialize....END.");
}

signed int accel_x, accel_y, accel_z;

void Read_MPU_6050_ACC_Data() {
        unsigned char buffer[6];
        buffer[0] = TWI_read(m6050_addr, 0x3b);
        buffer[1] = TWI_read(m6050_addr, 0x3c);
        buffer[2] = TWI_read(m6050_addr, 0x3d);
        buffer[3] = TWI_read(m6050_addr, 0x3e);
```

```
        buffer[4] = TWI_read(m6050_addr, 0x3f);
        buffer[5] = TWI_read(m6050_addr, 0x40);

        accel_x = (buffer[0]<<8) | buffer[1];
        accel_y = (buffer[2]<<8) | buffer[3];
        accel_z = (buffer[4]<<8) | buffer[5];
}

float redTodeg = 180/3.141592;
float accel_angle_x, accel_angle_y, accel_angle_z;

void Calc_Accelometer(void) {
        float accel_xz, accel_yz, accel_xy;
        accel_yz = sqrt(pow(accel_y,2)+pow(accel_z,2));
        accel_angle_y = -atan(accel_x/accel_yz)*redTodeg;

        accel_xz = sqrt(pow(accel_x,2)+pow(accel_z,2));
        accel_angle_x = atan(accel_y/accel_xz)*redTodeg;

        accel_xy = sqrt(pow(accel_x,2)+pow(accel_y,2));
        accel_angle_z = atan(accel_xy/accel_z)*redTodeg;
}

signed int zyro_x, zyro_y, zyro_z;
void Read_MPU_6050_Zyro_Data(void) {
        unsigned char buffer[6];
        buffer[0] = TWI_read(m6050_addr, 0x43);
        buffer[1] = TWI_read(m6050_addr, 0x44);
        buffer[2] = TWI_read(m6050_addr, 0x45);
        buffer[3] = TWI_read(m6050_addr, 0x46);
        buffer[4] = TWI_read(m6050_addr, 0x47);
        buffer[5] = TWI_read(m6050_addr, 0x48);

        zyro_x = (buffer[0]<<8) | buffer[1];
        zyro_y = (buffer[2]<<8) | buffer[3];
        zyro_z = (buffer[4]<<8) | buffer[5];
}

float zyro_angle_vx, zyro_angle_vy, zyro_angle_vz;
float zyro_angle_x, zyro_angle_y, zyro_angle_z;
void Calc_Zyro(void) {  //±32,767으로 각속도 ±250도를 표현하므로, 32,767/250=131임
```

```
		zyro_angle_vx=(float)zyro_x/131;
		zyro_angle_vy=(float)zyro_y/131;
		zyro_angle_vz=(float)zyro_z/131;
		zyro_angle_x+=zyro_angle_vx*0.032;
		zyro_angle_y+=zyro_angle_vy*0.032;
		zyro_angle_z+=zyro_angle_vz*0.032;
}

float filter_x, filter_y, filter_z;
void Filtered_xyz(void) {
		float temp_x, temp_y, temp_z;
		temp_x=filter_x+zyro_angle_vx*0.032;
		temp_y=filter_y+zyro_angle_vy*0.032;
		temp_z=filter_z+zyro_angle_vz*0.032;

		filter_x=(0.969*temp_x)+((1.0-0.969)*accel_angle_x);
		filter_y=(0.969*temp_y)+((1.0-0.969)*accel_angle_y);
		filter_z=(0.969*temp_z)+((1.0-0.969)*accel_angle_z);
}

unsigned char count=0, timer0_flag=0;

ISR(TIMER0_OVF_vect,ISR_NOBLOCK){
		count++;
		if(count==4){		//8ms×2=16msec
//				Read_MPU-6050_Zyro_Data();
				Calc_Zyro();
				Filtered_xyz();
				count=0;
		}
}

void Timer0_Initalize(void) {
		TCCR0=0x07;		// f=16Mhz/1024=15625hz, t=1/15625hz=64us
		TCNT0=131;		//255-(TCNT0:131+1)=125, 64us×125=8ms
		TIMSK=0x01;
}

static FILE fp = FDEV_SETUP_STREAM((void*)Putch0, (void*)Getch0, _FDEV_SETUP_RW);

int main(void) {
```

```
            stdin=stdout=stderr=&fp;
            cli();
            UART_Initialize();
            TWI_initialize();
    Timer0_Initalize();
    sei();                  // 전체 인터럽트 활성화

    while (1)    {
            Read_MPU_6050_ACC_Data();
            Read_MPU_6050_Zyro_Data();
          Calc_Accelometer();
          printf("\n\rDEL:0.032#ACC:%3.2f,%3.2f,%3.2f#GYR:%3.2f,%3.2f,%3.2f
          #FIL:%3.2f,%3.2f,%3.2f",accel_angle_x, accel_angle_y, accel_angle_z,
        zyro_angle_x, zyro_angle_y, zyro_angle_z,filter_x, filter_y, filter_z);
      }
}
```

○ 출력결과

[그림 9-83. 초기 동작결과(1)]

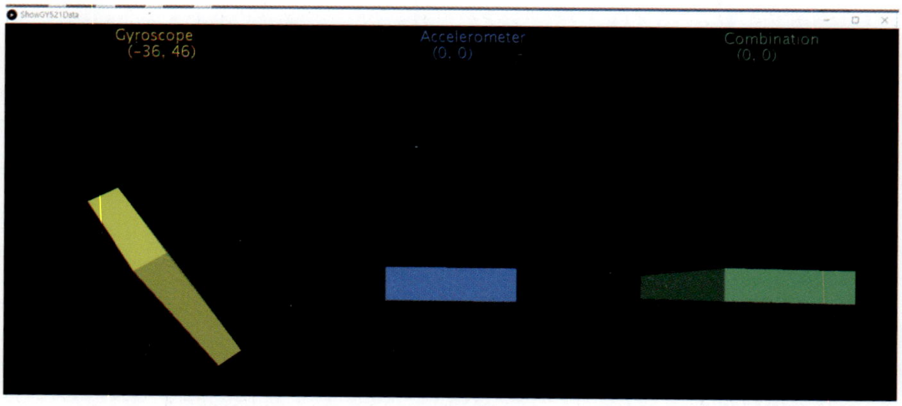

[그림 9-84. 보상 결과(2)]

CHAPTER 10

응용 실습

AVR 마이크로컨트롤러는 다방면으로 활용이 가능하고 풍부하게 내장하고 있는 여러 장치는 활용 범위를 폭넓게 활용할 수 있는 특징이 있다. 최근에는 유무선 통신을 통해 많은 응용 제품들도 등장하고 있으며, 특히 스마트폰의 보급과 대중화로 인해 모바일 통신이 인기를 누리고 있다. 이에 편승하여 AVR, ARM 등의 마이크로컨트롤러가 이러한 응용을 가능하게 하고 있다.

본 장에서는 다양한 센서 장치를 이용하여 주변 생활환경에서 충분히 활용할 수 있는 간단한 응용을 해 볼 것이다. 이러한 응용들은 대부분 현재 적용되고 있다. 응용 실습을 통해 다양한 센서 장치를 사용하는 방법과 응용이 가능하도록 한다. 그리고 센서 장치의 사용을 위한 기본적인 개념과 프로그래밍 방법을 설명한다.

10.1 RTC DS1302 모듈을 이용한 시계 실습

RTC DS1302 모듈을 이용한 시계 실습은 DS1302를 칩을 이용하여 시간 정보를 마이크로컨트롤러로 입력하여 적절한 제어와 출력을 할 수 있는 실습이다.

10.1.1 RTC DS1302 모듈

RTC DS1302 모듈은 시간 정보를 제어할 수 있는 모듈이다. RTC DS1302 칩을 이용하여 시간 정보를 제어하는 모듈이다. 주요 기능과 특징은 다음과 같다.

- 실시간 시간 정보(2100년도까지)
- 31×8 RAM 스크래치패드 데이터 저장
- 최소 핀을 이용한 직렬 I/O
- 2.0V ~ 5.5V 동작
- 2.0V에서 300nA보다 작게 사용
- RAM 데이터 읽기/쓰기 시 단일 or 다중 바이트 전송
- 3-Wire 인터페이스
- TTL 호환 가능(V_{CC} = 5.0V)
- DS1202와 호환 가능

[그림 10-1. RTC DS1302 센서 모듈]

10.1.1.1 RTC DS1302 모듈 구성

RTC DS1302 모듈은 아래의 그림과 같이 시프트 레지스터, 제어부, 오실레이터, RTC, RAM으로 구성된다.

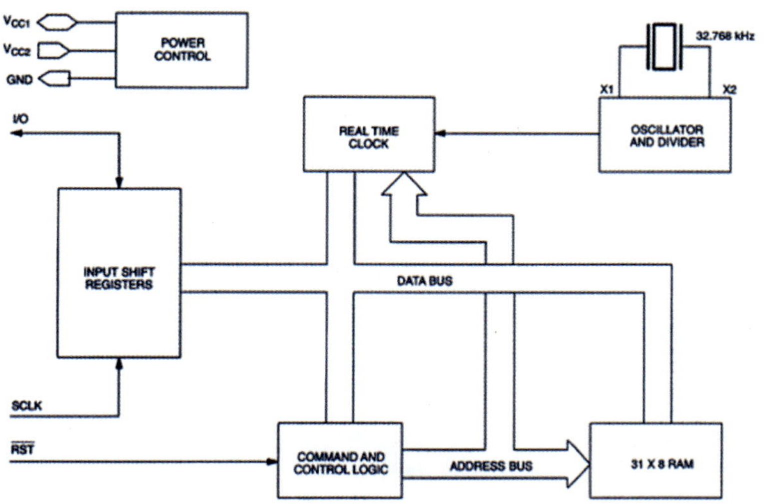

[그림 10-2. RTC DS1302 모듈 구성]

[표 10-1. RTC DS1302 모듈 기능]

모듈 구성	기능
시프트 레지스터	I/O 데이터, SCLK 입력 시프트 레지스터
제어부	전체 동작 제어
오실레이터	32.768kHz 크리스털 클록 내장 오실레이터 및 분주기

RTC	실시간 클록
RAM	31×8 데이터 저장 장소

[표 10-2. RTC DS1302 신호 정의]

모듈 구성	기능
V_{CC1}	단일 전원에서 낮은 전압
V_{CC2}	복수 전원 설정 시 주 전원 공급 단자
SCLK	직렬 인터페이스 상에서 동기화 데이터 이동
I/O	3-Wire 인터페이스를 위한 양방향 입출력 데이터 핀
$\overline{RST}$	리셋 신호
X1, X2	32.768kHz 크리스털 클록 연결 단자

* DS1302는 V_{CC1} 또는 V_{CC2} 중 더 큰 전압을 가지는 단자 전압으로 동작한다.

10.1.1.2 동작 제어

DS1302 모듈은 주소/명령 바이트(ADRESS/COMMAND BYTE)를 이용하여 제어한다.

7	6	5	4	3	2	1	0
1	RAM/$\overline{CK}$	A4	A3	A2	A1	A0	RD/$\overline{W}$

[그림 10-3. 주소/명령 바이트]

[표 10-3. 주소/명령 바이트 기능]

비트	기능
비트 7(1)	
비트 6(RAM/$\overline{CK}$)	• RAM/$\overline{CK}$ – '0' : 클록 – '1' : RAM
비트 5(A4)	정보
비트 4(A3)	
비트 3(A2)	
비트 2(A1)	
비트 1(A0)	
비트 0(RD/$\overline{W}$)	• 읽기/쓰기 – '0' : 쓰기 – '1' : 읽기

10.1.1.3 리셋 및 클록 제어

모든 데이터 전송은 $\overline{\text{RST}}$ 단자를 통하여 초기화된다. 리셋 입력은 두 가지 기능을 제공한다. 첫 번째는 제어/명령을 수행하기 위해 시프트 레지스터에 접근하기 위해 사용한다. 두 번째는 단일 바이트 또는 다중 바이트 전송을 종료할 때 사용한다.

클록 사이클은 상승 에지, 하강 에지 방식으로 동작한다. 데이터 입력은 클록 사이클의 상승 에지에서 동작하고, 데이터 출력은 하강 에지에서 동작한다. 만약에 $\overline{\text{RST}}$ 신호가 입력되면 모든 입출력은 종료한다.

아래의 그림은 단일 바이트를 읽는 타이밍을 나타낸 것이다. 데이터를 읽기 위해 먼저 주소 / 명령 바이트를 8 사이클 동안 쓰고, 다음 하강 에지에서 8 사이클 동안 데이터를 읽는다. 만약 시작 비트가 '0'이면 SCLK가 잘못 동작하게 된다.

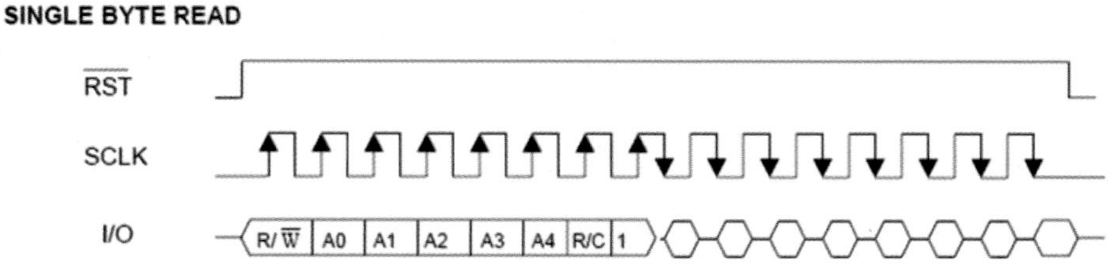

[그림 10-4. 단일 바이트 읽기 타이밍]

아래의 그림은 단일 바이트를 쓰는 타이밍을 나타낸 것이다. 데이터를 쓰기 위해 먼저 주소 / 명령 바이트를 8 사이클 동안 쓰고, 다음 상승 에지에서 8 사이클 동안 데이터를 쓴다.

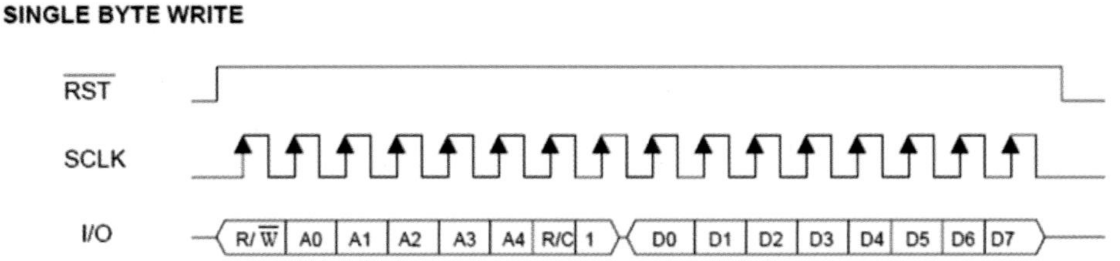

[그림 10-5. 단일 바이트 쓰기 타이밍]

다음의 그림은 시간 관련 명령과 기능을 정의한 것이다.

REGISTER ADDRESS

A. CLOCK

	7	6	5	4	3	2	1	0
SEC	1	0	0	0	0	0	0	RD/$\overline{W}$
MIN	1	0	0	0	0	0	1	RD/$\overline{W}$
HR	1	0	0	0	0	1	0	RD/$\overline{W}$
DATE	1	0	0	0	0	1	1	RD/$\overline{W}$
MONTH	1	0	0	0	1	0	0	RD/$\overline{W}$
DAY	1	0	0	0	1	0	1	RD/$\overline{W}$
YEAR	1	0	0	0	1	1	0	RD/$\overline{W}$
CONTROL	1	0	0	0	1	1	1	RD/$\overline{W}$
TRICKLE CHARGER	1	0	0	1	0	0	0	RD/$\overline{W}$
CLOCK BURST	1	0	1	1	1	1	1	RD/$\overline{W}$

REGISTER DEFINITION

Range								
00–59	CH	10 SEC			SEC			
00–59	0	10 MIN			MIN			
01–12 00–23	12/24	0	10 A/P	HR	HR			
01–28/29 01–30 01–31	0	0	10 DATE		DATE			
01–12	0	0	0	10 M	MONTH			
01–07	0	0	0	0	0	DAY		
00–99	10 YEAR				YEAR			
	WP	0	0	0	0	0	0	0
	TCS	TCS	TCS	TCS	DS	DS	RS	RS

[그림 10-6. 주소 / 명령 바이트]

10.1.2 RTC DS1302 모듈 실습

실습은 RTC DS1302 모듈과 ATmega128 코어 모듈을 이용하여 실습한다. 실습 회로는 ATmega128 코어 모듈의 외부 인터럽트 INT0 단자에 RTC DS1302 모듈의 출력 단자를 연결하고, PC와 직렬 통신으로 연결하여 결과 메시지를 송신하도록 구성한다.

동작은 RTC DS1302 모듈의 시간 정보를 ATmega128 코어 모듈로 외부 인터럽트가 입력되어 인터럽트 이벤트가 발생하고 이를 처리할 수 있는 인터럽트 서비스 루틴이 실행된다.

10.1.2.1 하드웨어 준비

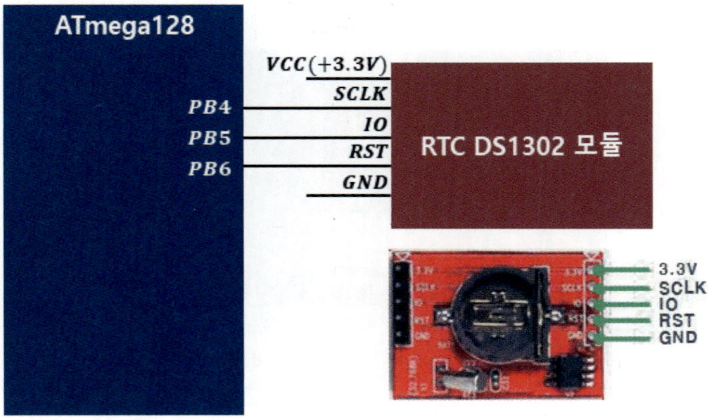

[그림 10-7. RTC DS1302 실습 회로]

[표 10-4. 시계 실습 부품 목록]

부품명	규격(수량)
ATmega128 실습보드	ATmega128A CPU
RTC DS1302 모듈	RTC DS1302 모듈(1개)
점퍼선	리드선(40cm)

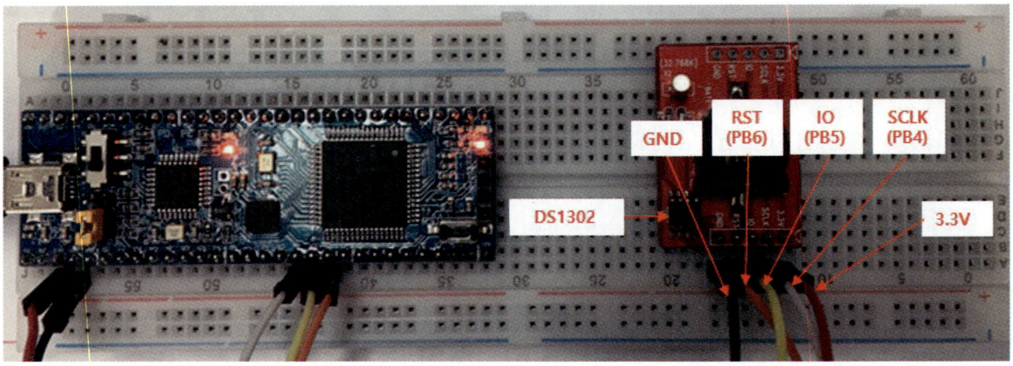

[그림 10-8. RTC DS1302 실습용 하드웨어]

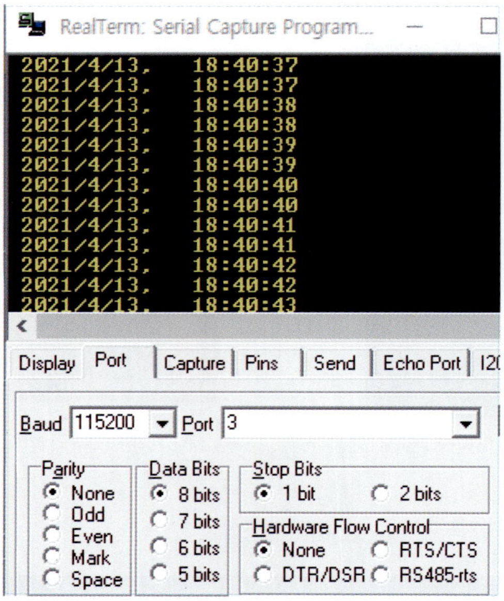

[그림 10-9. RTC DS1302 출력결과 수신 화면]

10.1.2.2 프로그램 작성

소스 프로그램 : application_1.c

```
#include <avr/io.h>
#include <avr/interrupt.h>
#include <stdio.h>
#define F_CPU 16000000UL
#include <util/delay.h>


void Putch0(char data){
        while(!(UCSR0A & 0x20));     // UDRE0 = 1 Check
        UDR0 = data;                          // USART0 I/O 레지스터에 데이터 전송
}

char Getch0(void){
        while(!(UCSR0A & 0x80));              // RXC = 1 Check
        return UDR0;                          // USART0 I/O 레지스터 리턴
}

void UART_initialize(void){
        UCSR0A = 0x0;
        UCSR0B = 0b00011000;
        UCSR0C = 0b00000110;
        UBRR0H = 0;
        UBRR0L = 8;                  // 115,200bps 속도 설정
}

#define DATA_DDR_H    DDRB|=0x20
#define DATA_DDR_L    DDRB&=~0x20
#define IN_DATA       PINB&0x20
#define IO_H          PORTB|=0x20
#define IO_L          PORTB&=~0x20
#define SCLK_H        PORTB|=0x10
#define SCLK_L        PORTB&=~0x10
#define RST_H         PORTB|=0x40
#define RST_L         PORTB&=~0x40

unsigned char rtc[7]; //년월일시분초
// DS1302 Write Function
void ds1302_write(unsigned char add, unsigned char data){
```

```
	unsigned char i=0;
	RST_H;  // 1302 Active
	for(i=0;i<8;i++){  // Address Write
		if((add >> i)&0x01)  IO_H;
		else  IO_L;
		_delay_us(2);
		SCLK_H ;
		_delay_us(2);
		SCLK_L;
		_delay_us(2);
	}
	for(i=0;i<8;i++){  // Data Write
		if((data >> i)&0x01) IO_H;
		else  IO_L;
		_delay_us(2);
		SCLK_H ;
		_delay_us(2);
		SCLK_L;
		_delay_us(2);
	}
	RST_L;
}
// DS1302 Read
unsigned char ds1302_read(unsigned char add){
	unsigned char i=0, data=0;
	RST_H;
	for(i=0;i<8;i++){
		if(add & 0x01) IO_H;
		else IO_L;
		_delay_us(2);
		SCLK_H;
		_delay_us(2);
		SCLK_L;
		_delay_us(2);
		add >>= 1 ;
	}

	DATA_DDR_L;
	IO_H;
	for(i=0;i<8;i++){
		data>>=1;
```

```
            _delay_us(2);
            if(IN_DATA) data|=0x80;
            _delay_us(2);
            SCLK_H;
            _delay_us(2);
            SCLK_L;
            _delay_us(2);
      }
      DATA_DDR_H;        //rtc io pin 출력 설정
      RST_L;             //1302 비활성화
      return data;       //리턴 데이터
}
void rtc1302_set_time(void){
      ds1302_write(0x8e,0);          //write protect off
      ds1302_write(0x8c,rtc[0]);  //ds1302 rtc_year write
      ds1302_write(0x8a,rtc[1]);  //ds1302 rtc_day write
      ds1302_write(0x88,rtc[2]);  //ds1302 rtc_month write
      ds1302_write(0x86,rtc[3]);  //ds1302 rtc_date write
      ds1302_write(0x84,rtc[4]);  //ds1302 rtc_hour write
      ds1302_write(0x82,rtc[5]);  //ds1302 rtc min write
      ds1302_write(0x80,rtc[6]);  //ds1302 rtc sec write
      ds1302_write(0x8e,0x80);  //write protect on
}
char bcd2bin(char val){
      return (val&0x0f)+(val>>4)*10;
}
void rtc1302_get_time(){
      rtc[0]=bcd2bin(ds1302_read(0x8d));  //year data rtc[0]
      rtc[1]=bcd2bin(ds1302_read(0x8b));  //dayr data rtc[1]
      rtc[2]=bcd2bin(ds1302_read(0x89));  //month data rtc[2]
      rtc[3]=bcd2bin(ds1302_read(0x87));  //date data rtc[3]
      rtc[4]=bcd2bin(ds1302_read(0x85));  //hour data rtc[4]
      rtc[5]=bcd2bin(ds1302_read(0x83));  //min data rtc[5]
      rtc[6]=bcd2bin(ds1302_read(0x81));  //sec data rtc[6]
}

static FILE fp = FDEV_SETUP_STREAM((void*)Putch0, (void*)Getch0, _FDEV_SETUP_RW);

int main(void){

      stdin=stdout=stderr=&fp;
```

```
        DDRB = 0xff;
        UART_initialize();
        cli();
        EICRA = 0x02;  //INT0 Falling Edge
        EICRB = 0x00;
        EIMSK = 0x01;  //INT0 Interrupt Enable
        printf("₩r₩r DS1302 Test and Time Initalize");

        rtc[0]=0x21;                    //year 초기값
        rtc[1]=0x00;                    //day 초기값
        rtc[2]=0x04;                    //month 초기값
        rtc[3]=0x13;                    //date 초기값
        rtc[4]=0x18;                    //hour 초기값
        rtc[5]=0x40;                    //min 초기값
        rtc[6]=0x00;                    //sec 초기값

        rtc1302_set_time();
        printf("₩r₩r DS1302 Clock Start!!!!");
        while(1){
                rtc1302_get_time();      //RTC 함수 호출
                printf("₩n₩r 20%d/%d/%d,    %d:%d:%d",
                 rtc[0],rtc[2],rtc[3],rtc[4],rtc[5],rtc[6]);
                _delay_ms(500);
        }
}
```

10.2 온도 센서 모듈을 이용한 온도 감지 실습

온도 센서 모듈을 이용한 온도 감지 실습은 DS1820를 칩을 이용하여 감지된 온도를 마이크로컨트롤러로 입력하여 적절한 제어와 출력을 할 수 있는 실습이다.

10.2.1 온도 센서 모듈

온도 센서 모듈은 온도를 감지하여 제어할 수 있는 모듈이다. DS1820 칩을 이용하여 온도를 감지하고 제어하는 모듈이다. 주요 기능과 특징은 다음과 같다.

- 1-Wire 인터페이스
- 외부 소자 없이 단일 소자로 사용
- 3.0V ~ 5.5V 전원
- -55℃ ~ +125℃
- -10℃ ~ +85℃ : ±0.5℃
- 9 ~ 12비트 분해능

[그림 10-10. 온도 센서 모듈]

10.2.1.1 온도 센서 모듈 구성

온도 센서 모듈은 아래의 그림과 같이 64비트 ROM/1-Wire 포트, 제어부, 스크래치패드, 8비트 CRC 발생기, 온도 센서, 설정 레지스터, HIGH/LOW 온도 트리거로 구성된다.

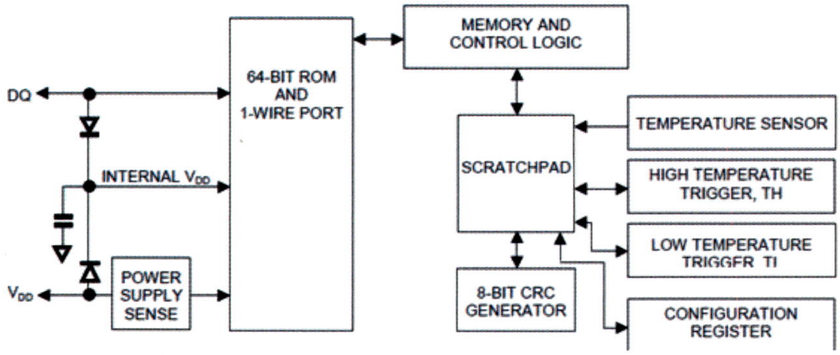

[그림 10-11. 온도 센서 모듈 구성]

[표 10-5. 온도 센서 모듈 기능]

모듈 구성	기능
64비트 ROM / 1-Wire 포트	64비트 ROM과 데이터 입출력 포트
제어부	제어 기능 수행
스크래치패드	온도 변환 디지털 데이터 저장소(16비트)
8비트 CRC 발생기	8비트 CRC 정보 발생기
온도 센서	온도 감지 센서
설정 레지스터	모듈 제어를 위한 레지스터
HIGH / LOW 온도 트리거	상한 온도와 하한 온도 트리거

10.2.1.2 온도 센서 모듈 동작

온도 센서 모듈은 단일 칩으로 제작된 센서 모듈로 직접 온도 센서를 내장하여 온도를 9비트 ~ 12비트의 디지털 데이터로 변환하여 출력하는 모듈이다. 즉 비트별로 아래와 같은 분해능을 가질 수 있도록 만들어졌다.

[표 10-6. 비트별 분해능]

비트	온도
9비트	0.5℃
10비트	0.25℃
11비트	0.125℃
12비트	0.0625℃

동작은 'Convert T[0x44]' 명령을 실행하면 온도가 디지털 데이터로 변환되어 부호화된 16비트 스크래치패드로 저장된다. 스크래치패드에 저장된 온도 정보는 'Read Scratchpad[0xBE]' 명령을 통해 스크래치패드로부터 읽어 1-Wire 포트를 통해 출력된다. 출력된 정보는 LSB부터 MSB까지 실습용 보드로 송신된다.

온도와 변환된 디지털 데이터의 변환 관계를 보면 아래 그림과 같다.

2^3	2^2	2^1	2^0	2^{-1}	2^{-2}	2^{-3}	2^{-4}	LSB

MSb (unit = °C) LSb

S	S	S	S	S	2^6	2^5	2^4	MSB

TEMPERATURE	DIGITAL OUTPUT (Binary)	DIGITAL OUTPUT (Hex)
+125°C	0000 0111 1101 0000	07D0h
+85°C	0000 0101 0101 0000	0550h*
+25.0625°C	0000 0001 1001 0001	0191h
+10.125°C	0000 0000 1010 0010	00A2h
+0.5°C	0000 0000 0000 1000	0008h
0°C	0000 0000 0000 0000	0000h
-0.5°C	1111 1111 1111 1000	FFF8h
-10.125°C	1111 1111 0101 1110	FF5Eh
-25.0625°C	1111 1110 0110 1111	FF6Fh
-55°C	1111 1100 1001 0000	FC90h

[그림 10-12. 온도와 변환 디지털 데이터]

10.2.1.3 온도 센서 레지스터

온도 센서 모듈을 제어하기 위한 레지스터는 CONFIGURATION REGISTER가 있다. 이 레지스터를 이용한 명령은 아래와 같다.

[표 10-7. 온도 센서 명령]

명령	기능	주소	1-Wire 버스 상태	기타
Convert T[0x44]	온도 변환	0x44	Read BUSY	1
Skip ROM[0xCC]	64비트 ROM 코드 없이 버스 마스터의 메모리에 접근	0xCC		
Read Scratchpad[0xBE]	스크래치패드로부터 데이터 읽기+CRC 바이트 읽기	0xBE	9바이트 이상 읽기	
Write Scratchpad[0x4E]	스크래치패드로 데이터 쓰기	0x4E	2~4 바이트 데이터 쓰기	3
Copy Scratchpad[0x48]	스크래치패드 복사 (RAM으로)	0x48	Read COPY	2
Recall E[0xB8]	재호출 값 저장 (스크래치패드 내부의 RAM에)	0xB8	Read BUSY	
Read Power Supply[0xB4]	전원 공급 모드 신호	0xB4	Read SUPPLY	

센서 제어를 위한 명령어와 연관된 스크래치패드 메모리는 다음과 같다.

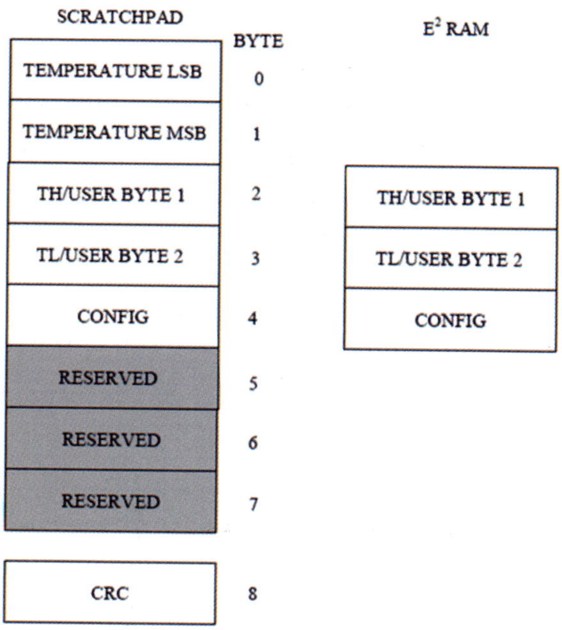

[그림 10-13. 스크래치패드 메모리 맵]

CONFIGURATION REGISTER는 온도 센서를 제어하기 위한 레지스터이다.

0	R1	R0	1	1	1	1	1

MSb　　　　　　　　　　　　　　　　LSb

[그림 10-14. CONFIGURATION REGISTER]

[표 10-8. CONFIGURATION REGISTER 기능]

<table>
<tr><th>비트</th><th>기능</th></tr>
<tr><td>비트 7(0)</td><td>쓰기 동작에서는 don't care, 읽기 동작에서는 항상 '0'</td></tr>
<tr><td>비트 6(R1)
비트 5(R0)</td><td>• 온도 분해능<table>
<tr><th>R1</th><th>R0</th><th>분해능</th><th>최대 변환 시간</th></tr>
<tr><td>0</td><td>0</td><td>9비트</td><td>93.75ms(t_{conv}/8)</td></tr>
<tr><td>0</td><td>1</td><td>10비트</td><td>187.5ms(t_{conv}/4)</td></tr>
<tr><td>1</td><td>0</td><td>11비트</td><td>375ms(t_{conv}/2)</td></tr>
<tr><td>1</td><td>1</td><td>12비트</td><td>750ms(t_{conv}/1)</td></tr>
</table></td></tr>
<tr><td>비트 4(1)</td><td>쓰기 동작에서는 don't care, 읽기 동작에서는 항상 '1'</td></tr>
<tr><td>비트 3(1)</td><td>쓰기 동작에서는 don't care, 읽기 동작에서는 항상 '1'</td></tr>
<tr><td>비트 2(1)</td><td>쓰기 동작에서는 don't care, 읽기 동작에서는 항상 '1'</td></tr>
<tr><td>비트 1(1)</td><td>쓰기 동작에서는 don't care, 읽기 동작에서는 항상 '1'</td></tr>
<tr><td>비트 0(1)</td><td>쓰기 동작에서는 don't care, 읽기 동작에서는 항상 '1'</td></tr>
</table>

10.2.2 온도 센서 모듈 실습

실습은 온도 센서 모듈과 ATmega128 코어 모듈을 이용하여 실시한다. 실습 회로는 ATmega128 코어 모듈의 포트 C의 첫 번째(PC0) 단자에 온도 센서 모듈의 출력 단자를 연결하고, PC와 직렬통신으로 연결하여 결과 메시지를 송신하도록 구성한다.

10.2.2.1 하드웨어 준비

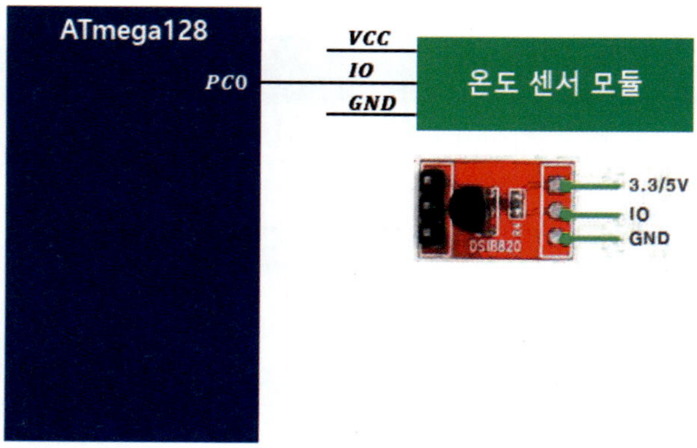

[그림 10-15. 온도 센서 실습 회로]

[표 10-9. 온도 감지 실습 부품 목록]

부품명	규격(수량)
ATmega128 코어 모듈	ATmega128 코어 모듈(1개)
ATmega128 코어 모듈 확장 보드	ATmega128 코어 모듈 확장 보드(1개)
온도 센서 모듈	온도 센서 모듈(1개)
점퍼선	리드선(40cm)

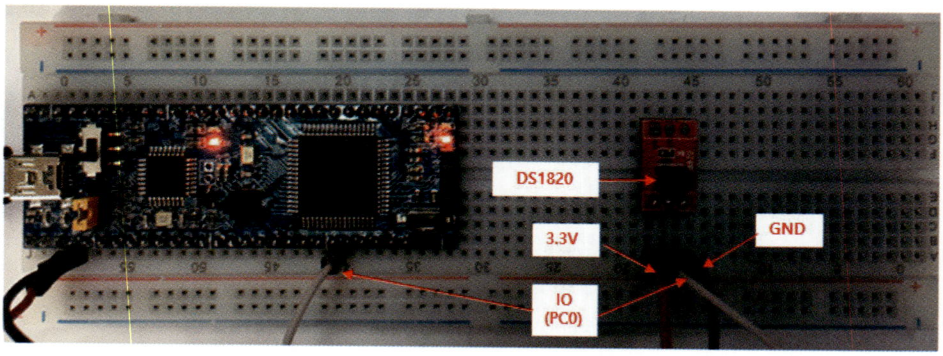

[그림 10-16. 온도 감지 실습용 하드웨어]

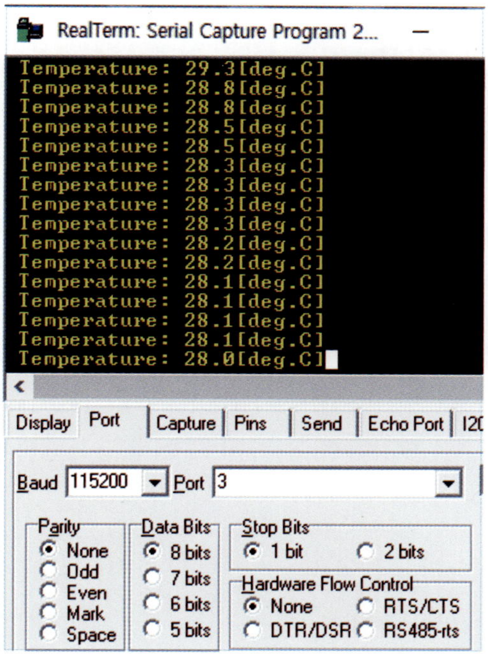

[그림 10-17. 온도 감지 메시지 수신 화면]

10.2.2.2 프로그램 작성

소스 프로그램 : application_2.c

```
#include <avr/io.h>
#include <avr/interrupt.h>
#include <stdio.h>
#define F_CPU 16000000UL
#include <util/delay.h>

void Putch0(char data){
        while(!(UCSR0A & 0x20));        // UDRE0 = 1 Check
        UDR0 = data;                    // USART0 I/O 레지스터에 데이터 전송
}

char Getch0(void){
        while(!(UCSR0A & 0x80));        // RXC = 1 Check
        return UDR0;                    // USART0 I/O 레지스터 리턴
}

void UART_initialize(void){
        UCSR0A = 0x0;
        UCSR0B = 0b00011000;
```

```
        UCSR0C = 0b00000110;
        UBRR0H = 0;
        UBRR0L = 8;                    // 115,200bps 속도 설정
}

//PIN C0
#define DATA_DDR_H    DDRC|=1
#define DATA_DDR_L    DDRC&=~1
#define IN_DATA       PINC&1
#define IO_H          PORTC|=1
#define IO_L          PORTC&=~1

char DS1820_Read(void){
        char i,data=0;
        for(i=1;i<=8;++i) {
                data = (data >> 1);
                DATA_DDR_H;
                IO_L;
                _delay_us(5);
                IO_H;
                _delay_us(5);
                DATA_DDR_L;
                if(IN_DATA==1)  data = (data | 0x80);
                _delay_us(35);
        }
        return(data);
}

void DS1820_Write(char data){
        char i;
        for(i=1;i<=8;++i){
                DATA_DDR_H;
                IO_L;
                _delay_us(2);
                if((data & 0x01)==1)  IO_H;
                else IO_L;
                _delay_us(100);
                IO_H;
                data = (data >> 1);
        }
        _delay_us(50);
```

```
}

void Init_DS1820(void){
        DATA_DDR_H;
        IO_L;
        _delay_us(500);
        IO_H;
        _delay_us(120);
        DATA_DDR_L;
        _delay_us(500);
}

static FILE fp = FDEV_SETUP_STREAM((void*)Putch0, (void*)Getch0, _FDEV_SETUP_RW);

int main(void){
        char templ, temph;
        int temp;
        float temp_f;
        stdin=stdout=stderr=&fp;

        DDRC = 0xff;
        UART_initialize();
        cli();
        printf("DS1820 Thermometer Test");

        while(1){
                Init_DS1820();
                DS1820_Write(0xCC);
                DS1820_Write(0x44);
                _delay_ms(1);
                Init_DS1820();
                DS1820_Write(0xCC);
                DS1820_Write(0xBE);
                templ = DS1820_Read();
                temph = DS1820_Read();
                temp=(temph<<8)|templ;
                temp_f=(float)temp*0.0625;
                printf("₩n₩r Temperature: %3.1f[deg.C]",temp_f);
                _delay_ms(500);
        }
}
```

10.3 STEP 모터 제어 실습

STEP 모터 제어 실습은 마이크로컨트롤러의 타이머/카운터를 적절히 이용하여 STEP 모터를 제어할 수 있는 실습이다.

10.3.1 STEP 모터 제어 모듈

STEP 모터 제어 실습은 ROHS사 스텝모터인 28BYJ-48와 ULN2003을 이용한 드라이버를 사용한다. STEP 모터는 입력되는 펄스에 따라 정해진 각도만큼 회전하는 모터로, AC Servo, DC Servo 모터에 비하여 정확한 각도 제어에 유리해서 산업현장에서 많이 사용되고 있다.

[그림 10-18. STEP 모터 및 드라이버]

10.3.2 STEP 모터 제어 실습

실습 회로는 ATmega128 코어 모듈의 포트 A(PA0, PA1) 단자에 STEP 모터 제어 전용 드라이버 ULN2003을 연결하고, PC와 직렬통신으로 결과 메시지를 송신하도록 구성한다.

10.3.2.1 하드웨어 준비

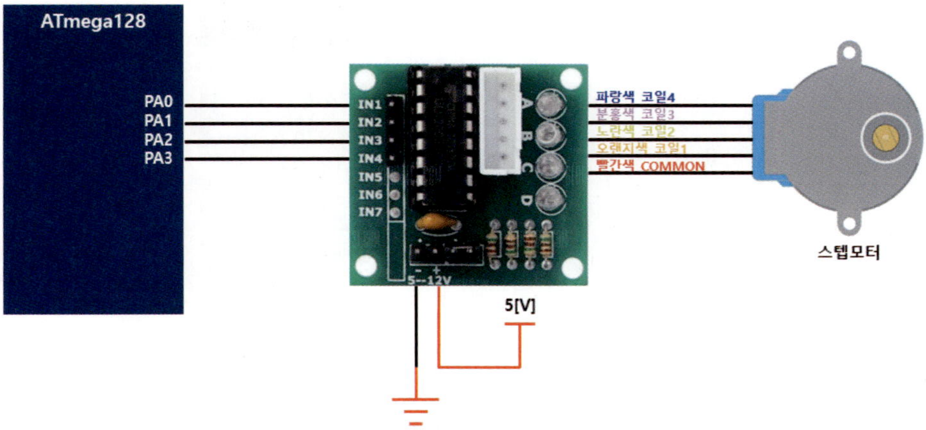

[그림 10-19. STEP 모터 실습 회로]

[표 10-10. STEP 모터 제어 실습 부품 목록]

부품명	규격(수량)
ATmega128 실습보드	ATmega128A CPU
스텝 모터 드라이버	ULN2003
STEP 모터	28BYJ-48
점퍼선	리드선(40cm)

[그림 10-20. STEP 모터 제어 실습용 하드웨어]

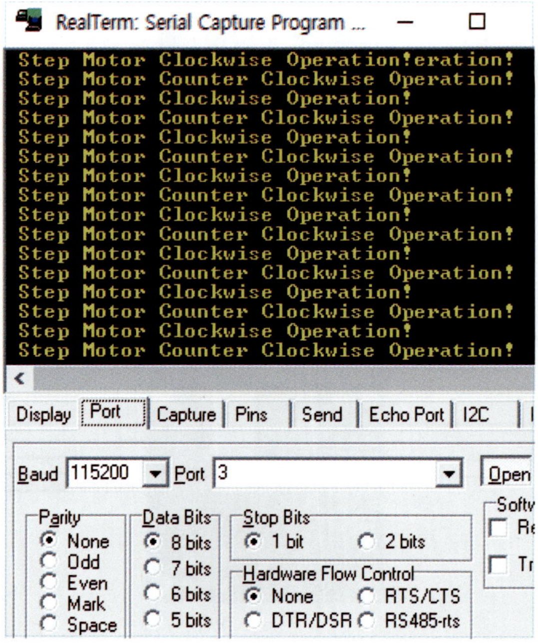

[그림 10-21. STEP 모터 제어 메시지 수신 화면]

10.3.2.2 동작원리

모터의 사양을 보면 4상이고, 64개의 펄스가 인가될 때 5.625도 회전한다. 즉, 360도 회전을 위해서는 4,096개의 펄스를 발생시켜야 한다.

[표 10-11. STEP 모터 제어 주요사양]

구분	내용
Voltage	5V
Number of Phase	4
Angle/Stride	5.625/64
Frequency	100Hz

모터를 1-2상여자 방식으로 시계 방향으로 회전시키기 위해서는 아래 그림과 같은 순서로 각 상에 펄스를 인가한다.

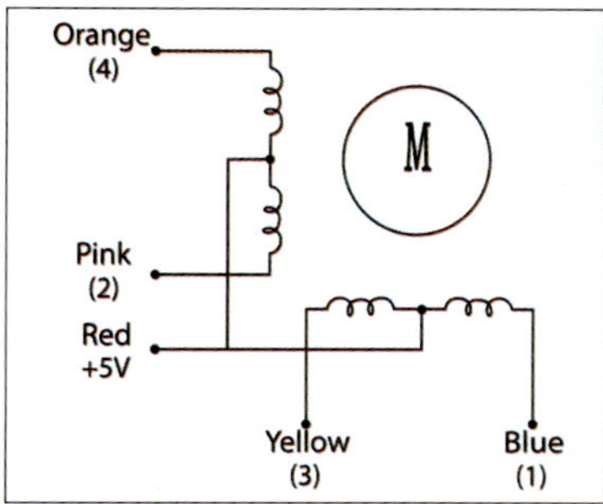

모터 색상	시계 방향 회전(1-2상)							
	1	2	3	4	5	6	7	8
1 Blue	–	–						–
2 Pink		–	–	–				
3 Yellow				–	–	–		
4 Orange						–	–	–

[그림 10-22. Half-Step Switching Sequence]

10.3.2.3 프로그램 작성

모터를 시계 방향으로 1회전(360도)시키기 위해서는 그림 10-39와 같은 순서로 구형파 4,096개를 발생시켜 모터에 공급하고, 반시계 방향으로 1회전(360도)시키기 위해서는 그림의 반대 방향으로 구형파 4,096개를 공급하는 프로그램을 작성하여 실습한다.

소스 프로그램 : application_3.c

```
#include <avr/io.h>
#include <avr/interrupt.h>
#include <stdio.h>
#define F_CPU 16000000UL
#include <util/delay.h>

// Step Motor 1-2 Phase Operation
const unsigned char data[8]={0x01, 0x03, 0x02, 0x06, 0x04, 0x0c, 0x08, 0x09};

void Putch0(char data){
        while(!(UCSR0A & 0x20));    // UDRE0 = 1 Check
        UDR0 = data;                // USART0 I/O 레지스터에 데이터 전송
}

char Getch0(void){
        while(!(UCSR0A & 0x80));    // RXC = 1 Check
        return UDR0;                // USART0 I/O 레지스터 리턴
}

void UART_initialize(void){
        UCSR0A = 0x0;
        UCSR0B = 0b00011000;
        UCSR0C = 0b00000110;
        UBRR0H = 0;
```

```
	UBRR0L = 8;                    // 115,200bps 속도 설정
}

void ClockWise(void)
{
	for(int i=7; i>=0; i--)
	{   PORTA=data[i];
		_delay_ms(1);
	}
}

void CClockWise(void)
{
	for(int i=0; i<8; i++)
	{   PORTA=data[i];
		_delay_ms(1);
	}
}
static FILE fp = FDEV_SETUP_STREAM((void*)Putch0, (void*)Getch0, _FDEV_SETUP_RW);

int main(void){

	stdin=stdout=stderr=&fp;
	DDRA = 0xff;
	UART_initialize();
	cli();
	printf("Step Motor Test");

	while(1){  // 512*8=4,096 pulse, 360도
		printf("₩n₩r Step Motor Clockwise Operation!");
		for(int i=0; i<512; i++)
		  ClockWise();
		printf("₩n₩r Step Motor Counter Clockwise Operation!");
		for(int i=0; i<512; i++)
		  CClockWise();
	}

}
```

10.4 온습도센서 실습

10.4.1 DHT11를 이용한 온습도 측정

실습 회로는 ATmega128 코어 모듈의 포트 F(PF0) 핀에 DHT11 센서 데이터를 연결하고, PC와 직렬통신으로 온도와 습도 측정값을 송신하도록 구성한다.

10.4.1.1 하드웨어 준비

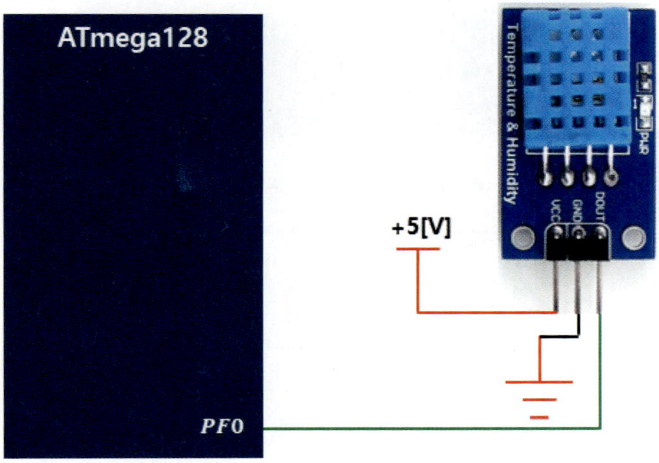

[그림 10-23. DHT11 온습도 실습 회로]

[표 10-12. DHT11을 이용한 온습도 실습 부품 목록]

부품명	규격(수량)
ATmega128 실습보드	ATmega128A CPU
온습도센서	DHT11
점퍼선	리드선(40cm)

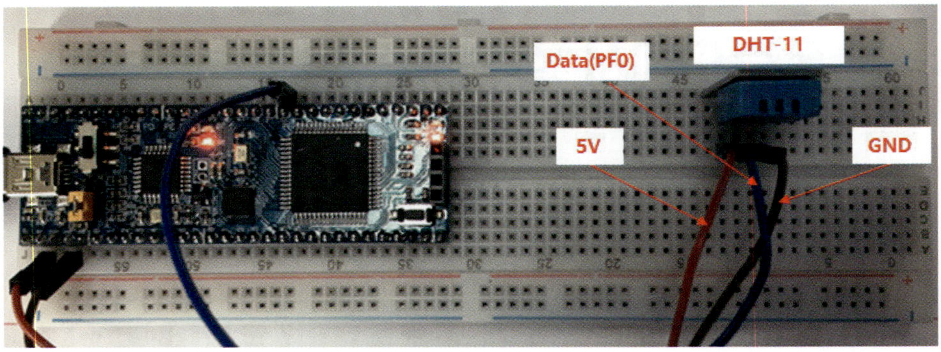

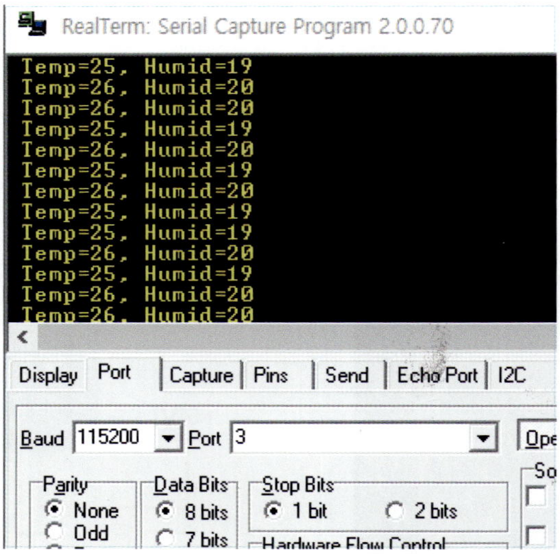

[그림 10-25. DHT11 온습도 메시지 수신 화면]

10.4.1.2 동작원리

○ 수신데이터 포맷

수신데이터는 총 40비트로 구성된다. 8비트 습도 정수 + 8비트 습도 소수 + 8비트 온도 정수 + 8비트 온도 소수 + 8비트 패리티이다. 수신데이터 4바이트를 Bit OR 연산했을 때 패리티 값과 같을 때 수신데이터는 정상이다.

Example One : 40 receives the data to:

0011 0101	0000 0000	0001 1000	0000 0000	0100 1101
High humidity 8	Low humidity 8	High temperature 8	Low temperature 8	Parity bit

Calculated as follows:

0011 0101+0000 0000+0001 1000+0000 0000= 0100 1101

[그림 10-26. DHT11 온습도 수신데이터]

◎ 수신데이터 타이밍도

ATmega128 디지털포트 1비트(PF0)를 입력 및 출력으로 설정한 후 DHT11 온습도센서 값을 읽어온다. 아래 그림은 수신데이터 타이밍도를 나타낸다.

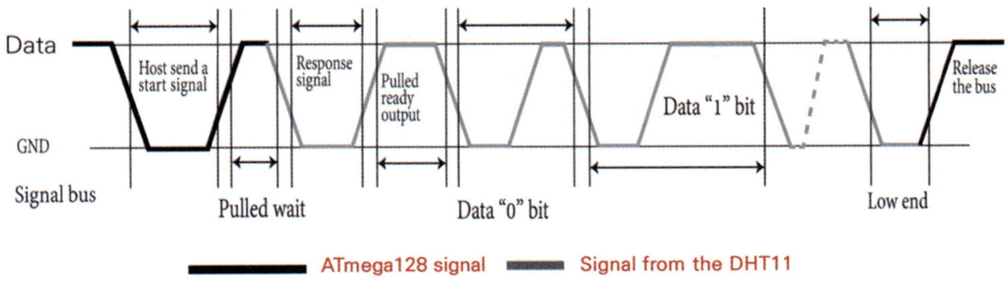

[그림 10-27. DHT11 온습도 수신데이터 타이밍도]

◎ DHT11 시작 동작

PF0(Data)를 20ms(18ms 이상) 'Low' 출력 후 'High'로 변경한다. 그리고 PF0(Data)를 입력으로 전환한 후 DHT11에서 'Low' 신호를 보낼 때까지 대기한다. 아래 그림은 DHT11 시작을 위한 타이밍과 프로그램을 나타낸다.

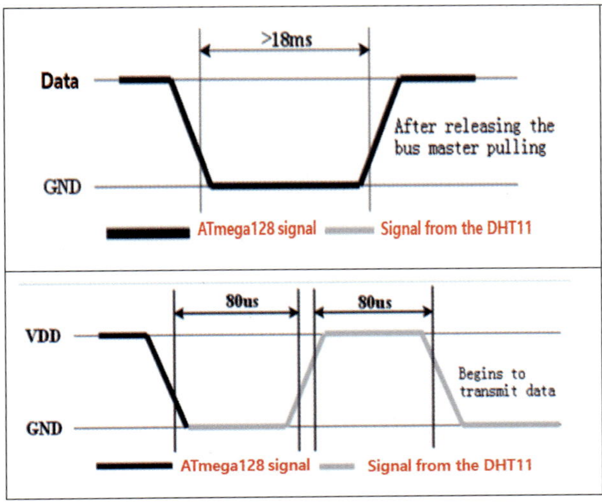


```
void Dht11_Start()
{
        DDRF=0x01;
        PORTF=0x00;
        _delay_ms(20);
        PORTF=0x01;
        _delay_us(40);
        DDRF=0x00;
        while(PINF & 0x01);
        while((PINF & 0x01)==0);
        while(PINF & 0x01);
}
```

[그림 10-28 DHT11 온습도 시작 타이밍도]

◎ DHT11 데이터 수신

PF0(Data)로 입력된 데이터의 'High'시간이 26-28us이면 수신데이터가 '0'이고, 그 이상이면 수신데이터를 '1'로 처리한다. 아래 그림은 DHT11 온습도 데이터에서 '0'과 '1'을 인식하는 과정을 나타낸다.

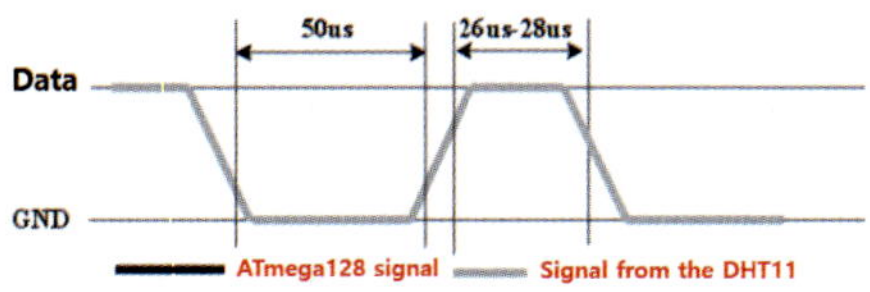

[Bit data '0' format]

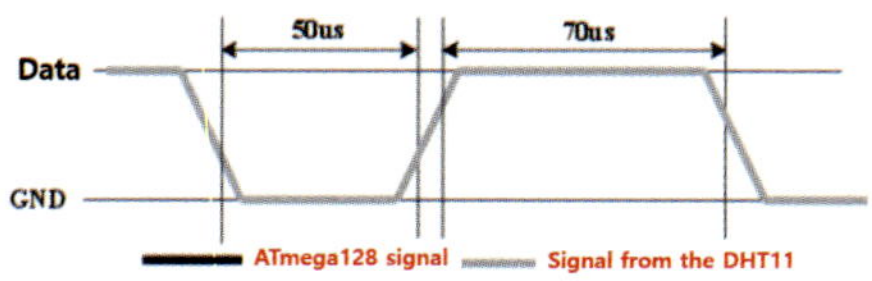

[Bit data '1' format]

```
uuint8_t Receive_data()
{   uint8_t c=0;
  for(int i=0; i<8; i++)
  {
    while((PINF & 0x01)==0);
    /* check received bit 0 or 1 */
    _delay_us(30);
    if(PINF & 0x01)
  /* if high pulse is greater than 30ms */
     { c = (c<<1)|(0x01);  /* then its logic HIGH */
     }
  else
  /* otherwise its logic LOW */
     { c = (c<<1);    }
 while(PINF & 0x01);
  }
 return c;
}
```

[그림 10-29. DHT11 온습도 데이터 구별 타이밍도]

10.4.1.3 프로그램 작성

DHT11 센서로부터 온습도 데이터를 수신하는 전체 프로그램은 아래와 같다.

소스 프로그램 : application_4.c

```
#include <avr/io.h>
#include <avr/interrupt.h>
#include <stdio.h>
#define F_CPU 16000000UL
#include <util/delay.h>

unsigned int duration, distance;
#define DHT 0
#define DHT_DDR DDRD
#define DHT_PORT PORTD
#define DHT_PIN PIND

void Putch0(char data)
{
        while(!(UCSR0A & 0x20)); // UDRE1 = 1 ?
        UDR0 = data; // USART1 I/O 레지스터에 데이터 전송
}
char Getch0(void)
{
        while(!(UCSR0A & 0x80)); // RXC = 1 수신 완료 확인
        return UDR0; // USART I/O 레지스터 리턴
}
void UART_Initialize(void)
{
        UCSR0A = 0x0;
        UCSR0B = 0b10011000;
        UCSR0C = 0b00000110;
        UBRR0H = 0;
        UBRR0L = 8; // 115,200bps 속도 설정
}

void Dht11_Start()
{
        DDRF=0x01;
        PORTF=0x00;
        _delay_ms(20);
        PORTF=0x01;
```

```
        _delay_us(40);
        DDRF=0x00;
        while(PINF & 0x01);
        while((PINF & 0x01)==0);
        while(PINF & 0x01);
}

uint8_t Receive_data()
{
        uint8_t c=0;
        for(int i=0; i<8; i++)
        {
                while((PINF & 0x01)==0);
                _delay_us(30);
                if(PINF & 0x01)
                {
                        c = (c<<1)|(0x01);
                }
                else
                {
                        c = (c<<1);
                }
                while(PINF & 0x01);
        }
        return c;
}

static FILE fp = FDEV_SETUP_STREAM((void*)Putch0, (void*)Getch0, _FDEV_SETUP_RW);
int main(void)
{
        uint16_t I_Humi, D_Humi, I_Temp, D_Temp, check1, check2 ;
        stdin=stdout=stderr=&fp;
        cli();
        DDRA=0x01;
        UART_Initialize();
        printf("\n\r Temp, Humid Test");
        while(1)
        {
                Dht11_Start();                  // 데이터 전송 요청
                I_Humi = Receive_data();    // 습도 상위 8비트 수신
                D_Humi = Receive_data();    // 습도 하위 8비트 수신
```

```
            I_Temp = Receive_data();    // 온도 상위 8비트 수신
            D_Temp = Receive_data();  // 온도 하위 8비트 수신
            check1 = Receive_data();    // 패리티 데이터 수신
            check2=I_Humi+D_Humi+I_Temp+D_Temp;

            if(check1==check2)      //· 패리티 검사
            {
                    printf("₩n₩r Temp=%d, Humid=%d", I_Temp,I_Humi);
            }
          else
                    printf("₩n₩r DHT11 Data Receiving Error!“);
            _delay_ms(2500);
      }
}
```

ATmega128 응용실습 학습 키트 구성

교재에 있는 모든 실습을 할 수 있는 구성 세트입니다. 교재를 포함한 세트로 구성된 제품 이외에도 교재에서 사용된 개별 부품들도 구매가 가능합니다.

쇼핑몰 : http://www.deviceshop.net, https://smartstore.naver.com/openhw

ATmega128 실습보드	5파이 LED 8개	330Ω 막대 저항 10개	1KΩ 막대 저항 5개

7447 IC	7세그먼트 아노드 공통형	LB1630 IC	DC 모터

스위치 2개	초음파 센서 1개	가변저항 2MΩ	CDS 센서

LM35 센서 모듈	MPU6500	MPU6050	RTC DS1302

모터 드라이버	스텝 모터	DHT11 온습도	

저자소개

박민상 / 한국폴리텍대학 인천캠퍼스 정보통신과 교수
이희찬 / 한국폴리텍대학 외래교수, 연성대학교 외래교수
정원근 / 한국폴리텍대학 대구캠퍼스 스마트전자과 교수

저자와의
협의에 의해
인지 생략

ATmega128 응용실습

1판 1쇄 2021년 7월 26일

저 자	박민상 / 이희찬 / 정원근
발행인	송광헌
발행처	복두출판사
주 소	서울특별시 영등포구 경인로 82길 3-4 센터플러스 807호 (우) 07371
전 화	02-2164-2580
FAX	02-2164-2584
등 록	1993. 11. 22. 제 10-902 호

정가 : 25,000원

ISBN : 979-11-6675-053-3 93560

한국과학기술출판협회 회원사